평화를 만드는 사람들

# 평화를 만드는 사람들

유 석 성

STUP

서울신학대학교출판부

# 추 천 사

　나는 서울 신학대학교 총장 유석성 박사를 잘 알고 있습니다. 유석성 총장은 독일 튀빙겐 대학교에서 1990년 나의 지도하에 디트리히 본회퍼에 관한 논문으로 신학박사학위를 받았습니다. 유석성 총장은 그후 본회퍼에 관한 연구를 계속하여 논문과 글들을 발표하였으며, 한국 본회퍼학회 회장을 맡고 있습니다. 그는 또한 한국 기독교학회 회장, 전국신학대학협의회 회장, 한국 신학대학 총장협의회 회장 등 여러 학회와 단체의 회장을 맡아 일하였습니다.

　유 총장은 정의와 평화, 한국의 남북한 통일문제에 대해서 한국, 독일, 미국, 일본, 중국 등 세계 각처에서 강연을 한 바 있습니다. 그는 독일의 현대신학과 한국의 전통사상과 신학에 대해서 잘 알고 있으며, 중국철학과 한국사상 그리고 사회윤리학에 관련된 철학, 사회학, 역사학, 정치학, 법학 등의 분야들도 폭 넓게 공부하였습니다. 유석성 총장은 뛰어난 학자요, 우리시대의 박학다식(博學多識)한 훌륭한 지성인입니다.

　유 총장은 서울신학대학교 총장직을 성공적으로 잘 수행하였습니다. 그는 앞으로 「정의와 평화( Gerechtigkeit und Frieden)의 관계」, 「사랑과 힘(권력)(Liebe und Macht)의 관계」 그리고 「사랑과 정의 그리고 평화의 관계」에 대하여 계속하여 연구할 것입니다.

유석성 총장이 신학계뿐만 아니라 한국사회와 한국의 평화통일과 세계평화를 위해 봉사할 수 있기를 바랍니다.

2016년 7월10일 독일 튀빙겐에서
독일 튀빙겐대학교 명예교수
서울신학대학교 석좌교수
Jürgen Moltmann (위르겐 몰트만)

# 들어가는 글

　정의와 평화는 인류 모두의 염원이며 우리 사회, 우리 민족, 세계가 이루어야 할 과제이다. 세계는 평화를 갈망하는 전쟁의 역사라고 할 수 있다. 우리는 1945년 일제 강점기로부터 해방된 동시에 강대국의 이해관계에 의해서 분단되었다. 우리 해방의 역사는 분단의 역사가 된 것이다. 독일은 1990년 통일되기 전에 단 74년의 통일의 역사를 가지고 있었다. 반면에 우리 한민족은 천년이 넘는 통일의 역사를 가진 민족이다. 우리는 통일을 이루어야 하고, 그것도 평화통일을 이루어야 한다.

　통일은 당위성과 필요성 그리고 긴급성의 특성을 가지고 있다. 우리는 통일을 꼭 이루어야만 하는 당위성, 세계강대국으로서 평화롭게 살기 위한 필요성 그리고 그것도 가능한 빨리 긴급하게 이루어야 할 긴급성의 특성을 가지고 있다.

　한국기독교는 130년의 역사 속에서 세 시기로 나누어 이 민족과 사회를 위해서 큰 역할을 해왔다. 첫째, 개화기의 문명운동. 둘째, 일제 강점기의 항일 독립운동. 셋째, 해방 후에 민주화 운동의 큰 역할을 해왔다. 2000년대 들어서면서 한국개신교는 사회적 신뢰가 떨어지고 교회성장도 멈추었고, 오히려 쇠퇴하고 있다. 이제 한국교회가 사회적 신뢰도 얻고 민족적 사명을 얻기 위해서는 평화통일 운동에 나서야 한다.

예수님의 가르침은 실천적 의미에서 사랑과 정의 그리고 평화라는 세 단어로 이것은 요약할 수 있다. 사랑은 정의로써 구체화되고 정의가 행해짐으로써 평화가 이루어진다. 그동안 동서양의 정의와 평화사상에 관심을 갖고 연구하여 왔다. 이 책에 실린 글들은 그 연구의 결과이다. 여러 가지 더 연구해야 할 주제와 사상이 있지만 그동안 연구된 것을 한 권의 책으로 묶기로 하였다. 앞으로 더 연구하여 보완하고자 한다.

평화통일을 기원하며
2016년 8월 15일
유 석 성

# 목　차

# 제3부 인터뷰와 신문기사 그리고 대담

## 1장. 인터뷰, 대담, 좌담

## 2장. 신문인터뷰

# 제1부
## 평화와 통일 그리고 기독교윤리

# 1장 평화와 통일

한반도의 통일과 동아시아의 평화를 위한 국제학술대회
기조연설문

## 1-1. 동아시아의 평화와 한국의 통일

한반도의 평화통일은 한민족의 염원이요 이루어져야 할 과제입니다. 평화통일은 우리가 반드시 성취해야 할 역사와 시대적 사명입니다.

신앙적 차원에서 보면 평화통일은 하나님의 계명이며 평화를 만들라는 예수님의 명령을 실천하는 일입니다. 한국기독교는 130년의 역사 속에서 조선말과 대한제국 시대에 개화, 문명운동, 일제 시민 시대에 항일, 독립운동, 해방 후 민주화 운동에 큰 역할을 하여 왔습니다. 이제 기독교의 역사적 사명은 평화통일을 이루는 것입니다.

서울신학대학교에서는 해방 70년, 분단 70년을 맞아 '평화통일을 위한 피스메이커(peacemaker) 만드는 교육'을 실시하고 있습니다. 전체 학생에게 「평화와 통일」 과목을 교양 필수로 수강하도록 하였습니다.

서울신학대학은 세계의 명문대학과 교류협정을 맺었습니다. 독일 튀빙겐대학과 예나대학, 일본의 동지사대학, 중국의 길림 사범대학과 교류협정을 맺고 미국의 예일대학과 교류협정을 진행 중에 있습니다. 독일의 예나대학에는 화해 연구소가 있습니다. 예나대학과 교류협정 맺는 것을 계기로 예나대학의 화해 연구소와 협력하여 이번에 평화통일에 관한 국제학술대회를 개최하게 된 것입니다. 이 학술대회를 위해 발표해주시는 연사들과 이 일을 위해 수고하시는 분들께 감사드립니다.

1945년 제2차 세계대전이 끝난 후 분단된 국가는 4개국입니다. 1945년 5월 8일 독일이 동독과 서독으로, 1945년 8월 15일 한반도가 남과 북으로, 1949년 10월 1일 중국이 중공과 대만으로, 1954년 7월 21일 베트남이 월맹과 월남으로 분단되었습니다. 그리고 50년의 시간을 두고 분리 독립되어 분단국가가 아니라 분열국가로 분류되는 예멘이 있습니다.

분단국가들은 차례로 통일을 실현하였습니다. 1975년 4월 30일 베트남은 적화 통일되었고 1990년 5월 22일 예멘이 합의에 의한 평화통일을 이룩하였으나, 그후 남예멘이 통일체제에서 이탈을 시도하여 남북이 무력충돌을 일으켜 1994년 7월 9일 북예멘에 의하여 무력 재통일되었습니다.

1990년 10월 3일 독일은 통일되었습니다. 분단된 국가는 중국과 대만, 한반도 남한과 북한이 남게 되었습니다. 그러나 중국과 대만의 분단문제는 오늘날 국제사회에서 분단국문제로 취급되지 않고 있습니다. 왜냐하면 1971년 UN에서 대만이 추방된 후 세계의 여러 국가들은 중국을 유일한 합법정부로 승인하고 대만은 중국내 영토의 일부로 인정하였기 때문입니다. 그렇다면 이제 분단국가는 '우리 한반도밖에 없다'는 사실입니다. 우리는 1,000년이 넘는 통일의 역사를 가지고 있습니다. 독일은 통일의 경험이 단 74년뿐입니다.

우리 한민족은 분단으로 인해 민족역량을 낭비하는 대결을 피하고 민족번영을 위하여 반드시 통일되어야 하겠습니다. 통일이 되면 한민족은 선진국이 되지만 통일이 안 되면 한반도는 '3류 분단국가'로 남게 될 것입니다. 통일비용을 염려하지만 통일이 되면 남북한은 경제적으로 큰 시너지효과가 나타나게 될 것입니다. "골드만 삭스는 통일된 한반도가 2050년에 1인당 국민소득에 있어 미국 다음으로 세계 2위를 차지할 것"이라는 연구보고서를 낸 바 있습니다. 통일이 되면 통일한국은 동아시아뿐만 아니라 세계평화에 기여할 수 있을 것입니다.

예수님께서는 화평하게 하는 자는 복이 있나니 그들이 하나님의 아들이라 일컬음을 받을 것임이요(마5:9 Blessed are the peacemakers, for they will be called sons of God)라고 말씀하셨습니다.

여기의 '화평하게 하는 자'의 원문은 '에이레노포이오이'(εἰρηνοποιοί)로서 원래의 뜻은 '평화를 만드는 사람들', '평화를 이루는 사람들'의 뜻입니다. 이 말은 평화를 지키는 사람들(peacekeepers)의 수준을 넘어 평화를 만드는 사람들(peacemakers)이 되라는 것입니다. 따라서 이 마태복음 5장 9절의 말씀은 하나님의 자녀는 평화의 사도가 되어 평화를 만들어가는 자가 되어야 할 것을 말하고 있습니다. 평화는 본래 주어진 상태가 아니라 실현되어 가는 과정이기 때문입니다. 오늘 이 한민족에게 평화를 만드는 일 중에 가장 긴급하고 필요하고 꼭 해야 할 일은 평화통일입니다.

1945년 제2차 세계 대전이 끝난 후 미국과 소련의 강대국의 이해관계에 의해 강제적으로 38°선으로 갈라 한반도의 남북을 분단시켜 놓았습니다. 분단의 원인이 여럿이 있지만, 가장 근본적인 것은 일본이 한반도를 식민지배 하였다는 것입니다.

독일이 전범국가로서 분단된 것처럼 한반도가 아니라 일본이 분단되었어야 마땅합니다. 패망한 일본은 한국전쟁 때문에 경제적으로 일어서게 되었고 또 다른 분단국인 베트남 전쟁으로 경제 대국이 되는데 큰 도움을 받았습니다.

동아시아의 평화를 위협하는 것은 북한의 핵문제, 일본의 우경화된 자국 중심적 국가주의와 군국주의적 경향과 과거 침략의 역사를 부인하는 역사인식의 문제, 중국의 신(新)중화주의와 팽창주의와 과거역사 왜곡시키는 역사왜곡의 문제가 있습니다.

특히 일본의 아베총리는 과거 침략의 역사에서 발생한 위안부 문제를 부인하고 있습니다. 일본은 한국과 중국을 위시한 동아시아에게 식민지배와 침략전쟁으로 큰 고통을 주었습니다. 일본은 일본 식민지배하는 동안 학살과 약탈과 만행을 저질렀습니다. 제암리교회 학살사건에서도 잘 나타나 있습니다.

일본은 중국에서 1937년 난징(南京) 대학살사건 때 최소 30만 명을 학살하였습니다.

유대인 600만 명을 학살한 독일은 나치 하에서 범한 잘못을 진심으로 사죄하고 보상하였습니다.

일본은 과거의 침략행위를 인정하고 사죄하여야 합니다. 최근 일본을 방문한 독일의 메르켈 총리는 일본 아베정권에게 과거를 직시하라고 하면서 위안부문제를 해결할 것을 촉구하였습니다.

독일의 대통령 폰 바이츠체커 대통령은 1985년 5월 8일 종전 40주년 기념식에서 "과거 앞에 눈을 감는 사람은 현재에 대해서도 눈이 어둡게 된다."고 말하였습니다.

중국은 동북공정을 통해 고구려 역사를 중국역사로 만드는 역사를 왜곡시키고 있습니다. 동아시아 삼국의 문제는 역사인식의 문제입니다. 한국과 중국과 일본은 동아시아 평화를 위해서 바른 역사인식을 하여야 하고 정의로운 평화를 추구하여야 할 것입니다. 한·

중·일 3국은 침략과 전쟁의 과거역사를 극복하고 상생과 공존의 길로 나아가야 합니다.

1909년 10월 26일 동양평화를 위하여 안중근 의사(1879-1910)는 이토 히로부미를 포살하였습니다. 안중근은 여순 감옥에서 미완성의 『동양평화론』을 썼습니다. 안중근이 제안한 '동양평화회의'는 오늘 동아시아의 평화를 위해서 필요한 시사점이 될 것입니다.

한반도의 통일은 동아시아의 평화를 위해서도 꼭 필요한 일입니다. 한반도의 평화통일 없이 동아시아의 평화 없고 동아시아의 평화 없이 세계평화가 없습니다.

오늘 한반도의 긴급한 과제요, 꼭 이루어야 할 예수 그리스도의 명령인 한반도의 평화 통일을 위해 기도와 헌신을 해야 할 때입니다.


통일은 복음화의 문제요 선교의 문제입니다. 통일이 되어야 복음 전파와 선교도 가능하기 때문입니다. 우리 민족에게 평화통일의 종소리가 들리는 그날에 남북한 팔천만 모두 감격에 넘친 환희의 합창을 부르는 통일의 날이 오기를 기원합니다.

감사합니다.

### *1-1-a. Die Wiedervereinigung Koreas und der Frieden in Ostasien*

Yu, Suk–Sung (Präsident Seoul Theological University)

Die friedliche Wiedervereinigung auf der koreanischen Halbinsel ist die wichtigste Aufgabe, die dem koreanischen Volk gegenwärtig gestellt ist. Aus christlicher Sicht gesehen, steht sie unter dem Gebot Gottes, den Frieden zu schaffen. In seiner 130-jährigen Geschichte hat der Protestantismus in Korea eine wichtige Rolle auf dem Weg zu Aufklärung und Zivilisation gespielt. Am Ende der Chosun-Dynastie und des Koreanischen Kaiserreiches haben Christen im Widerstand gegen die Unterdrückung durch die Kolonialmacht Japan gekämpft. Nach der Befreiung von Japan standen koreanische Christen an der Spitze der Demokratie-Bewegung. Heute stehen koreanische Christen vor der historischen Aufgabe, die Wiedervereinigung der Nation auf friedliche Wege herbeizuführen.

70 Jahre nach der Befreiung Koreas macht es sich die Seoul Theological University zur Aufgabe, 'Friedensstifter' für die friedliche Wiedervereinigung des Landes heranzubilden. Zu diesem Zweck, und um den internationalen Austausch zu fördern, hat die

Seoul Theological University mit weltweit renommierten Universitäten Kooperationsabkommen vereinbart. Wir haben mit den Universitäten Tübingen, der Friedrich-Schiller-Universität in Jena und mit Heidelberg in Deutschland, mit Doshisha in Japan sowie mit der Pädagogischen Universität Jilin in China Vereinbarungen abgeschlossen. Mit der Universität Yale sind Verhandlungen im Gange. In Zusammenarbeit mit diesen Universitäten will die Seoul Theological University ein Netzwerk aufbauen, das seinen Beitrag zum Erhalt des Friedens auf der Welt leisten kann.

Es gibt vier Staaten, die nach dem Zweiten Weltkrieg im Jahre 1945 geteilt wurden:

Am 8. Mai 1945 begann Deutschlands Teilung in West und Ost und am 15. August 1945 die Teilung der koreanische Halbinsel in Nord und Süd. Taiwan trennte sich nach dem 1. Oktober 1949 vom kommunistischen China und Vietnam zerfiel am 21. Juli 1954 in Nord und Süd. Schließlich erfuhr der Jemen für 50 Jahre das Schicksal der Teilung. Im Laufe der Zeit gelang jedoch diesen geteilten Ländern Schritt um Schritt ihre Wiedervereinigung:

Am 30. April 1974 wurde Vietnam unter kommunistischer Herrschaft vereinigt. Am 22. Mai 1990 gelang im Jemen zunächst die friedliche Wiedervereinigung auf dem Wege von Vereinbarungen. Zwar ist anschließend Süd-Jemen wieder ausgetreten, doch hat der Nord-Jemen am 9. Juli 1994 mit militärischen Mitteln eine Wiedervereinigung erzwungen. Und auch Deutschland konnte sich wieder vereinigen, so geschehen am 3. Oktober 1990.

Zur Zeit gibt auf der Welt nur noch wenige geteilte Länder, nämlich China und Taiwan, sowie Süd- und Nordkorea. Dabei wird die chinesische Teilung von der internationalen Gemeinschaft aktuell nicht als ein kritisches Problem betrachtet. Denn Taiwan schied 1971 offiziell aus der UNO aus, und eine Mehrheit von Staaten erkennt seither die Volksrepublik China als legitime Regierung an und betrachtet Taiwan als Teil des chinesischen Territoriums. Somit bleibt allein die Teilung auf der koreanischen Halbinsel als eine Aufgabe übrig, die einer Lösung bedarf.

Korea kann auf eine 1000-jährige Geschichte als vereinigtes Land zurückblicken. Im Vergleich dazu hatte Deutschland bei seiner Teilung im Jahre 1945 nur 74 Jahre lang die Erfahrung einer nationalen Einheit. Wenn dem koreanischen Volk die Wiedervereinigung gelingt, dann wird damit nicht nur eine gefährliche Konfrontation gelöst, die die Kräfte unserer Nation bindet. Es ergäbe sich dann auch die Aussicht auf eine Zukunft in größerem Wohlstand. Denn das vereinigte Land könnte ein wirtschaftliches Potential entwickeln, das, einem Bericht von Goldman Sachs zufolge, bis zum Jahre 2050 Korea an die zweite Stelle hinter den USA führen könnte, gemessen am Pro-Kopf-Einkommen. Aber am wichtigsten bleibt: die Wiedervereinigung wird einen gefährlichen Konfliktherd in Ostasien beseitigen und dadurch auch den Weltfrieden sicherer machen.

Jesus hat gesagt: Selig sind die Friedfertigen, denn sie werden Gottes Kinder heißen (Matthäus 5:9 Blessed are the peacemakers, for they will be called sons of God). Im griechischen Originaltext steht für die "Friedfertigen" eireenopoioi was eigentlich 'Aufbauer des Friedens', 'Hersteller des Friedens' bedeutet. Die Bedeutung geht über das

"Frieden erhalten" hinaus und verweist auf das "Frieden stiften". Das Wort in Matthäus 5:9, besagt, dass Gottes Kinder zu Verkündern des Friedens und zu Friedensstiftern werden sollen. Denn der Frieden ist keine einmal für immer geschaffene Situation, er ist nicht nur die Abwesenheit von Krieg, sondern stets das Ergebnis fortgesetzten Bemühens. Wenn wir heute den Frieden für das koreanische Volk auf Dauer sichern wollen, dann müssen wir zu allererst die Herausforderung der Wiedervereinigung bewältigen.

Nach Ende des Zweiten Weltkrieges kam es zur Teilung Koreas entlang des 38. Breitengrades auf Grund von Interessenkonflikten zwischen den Supermächten USA und Sowjetunion. Die Ursachen der Teilung sind vielfältig, es besteht aber Übereinstimmung darüber, dass der entscheidende Grund die japanische Annexion der koreanischen Halbinsel war. Damit war der Anlaß geschaffen, der im weiteren Verlauf der Geschichte zur Teilung führte.

Wenn Deutschland auf Grund seiner Kriegsverbrechen das Schicksal der Teilung erlitt, so hätte eigentlich eher Japan geteilt werden müssen, keinesfalls jedoch die koreanischen Halbinsel. Und doch kam es anders: kaum hatte sich Japan von der Niederlage im Kriege erholt, schon begann sein wirtschaftlicher Aufstieg zu einer ökonomischen Weltmacht während des Koreakrieges und später noch einmal während des Vietnamkrieges.

Was heute den Frieden in Ostasien bedroht sind die folgenden Entwicklungen:erstens die nuklearen Rüstungen Nordkoreas;zweitens der chinesische Expansionismus, der mit manipulierten historischen Ansprüchen Chinas begründet wird;

schließlich die beunruhigenden Tendenzen in Japan, darunter der rechtsradikale Nationalismus, die Militarisierung und die beharrliche Leugnung der historischen japanischen Aggressionen.

Vor allem verweigert der jetzige japanische Minsterpräsident Shinzo Abe immer noch die Anerkennung der Tatsache, dass koreanische Frauen während des Zweiten Weltkrieges vielfach das Schicksal der Zwangsprostitution erlitten. Japan hat schreckliche Verbrechen bei seinen Invasionen begangen, darunter Massaker und Plünderungen in Korea, China sowie anderen Nationen. Wir gedenken dabei vor allem des Massakers an der "Jeamri Kirche" und des Blutbades von Nanking, wo von Dezember 1937 bis Januar 1938 mindestens 300.000 Chinesen einen grausamen Tod fanden. Wie anders verhält sich im Kontrast dazu Deutschland, das den Mord an sechs Millionen Juden zu verantworten hat. Deutschland hat ernsthaft bereut und Wiedergutmachung für die Schuld geleistet, die es unter dem Nazi-Regime auf sich geladen hatte.

Japan muss sich endlich der Tatsache stellen, dass es sich in der Vergangenheit der Führung von Angriffskriegen schuldig gemacht hat und dafür Entschuldigung leisten. Die deutsche Kanzlerin Angela Merkel hat bei ihrem letzten Besuch in Japan die Regierung Abe klar aufgefordert, die vergangene Geschichte anzuerkennen und das Problem der Zwangsprostitution zu lösen. Der ehemalige deutsche Bundespräsident Weizsäcker hat in seiner Rede am 8. Mai 1985 zum 40. Jahrestage des Kriegsendes erklärt: "Die, die ihre Augen vor der Vergangenheit verschließen, haben sie auch gegenüber der Gegenwart verschlossen."

Aber auch China sollte von historischen Manipulationen absehen. An der chinesischen Akademie für Sozialwissenschaften wird ein sogenanntes "Nordost-Projekt" entwickelt, mit dem man begründen will, dass Kokurye in der Vergangenheit zu China gehörte. Die problematischen Beziehungen der drei Nationen in Ostasien haben ihren Grund zum Teil in Unklarheiten der historischen Überlieferung. Um so mehr sollten Korea, China und Japan sich bemühen, ein ausgewogenes Verständnis ihrer Geschichte zu entwickeln und dabei in erster Linie die universellen Werte des Friedens in Ostasien im Blick behalten. Sie sollen die schmerzhafte Vergangenheit der Aggression und des Krieges überwinden und den Weg der friedlichen Koexistenz beschreiten.

Am 26. Oktober 1909 hat Joong-Guen Ahn (1879-1910) ein Attentat auf Ito Hirobumi verübt. Im 'Yeosun'-Gefängnis schrieb er damals seine unvollendet gebliebene "Theory of Asian Peace". Darin schlug er eine "ostasiatische Friedenskonferenz" vor, die eine Perspektive für den Frieden heute sein könnte. Jedenfalls gibt es ohne friedliche Wiedervereinigung Korea keinen Frieden in Ostasien und ohne Frieden Ostasiens keinen Weltfrieden. Diese Aufgabe bedarf heute unserer Hingabe und unserer Gebete. Die friedliche Wiedervereinigung Koreas ist die dringendste unserer Aufgaben, die wir unter dem Gebot Jesu Christi lösen müssen.

Es gibt auch einen Zusammenhang von Wiedervereinigung sowie Evangelisation und Mission, denn diese beiden Aufgaben können nur durch die Wiedervereinigung erfüllt werden.

Ich bete dafür, dass der Tag der Wiedervereinigung bald kommt, und dass die 80 Millionen Menschen in Süd- und Nordkorea diesen Tag unter dem Klang der Glocken in Freude und Gesang erleben mögen.

Vielen Dank für Ihre Aufmerksamkeit

## 1-1-b. The Reunification of Korea and Peace in East Asia

The peaceful reunification of the Korean peninsula is a task of paramount importance that the Korean people must accomplish in this generation. From the perspective of our Christian faith, peaceful unification is tantamount to the implementation of God's commandment for making peace. In one hundred and thirty years of the history of Protestantism in Korea, Christianity has played a significant role in both enlightenment and civilization. Near the end of the Chosun Dynasty and the Korean Empire, Christians resisted Japanese colonial oppression through the Independence Movement. After the liberation from Japan, Christians spearheaded the movement for democracy. At present Korean Christians face a foremost historical task of achieving the peaceful reunification of the nation.

As Korea celebrates the 70th anniversary of the liberation of Korea, Seoul Theological University puts its educational priority on building "peacemakers for peaceful unification". All students are required to take the course "Peace and Unification." As a means to promote international partnership in pursuit of this goal, Seoul Theological University has signed exchange agreements with prestigious universities around the world including the University of Tübingen, Friedrich Schiller University Jena, and Heidelberg University in Germany, Doshisha University in Japan, and Jilin Normal University in China, while we are currently in the process of finalizing an agreement with Yale University in the USA. Seoul Theological University seeks to collaborate with these universities in building a network that fosters peace around the world.

Unfortunately at the end of World War II in 1945, four countries underwent political and geopolitical division. On May 8, 1945, Germany was divided into East and West. On August 15, 1945, the Korean peninsula was divided into North and South. On October 1, 1949, China was divided into mainland China and Taiwan, and on July 21, 1954, Vietnam was divided into North and South. There is also the case of Yemen, the two parts of which were separated for 50 years. However, these divided nations have one by one achieved unification. On April 30, 1975, Vietnam became unified as a communist nation, and on May 22, 1990, Yemen reached peaceful unification through a negotiated settlement. Afterwards, South Yemen struggled to secede from the unified administration, creating an armed conflict between North and South. However, on July 9, 1994, North Yemen finally enforced a military reunification with South Yemen.

Germany finally succeeded in unification on October 3, 1990. Now the remaining divided countries in the world are China and Taiwan, and North and South Korea on the Korean peninsula. Currently the international community does not consider the division of China and Taiwan to be an issue in need of resolution. Since

Taiwan was expelled from the UN in 1971, the majority of nation states recognize The People's Republic of China to be the sole legal government, and consider Taiwan to be a part of the territory of China. Now only the Korean peninsula continues to remain as a divided nation.

Korea boasts of over one thousand years of history as a unified country; in contrast, Germany had experienced only seventy-four years of national unification before its division in 1945. The Korean people need to be reunified in order to achieve true prosperity and to escape the ongoing confrontation that is wasting our nation's whole capacity to experience prosperity. Korea as a unified entity will unleash great economic synergy that would propel its development. Goldman Sachs published a research report saying that a unified Korean peninsula would be rated second in the world, after the USA, in national per capita income by the year 2050. If unification is achieved, Korea will contribute not only to the peace of East Asia but to the peace of the world.

Jesus said, "Blessed are the peacemakers, for they will be called sons of God" (Matt. 5:9). The original Greek for peacemakers is eireenopoioi (εἰρηνοποιοί), which means "those who work for peace" or "those who achieve peace". The meaning exceeds the mere idea of "peacekeepers" and points toward the potential of becoming "peacemakers." In essence, Matthew 5:9 implies that God's children should become apostles of peace and makers of peace. Peace is not simply a state of existence, or the absence of conflict, but an active pursuit. Today in order to make peace for the Korean people, what we critically need is peaceful reunification.

After World War II ended in 1945, the USA and the Soviet Union forcibly divided the Korean peninsula into north and south at the 38th Parallel for their own respective interests. There were several reasons for the division, but scholars locate the fundamental cause in the Japanese annexation of Korea, which had aggravated a breach to issue the Korean divide. If Germany was divided due to its number of war crimes, it should also follow that Japan herself laden with war crimes, deserved the penalty of national division. Conversely, Japan which had lost the war in 1945 was able to rise economically due to the Korean War, and it also received significant assistance in becoming an economic power through the Vietnam War which created the division of another nation. Now peace in East Asia is threatened by forces that include North Korea's nuclear ambitions and China's new Sinocentric expansionism and distortion of history. There also continue to be troubling developments in Japan, including Ultra-Nationalism and renewed militarism, and its cultivation of an erroneous history that denies Japanese aggression.

In particular, Prime Minister Abe Shinzo of Japan continues the record of Japanese denial concerning the Korean "comfort women" who were forced to serve Japanese soldiers during its dark campaign of aggression. Japan caused great suffering to East Asia, starting with Korea and China, through its colonial rule and war of aggression. During its colonial rule Japan massacred, plundered, and committed numerous atrocities. This is shown clearly in the massacre at Cheam-ri Church. During the 1937 Nanking Massacre in China, Japan slaughtered at least three hundred thousand people. Germany, which massacred six million Jews, sincerely apologized for its wrongs under the Nazis and made reparations. Japan needs to admit and apologize for its aggressive actions of the past. Recently German Prime Minister Angela Merkel, during her visit to Japan, called for the Abe administration to confront the past and to resolve the issue of comfort women.

On May 8, 1985, at the 40th anniversary of the end of World War II, German President Richard von Weizsäcker said that a person whose eyes are closed to the past is also blind to the present. Now China is distorting history through the Northeast Project of the Chinese Academy of Social Sciences by turning the history of Goguryo into a purely Chinese history. The problematic relationships between the three countries of East Asia are related in part to a problem of historical memory. For the peace of East Asia, Korea, China, and Japan all need to accept a just view of history and they need to pursue a just and enduring peace. The three countries of Korea, China, and Japan need to overcome their own history of invasion and war and move forward on the road to peaceful co-existence and co-prosperity.

On October 26, 1909, An Jung-geun (1879-1910) assassinated Itō Hirobumi for the sake of peace in the East. An Jung-geun composed his unfinished essay "On Peace in East Asia" in Lüshun prison. The "East Asian Meeting for Peace" that An Jung-geun proposed provides a foresight of peace today in East Asia. The reunification of the Korean peninsula is necessary for peace in East Asia. Without peaceful unification of the Korean peninsula, there will be no peace in East Asia, and without peace in East Asia, there will be no peace in the world. Now is the time for prayer and devotion to seek the peaceful unification of the Korean peninsula. The urgent task of the Korean peninsula and the command of Jesus Christ must be accomplished. Reunification related to the issue of evangelism and missions. Reunification must be achieved in order to share the Gospel and to do mission work. I pray that the day of unification will come when the Korean people will hear the bell of peaceful unification and all eighty million people of North and South Korea will cry out together in jubilation.

## 1-2. 평화를 만드는 사람들 (Peacemakers)

평화로운 세상은 인류의 염원이며 평화운 삶은 인간 모두의 소망이다. 오늘도 세계 각처에서 전쟁과 테러, 종교, 인종, 빈부간의 갈등이 일어나고 있다. 평화를 위한 기독교의 과제와 역할이 중요하다.

평화란 무엇인가. 오늘날의 평화연구에서 평화의 개념은 소극적 의미와 적극적 의미로 사용한다. 소극적 개념에서 평화란 전쟁의 부재(Abwesenheit von Krieg), 곧 전쟁 없는 상태를 의미한다. 더 나아가 평화는 폭력, 궁핍, 부자유, 불안이 없는 상태로 규정할 수 있다.

적극적 의미의 평화는 정의의 현존(Anwesenheit von Gerechtigkeit), 즉 사회정의가 행해지고 있는 상태, 사회정의의 현존을 의미한다. 다시 말하면 삶을 위해 능력과 수단이 균등하게 분배되어 사회정의가 실현되는 상태로 평화는 규정된다.

기독교의 평화개념은 소극적, 적극적 평화개념을 연결시키면서 정의(正義)를 강조하는 것을 통하여 적극적 평화개념을 우선시하는 정의로운 평화(just peace)이다.

기독교의 평화를 잘 나타내 주는 말은 구약에서 사용된 히브리어 샬롬(schalom)이다. 이 말은 완전하게 하다, 온전하게 하다, 안전하게 하다는 샬렘(schalem)이라는 동사에서 파생된 말로 완전성, 총체성, 온전함, 안전함을 의미한다.

샬롬은 온전하고, 완전하며, 안전하게 존재하는 것을 의미하는 것으로 모든 면에서 충만하고 결핍이 없는 상태를 의미한다. 샬롬은 단순히 우리말의 평화를 넘어 건강, 질서, 온전함, 정의, 조화, 구원, 복지 등의 뜻을 의미한다.

샬롬의 의미는 가족, 민족, 사회, 인간 공동체가 침해받지 않고 온전하고 완전하며 안전하게 존재하는 것을 의미한다.

기독교의 복음도 평화의 복음이다. 더없이 높은 곳에서는 하나님께 영광이요 땅에서는 주님께서 좋아하시는 사람들에게 평화로다(눅 2:14)는 말씀처럼 예수님은 평화의 왕으로 오셨다. 예수 그리스도로 말미암아 인간들은 하나님과 평화를 누리게 되었고,(롬5:1) 그리스도는 유대인과 이방인들의 막힌 담을 헐고 둘을 하나로 만드신 그리스도 자신이 평화이다.(엡 2:14)

예수님은 그리스도인들에게 '평화를 만드는 자들'이 되라고 말씀하였다. 평화를 이루는 사람은 복이 있다. 하나님이 그들을 자기의 자녀라고 부르실 것이다(마 5:9)라는 말씀처럼 하나님의 자녀는 평화를 이루는 사람이다.

이 말씀은 예수님의 산상수훈(마5-7)의 말씀 중에 팔복(八福)의 말씀 가운데 일곱 번째 복의 말씀이다. 팔복은 마음이 가난한 사람, 슬퍼하는 사람, 온유한 사람, 의에 주리고 목마른 사람, 자비한 사람, 마음이 깨끗한 사람, 평화를 이루는 사람, 의를 위하여 박해를 받는 사람은 복을 받을 것이라고 말하고 있다.

여기의 '평화를 이루는 사람'의 원문은 '에이레노포이오이'(εἰρηνοποιοί)로서 원래의 뜻은 '평화를 만드는 사람들', '평화를 이루는 사람들'의 뜻이다. 이 말은 평화를 지키는 사람들(peacekeepers)의 수준을 넘어 평화를 만드는 사람들(peacemakers)이 되라는 것이다. 따라서 이 마태복음 5장 9절의 말씀은 하나님의 자녀는 평화의 사도가 되어 평화를 만들어가는 자가 되어야 할 것을 말하고 있다.

평화를 만드는 사람이 되는 길은 개인적 인간관계, 가정, 교회, 직장에서 실천하는 것이다. 이뿐 아니라 사회와 세계 속에서 전쟁, 테러, 기아, 빈곤, 의료시설부족, 인종차별, 무질서, 환경오염, 국제난민, 종교 갈등, 인종분규, 남북평화통일문제를 해결하는 것이 평화를 실현하는 것이다. 평화를 만들어가는 것이 하나님의 자녀의 의무요 책임이다.

성 프란치스코의 '주여 나를 평화의 도구로 써주소서'라는 기도를 실천해야 한다. 미움이 있는 곳에 사랑을, 상처가 있는 곳에 용서를, 분열이 있는 곳에 일치를, 절망이 있는 곳에 희망을, 슬픔이 있는 곳에 기쁨을 심게 하소서.

기독교의 평화를 실천하기 위해서는 세 가지의 평화 원칙이 필요하다.

첫째, 기독교의 평화는 정의로운 평화이다. 사회정의가 실현되는 곳에 하나님의 평화가 있다. 시편기자는 시적 형식을 빌려 정의와 평화가 서로 입을 맞춘다고 말함으로써 정의가 평화와 서로 밀접하게 연관되어 있음을 강조하고 있다.(시편 85:10) 평화는 정의의 결과이다.(이사야 32:17) 정의가 평화를 창조한다.

둘째, 기독교의 평화는 주어진 상태가 아니라 실현되어가는 과정이다. 평화는 만들어가는 것이다. 교회는 평화를 건설해가는 평화수립의 공동체가 되어야 한다. 그리스도인은 평화를 증언하고 평화를 만드는 자가 되어야 한다. 예수님은 평화를 위해 일하는 사람만이 하나님의 아들이 된다고 하였다.(마태 5:9)

셋째, 기독교의 평화는 소유가 아니라 공동의 길이다. 평화를 건설하기 위해 평화를 위협하는 전쟁준비, 테러, 폭력을 제거하고 서로 신뢰할 수 있는 공동적 평화건설의 길을 함께 만들어가는 길이다. 그리스도인은 평화를 증언하고 평화를 만드는 자가 되어야 한다. 평화를 실천하는 것은 오늘 기독교인과 교회에 맡겨진 책임이며 세상을 향한 기독교의 의무요 과제이다. 디트리히 본회퍼(Dietrich Bonhoeffer)는 평화를 그리스도의 현존이요 하나님의 계명이라고 하였다.

일본, 중국, 한국, 동아시아 3국의 평화없이 세계평화가 없다. 한중일 삼국은 지난 역사에 대하여 바르게 인식하고, 반성할 것은 반성하고, 사죄할 것은 사죄하여야 한다. 세 나라는 연대의식(solidarity)과 책임의식(responsibility)을 가지고 평화의 '공동의 집'을 지어야 할 것이다.

독일의 바이체커 대통령은 1985년 5월 8일 종전 40주년을 맞아 기념식에서 행한 연설에서 다음과 같이 말했다.
"과거 앞에 눈을 감는 사람은 현재에 대해서도 눈이 어둡게 된다. 과거에 눈을 감은 민족은 인류 평화에 기여할 자리는 없다."

평화를 위해 한·중·일 삼 국은 침략과 전쟁의 과거의 역사를 극복하고 상생과 평화공존의 길로 나아가야할 것이다.

## 1-2-a. *"Friedensstifter"*

Präsident Prof. Dr. Yu, Suk-Sung (SeoulTheologicalUniversity)

Ich wünsche Ihnen allen, dass Gott Sie segne.

Der Frieden ist eine ewige Hoffnung und Aufgabe der Menschheit. Jedoch wird heute die Welt vielerorts von Krieg und Terror, von Religionskonflikten und Gewalt, von Hunger, Armut und ökologischer Krise bedroht. Die Aufgaben und die Rolle des Christentums beim Erhalt des Friedens sind sehr wichtig.

Was ist Frieden? In der heutigen Friedensforschung hat das Konzept des Friedens sowohl eine positive als auch eine negative Bedeutung. Im positiven Konzept ist der Frieden die Abwesenheit von Krieg. Im weiteren Sinne kann er als eine Situation ohne Gewalttätigkeit, ohne Armut, Unfreiheit oder Angst definiert werden.

Die positive Bedeutung des Frieden umfaßt die Anwesenheit von Gerechtigkeit, d.h. eine Situation, in der Gerechtigkeit waltet, und das bedeutet vor allem soziale Gerechtigkeit. Mit anderen Worten ist Frieden eine Situation, in der die Mühen und Mittel für das Leben gleichmäßig verteilt sind und soziale Gerechtigkeit ausgeübt wird.

Das christliche Konzept des Friedens, das wir an das negative und positive Konzept des Friedens anschließen, ist der gerechte Frieden, der das positive Verständnis des Friedens und die Betonung der Gerechtigkeit weiterführt. Das Wort, das den christlichen Frieden ausdrückt, ist der hebräische Begriff "shalom" aus dem Alten Testament.

Dieses Wort hat seine Wurzel im Verb "shalem", das "voll ausbilden", "vervollständigen", "sichern" bedeutet. "Shalom" bedeutet einen Zustand vollen Seins ohne Mangel. Es bedeutet über unser einfaches Verständnis des Friedens hinaus Gesundheit, Auftrag, Gesamtheit, Gerechtigkeit, Rettung und Wohlfahrt.

Die Bedeutung von "Shalom" ist, dass Familie, Nation, Gesellschaft und menschliche Gemeinschaft nicht verletzt werden und insgesamt vollständig und sicher existieren.

Das christliche Evangelium ist auch ein Evangelium des Friedens. Wie es in Lukas 2:14 geschrieben steht, kam Jesus als der König des Friedens.

Durch Jesus Christus wurden die Menschen gerufen, Gottes Frieden zu genießen (Römer 5:1) und Christus, der die Trennwand zwischen Juden und Nichtjuden niederlegte und die beiden vereinigte, ist unser Frieden (Eph 2:14).

Jesus gebot den Christen, "Friedensstifter" zu werden. So steht es in Matthäus 5:9: "Selig sind die Friedfertigen; denn sie werden Gottes Kinder heissen".

Dieser Vers ist die siebte von acht Segnungen in den Seligpreisungen der Bergpredigt Jesu (Matthäus 5-7). Die Seligpreisungen weisen uns darauf hin, wer gesegnet ist: die Armen im Geiste, die Klagenden, die Milden, die für die Gerechtigkeit hungern und dürsten, die Barmherzigen, die reinen Herzens sind, die Friedensstifter und diejenigen, die für die Gerechtigkeit verfolgt werden.

Hier ist das ursprüngliche Wort für "Friedensstifter" eirenopoioi, was "Friedensstifter" oder "die, die den Frieden aufbauen bedeutet. Dies fordert uns auf, über die Dimension der "Friedensbewahrer" hinauszugehen und zu "Friedensstiftern" zu werden. So sagt Matthäus 5:19, dass die Kinder Gottes zu Aposteln des Friedens werden sollen, die den Frieden aufbauen.

Der Weg der Friedensstifter beginnt in den persönlichen Beziehungen, er ist in Familien, Kirchen und am Arbeitsplatz zu verwirklichen. Doch es gibt zusätzlich Probleme in Gesellschaft und Welt: Kriege, Terror, Hunger, Armut, Mangel an medizinischer Versorgung, Rassendiskriminierung, Unordnung, Klimakrise, internationale Flüchtlingsströme, Religionskonflikte, der Konflikt zwischen Nord- und Südkorea. Den Frieden herbeizuführen ist die Pflicht und die Verantwortlichkeit der Kinder Gottes.

Wir müssen das Gebet des Heiligen Franziskus in die Praxis umsetzen: "Herr, mach aus mir ein Instrument des Friedens. Wo es Hass gibt, lass mich Liebe säen; wo es Verletzung gibt, begnadige; wo es Zweifel gibt, gib Glauben; wo es Verzweiflung gibt, gib Hoffnung; wo es Dunkelheit gibt, gib Licht; wo es Trauer gibt, gib Freude".

Um den christlichen Frieden zu üben, sind drei Grundregeln des Friedens zu beachten.

Zuerst ist der christliche Frieden ein gerechter Frieden. Wo soziale Gerechtigkeit geübt wird, dort ist der Friede Gottes. Der Psalmist drückt dies poetisch aus, indem er sagt, das Gerechtigkeit und Frieden sich küssen (Psalm 85:10). Der Frieden ist eine Frucht der Gerechtigkeit (Jesaja 32:17). Gerechtigkeit schafft Frieden.

Zweitens ist der christliche Frieden kein gegebener Zustand, sondern ein dynamischer Prozess, der verwirklicht werden muss. Der Frieden ist zu schaffen. Die Kirche sollte eine Gemeinschaft sein, die den Frieden herbeiführt. Christen sollten Zeugen des Friedens sein und ihn aktiv herstellen. Jesus sagte, dass Friedensstifter Söhne Gottes seien (Matthäus: 5:9).

Drittens ist der christliche Frieden kein Besitz, sondern ein gemeinsamer Weg. Rüstung, die den Frieden bedroht, Terror und Gewalt müssen eingedämmt und gemeinsame Wege zum Frieden gefunden werden, Wege, die Vertrauen schaffen. Christen müssen den Frieden bezeugen und ihn herbeiführen. Das Wagnis des Friedens ist die Verantwortung, die heute den Christen und der Kirche anvertraut ist, das ist Pflicht und Aufgabe des Christentums in der Welt. Dietrich Bonhoeffer sagte, dass Frieden die Präsenz Christi und Befehl Gottes sei.

Mein Heimatland ist Korea. Das ist ein Land, das noch geteilt ist. Deswegen sind Frieden und Wiedervereinigung eine große Herausforderung für uns.

Ohne Frieden in Ostasien, nämlich zwischen Korea, China und Japan, gibt es keinen Weltfrieden. China und Japan müssen ein korrektes Verständnis ihrer vergangenen Geschichte entwickeln. Es ist notwendig, darüber zu reflektieren und sich zu entschuldigen. Diese drei Länder müssen die Solidarität und das Verantwortungsgefühl beweisen, ein "gemeinsames Haus" des Friedens aufzubauen.

Der ehemalige Bundespräsident von Weizsäcker erklärte in seiner Rede zum 40. Jahrestag des Endes des Zweiten Weltkriegs am 08. Mai 1985 folgendes:

"Wer aber vor der Vergangenheit die Augen verschließt, wird blind für die Gegenwart". Eine Nation, deren Augen vor der Vergangenheit verschlossen sind, kann nicht zu Frieden und Menschlichkeit beitragen. Um des Friedens willen müssen die drei Nationen Korea, China und Japan ihre Geschichte der Aggression und des Krieges überwinden und den Weg zu Koexistenz und den Frieden vorangehen.

Ich möchte meine Predigt mit dem Vers aus dem Lukasevangelium schließen: "Ehre sei Gott in der Höhe und Friede auf Erden bei den Menschen seines Wohlgefallens" hier in Deutschland und auch in Korea.

Amen.

2016.08.5

## *1-2-b. Peacemakers*

President Yu, Suk-sung (Seoul Theological University)

A peaceful world is the desire of humanity, and a peaceful life is the hope of all people. Even today all over the world, war, terror, and conflicts over religion, race, and economic inequality are arising. The task and role of Christianity for peace is important.

What is peace? In research on peace today, the concept of peace has a passive meaning and an active meaning. In the passive concept of peace, it means absence of war (Abwesenheit von Krieg), that is, the state of no war. Moreover, peace can be defined as a situation without violence, poverty, restrictions of freedom, or anxiety.

The active meaning of peace is the presence of justice (Anwesenheit von Gerechtigkeit), that is, a situation where social justice is being carried out, meaning the existence of social justice. In other words, peace is defined as a situation where efforts and means for life are equally distributed, and social justice is being carried out.

In the Christian concept of peace, as we connect the passive and active concepts of peace, it is a just peace which puts priority on the active concept of peace through emphasizing justice. A word that well expresses Christian peace is the Hebrew word shalom used in the Old Testament.

This word comes from the verb shalem meaning to make complete, whole, and safe, so it means safety, wholeness, completeness, and security. Shalom means existing wholly, completely, and safely, which means a state of being full and lacking nothing. Shalom goes beyond our simple understanding of peace to mean health, order, wholeness, justice, harmony, salvation, and welfare.

The meaning of shalom is that family, nation, society, and human community are not violated, and exist wholly, completely, and securely.

The Christian gospel is a gospel of peace. As in Luke 2:14, "Glory to God in the highest heaven, and on earth peace to those on whom his favor rests", Jesus came as the king of peace. Through Jesus Christ, humans came to enjoy God's peace (Rom. 5:1), and Christ who tore down the wall between Jews and Gentiles and made the two one is our peace (Eph. 2:14).

Jesus told Christians to become "peacemakers". As Matthew 5:9 says, "Blessed are the peacemakers, for they will be called children of God". God's children are peacemakers.

This verse is the seventh of the eight blessings in the beatitudes in Jesus' sermon on the mount. The beatitudes say that the poor in spirit, those who mourn, the meek, those who hunger and thirst for righteousness, the merciful, the pure in heart, the peacemakers, and those who are persecuted because of righteousness are blessed.

Here the original word for "peacemakers" is eirenopoioi (εἰρηνοποιοί) which means "peacemakers" or "those who bring about peace". This is telling us to go beyond being "peacekeepers" to become "peacemakers". So Matthew 5:9 is saying that God's children should be apostles of peace and be people who make peace.

The way to become peacemakers is through practicing it in our personal relationships, families, churches, and workplaces. In addition, solving problems in society and in the world like war, terror, hunger, poverty, lack of medical facilities, racial discrimination, disorder, environmental pollution, international refugees, religious conflict, racial strife, and the peaceful unification of North and South Korea is practicing peace. Making peace is the duty and responsibility of God's children.

We need to put into practice the prayer of St. Francis, "Lord, make me an instrument of thy peace. Where there is hatred, let me sow love; Where there is injury, pardon; Where there is doubt, faith;

Where there is despair, hope; Where there is darkness, light; Where there is sadness, joy."

In order to practice Christian peace, three principles of peace are necessary.

First, Christian peace is a just peace. Where social justice is practiced, God's peace is there. The psalmist poetically emphasizes that justice and peace are intimately connected by saying that righteousness and peace kiss each other (Psalm 85:10). Peace is a result of justice (Isaiah 32:17). Justice creates peace.

Second, Christian peace is not a given state but is a dynamic process that must be realized. Peace is made. The church should be a community to establish peace. Christians should be witnesses of peace and makers of peace. Jesus said that peacemakers are sons of God (Matt. 5:9).

Third, Christian peace is not a possession but a common way. In order to build peace, threats to peace like war preparations, terror, and violence are removed, and together we make a way to build a common peace in which we can trust each other. Christians must testify to peace and make peace. Practicing peace is the responsibility entrusted today to Christians and the church, and it is Christianity's duty and task for the world. Dietrich Bonhoeffer said that peace is the existence of Christ and God's command.

Without peace in the three East Asian nations of Japan, China, and Korea, there is no world peace. The three nations of Korea,

China, and Japan need to have a proper understanding of history, reflect on what needs to be reflected on, and apologize for what needs to be apologized for. These three nations need to have the solidarity and responsibility to build a "common house" of peace.

On May 8, 1985, at the 40th anniversary of the end of the war, German President Richard von Weizsäcker said the following in a speech.

"A person whose eyes are closed to the past is also blind about the present." A nation whose eyes are closed to the past can not contribute to the peace of humanity. For peace, the three nations of Korea, China, and Japan need to overcome their history of aggression and war, and move forward on the road to co-existence and co-prosperity.

## 1-2-c 平和をつくりだす人たち(Peacemakers)

柳錫成 (ソウル神学大学校 総長)

　平和な世の中は人類の念願であり、平和な生き方は人間の希望である。 今日も世界各地で戰争とテロ、宗教、人種、貧富の差からなる葛藤が生じている。平和のため働きをかけるべき基督教の課題と役割が重要なのである。

　平和とは何だろう。今日の平和研究においての平和の概念は消極的な意味と積極的な意味として用いられる。消極的な概念で平和とは戰争の不在(Abwesenheit von Krieg)、すなわち 戰争のない状態を意味している。さらに平和とは暴力、貧窮、不自由、不安のない状態に規定できるといえる。

　積極的な意味の平和とは正義の現存(Anwesenheit von Gerechtigkeit)、いわば、社會正義が行われている状態、社會正義の現存お意味している。言い換えれば生の実現のために機会と手段とが等しく配分され、社會正義が實現された状態を平和であると捉える。

　基督教の平和概念は消極的かつ積極的な平和概念を含めながら正義を強調することによって 積極的な平和概念を優先する正義のある平和 (just peace)である。

　基督教の平和についてよく教えている言葉は舊約に表れたヘブライ語のシャロム(schalom)である。これは完全である、全きに

なる、安全であるというシャレム(schalem)という動詞から派生した言葉であり、完全性、総体性、全き、安全さという意味である。シャロム(schalom)とは全く完全、かつ安全に存在することという意味として全ての面において豊かで乏しいことのない状態を意味している。シャロム(schalom)は單なる韓国語の平和の意味を越え、健康、秩序、全き、正義、調和、救援、福祉などの意味をもっている。

シャロム(schalom)の意味は家族、民族、社会、人間の共同體が侵害されず、全きで完全で安全に存在するのを意味する。

基督教の福音も平和の福音である。「いと高きところには栄光、神にあれ、地には平和、御心に適う人にあれ。」(ルカによる福音書2章14節)という御言葉のように、主イエスは平和の王として訪れた。

1 「信仰によって義と認められた私たちは、私たちの主イエス・キリストによって、神との平和を持つ」ようになり(ローマ人への手紙5章1節)、「キリストこそ私たちの平和であり、二つのものを一つにし、隔ての壁を打ちこわして」ご自身が平和になった方である。(エペソ人への手紙2章13〜16節)

イエスさまはキリスト者たちに「平和をつくり出す人」になりなさいと言われた。「平和をつくり出す人たちは、さいわいである、彼らは神の子と呼ばれるであろう。」(マタイによる福音書5章9節)と言われたみ言葉のように神の子とは平和をつくり出す人の意味である。

この御言葉はイエスさまの山上の垂訓(マタイによる福音書5章-7

章)の中の幸福の説教、真福八端（しんぷくはったん）のなかで
七番目の幸福の説教である。 真福八端（しんぷくはったん）は
心の貧しい者、悲しむ者、柔和な者、義に飢え渇いている者、
あわれみ深い者、 心のきよい者、平和をつくる者、そして義の
ために迫害されている者が幸いだとの意味である。

　この「平和をつくる者」の原文は「エイレノポイオイ
(εἰρηνοποιοί)」で、本来の意味は 「平和をつくる者」「平和をつ
くり出する者」「平和になさせる人たち」の意味である。これ
は平和を守る人たち(peacekeepers)の水準を越え、平和をつくりだ
す人たち(peacemakers)になれという命令である。というわけで、
このマタイによる福音書５章の９節の御言葉は神の子は平和の使
者になって、平和をつくり出す人にならねばならないという意
味を表わしているのである。

　平和をつくりだす人になる道は個人的な人間關係、家庭、教
會、職場において實踐することだけでなく、社會のなか引いて
は世界の中で、戰爭,テロ、飢餓、貧困、醫療施設不足、人種差
別、無秩序、環境汚染、國際難民、宗敎の葛藤、人種紛糾、南
北平和統一の問題を解決 するのが平和を實現するのである。平
和をつくりだすことは神の子の義務であり、責任でもある。

　聖フランシスコの平和の祈りの「主よ わたしをあなたの平和
の道具としてお使い下さい」という祈りを実践しなければなら
ないのである。「憎しみのあるところに愛を、いさかいのある
ところにゆるしを、分裂のあるところに一致を、絶望のあると

ころに希望を、悲しみのあるところによろこびをもたらすもの
としてください」

　基督教の平和を實踐するためには、三つの平和の原則が必要
とされる。第一、基督教の平和とは義とされる平和なのであ
る。社會の正義が實現されるところに神様の平和が訪れる。詩
篇記者は詩的形式を捉えて、「いつくしみとまことが出会う」
「義と平和が互いに口づけする」(詩編85:10) と表現した。この表
現を通して詩篇記者は義と平和が互いに密接につながっている
のを強調している。「正義は平和を生じ、正義の結ぶ実はとこ
しえの平安と信頼である。」(イザヤ書 32:17). 正義が平和をつく
り出すのである。

　第二、基督教の平和とは与えられた状態でなく、實現してい
く過程である。平和はつくっていくものである。教會は平和を
建てていく平和樹立の共同體にならねばならない。キリスト者
は平和をつくった証しを證言し、平和をつくり出す者にならな
ければと思うのである。イエス様は「平和を実現する人々は、
幸いである、その人たちは神の子と呼ばれる。」(マタイによる福
音書 5:9) と言われた。

　第三、基督教の平和とは所有でなく共に生きる道である。平
和を建設するためには平和を脅かしている戦争の準備、テロ、
暴力を取り除き、お互いに信頼できる共同な平和の建設の途を
ともに創っていかなければと思うのである。キリスト者は平和
についての体験を証しとして證言し、平和をつくり出す者にな

らねばならない。平和を実生活で実践するのは、今日のキリスト者と教會に任された責任であり、この世に向けての基督教の義務で、課題である。ディートリッヒ・ボンヘッファー(Dietrich Bonhoeffer)は「平和はキリストの現存であり、神様の戒めである」と述べた。

　日本、中国、韓國のアジアの三ヶ国の平和なしでは世界平和ができない。韓·中·日の三ヶ国はかつての歴史について正しく認識し、省みるべきことは省み、謝罪すべきなことは謝罪すべきである。この三ヶ国は連帯意識(solidarity)と責任意識(responsibility)をもち、平和の「共同の家」創らなければならないのである。

　ドイツのリヒャルト・フォン・ヴァイツゼッカー(Richard Karl Freiherr von Weizsäcker) 大統領は1985年 5月 8日終戰40周年迎え、記念式で行った演說で次のように述べた。
　「過去を前にして目を閉じる人は今の現実にたいしても目が暗んでしまうのである。」
　過去の歴史に目を閉じた民族は人類の平和に役立つことはないだろう。平和のために 韓·中·日 三ヶ國は侵略と戰爭の過去の歴史を克服し、相生と平和共存への道に進んでいくべきではないだろうか。

# 1-3. 평화통일 지향적 가치체계

## 머리말

영국의 시인 키플링(R. Kipling 1865-1936)은 이렇게 노래하였다. "오, 동(東)은 동(東), 서(西)는 서(西). 이 둘은 결코 만나지 않으리라. 땅과 하늘이 신의 위대한 심판석상에 설때까지." 키플링이 동은 동, 서는 서. 결코 만날 수 없다고 한 것처럼 분단된 한민족은 남(南)은 남(南), 북(北)은 북(北). 이제 다시 만나 통일을 이룰 수 없는 것인가.

2005년은 우리 민족이 잔혹한 일본제국주의의 35년간의 일제 강점기로부터 해방된 지 50주년을 맞게 되는 해이다. 동시에 민족이 남북으로 분단된 지 50년이 되는 해이기도 하다. 이뿐 아니라 6월은 같은 민족으로서 동족에게 총뿌리를 겨누고 죽이는 동족상잔의 6.25전쟁 45주년이 되는 해이기도 하다. 분단체제 하에서 각기 다른 체제와 이념으로 인한 사고구조와 행동양식, 생화문화를 가지게 되어 이질화현상과 각기 다른 가치관 속에 살게 되었다. 이 글에서는 탈냉전시대의 냉전지역으로 남아 세계화의 시대를 맞고 있는 상황을 분석하고, 분단시대 속에서 형성된 이질적인 가치관에 대하여 논하고 이것을 극복하기 위한 평화통일의 가치정립에 대하여 밝혀 보고자 한다.

## 1. 분단시대의 세계화 - 탈냉전시대의 냉전지역

오늘의 세계는 대변혁의 역사적 전환점에서 신국제질서로 개편되고 있다. 제2차 세계대전 이후 미국과 소련의 양극적 구도로 구축된 동서 이데올로기의 냉전체제가 새로운 모습으로 탈바꿈하고 있다. 세계를 동서의 대결구조로 분할했던 얄타체제로부터 화해와 협력의 구조로 바꾸려는 몰타체제의 새로운 시대가 열린 것이다. 제2차 세계대전 중 미국, 영국, 소련의 수뇌들이 가진 얄타회담(1945. 2. 14-15)이 냉전의 출발의 신호였다면 1989년 12월의 미.소 몰타정상회담은 냉전을 종식하고 신국제질서로 들어가는 분기점이 된 것이다. 신국제질서의 제2차 세계대전 이후 계속하여 지속되어 왔던 이념의 양극현상과 그것을 뒷받침한 군사적 상태를 청산하자는 탈이념 탈냉전 선언을 의미한다.[1]

1989년 냉전시대의 대표적 상징을 뜻하던 베를린장벽이 헐리고 이듬해 1990년 10월 3일 독일이 통일되었다. 동구권의 사회주의체제가 해체되고 1991년 8월 28일 「현존사회주의」의 종주국이라고 할 수 있는 소련이 붕괴되었다. 1917년 레닌의 공산주의 혁명의 성공 이래 74년간이나 통치하여 온 소련공산당이 그의 붉은 깃발을 내리고 종언을 고하였다. 그후 세계질서는 재편되어가고 있다. 이데올로기의 대결인 동서의 대결에서 경제적 문제인 남북의 대결 시대로 접어들었다. 경제문제도 블록화하고 있다. 세계는 민족과 인종을 앞세운 민족주의 고양과 인종에 의한 지역분쟁현상이 나타나고 있다. 또한 자국의 경제적 이익을 추구하는 국가적 이기주의를 꾀하고 있다.

한국에서는 1993년 이른바 〈문민정부〉가 출범하여 「세계화」를 제안하였다. 한국사회는 세계화와 지방화의 시대를 맞이하게 되었다. 2004년 11월 17일 김영삼 대통령은 '세계화구상'을 발표하였다.

---

1) 오기평, "신국제질서와 한국의 외교과제", 『국가전략』 제1권 제1호 1995. 봄.여름 p.105 참조

이른바 「시드니선언」이라고 불리는 이 세계화 구상은 국정운영의 목표를 세계화로 제시한 것이다. 1995년 1월 세계무역기구(WTO) 체제가 출범하였다. 제2차 세계대전 이후 세계경제질서를 주도하여 왔던 "관세 및 무역에 관한 일반협정"(GATT)체제에서 세계무역기구(WTO) 체제로 출범하게 된 것이다. 「세계화」에 대하여 일정하게 합의된 개념이 아니라는데 문제가 있다. 「세계화」에 대한 논의가 활발해지고 있지만 긴 역사적 관점에서 보면 어제 오늘의 새로운 추세가 아니라 인류역사의 출발점으로부터 시작된 긴 역사의 변천과정의 가장 근본적인 방향이라 할 수 있다.[2] 세계화는 현 정권의 정국타개용으로 내거는 「슬로건」이나 지배이데올로기적 언술이 되지 않아야 할 것이다.[3]

왜 사회주의 체제가 붕괴되고 있는가? 사회주의 체제가 붕괴된 것은 자본주의의 이념적 우월성 때문보다는 사회주의체제가 가지고 있는 자체 내의 모순과 병폐 때문이었다. 위로부터 강요된 강압적이며 인위적 평등은 결과적으로 「빈곤의 평등」의 결과를 초래하였다. 공산당과 군대 그리고 비밀경찰에 의해 유지되어 온 반민주적 반민중적 당의 폭압적 관료체제는 인간이 인간답게 살 수 없는 비인간화의 억압구조를 창출하였다. 그 결과 인간의 자유가 결핍되고 인권이 유린되는 표본적인 삶의 현장이 되게 되었고 사회주의 체제하에 살아야만 하는 인민들의 「아래로부터의 저항」을 받게 되어 사회주의 체제가 해체된 것이다. 물론 여기에는 고르바쵸프의 「위로부터의 혁명」이라고 할 수 있는 페레스트로이카(개혁)와 글라스노스트(개방)의 영향이 크게 작용하였던 것도 사실이다. 이제 세계는 동과 서

---

2) 계간『사상』1993. 겨울, 1994, p.6 참조
3) 『경제정의』1995. 봄호, p.150 참조

의 이념적 대결에서 경제의 문제인 남과 북의 대결구도로 바뀌고 전개되고 있다. 세계에는 사회주의를 체제이념으로 하는 공산주의 국가는 중국, 베트남, 쿠바, 북한이 남게 되었다. 오늘의 한반도에 삶을 살아야 하는 우리는 지구상 분단의 마지막 국가로 남아 탈냉전시대에 냉전지역으로 남게 되었다.

## 2. 분단시대의 분단의식과 가치체계

가치관에 따라 인간의 사고방식과 행동양식이 달라진다. 민족분단과 6·25한국전쟁은 민족성원들에게 남북의 가치체계와 가치관의 변화를 가져왔다. 먼저 분단의 과정과 원인, 분단의 유형에 대하여 말하고자 한다.

1945년 8월 15일 일본이 연합국에 무조건 항복함으로써 한국은 일본 제국주의의 학정으로부터 해방되었다. 그러나 해방의 역사는 동시에 남북분단의 역사가 되었다. 분단의 근원적인 원인은 일본통치에 있었고 직접적인 원인은 미국군과 소련군의 한반도 분할점령에 있었다. 내적인 요인으로는 1945년 해방 당시 민족사회 전체가 민족해방에 대한 객관적 이해가 투철하지 못했던 점, 한반도 지정학적 위치에 대한 국제정치적 이해가 높지 못했던 점 그리고 일제 강점기 말기 민족해방운동의 통일전선방향이 8.15 후 계승되지 못한 점을 들 수 있다.[4] 이뿐 아니라 해방 후 좌·우 중간파의 사상적 분열로 인하여 해방 후 통일민족국가를 수립하기 위한 기반조차 만들지 못하였다. 급기야 민족분열이 본격화하여 6·25전쟁이라는 동족상

---

4) 강만길,『고쳐쓴 한국현대사』(한길사 : 1994), p.201.

잔을 치르게 되어 분단시대[5]를 맞게 되고 분단체제를 고착시켰다. 남북의 분단은 한민족의 비극의 원인이 되었다. 분단으로 인하여 국토는 양단되어 한민족의 동질성은 파괴되었다. 6·25라는 동족상잔의 비극과 일천만 이산가족이 고통을 겪게 되었다. 분단은 체제와 이념의 대립과 대결 및 간단없는 전쟁의 위협 속에 무력을 증가시켜 국가예산의 많은 부분을 군사비로 사용하고 있다. 남한과 북한은 통일문제를 정권을 유지하고 강화시키는 차원에서 이용과 악용을 하였다. 국가안보라는 명목으로 개인의 자유를 유보시키고 기본권과 인권을 침해하고 국토를 요새화하기도 하였다.

　1945년 제2차 세계대전이 끝난 후 분단된 국가는 4개국이다. 1945년 5월 8일 독일이 동독과 서독으로, 1945년 8월 15일 한반도가 남과 북으로 1949년 10월 1일 중국이 중공과 대만으로 1954년 7월 21일 베트남이 월맹과 월남으로 분단되었다. 그러나 예멘은 일시에 분단된 것이 아니고 제2차 세계대전을 전후하여 50년간의 시간차를 두고 남과 북으로 분열되었다. 북예멘은 1517년 오스만터키에 점령되어 지배를 받아오다가 제1차 세계대전으로 인하여 오스만터키가 붕괴되자 남예멘지역을 제외한 북예멘이 1917년 독립되고, 1918년 예멘 아랍공화국을 수립하였다. 북예멘은 대외적으로 비동맹 중립노선을 추구하여 대내적으로는 이슬람교의 원리를 국가이념으로 한 입헌공화제국가였다. 남예멘은 1839년부터 1967년까지 영국의 식민지였다. 1967년 영국으로부터 독립을 하여 예멘인민공화국정부를 수립하였다. 남예멘은 다른 분단국처럼 똑같은 시각에

5) 강만길 교수는 20세기 후반기를 "해방 후 시대"로 부르는데 반대하고 "분단시대"나 "일운동시대"로 명명하였다. 그 이유는 "해방 후 시대"로 부르는 역사의식은 분단체제를 기정사실화하여 그 속에 안주하는 일을 경계하고, 그것이 청산되어야 할 시대임을 철저히 인식하면서 청산의 방향을 모색하기 위해서이다. 강 만길, 『분단시대의 역사의식』(창작과 비평사 : 1978), p.15.0

동시에 분단된 분단국가가 아니라(북예멘 1917년, 남예멘 1967년) 50년의 시차를 두고 분리독립되었기 때문에 분열국가로 구분한다.[6]

분단국가들은 차례로 통일을 실현하였다. 1975년 4월 30일 베트남은 적화통일되었고 1990년 5월 22일 예멘이 합의에 의한 평화통일을 이룩하였으나, 그후 남예멘이 통일체제에서 이탈을 시도하여 남북이 무력충돌을 일으켜 1994년 7월 9일 북예멘에 의하여 무력 재통일 하였다. 1990년 10월 3일 독일이 동독이 서독으로 "흡수통일"되었다. 분단된 국가는 중국과 대만, 한반도 남한과 북한이 남게 되었다. 그러나 중국과 대만의 분단문제는 오늘날 국제사회에서 분단국문제로 취급되지 않고 있다. 왜냐하면 1971년 UN에서 대만이 추방된 후 세계의 여러 국가들은 중공을 중국의 유일, 합법정부로 승인하고 대만은 중국내 영토의 일부로 인정하기 때문이다. 그렇다면 이제 분단국가는 '우리 한반도밖에 없다'는 사실이다.[7]

분단국가를 유형별로 보면 1) 국제형 분단 및 내쟁형(內爭型)분단 2) 안정형 분단 및 불안정형 분단으로 나눌 수 있다. 분단국가의 유형화를 시도한 최초의 정치학자는 일본 게이오 기주쿠대학(慶應 義塾 大學)의 가미야 후지(神谷不二) 교수였다. 그는 1969년 6월 「중앙공론 (中央公論)」에 발표한 「분단국 문제(分斷國問題)와 일본외교(日本外交)」라는 논문에서 분단국가를 국가형성 분단 및 내쟁형 분단, 안정형 분단 및 불안정형 분단으로 나누었다.[8] 국제적 분단과 내쟁형 분단은 분단의 원인을 중심으로 나눈 유형이고 안정형 분단과 불안정형 분단은 분단 이후 쌍방의 관계에 초점을 맞추어 본 유형이다. 국

6) 장석은, 『분단국의 통일과 교훈』, 통일총서 20 (통일연수원 : 1993), p.28.

7) Ibid., p.4.

8) 이홍구 외 공저, 『분단과 통일 그리고 민족주의』 (박영사 : 1985), p.27.

제적 분단은 독일과 한반도가 대표적이다. 이 두 나라는 강대국들의 합의에 의하여 분단된 경우이다. 내쟁적 분단은 중국과 베트남이 대표적 예로서 민족 내부의 분쟁의 결과 분단된 경우이다. 안정형 분단은 동서독의 관계였다. 양자관계가 안정성을 갖는 것을 말한다. 불안정형 분단의 대표적 예는 베트남이었다. 분단의 원인이 내쟁(內爭)에 있었다. 김학준 교수에 의하면 한국의 분단은 국제형 분단과 내쟁형 분단의 복합이다. 더 정확히 말하자면 국제형 요소가 우세한 국제형·내쟁형의 복합형이다. 이것이 한국전쟁의 한 원인이 되기도 하였다.[9] 즉, 민족독립운동 당시 이념적 분열의 내쟁적 성격이 해방 후 분단의 원인이 되었다는 것이다.[10]

분단된 민족이 6·25라는 전쟁을 통하여 더욱 더 사상, 군사, 외교 등의 극한 대립을 보였고 증오와 적대감정을 가지게 되었다.[11] 6·25전쟁은 3년 1개월간의 계속된 전쟁(1950.6.25 -1953.7.27)이었으며, 약 450만 명의 인명피해를 내었다. 전쟁기간 중 한국의 43%의 산업시설과 33%의 주택이 완전히 파괴되었다. 이뿐 아니라 남북한은 냉전적 대결구도 속에서 삶의 양식과 가치체계가 이질화와 갈등상황을 불러 일으켰다. 서로 다른 가치관 속에 살게 되었다.[12] 남북한 갈등의 요인으로 정치적 측면, 사회경제적 측면, 문화적 측면에서 찾아 볼 수 있다.[13] 첫째, 정치적 측면에서 삶의 양식에 갈등

---

9) 이 견해는 김 학준 교수의 견해이다. Ibid., p.28.

10) 이명영, 『권력의 역사 : 조선 노동당과 근대사』( 성균관대학교출판부 : 1983), pp.6-7.

11) 한국전쟁의 기원에 관하여 : Bruce Cummings, The Origins of the Korean War.김자동 역, 『한국전쟁의 기원』(일월서각 : 1986) 김학준, 『한국전쟁 - 원인·과정·휴전·영향』( 박영사 : 1989)

12) 사회변동과 관련하여 가치관 변화와 가치갈등에 관하여 : 임희섭, 『사회변동과 가치관』( 정음사 : 1986), 제1장.제2장 참조.

13) 신 정현, "남북한 현존 삶의 양식의 갈등양상 진단,「통일한국의『삶의 양식과 가치체계 탐색」( 한국정신문화연구원 : 1993), p.50-56 참조.

을 야기한 요인으로는 남북한의 정치체제를 들 수 있다. 정치제도는 남한에서는 자유민주주의, 북한에서는 인민민주주의를 채택하였다. 남한은 자유민주공화국이며 북한은 인민의 이익을 대표하는 사회주의 국가이다. 이데올로기 면에서도 자유민주주의와 자본주의의 원칙을 채택하였지만 6·25전쟁을 통하여 남북한은 서로의 이념적 경직성을 강화하였다. 남한에서는 반공이데올로기를 바탕으로 권위주의적 혹은 군사적 정권이 들어섰다. 북한에서는 반미 주체사상을 기반으로 하는 공산당 독재체제가 구축되었다. 남과 북이 상호 정권 안보적 차원에서 통일문제를 이용하기도 하였다.[14] 북한의 국가생활 전반에 적용되는 지고의 가치체계는 마르크스-레닌주의와 김일성 주체사상이다. 둘째, 남북한은 사회구조와 경제체제 면에서 근본적인 차이가 있다. 남한은 시장경제원리에 바탕을 둔 자본주의경제 체제인 반면, 북한은 사회주의 방식에 의한 획일적이고 집단적인 생활구조이다. 북한은 사회주의체제를 바탕으로 사유재산을 인정하지 않고 생산수단을 국유화하였다. 남북한 경제는 큰 격차로 차이가 나기 때문에 큰 갈등의 요인이 된다. 셋째, 문화적 측면에서 남한은 전통문화의 순수성과 이것을 계승, 발전시키며 외래문화에 대하여 개방적이다. 이에 반하여 북한은 이데올로기적 요소가 크게 작용하여 언제나 당성, 계급성, 혁명성이 강조되었다. 이데올로기는 기본적으로 그 본성상 철저한 배타성, 이분법적 논리에 근거한 흑백논리, 교조적 성격이 강하다. 이런 이데올로기는 가치체계, 의식구조, 행동규범을 규정하는데 절대적인 기준이 되고 있다.

　가치관에 따라 사고방식, 행동양식이 좌우된다. 가치관은 두 가지 측면에서 규정지을 수 있다. 첫째,「관념으로서의 가치관」으로서 선

---

14)　21세기위원회 편,『21세기의 한국』(서울프레스 : 1995), p.958.

악, 시비 따위의 실천적 문제에 대하여 가지고 있는 생각을 의미하며, 둘째, 「행동의 원동력으로서 가치관」으로서 사람들로 하여금 어떤 행동을 일으키게 하는 심리적 요인을 의미한다.[15] 다른 말로 표현하면 "가치관이란 삶의 여러 장면에서 그 행동방향의 결정에 중요하게 작용하는 '무엇이 바람직한 것이냐'에 관한 일반적인 개념들이라고 정의할 수 있다."[16] 한국의 전통적 가치관은 상하의 수직적 관계를 중시하는 권위주의적 가치관, 혈연과 지연에 의한 유대의식을 강조하는 연고주의적 가치관, 가족의 명예와 번창을 무엇보다 중요시하는 가족주의적 가치관, 감정적 인간관계를 강조하는 인정 주의적 가치관이다.[17] 남북한은 분단 50년 동안 정치 및 경제제도가 다르고 사회구조가 다른 체제 속에서 각기 다른 삶의 양식으로 살아왔기 때문에 서로 다른 가치관, 세계관, 인간관, 역사관, 국가관을 지닌 채 살아간다. 가치관에 있어서도 남한에서는 이윤을 추구하는 가치지향적인 삶을 산다. 따라서 개인주의적, 이기주의적 가치관이 나타난다. 북한은 이념지향적인 가치관이 지배적이기 때문에 집단주의적이고 조직지향적인 가치관이 만연되었다.[18] 북한에서는 전통적인 유교문화와 가치관이 온존하고 있다. 그동안 북한의 통치양식은 조선시대의 왕조제도, 일제의 천황제도, 소련의 스탈린주의를 물려받은 역사적 배경에서 형성되었다. 그 대표적인 예로 왕조시대에 보여주었던 중앙집권력이 강한 통치방식을 택하기 때문에 김일성 개인의 숭배는 왕에 대한 숭배와 유사하게 통용되었다. 그뿐 아니라 김일성을 '어버이'로 호칭하는 '국가가족주의' 내지 '가족주의적 국

15) 김 태길, 『인간회복서장』, 삼성문화문고 27 (서울 : 삼성문화재단, 1973), p.14.
16) 정 범모, "통일한국의 가치체계", 『통일한국의 삶의 양식과 가치체계 탐색』, p.29.
17) 이 상주, "새로운 가치관 정립의 과제" 『지성의 광장에서』 (춘천 : 강원대출판부, 1987), p.11.
18) 『21세기의 한국』 p.960.

가'의 관념을 가지고 있었다. 가부장적 문화가 온존하는 가신적 양식(家臣的 樣式)이 나타나있다. 주체사상의 유일사상적 가치관과 시혜적 가치관이 국가에서 배급하는 배급제방식 때문에 형성되어 왔다. 남한에서는 흔히 가치관이 전도된 사회라고 한다. 본래적 가치가 도구적 가치로, 수단적인 도구적 가치가 본래적 가치로 뒤바뀌는 것을 의미한다. 돈, 권력 등 외면적 가치를 중시하고 인격, 학문, 사랑, 평화 등 내면적 가치를 경시하는 풍조이다. 현대 한국인들의 생활태도, 즉 가치관의 모습은 어떠한가. 금전과 권력지향적이며 관능적, 감각적 쾌락의 추구, 자기중심적 이기주의적인 경향, 연고주의 내지 정실주의, 외관을 중시하는 경향, 노동천시, 인명경시, 주체성이 빈곤한 순응주의, 정신적 빈곤에서 오는 반지성주의, 사고력의 열악성에서 오는 인정편중 경향성 등이다.[19] 남한에서 「천민자본주의」로 물질화된 물질위주의 가치관이 지양되고 정신적 가치가 중시되는 바른 가치관이 정립되어야 한다.

　가치관은 사회적 통합에 결정적 역할을 한다. 분단 50년 동안 사회체제와 개인적 삶의 방식을 달리하고 살아 왔기 때문에 민족적 공통성의 기반이 상당부분 훼손되고, 이질화의 정도가 심해졌다. 남과 북인 상호의존적 관계가 되고 신뢰를 구축하여야 하며 한민족 공동체의식을 회복하여야 할 것이다. 통일한국의 정치체제는 자유민주주의 경제는 자본주의 자유시장 경제체제, 사회는 다원주의 원칙에서 건설되어야 하리라고 본다. 평화통일을 위해서 평화통일의 가치체계가 정립되어야 할 것이다. 이뿐 아니라 민족주체적인 힘으로 통일을 이루는 민족주의적인 이념적 가치체계로 통합을 모색할 수 있을 것이다. 민족주의는 남과 북이 다른 의미로 사용하고 있기 때문

---

19)  고범서,『가치관연구』(나남 : 1992) 김태길,『인간회복서장』, pp.12ff.

에 다음의 전제가 필요하다. "민족적 전통과 정통성의 바탕위에서 한국민족구성원의 사회적 통합과 민족국가 발전에 기여적, 세계사적 차원에서 대등성과 민족적 헌신이 담보될 수 있어야 한다."[20]

## 결론 : 「칼을 쳐서 보습」을 만드는 평화통일의 가치체계

  분단된 한반도에서 평화통일은 기필코 이루어 내야 할 한민족의 염원과 과제와 목표이다. 한민족은 단일민족으로서 통일국가의 모습으로 민족문화를 창조하고 민족적 자주성을 발휘하여 왔다. 우리 민족은 어떠한 지리적, 인종적, 문화적, 경제적인 면에서도 분단될 이유가 없다. 통일은 반드시 이루어야 한다. 분단 속에서 생겨난 남북한의 이질화현상을 극복하고 한민족의 동질성을 극복하기 위하여 통일은 필요하다. 남과 북의 민족역량을 낭비하는 대결을 피하고 한민족의 번영을 위하여 통일이 실현되어야 한다. 그뿐 아니라 분단 때문에 생긴 천만 명이 넘는 이산가족들의 고통을 덜어주기 위한 인도주의적인 면에서도 통일을 필요하다. 더 나아가 동북아뿐 아니라 세계평화에 이바지하기 위하여 분단을 극복하고 통일을 이루어야 한다. 한반도는 통일의 가능성이 「현실」로 실현될 수 있다는 희망이 그 어느 때보다도 높아졌다.

  한국의 통일은 무력의 방법이 아니라 정의와 화해와 자유의 모습으로 구체화된다. 평화는 주어진 상태가 아니라 실현되어가는 과정이다. 평화는 인권이 보장되고 인간이 인간답게 사는 정치적 민주화, 경제적인 사회정의의 실현, 문화적 소외감의 극복, 자연과의 화

---

20) 진덕규, 『통일과 민족주의』 (통일연수원 : 1993), pp. 76-77.

해와 조화, 하나님 나라를 지향하는 교회 속에서 구체화된다. 구체적으로 불평화의 구조를 만들어내는 분단의 담을 헐고 통일이 되도록 통일 환경을 만들고 통일을 이루어야 할 것이다.[21)

통일한국의 모습은 자유, 정의, 평등의 사회가 되어야 할 것이다. 기독교는 북한의 주체사상을 극복할 수 있는 대체이념을 제시하여야 할 것이다. 독일의 경우 베를린장벽이 무너져 완전히 통일이 되었지만 1등 국민(서독)과 2등 국민(동독) 사이에 마음의 장벽과 사회적 장벽은 아직도 높이 쌓여 있고 과거에는 1민족 2국가였지만 이제는 1국가 2사회의 국가가 되었다. 한반도가 통일이 될 경우 정치, 사회 – 경제, 문화적 측면에서 갈등양상이 나타날 것이다. 통일이 되어도 갈등구조가 완화되거나 해소되지 않는다면 진정한 남북한 통합이나 통일이 이루어지지 않을 것이다. 남북한 갈등상태는 구조적이며 이념적이고 가치 내재적이기 때문에 간단히 해소될 수 있는 것이 아니다.[22) 갈등구조가 완화되거나 해소되기 위하여 평화통일의 가치체계가 확립되어야 할 것이다.

그것은 예언자 이사야와 미가가 외친대로 이 땅을 「칼을 쳐서 보습을 만들고 창을 쳐서 낫을 만들어 다시는 전쟁을 연습치 않는 나라로 만드는 일」을 하여야 한다.

---

21) 유석성, 「평화의 이념과 평화윤리」, 『교수논총』 제3집 (서울신학대학교 : 1992).
22) 신정현, "남북한 현존 삶의 양식의 갈등양상 진단" 『통일한국의 삶의 양식과 가치체계 탐색』, (정신문화연구원 : 1993), p.43. 참조.

# 1-4. 본회퍼의 평화사상과 평화통일

2015년은 디트리히 본회퍼가 히틀러 나치정권에 의해 처형된 지 70주년이 되는 해이다. 동시에 올해는 한민족이 일제 강점기로부터 해방된 지 70주년이 되는 동시에 분단 70주년이 되는 해이기도 하다. 본회퍼는 기독교 평화통일의 선구자이다. 현대 기독교 평화운동은 본회퍼로부터 시작된다. 1990년 서울에서 개최되었던 "정의, 평화, 창조질서의 보전"(Justice, Peace and Integrity of Creation) 대회도 본회퍼가 1934년 제안했던 것을 실현한 것이다.

한반도는 통일이 되어야 한다. 한반도의 통일은 평화통일이어야 한다. 그렇다면 본회퍼의 평화사상은 한반도의 평화통일을 위한 기독교의 역할에 대하여 어떤 가르침을 주는가?

## 1. 본회퍼의 평화사상

디트리히 본회퍼는 20세기 후반 세계 신학계와 교회에 큰 영향을 준 신학자였다. 그뿐 아니라 히틀러 나치정권에 항거한 본회퍼는 독재정권에 맞서 저항하는 이들의 정신적 주지가 되었다. 그는 또한 민주화와 정의와 자유와 평화를 위해 투쟁하는 곳에 항거의 모범이 되었다. 한국의 민주화운동뿐 아니라 아시아, 남아프리카, 남미 등 민중이 억압받는 고난의 현장에서 본회퍼는 저항하는 사람들에게 용기를 주었다.

본회퍼는 세계와 교회에게 하나님 안에서 이루어지는 그리스도 평화를 가르쳐 주었다. 본회퍼는 히틀러 암살계획에 가담하였다가 2년간의 감옥 생활 후 1945년 4월 9일 이른 아침 플로센뷔르크 수용소에서 교수형에 처해진 순교자였다. 본회퍼는 처형된 후 시체를 태워 재를 뿌렸기 때문에 그의 무덤은 없다.

지난 1월 플로센뷔르크를 방문하였다. 플로센뷔르크 수용소가 있었던 마을의 루터교회당 내부 벽에는 이렇게 새겨져 있었다.

그의 형제들 가운데 예수 그리스도 증인 디트리 본회퍼 1906년 2월 4일 브레슬라우에서 태어나 1945년 4월9일 플로센뷔르크에서 생을 마감하다.(DIETRICH BONHOEFFER EIN ZEUGE JESU CHRISTI UNTER SEINEN BRUEDERN GEB 4 FEBR 1906 IN BRESLAU + 9 APRIL 1945 IN FLOSSENBUERG)

본회퍼는 그렇게 죽었기 때문에 오늘도 이렇게 살아있다. 본회퍼는 그리스도의 평화가 무엇인가를, 평화를 위하여 사는 사람은 어떻게 살고 어떻게 죽임을 당하는가를, 평화를 위하여 교회는 무엇을 해야 하는가를 보여 주었다.

본회퍼가 기독교평화에 관심을 갖게 되는데 영향을 준 두 사람이 있다. 한 사람은 프랑스인 쟝 라세르이다. 이 사람은 본회퍼로 하여금 평화에 대하여 눈을 뜨게 해준 사람이다. 본회퍼가 1930-31년 미국의 유니온 신학교에서 연구하는 동안 프랑스에서 온 쟝 라세르는 본회퍼에게 기독교 평화주의에 대하여 소개해 주었다. 본회퍼는 산상설교에 나타난 평화사상을 깨닫게 되었다. 예수의 가르침 중에서 보복금지, 비폭력, 원수사랑으로부터 기독교 평화를 깨닫고 배우게 되었다. 그 당시 독일 루터교회에서는 이런 평화를 생각하지 못하였다. 본회퍼는 이때 기독교 평화는 민족적 배경을 초월해야 할 필요성을 인식하였다.

또 한 사람은 인도의 간디이다. 본회퍼는 간디의 비폭력 방법을 높이 평가하고, "폭력을 필요로 하지 않는 저항의 형식"에 감명을 받았다. 본회퍼는 인도를 방문하여 간디를 만나기로 간디의 허락을 받았으나 그 계획은 이루어지지 않았다. 본회퍼는 간디가 예수님의 산상설교의 가르침을 잘 실천하고 있다고 보았다. 본회퍼는 그의 평화설교에서 이렇게까지 말한다. "우리는 동쪽에 있는 이교도로부터 수치를 당하지 않으면 안 되는가?" 여기서 이교도는 간디를 지칭한 말이다. 간디가 예수님의 산상설교의 평화사상을 가장 잘 실천했다고 평가하면서 힌두교인도 간디가 기독교인보다 잘 실천했기에 수치스럽다는 표현을 한 것이다. 본회퍼의 평화사상은 1930년대 강연과 설교, 그의 저서 『나를 따르라』(Nachfolge), 『윤리학』을 비롯한 그의 저서에 나타나 있다.

특별히 1934년 8월에 덴마크 파뇌에서 열린 에큐메니칼 교회회의에서 행한 강연과 설교에는 그의 사상이 잘 나타나 있다. 1934년 8월 28일 아침에 행한 평화설교는 기독교 평화운동의 시발점이라고 할 수 있다.

본회퍼의 평화사상은 성서에 기초한 기독교 평화사상이다. 산상설교와 구약과 복음서 바울서간에 나타난 평화에 관한 말씀을 토대로 기독교 평화를 말하고 있다. 그의 평화사상은 그리스도론적이며 교회론적이다.

그리스도가 평화이다. 평화는 그리스도 안에 그리스도를 통하여 나타난 하나님의 계명이다. 기독교인은 평화 실천을 위하여 하나님의 계명에 순종하도록 부르심을 받는다. 평화를 위하여 일하는 것이 하나님의 자녀로서 마땅히 해야 할 의무와 책임이다.

본회퍼는 전 세계가 결합하고 연대하게 하여 평화를 실천하는 것은 교회의 역할이라고 하였다. 교회는 민족적, 정치적, 사회적, 인종적인 모든 경계를 초월한다. 본회퍼는 평화를 위해 교회가 나설 것을 촉구하며 큰 규모의 위대한 에큐메니칼 공의회를 열 것을 제안하였다.

본회퍼는 평화는 민족중심적인 정치·경제적 방법이 아니라 신학적·신앙적 방법으로 이루어야 한다고 했다. 그는 여기에서 평화는 무기와 군비확장, 안전보장의 방법을 통해서가 아니라 기도와 비폭력적 방법을 통해서 이룰 것을 말하고 있다.

본회퍼는 정치적 계약이나 제도와 같은 정치적 방법, 국제자본 투자 같은 경제적 방법, 군비확장 같은 군사적 방법을 통하여 진정한 평화가 실현될 수 있다고 생각하는 세속적 평화주의를 거부하였다. 군비확장 등 군사적 방법을 안보(안전보장, Sicherheit)라는 용어로 사용하면서 안보라는 개념을 가지고는 평화가 실현될 수 없음을 말하였다. "안보로 향한 길 위에 평화는 없다"며 본회퍼는 안보는 평화의 반대라고 주장하였다. 왜냐하면 안보는 불신을 초래하기 때문이다. 본회퍼는 전쟁을 준비하고 있던 히틀러의 재군비 착수를 우회적으로 비판한 것이다.

'안보에는 평화가 없다'는 본회퍼의 신념은 오늘날의 핵시대에 더욱더 실감나는 말이다. 공멸의 수단인 핵으로 어떻게 세계평화를 이룰 수 있겠는가. 핵무기는 첫 번째 쏘는 자가 두 번째로 죽는, 모두를 죽이는 무기이다.

본회퍼는 평화는 과감하게 실현되는 것이며 커다란 모험이라고 하였다. 평화는 무기와 함께 이루어지는 것이 아니라 하나님과 함께 이루어지는 것이다. 평화는 십자가로 인도하는 길에서 얻어진다. 본회퍼는 평화를 위하여 교회가 나서야 하며 큰 공의회를 열 것을 주장하였다. 이것은 56년 후 1990년 서울에서 "정의, 평화 그리고 창조 질서의 보전" 대회로 열렸다.

본회퍼는 "시간이 급하다"(Die Stunde eilt)면서 평화의 긴급성을 이야기했다. 평화를 위해 교회가 앞장서지 않으면 내일 전쟁의 나팔소리가 울려 퍼질 것이라고 평화의 긴급성을 촉구하였다. 그로부터 5년 후 1939년 제2차 세계대전이 일어났다.

본회퍼는 진리와 정의가 실천되는 곳에 평화가 실현된다고 보았다. 기독교적 평화를 정의로운 평화로 본 것이다. 본회퍼는 평화를 실천하는 길은 십자가를 지는 제자의 길을 가는 것이고, 하나님과 이웃 앞에서 평화를 행하는 책임을 다하는 것이다.

평화주의자인 본회퍼가 어떻게 사람을 죽이는 암살계획을 할 수 있는가? 평화주의를 포기한 것이 아닌가? 본회퍼는 평화주의를 포기한 것이 아니라 원칙적 평화주의에서 상황에 의존하는 상황적 평화주의를 택할 수밖에 없었다. 1930년대 초에 평화주의를 주장하였던 본회퍼가 1940년대 초에 히틀러 암살단에 가담한 것은 평화주의를 포기한 것이 아니라 구체적인 신의 계명에 순종한 것을 의미한다.

본회퍼는 "히틀러는 전쟁을 의미한다"고 말한 바 있다. 본회퍼의 신학과 평화사상은 그의 삶 속에서 전기와 후기의 단절이 아니라, "일치 속의 다양한 모습의 결단"이었다. 교회의 정치적 책임을 강조하는 본회퍼의 모습은 다음과 같은 말에 극명하게 잘 표현되어 있다. 교회와 기독교가 할 일은 "바퀴 아래 깔린 희생자에게 붕대를 감아주는 것뿐만 아니라 바퀴 자체를 멈추게 하는 것이다." 본회퍼는 당시 미친 운전사인 히틀러를 제거하려고 하였던 것이다. 스코틀란드 신앙 고백에는 폭정에 저항할 의무를 말하고 있는데 본회퍼는 이것을 실천한 것이다.

## 2 . 본회퍼와 한반도 통일

　한국과 본회퍼, 한국 기독교와 본회퍼는 어떤 관계인가?

　한국에 본회퍼가 집중적으로 소개되고 그의 책들이 번역된 것은 1960년대부터이다. 본회퍼의 저서『신도의 공동생활』(1964년, 문익환),『나를 따르라』(1965, 허혁),『옥중서간』(1967, 고범서),『기독교 윤리』(1974, 손규태),『창조·타락·유혹』(1976, 문희석),『그리스도론』(1984, 이종성)이 번역되어 소개되었다. 그리고 독일에서 새로 편집되어 출판된 디트리히 본회퍼 전집(Dietrich Bonhoeffer Werke, DBW) 중에서 주요 저서 8권이 한국본회퍼학회 주도로 2010년 대한기독교서회에서『디트리히 본회퍼선집』으로 출판되었다. 한국 최초의 본격적인 본회퍼 연구서로는 박봉랑의『기독교의 비종교화』(1975)가 출판되었다.

　본회퍼 연구로 박사학위자들도 나오게 되었다. 유석성(독일, 튀빙겐대), 정지련(스위스, 바젤대), 현요한(미국, 프린스턴신학대), 박재순(한국, 한신대), 강성영(독일 하이델베르크), 고재길(독일, 훔볼트대), 강안일(독일, 보쿰대), 김성호(독일, 오스나브뤼크대), 김정환(독일, 하이델베르크대), 김현수(미국, 프린스턴신학대) 홍성국(한국, 실천신학대학원대)이다. 1989년에 한국본회퍼 학회가 창립되어 활동하고 있고 외국의 본회퍼학회의 학술 교류도 하고 있다.

　본회퍼는 한국 기독교에 새로운 신학으로 소개되었고, 교회와 그리스도인이 이 사회와 역사 속에서 어떻게 참여하여 실천하는가 하는 사회참여 신학의 신학자로 알려지게 되었다. 특히 독재정권에 항거한 민주화 투쟁의 시대에는 투쟁의 귀감과 멘토로서 젊은이들에게 큰 용기를 주었다. 그의 옥중서간『저항과 복종』은 감옥에 간힌 학생들의 애독서가 되기도 하였다.

한반도의 평화통일을 위해 우리는 본회퍼의 평화신학으로부터 무엇을 배울 수 있는가?

통일신학은 평화신학에 근거해야 한다. 통일은 평화적 방법으로 하는 평화통일이 되어야 하고 통일은 평화를 실천하는 한 과정이다. 한반도의 평화통일은 한민족의 염원이요 이루어져야 할 과제이다. 평화통일은 우리가 이루어내야 할 역사와 시대적 사명이다.

신앙적 차원에서 보면 평화통일은 하나님의 계명이며 평화를 만들라는 예수님의 명령을 실천하는 일이다. 한국기독교는 130년의 역사 속에서 조선말과 대한제국시대에 개화·문명운동, 일제 강점기에 항일·독립운동, 해방 후 민주화 운동에 큰 역할을 하여 왔다. 이제 기독교의 역사적 사명은 평화통일을 이루는 것이다.

1945년 제2차 세계대전이 끝난 후 분단된 국가는 독일, 한반도, 베트남, 중국, 4개국이다. 그리고 50년의 시간을 두고 분리, 독립되어 분단국가가 아니라 분열국가로 분류되는 예멘이 있다. 이들 국가들은 한반도와 중국을 제외하고 모두 통일이 되었다.

분단된 국가는 중국과 대만, 한반도 남한과 북한이 남게 되었다. 그러나 중국과 대만의 분단문제는 오늘날 국제사회에서 분단국 문제로 취급되지 않는다. 왜냐하면 1971년 UN에서 대만이 추방된 후 세계의 여러 국가들은 중국을 유일한 합법정부로 승인하고 대만은 중국내 영토의 일부로 인정하였기 때문이다. 그렇다면 이제 분단국가는 '우리' 한반도밖에 없다.

우리는 1,000년이 넘는 통일의 역사를 가지고 있다. 독일은 통일되기 전 통일의 경험이 단 74년뿐이었다. 우리 한민족은 분단으로 인해 민족역량을 낭비하는 대결을 피하고 민족번영을 위하여 반드시 통일되어야 한다. 통일이 되면 한민족은 선진국이 되지만 통일이

안 되면 한반도는 '3류 분단국가'로 남게 될 것이다. 통일 비용을 염려하지만 통일이 되면 남북한은 경제적으로 큰 시너지효과가 나타나게 될 것이다. "골드만 삭스는 통일된 한반도가 2050년에 1인당 국민 소득에 있어 미국 다음으로 세계 2위를 차지할 것"이라는 연구보고서를 낸 바 있다. 통일이 되면 통일한국은 동아시아뿐만 아니라 세계평화에 기여할 수 있을 것이다.

본회퍼는 평화를 하나님의 계명과 그리스도의 명령으로 이해하였다. 통일은 평화통일이 되어야 한다. 통일은 해도 좋고 안 해도 좋은 것이 아니라 하나님의 계명이요 그리스도의 명령이기 때문에 우리는 반드시 평화를 만들어 가는 피스메이커들이 되어야 하는 것이다. 예수님은 우리에게 '평화를 만드는 자들'(peacemakers)이 되라고 하셨다.(마5:9) 본회퍼가 평화를 위해 나서라고 한 것처럼 한국교회는 평화 만드는 일로써 평화통일을 이루어 내야 한다.

그러면 평화통일을 위하여 한국교회는 무엇을 할 것인가.

먼저 한국교회는 평화통일을 위해 분단으로 인한 분단 체제 속에서 증오와 적개심을 품고 대결해 왔던 잘못을 반성하여야 한다. 역사적 잘못을 바르게 인식하고 참회하여야 한다. 본회퍼가 죄의 인식과 죄의 고백을 강조하였듯이 한국교회는 과거의 역사적 과오를 바르게 인식하고 철저하게 반성하고 참회하여야 한다. 잘못을 참회하려면 먼저 잘못을 바르게 인식하고 깨달아야 반성과 참회를 올바르게 할 수 있다.

남북한은 화해하고 협력하며 불신의 장벽을 무너뜨리고 신뢰구축을 통하여 통일 환경을 조성하도록 노력해야 한다. 로마서 12장 18절 "할 수 있거든 너희로서는 모든 사람과 더불어 화목하라"는 말씀을 실천해야 할 것이다.

또한 통일의 필요성과 당위성을 인식시키고 분단을 극복하기 위한 평화통일에 대한 통일교육과 평화교육을 실시하여야 한다. 최근 들어 기독교계에서 통일을 위한 관심을 가지고 여러 가지 활동을 하고 있는 것은 교회의 시대적 사명을 잘 반영하고 있는 것이라고 생각한다. 대학에서도 통일에 대한 과목을 필수로 이수하게 하고 있다. 통일 세대를 위한 인재양성을 하는 것이다. 숭실대학교에서는 통일과목을 필수로 이수하게 하고 있다. 서울신학대학교에서는 해방 70년, 분단 70년을 맞아 '평화통일을 위한 피스메이커들(peacemakers)을 만드는 교육'을 실시하고 있다. 전체 학생에게 〈평화와 통일〉과목을 교양 필수로 수강하도록 하고 있다.

평화통일의 목표는 정의로운 평화 공동체이므로 남한의 사회가 정의롭고 민주적인 사회가 될 수 있게 제도적으로 정착되어야 한다. 그뿐 아니라 교회 자체 안에서도 민주화되어야 한다.

그리고 한국교회는 통일이 되었을 때 북한지역의 선교전략을 세워야 한다. 각 교파의 교회들이 점령군처럼 들어가 북한의 교회들을 재건하여 남한의 분열상을 그대로 재현할 것이 아니라 일치된 교회의 형태를 지닌 교회가 되도록 해야 할 것이다.

독일 통일에 큰 기여를 한 독일교회처럼 한국교회도 한반도의 통일을 위한 구체적 노력을 하여야 한다. 동서독 분단 이후 동서독 교회들은 동서독의 화해를 위한 노력과 통일을 위한 운동을 하였다. 라이프치히의 성 니콜라이 교회와 동베를린의 겟세마네 교회가 민주화와 변혁을 위한 전초기지 역할을 하였다. 서독교회는 동독교회에게 재정적 지원을 하였다. 동서독 교회는 분단된 사회와 국가를 연결하여주는 교량역할을 하였다. 한국기독교는 분단된 한반도의 남과 북을 화해시키는 교량역할을 해야 할 것이다.

통일은 주어진 상태가 아니라 만들어가는 과정이다. 통일은 그 자체가 목적이 아니라 민족 공동체의 회복을 위한 한 과정이자 수단이다. 기독교는 민족적 과제이며 미완의 해방을 완성시키는 일인 평화통일을 위한 일에 그 민족적 책임을 다하여야 할 것이다.

한반도의 통일은 동아시아의 평화를 위해서도 꼭 필요한 일이다. 한반도의 평화통일 없이 동아시아의 평화 없고 동아시아의 평화 없이 세계평화는 없다.

오늘 한반도의 긴급한 과제요, 꼭 이루어야할 예수 그리스도의 명령인 한반도의 평화통일을 위해 기도와 헌신을 해야 할 때이다. 통일은 복음화의 문제요 선교의 문제다. 통일이 되어야 복음 전파와 선교도 가능하기 때문이다.

우리 민족에게 평화통일의 종소리가 들리는 그날에 남북한 팔천만 모두 감격에 넘친 환희의 합창을 부르며 눈물 없는 고별의 순간을 만들어야 하겠다. 그렇게 하여 예언자 이사야와 미가가 소리친 대로 이 땅을 "칼을 쳐서 보습을 만들고 창을 쳐서 낫을 만들어 다시는 전쟁을 연습치 않는 나라"로 만들어야 할 것이다.

본회퍼는 촉구한다. 시간이 급하다고! 하나님의 계명이요 그리스도의 명령인 평화를 만드는 일을 평화통일을 통해 이루어가라고 촉구하고 있다. 이 길이 성장의 동력이 멈춘 한국교회가 다시 살 수 있는 길이요, 한반도가 살 수 있는 길임을 가르쳐 주고 있다.

# 1-5. 함석헌과 본회퍼의 평화사상

## 서 론

함석헌(1901.3.13.-1989.2.4)과 디트리히 본회퍼(1906.2.4.-1945.4.9.). 이 두 사람의 삶은 평화의 실현을 위해 그의 삶을 살았다.

함석헌(咸錫憲)은 20세기가 시작되는 1901년 3월 13일 나라운명이 풍전등화(風前燈火) 같던 조선말기 한반도 북쪽 끝 평안북도 용천군 부라면 원성동 (일명 사자섬)에서 한의사 함형택(咸亨澤)과 김형도(金亨道)의 장남으로 태어났다. 함석헌의 일생은 조선의 멸망, 일제 강점기, 3·1운동, 해방의 감격과 분단의 아픔, 6·25전쟁과 4·19혁명, 5·16군사쿠데타, 박정희의 18년간의 독재정권 그리고 신군부의 군사정권의 시대에 민족사의 고난과 함께 그의 삶을 살고 천수라고 할 수 있는 88세로 세상을 하직하였다.

디트리히 본회퍼(Dietrich Bonhoeffer)는 1906년 2월 4일(이 날은 공교롭게도 함석헌이 그의 삶을 마감한 날이다) 독일의 브레슬라우(Breslau 현재는 폴란드 영토)에서 신경 의학교수인 칼 본회퍼(Karl Bonhoeffer)와 클라라 본회퍼(Klara Bonhoeffer, 출생 시 성은 폰하제(von Hase)의 8남매 중 여섯 번째로 태어났다. 여동생 자비네(Sabine)와는 쌍둥이였다. 본회퍼는 제1차 세계대전 (1914-1918)과 바이마르 공화국, 히틀러 치하(1933-1945)에서 살다가 히틀러 암살모의에 가담하여 1945년 2년간의 감옥 생활후 1945년 4월 9일 이른 아침 교수형에 처형된 신학자요 목사였다. 본회퍼는 17세 때 튀빙겐대학에 입학하여 신학공부를 시작하였으며 베를린대학으로 옮겨 1927년 21세 때 신학박사를 받은 수제였다.

함석헌과 본회퍼는 한반도와 독일에서 그의 삶을 살았지만 그들은 모두 평화의 실천을 위해 살았다. 물론 본회퍼는 함석헌을 몰랐다. 함석헌은 본회퍼의 이름을 알았을 것으로 짐작된다. 그러나 본회퍼의 책을 읽거나 그의 신학적 사상의 영향을 받았는지 또 그에 대해서 어떻게 생각하고 있었는지는 알 수 없다. 아마 본회퍼는 히틀러를 암살하려고 하다가 처형된 목사였다는 정도로 본회퍼에 대한 소개를 받았을 것으로 생각된다. 본회퍼가 현대 기독교 평화운동에 선구자였다는 것을 알지 못하였을 것이다. 만일 기독교 평화운동에 선구자로서 본회퍼의 사상을 알았다면 함석헌의 평화에 대한 생각들이 더 풍부하고 깊어졌을 것이다. 한국의 평화사상은 1990년 이후로 손규태와 유석성에 의하여 한국에 소개되었다. 1990년 세계교회협의회 주최로 개최되었던 "정의 평화 창조질서의 보전"(JPIC)의 세계대회는 1934년 본회퍼가 덴마크 파뇌에서 제안했던 평화에 관한 "에큐메니칼 공의회"에 그 뿌리를 두고 있다.

함석헌과 본회퍼의 공통점이 있다. 두 사람은 평화를 위해 살았고 그의 평화에 대한 생각의 근거를 예수 그리스도의 산상설교에 두고 있으며 간디의 비폭력 사상에 영향을 받았다. 또 1930년대 동양과 서양에서 '고난'의 문제를 가지고 함석헌의 조선의 역사(한국의 역사)를 성서적 입장에서 조명하였고, 본회퍼는 20세기 들어 최초로 고난의 문제를 신학화하였으며 십자가신학(theologia crucis)으로 기독교의 신학과 신앙과 교회를 해석하고자 하였다. 이 글에서는 함석헌과 본회퍼의 평화사상을 추적해 보고 두 사람의 평화사상의 같은 점과 다른 점을 살펴보고자 한다.

## Ⅰ. 함석헌의 평화사상

### 1. 평화사상의 출발

함석헌이 평화에 관심을 갖게 된 것은 넓은 의미로 보면 일제 강점기 하에서 이미 있었겠지만 기독교의 평화주의에 관심을 갖게 된 직접적인 계기는 그의 40대 후반인 1947년이다. 1947년 서울 YMCA 현동완 총무가 미국에서 개최된 세계 YMCA대회에 참석하고 돌아와서 여행담을 얘기하는 중에 미국 퀘이커들의 평화운동 특히 양심적 병역거부에 대하여 소개하였다.

> 수많은 젊은이들이 사람 죽이기를 목적으로 하는 전쟁에는 같이 곁들여 할 수 없다는 생각에 징병령을 반대하고 나서서 즐겨 감옥에 들어가고 남아있는 교도들은 책임을 지고 그들의 뒤를 돌봐주며 운동을 전개해 나간다는 것이었습니다. 그래서 정부에서도 그 뜻을 이해하고 정말 종교정신 때문에 하는 것이 분명하면 군대복무를 면제하고 대신 다른 평화적인 사업으로 돌려주고 법령을 만드는데까지 이르렀다고 했습니다.[1]

함석헌은 그 동안 들어보지 못했던 이 말을 듣고 많이 놀랐다. 그후 함석헌은 20년 후 1967년 퀘이커 태평양 연회의 초청으로 제4차 세계 퀘이커 대회와 로스앤젤레스에서 열렸던 태평양 연회의 모

---

1) 『함석헌 전집』, 15권, 352.

임에 참석한 후 퀘이커 회원이 되었다. 함석헌이 퀘이커 회원이 된 것은 퀘이커들의 "우의(friendship)에 대해 책임감을 느껴서 그렇게 결정하였다고 말하고 있다.[2) 퀘이커교 회원이 된 일을 놓고 볼 때 함석헌의 성격과 성품을 짐작할 수 있다.

## 2. 함석헌의 평화사상에 영향을 준 사상들

함석헌에게 영향을 준 사상은 기독교사상, 웰즈, 우찌무라 간조의 무교회주의, 톨스토이 휴머니즘, 간디 비폭력 저항사상, 『바가바드 기타』, 노자장자의 도가사상, 퀘이커의 평화사상, 테야드 샤르뎅의 신학사상에게서 영향을 받았다.[3)

함석헌의 평화사상에서도 이러한 사상 속에서 영향을 받았다.

첫째, 성서 특히 예수의 산상설교와 구약성서의 이사야서이다. 함석헌의 사상의 출발은 기독교였다. 그의 사상은 도가사상, 인도사상과 지평융합이 이루어지지만, 기독교사상을 뿌리로 하여 '더하여' 확대된 것이라 할 수 있다. 그의 대표 저서인 『성서적 입장에서 본 조선역사』(후에 『뜻으로 본 한국역사』로 개제)를 쓰게 된 동기도 "십자가의 원리를 민족에 적용"[4) 하여 고난 사관으로 한국의 역사를 기록하였다. 한국의 역사의 기조를 고난으로 잡고 그 견지에서 모든 사건을

---

2) 『함석헌 전집』, 15권, 354.

3) 「죽을 때 까지 이 걸음으로」, 「이단자가 되기까지」, 「하나님 발길에 채어서」 『함석헌 전집』 4권 참조.

4) 「하나님 발길에 채어서 I」, 『함석헌 전집』 4권, 217-218

해석하였다.[5] 이사야 53장과 예수의 십자가의 의미를 가지고 한국 역사를 쓴 것이다.[6] 그래서 이 책의 제목을 『성서적 입장에서 본 조선역사』로 하였다. 이 고난의 문제는 함석헌 사상을 이해하는 관건(關鍵)이 되는 핵심개념이며, 평화사상을 이해하는데 근거가 되는 개념이다. 고난과 자기희생이 없이 평화는 실현되지 않기 때문이다.

함석헌은 예수의 산상설교의 보복금지(마태복음 5:38-42)와 원수사랑(마태복음 5:43-48)을 근거로 비폭력저항과 전쟁을 반대하는 반전평화사상(反戰平和思想)을 주장하게 되었다.

둘째, 간디의 비폭력 사상과 흰두교의 『바가다드 기타』의 영향이다.[7] 함석헌의 평화사상의 구상과 그 실천방법의 결정적 영향을 받은 인물은 인도의 간디이다. 함석헌은 간디의 자서전을 번역하기도 하였고, 간디의 비폭력 방법을 실천하려고 하였다. 함석헌의 글에 간디에 관한 다섯 편이 있는데 이 글들 속에서 간디에 대한 함석헌의 생각들을 찾아 볼 수 있다. 그것은 1. 간디의 길 2. 간디의 참모습 3. 새 인도와 간디 4. 마하트마 간디 5. 현대사의 조명탄 간디이다.[8]

함서헌은 간디의 길을 참을 지키기 위한 진리파지(眞理把持)인 '사티아그라하'와 그 실천 방법인 비폭력 저항주의라고 하였다.[9] 비폭력운동은 사나운 힘을 쓰지 말자는 운동이다. 폭력으로 하지 말고 혼의 힘을 가지고 싸우는 운동이다. 혼(아트만)은 저(自我)의 힘을 드

---

5) 「하나님 발길에 채어서 I 」, 『함석헌 전집』 4권, 218

6) 유석성, 「시대의 예언자」, 함석헌 기념사업회 편, 『다시 그리워지는 함석헌 선생님』, 한길사, 2001, 261.

7) 이거룡, 「하나님 발길에 채어 인도사상까지」, 함석헌 기념사업회 편, 『민족의 큰 사상가 함석헌 선생』, 한길사 139-157 참조.

8) 「간디의 길」, 『함석헌전집』 7권, 9-43.

9) 「간디의 길」, 『함석헌전집』 7권, 11.

러냄이다. 간디에 저를 드러냄은 하나님께 도달하는 하나님의 이름이다. 간디의 길은 밖으로 정치인 동시에 안으로는 종교, 즉 믿음이다.

함석헌은 간디의 비폭력주의는 혼의 힘을 가지고 모든 폭력을 곧 물력으로 되는 옳지 않음을 싸워 이기자는 것이라고 하면서 간디를 비폭력 무저항주의라고 하는 것은 오해를 불러일으키는 말이라고 하였다. 간디는 비폭력 무저항이 아니라 비폭력 저항주의라는 것이다. "간디는 옳지 않은 것에 대해 저항을 하지 말자는 것이 아니다. 반대로 그는 죽어도 저항해 싸우자는 주의다. 다만 폭력 곧 사나운 힘을 쓰지 말자는 주의다. 그러므로 자세히 말하면 비폭력 저항주의다.[10]

함석헌은 간디를 배워야 하는 이유를 세 가지를 들고 있다. 첫째, 가난과 무지와 타락의 인도의 사정이 우리와 같다. 새 나라를 건설하기 위해 해결하는 방법은 간디가 인도 민중에게 한 것 같은, 깊은 속의 혼을 불러내는 진리운동이 아니고는 될 수 없을 것이다. 둘째, 정치와 종교를 하나의 세계로 되어 가는 시대에 세계의 평화를 위해 한국이 기여하기 위해서이다.[11]

함석헌은 간디를 존경하였고 간디를 배우려고 하였고, 간디가 인도를 위해서 하였던 것처럼 한국에서 간디처럼 하고자 하였다. 간디는 민중교육, 「청년인도」, 「하리잔」이라는 잡지발행, 「아슈람 한」이라는 공동체를 만든 것처럼 함석헌은 강연과 고전강좌를 통하여 "씨ᄋᆞᆯ"(people)들을 계몽하고 「씨ᄋᆞᆯ의 소리」 잡지발간, 천안의 "씨ᄋᆞᆯ농장"을 열기도 하였다. 이렇게 하여 함석헌은 "한국의 간디"라고 불리기

---

10) 「간디의 길」, 『함석헌전집』 7권 11.
11) 「간디의 길」, 『함석헌전집』 7권, 12-15

도 하였다. 함석헌은 간디를 통하여 참과 비폭력정신 종교와 정치적 투쟁을 배웠다.

함석헌은 6·25한국전쟁 시 피란지 부산의 중고서점서 우연히 발견하여 구입한 힌두교 경전인 『바가바드 기타』(기원전 5세기에 쓰여짐)에 매료되었고 그 회통의 정신의 영향을 깊이 받았다. 함석헌은 이 책을 번역하기도 하였다.

셋째, 동양 특히 노자와 장자의 도가 사상이다.

함석헌은 평화주의자로서 노자를 강조하였다. 함석헌은 노자를 평화주의 첫째 사람이라고 하면서 전쟁을 비판하고 비폭력을 주장하였다.

나는 노자를 평화주의의 첫째 사람이라고 한다. 물론 그전에 이미 이사야가 있어 "칼을 쳐서 보습을 만들 것"을 외친 일을 모르는 바 아니지만, 노자처럼 시종일관해서 순수한 평화주의를 부르짖은 사람은 없다고 한다. 더구나 그것이 살벌한 부국강병주의를 부르짖은 사람은 없다고 한다.[12]

함석헌이 노자에 대하여 처음 알게 된 것은 21세 때인 오산학교에서 당시 32세의 교장선생인 유영모에게서 수신시간에 소개받아서 였지만,[13] 깊이 읽게 된 것은 40대 중반 이후인 제2차 세계대전이 끝나면서 이다.[14] 자유 하는 민중과 문명의 새 방향을 찾기 위해서 동양고전에서 지혜를 찾았다.[15]

---

12) 「老莊을 말한다.」, 『함석헌전집』 제20권, 31.

13) 「이단자가 되기까지」, 『함석헌전집』 제4권, 188.

14) 함석헌전집 17, 409.

15) 조민환, 「노장철학의 창조적변용」, 함석헌 기념사업회편, 『민족의 큰사상가 함석헌 선생』, 한

함석헌은 장자에서 자유와 평등의 정신을 배웠을 것이다.

넷째, 퀘이커의 평화사상

위에서 말한 대로 함석헌이 평화사상에 눈을 뜨게 된 것은 퀘이커를 통해서였다. 함석헌은 예수의 평화주의를 적극적으로 실천하는 모임이 퀘이커라고 생각하였다. 퀘이커의 평화운동과 반전운동에 동의하여 퀘이커 회원이 되었다.

## 3. 함석헌의 평화사상의 전개

함석헌의 말과 글 모두가 넓은 의미에서 평화를 위한, 평화에 대한 것이라고 할 수도 있겠지만 평화에 대하여 직접적으로 쓰고 말한 것은 단지 몇 편의 글과 대담이 남아있다. 1. 세계평화의 길(12권 275-290) 2. 평화운동을 일으키자.(14권 28-49) 3. 평화적 공존은 가능한가(11권 369-381) 4. 대화를 통한 평화(19권 366-369) 5. 퀘이커와 평화사상(대담 3권 154-174) 6. 예수의 비폭력 투쟁(3권 319-328)

이상의 글들이 본회퍼의 사상을 찾아 볼 수 있는 글들이다.

### 1) 평화의 정의(定義)

함석헌의 평화론은 체계적으로 평화론을 전개한 것이 아니라 직관적이고 선언적으로 하였다.[16] 그러나 그의 일생에 글쓰고 말한 것이 평화에 대한 것이며 평화를 위한 것이라고 말할 수 있다. 함석헌

---

길사, 2001, 107-137 참조.

16) 안병무, 「함석헌의 평화사상」, 한병무, 『한국 민족운동과 통일』, 한국신학연구소, 2001, 참조.

은 평화를 신조와 생명과 필연과 역사의 절대적 명령이라고 하고 인간이 마땅히 해야 할 당위와 의무로 보았다. 함석헌에게 평화는 칸트가 말한 정언명령(Kategorischer Imperativ)과 같은 것이다.

> "평화운동이 가능하다 하고 문제 내놓는 그 태도부터가 잘못이라고 나는 본다. 평화는 할 수 있으며 하고 할 수 없으면 말 문제가 아니다. 가능해도 가고 불가능해도 가야하는 길이다. 이것은 역사의 절대 명령이다. 평화 아니면 생명의 멸망이 있을 뿐이다. 그러므로 이것은 믿음의 길이지 계산의 길이 아니다."[17]

함석헌은 삶의 길과 평화의 길을 동일시하였다. 삶은 하나 밖에 없는 유일의 길인 것처럼 평화도 유일한 길임을 강조하였다. 평화는 크고 하나밖에 없는 길인 대도이다.

함석헌의 평화운동에 장애가 되는 것이 남북의 긴장, 주위 강대국 등의 야심, 인간의 본성, 민중의 도덕운동으로 보고[18] 생명의 평화의 길로 가기 위해서 4가지를 말하고 있다. 전체의식, 종교적 신념, 민족의 특성, 우주사적 비전이다.[19]

### 2) 종교적 평화주의로서 함석헌의 평화사상

(1) 비폭력 저항의 종교적 평화주의이다.

함석헌의 평화사상은 기독교의 예수의 보복금지, 원수사랑, 십자

---

17) 「평화운동을 일으키자」, 『함석헌전집』 14권, 29.
18) 「평화운동을 일으키자」, 『함석헌전집』 14권, 30-31
19) 「평화운동을 일으키자」, 『함석헌전집』 14권, 42.

가의 고난, 간디의 비폭력저항사상, 힌두교의 평화주의, 노자의 평화사상을 아우르는 비폭력저항의 종교적 평화주의이다.

함석헌은 예수의 산상설교의 가르침인 다섯 번째 반대 명제인 "오른뺨을 치거든 왼편도 돌려대라"(마태 5:38-42)와 세상을 위한 "소금과 빛"(마태5:13-16)의 말씀을 근거로 비폭력과 사랑의 실천을 강조한다.[20] 간디에게서 비폭력저항과 종교의 신앙, 내면의 바탕에서 나오는 저항의 정신과, 참의 실천으로서의 평화를 배우고 이를 실천하고자 한다. 노자에게서 전쟁을 반대하고 소국과민 정신, 무위자연의 정신을 통한 평화를 강조한다.

함석헌은 "내게 버리지 못하는 것이 셋이 있는데 그것은 민족과 신앙과 과학"이라고 하였다. 민족 없이는 나 없으니 나는 민족적 전통을 지킬 의무가 있고, 하나님을 믿으니 내 신앙적 양심을 짓밟을 수 없고, 나는 또 현대인으로서 실험을 토대로 하는 과학을 존중하지 않을 수 없다고 하였다.[21] 함석헌의 평화사상은 종교와 신앙을 바탕으로 하는 비폭력저항의 종교적 평화주의이다.

(2) 전쟁을 반대하는 절대적 평화주의

함석헌은 전쟁을 비판하고 거부하는 절대적 평화주의이다.[22] 노자의 31장 "군대란 좋은 일의 그릇이 아니다"를 원용하여 전쟁을 비판하고 반대한다. 종교적·사회적 변화를 전제로 군대의 폐지를 주장하기도 하였으며 병역거부를 주장하였다. 그 자신이 군사독재 정권에 항거하기도 하였다. 월남파병 당시에 단식으로 파병을 반대하였다.

---

20)「예수의 비폭력 투쟁」,『함석헌전집』3권, 319-328.

21)「하나님의 발길에 채어서 I 」,『함석헌전집』3권, 217.

22) 정지석,「한국기독교 평화윤리의 연구: 기독교 평화주의(Christian Pacifism)와 함석헌의 평화사상」,『기독교 사회윤리』제11집, 207-236. 참조

함석헌은 시급히 "세계적인 평화기구"를 세우는 일의 필요성을 주장하였다.[23] 이것은 칸트의 영구평화론에 의하여 국제연맹이 창설된 것을 연상한다. 상호불신만 제거하면 평화가 이루어진다고 하였다.

함석헌은 국가주의를 반대한다. 국가는 폭력을 합법화하기 때문이다.

현대평화론에는 세 가지의 입장이 있다. 성전론, 평화주의, 셋째, 정당한 전쟁론이다. 함석헌의 입장은 평화주의라고 할 수 있다.

(3) 씨올의 평화주의이다.

함석헌 하면 씨올, 씨올하면 함석헌을 연상한다. 그러나 '씨올'은 함석헌 스승되는 유영모가 『大學』의 "大學之道 在明明 在親民 在止於至喜"을 "한배움 길은 밝은 속알 밝힘에 있으며 씨알 어뷈에 있으며 된데 머뭄에 있나니라"에서 백성 '民'자를 '씨알'로 옮긴 것을 함석헌이 '씨올'로 사용한 것이다.[24] 씨올은 영어로는 'people'이다.

씨올이란 무엇인가? 함석헌은 "씨올은 권력도 지위도 없이 못났기 때문에 주인 노릇을 할 수 있다"고 말한다.

말 그대로 지위도 없이 권력도 없이 그저 땅을 디디고 서서 전체를 위해서, 전체라는 걸 의식도 못하면서 전체를 위해서 봉사하다 봉사하다 가는 사람들입니다. 그러니까 난대로 있는 사람, 못 났기 때문에 하나님이 만들어준 그 본성을, 그 바탈을 가지고 있는 사람들, 그러니까 나라의 주인 노릇할 수 있는 거지만, 지위가 있는 사람은 지위가 있는 대신에 그 바탈을 다 팔아먹었어.

---

23) 「세계 평화의 길」, 『함석헌전집』 12권, 283.
24) 「씨올」 『함석헌전집』 14권, 323.

함석헌은 씨을은 평화의 담지자 평화의 원이라고 보았다. 함석헌의 평화론의 궁극 목표는 씨을의 평화이다. "씨을의 바탈이 평화요, 평화의 열매가 씨을이다"[25]는 선언 아닌 선언을 한다. 씨을의 목적은 평화의 세계이다. 모든 국민이 모든 민중이 모든 씨을이 평화롭게 사는 것이 진정한 평화가 이루어지는 세계이다. 씨을 자체가 평화요, 씨을은 평화를 이룰 능력이 있다고 본 것이다.

평화가 이루어지지 않는 것은 씨을이 있어야 할 자리에서 제 능력을 발휘하지 못하고 있다는 증거다. 국가지상주의 정부지상주의 때문이라고 한다. 함석헌은 평화를 세우는데 가장 큰 방해가 되는 것은 강대국의 정치가들이라고 하면서 이들은 군대라는 조직적인 폭력과 선전과 과학적인 정보기술로 세계를 지배하려고 한다고 하였다. 함석헌은 씨을은 이기고 말 것인데, 국가주의 암벽을 무너뜨리고 폭력주의의 사나운 짐승을 잡기 위해 몇 가지 할 일이 있다고 한다. 첫째, 씨을이 손을 잡는 것, 둘째, 씨을의 과학화, 셋째, 비폭력 투쟁을 널리 일으키는 일이라고 말한다.[26]

## II. 본회퍼의 평화사상

### 1. 기독교 평화주의자로서의 본회퍼

디트리히 본회퍼는 기독교 평화운동의 선구자이다. 본회퍼는 예

---

25) 「세계평화의 길」, 『함석헌전집』 12권, 282.
26) 「세계평화의 길」, 『함석헌전집』 12권, 285-288

수그리스도의 가르침인 평화를 이 사회 속에 실천하고자 투쟁하다가 순교하였다.

미국의 라인홀드 니버는 본회퍼를 순교자라 칭하고 "그의 삶은 현대 사도행전에 속한다"고 말한 바 있다. 본회퍼가 남긴 공언 중 가장 위대한 것은 정의와 평화를 위한 기독교인의 의무와 책임을 강조한 것에 있다.

2006년은 본회퍼 탄생 100주년이 되는 해이며, 동시에 인도의 간디가 비폭력 불복종운동을 시작한지 100주년이 되는 해이기도 하다. 본회퍼 탄생 100주년을 맞아 국제 본회퍼 학회는 2월 3일부터 4일까지 본회퍼의 출생지 브레슬라우(Breslau)에서 본회퍼 국제학술대회를 개최하였고 각국에서는 본회퍼 탄생 100주년 기념 각종 행사가 열리고 있다.

본회퍼는 "예수 그리스도는 오늘 우리에게 있어서 누구인가"라고 물었다.[27] 이 질문은 그의 삶과 신학의 주제이다. 본회퍼는 그 질문에 대하여 고백하고 그 고백한 것을 증언하다가 나치정권에 의해서 처형되었다. 오늘 우리는 본회퍼처럼 "예수 그리스도는 우리에게 누구인가를" 물어야 한다. peacemaker로서 평화의 사도가 되라고 말씀한다. 평화운동의 선구자로서 본회퍼는 오늘 우리에게 무엇이며 또 누구이며 그가 말한 기독교 평화론은 오늘 우리에게 무슨 의미가 있는가? 평화론은 인류의 영원한 염원이다. 오늘 세계 각처에서는 전쟁과 테러, 기근과 경제적 불평등, 생태학적 위기, 인종과 종교적 갈등 속에 처해있다. 신의 정의와 자유와 민주주의 이름으로 이라크를 침공한 정의롭지 못한 전쟁, 이스라엘의 레바논 폭격 등 세계 각처는 평화를 갈망하지만 평화롭지 못한 것이 세계의 현실이다. 우리

---

27) Widerstand und Ergebung. DBW 8, Gutersloh, 1998, 402.

나라를 둘러싸고 있는 동북아에도 북한 핵문제를 비롯한 중국의 팽창주의 일본의 신군국주의가 평화를 위협하고 있다. 기독교는 정의와 평화를 위한 사회적 책무에는 소홀히 하고 오직 기복주의 경향으로 나가고 있다. 이러한 상황에서 본회퍼는 "오늘 여기에서 우리들에게 구체적으로 정의와 평화를 위한 기독교의 과제를 무엇을 말하고 있으며, 무슨 의미가 있는가?"

## 2. 본회퍼 평화상의 발단과 전개

본회퍼가 평화에 관심을 갖게 된 것은 1905-31년 미국 뉴욕에 있는 유니온 신학교에서 연구한 기간 동안 프랑스에서 온 평화연구자 장 라세르(Jean Lasserre)로부터 기독교 평화주의에 대하여 소개에 의해서 였다. 기독교평화주의는 그 이전까지 독일의 루터교 사람들에게는 들어보지 못한 주제였다. 본회퍼는 장 라세르를 통하여 산상설교를 통한 평화의 중요성을 깨닫게 된다.[28]

본회퍼는 예수의 산상설교 중에서 보복금지, 비폭력, 원수사랑 등의 정신으로부터 기독교 평화의 참된 정신을 배우게 된다. 그 전까지는 조국을 위해서 무기를 드는 것은 국민의 의무이자 그리스도인의 의무라고 생각하였다. 본회퍼는 이때 기독교 평화는 민족적 배경을 초월해야 한다는 필요성을 인식하였다. 본회퍼는 평화와 정의에 관한 예수의 말씀 속에서 기독교 평화의 본질을 발견하였다. 그 이후의 삶은 이때 깨달은 정의와 평화를 실천하는 삶을 살게 된 것이다.

또 한 사람 본회퍼에게 영향을 준 사람은 인도의 간디이다. 간디

---

28) Eberhard Bethge, Dietruch,

를 통하여 비폭력 방법의 중요성을 깨닫게 되었다. 본회퍼는 간디의 "폭력을 필요로 하지 않는 저항의 형식"에 감명 받았다. 본회퍼는 앤드류스의 소개로 간디와 서신교환을 하였고 간디의 초청으로 인도를 방문할 계획이었으나 고백교회에서 세운 목사연수원인 핑켄발데 신학교의 책임자로 가게 되어 그 방문계획을 이루지 못했다. 본회퍼는 간디로부터 히틀러에 대항하는 현실적 저항에 사용할 수 있는 방법들을 배울 수 있다고 생각하였다. 본회퍼는 간디의 비폭력 방법을 높이 평가하였고 평화설교에서 다음과 같이 언급하였다. "우리는 동쪽에 있는 이교도로부터 수치를 당하지 않으면 안 되는가"[29] 이때 이교도는 간디를 지칭한 말이다. 예수님의 산상설교의 실천이 가장 일찍 이교도인 간디에 의해서 분명하게 드러난 것에 대한 수치를 말한다.

본회퍼의 평화사상의 전개는 1930년대 두 차례의 강연과 설교 그리고 그의 저서 『나를 따르라』와 『윤리』, 『저항과 복종』(옥중서간) 등에서 찾아 볼 수 있다.

첫 번째 강연은 1932년 7월 체코슬로바키아 체르노호르스케 쿠펠레에서 개최된 청년 평화회의에서 「세계연맹사업의 신학적 근거」라는 제목으로 행한 강연이다. 두 번째 강연은 1934년 8월 24-29일 덴마크 파뇌에서 개최된 생활과 실천(Life and Work)의 청년협의회 때 한 강연과 8월 28일 아침 경건회 때 행한 평화설교(Friedenspredigt)라고 일컬어지는 설교가 남아있다. 이날 행한 설교는 에큐메니칼 평화운동의 출발점이 되었다.

이 설교에서 본회퍼는 평화를 위하여 큰 규모의 에큐메니칼 공의(grosses okumenisches Konzil)를 개최할 것을 제안하였다. 세계는 무기

---

29) 「Kirche und Völkerwelt」 DBW 13, 301.

를 가지고 노려보고 있고, 사람들은 무섭게 불신의 눈초리로 바라보고 있고, 사람들은 무섭게 불신의 눈초리로 바라보고 있다고 전쟁이 일어날 수 있음을 말하였다. 그는 절박하고 시급한 상황을 "시간이 급박하다"(Die Stunde eilt!)고 외쳤다. 본회퍼는 "내일 아침 전쟁의 나팔소리가 들릴 수 있다"고 역설하면서 평화를 위한 세계교회의 관심을 촉구하며 에큐메니칼 공의회를 열 것을 제안한 것이다.[30] 불행하게도 본회퍼의 예감은 현실로 드러났다. 7개월 후 히틀러는 독일에서 국민 개병의무를 선포하였고 5년 후 1939년 9월 1일 폴란드를 침공함으로써 제2차 세계대전을 일으켰다. 본회퍼의 이 제안은 56년이 지나서 1990년 서울에서 "정의, 평화 그리고 창조질서의 보전"의 대회로 실현되었다.

## 3. 기독교 평화주의로서 본회퍼의 평화사상

첫째, 본회퍼의 평화사상은 성서에 기반을 둔 기독교 평화사상이다. 기독론적이며 교회론적인 기독교 평화사상이다. 특히 예수님의 산상설교에 기초를 두고 있다. 본회퍼의 평화사상은 세속적 평화주의와는 다른 복음적 평화사상이다.[31]

당시에 세속적 평화주의에서는 정치적 계약이나 제도 같은 정치적 방법, 국제자본의 투자 등의 경제적 수단, 군비확장 같은 군사적 방법을 통하여 진정한 평화가 실현될 수 있다고 생각하였다. 본회퍼는 이런 방법을 안보(Sicherheit)라는 용어로 사용하였는데 이 안보라는 개념을 가지고는 평화가 실현될 수 없음을 말하였다.

---

30) 「Kirche und Völkerwelt」DBW 13, 301.
31) 유석성 「본회퍼 평화주의와 정치적 저항권」,『神學思想』91. 1995 겨울, 28-49.

안보는 오늘로 말하면 핵무기 같은 것을 가지고 군비를 확장하는 것을 말한다. 본회퍼는 안보의 길에는 평화의 길이 존재하지 않는다고 하였고 안보는 평화의 반대라고 하였다. 왜냐하면 안보는 불신을 초래하기 때문이다. 안보는 자기를 지키려는 것을 뜻하며 평화는 신앙과 순종 안에서 모든 것은 하나님의 계명에 맡기는 것을 의미하기 때문이다. 1933년 10월에 히틀러 나치정권은 국제연맹을 탈퇴하였고 재군비에 착수하였다. 본회퍼는 여기에 간접적으로 히틀러의 재군비 착수를 비판하고 있는 것이다. 본회퍼는 평화는 민족중심적인 정치·경제적 방법이 아니라 신학적·신앙적 방법으로 이루어야 한다고 촉구하였다. 본회퍼는 여기에서 평화는 무기와 군비확장 안전보장의 방법을 통해서가 아니라 기도와 비폭력적 방법을 통해서 이룰 것을 호소하고 있다. 또한 본회퍼는 당시에 기독교계의 일부의 경향인 사회복음적 전통에서 하나님 나라를 이 세상에서 실현될 수 있다는 세속적 평화주의를 거부하였다.

둘째, 본회퍼는 평화의 개념을 진리와 정의가 실천되는 것으로 보았다. 본회퍼는 기독교적 평화를 정의로운 평화로 본 것이다.

현대평화연구에 있어서도 일반적으로 평화의 개념을 소극적 평화의 개념과 적극적 평화의 개념으로 나누어 정의(定義)한다. 소극적 개념에서는 평화란 전쟁이 없는 것이다. 평화는 공공연한 집단적 폭력이 없는 상태, 폭력, 궁핍, 부자유, 불안이 없는 사이로 정의된다. 적극적 평화의 개념에서는 평화는 정의(正義)를 강조하는 적극적 개념을 우선시킨다. 따라서 기독교적 평화는 정의로운 평화로 규정된다. 본회퍼는 이미 평화의 개념을 정의로운 평화로 본 것이다. 성서에도 "정의와 평화가 서로 입을 맞춘다."(시편 85:10) 정의는 평화를 가져온다(이사야 32:17)고 함으로써 정의와 평화를 밀접하게 연관시킨다. 본회퍼는 "진리와 정의가 유린되는 곳에서는 평화가 성립될 수 없다"고 하였다.

셋째, 본회퍼의 평화주의는 전쟁을 반대하는 평화주의다. 본회퍼는 평화사업의 적(敵)을 전쟁이라고 정의하고 전쟁의 수단을 가지고 인류의 평화적 복지를 가져올 수 없다고 하였다. 본회퍼는 1934년 파뇌에서 평화협의회가 열리고 있는 동안 바닷가에서 휴식할 때 "목사님 전쟁이 일어나면 당신은 어떻게 하겠습니까" 하는 질문을 받고 "내가 바라는 것은 하나님께서 능력을 허락하셔서 무기를 손에 잡지 않는 것입니다"라고 답한 일이 있다. 본회퍼는 히틀러 독재의 폭정에 히틀러 집권 첫날부터 저항하였다. 개신교 신학자로 거의 유일하게 1933년 초 유태인들의 박해를 교회의 도전으로 받아들였다. 현대의 평화론에는 세 가지 형식이 있다. 첫째, 성전론.(Holy War Theory) 둘째, 평화주의.(Pacifism) 셋째, 정당한 전쟁론(Just War Theory)[32] 중에서 본회퍼의 입장은 평화주의에 해당된다고 할 수 있다.

넷째, 본회퍼는 평화를 하나님의 계명과 그리스도의 현존이라고 하였다. 이것은 전쟁을 반대하고 평화를 실천할 수 있는 길을 찾은 것이다. 기독교인은 평화실천을 위하여 하나님의 계명은 그리스도 안에 나타나며 계명에 순종하도록 부르심을 받는다. 평화는 예수 그리스도가 평화의 왕으로 이 세상에 성육신하심으로 주어진 계명이다. 산상설교에 "화평케 하는 자는 복이 있나니 저희가 하나님의 아들이라 일컬음을 받을 것임이요"(마태 5:9)라고 말하듯이 평화를 위

---

32) Michael Walzer, Just and Unjust War: Moral Argument With Historical Illustration, Basic Books Inc., 1977

하여 일하는 것이 하나님의 자녀로서 마땅히 해야 할 의무와 책임이다. 평화는 그리스도 안에 그리스도를 통하여 나타난 하나님의 계명이다.

다섯째, 본회퍼의 평화론은 십자가신학(theologia crucis)에 근거한 제자직(Nachfoge. Discipleship)의 평화론이다. 십자가신학은 본회퍼 평화신학의 신학적 근거이다. 예수를 따른다는 것은 자기 십자가를 지는 일이다. 십자가는 고난을 의미한다. 따라서 예수 그리스도를 따르는 제자의 길은 고난의 길이다. 평화를 실현하는 길은 그리스도를 뒤따르므로 성립된다. 본회퍼는 제자직의 부름은 예수의 수난성과 밀접하게 연관되었다고 주장한다.[33]

여섯째, 본회퍼의 평화사상은 그의 대리사상과 책임윤리에 근거하여 있다. 대리(Stellvertretung)와 책임(Verantwortung)은 본회퍼 신학사상의 핵심개념이면서 평화사상을 이해하는 열쇠가 된다. 본회퍼는 예수 그리스도를 타자를 위한 존재로 교회를 타자를 위한 교회라고 하였다. 예수가 구세주가 된 것도 대리적 행위 때문이다. 기독교인의 삶은 하나님 앞에서 하나님을 위하여 이웃 앞에서 이웃을 위한 책임적 행위이다. 평화의 실천도 책임적 행위를 통해서 이루어진다. 본회퍼는 1934년 파뇌의 「평화설교」에서는 평화를 하나님의 계명과 그리스도의 현존으로 1937년대 후반 『나를 따르라』에서는 비폭력저항을 주장하였다. 그러나 1940년대 『윤리』, 『저항과 복종』(옥중서간) 등에서 그의 사상적인 발전을 찾아 볼 수 있다. 『윤리』에서는 계명의 구체성과 상황성, 현실, 책임의 개념과 연관되어 파악될 수

---

33) Dietrich Bonhoeffer, Nachfolge, DBW 4, Gütersloh, 1987, 77-85.

있다. 1938년 이후 독일에서는 모든 독일인의 이름으로 자행된 살인적인 유대인 배척주의, 군국주의, 민족주의를 내세우는 정치적 상황이 전개 되었다. 본회퍼는 더 이상 원칙적 평화주의를 고수할 수 없었고 상황에 의존하는 상황적 평화주의를 택할 수 밖에 없었다. 여기에서 평화주의적 준칙(pazifistische Maxime)은 더 이상 비폭력이나 무저항일 수 없었다. 하나님의 계명인 평화는 구체적으로 현실에 적합하게 정치적·책임적 모습으로 실현된다. 평화는 "오늘" "여기에서" "우리들 사이에서" "예수그리스도 안에서 하나님의 현실이 이 세계의 현실로 들어온" 그리스도의 현실에 참여함으로써 이루어진다.[34] 본회퍼의 "직접적·정치적 행동"은 히틀러 암살계획에까지 나아갔다. 이 저항은 기독교인의 신앙의 결단에서 오는 정치적 책임의 행위였다. 구체적 상황에서 내린 그의 결단은 평화의 실천을 위한 이웃과 오고 있는 다음 세대를 위한 책임적 행위였다.

1930년대 초에 평화주의를 주장하였던 본회퍼가 1940년대 초에 히틀러 암살단에 가담한 것은 평화주의를 포기한 것이 아니라 구체적인 신의 계명에 순종한 것을 의미한다. 본회퍼는 일찍이 말하였다. "계명은 구체적이어야 한다. 그렇지 않으면 계명이 아니다. 하나님의 계명은 지금 우리로부터 아주 특별한 어떤 행동을 요구한다. 그리고 교회는 이것을 회중에게 전파하여야 한다."

본회퍼는 "히틀러는 전쟁을 의미한다"고 말한 바 있다. 평화를 위한 기독교 교회의 사업이 전쟁의 종식과 극복을 뜻한다면, 본회퍼의 결단의 행위는 구체적이고 신적인 계명에 순종하는 행위로 이해할 수 있을 것이다. 본회퍼의 신학과 평화사상은 그의 삶 속에서 전기 후기의 단절이 아니라, "일치 속의 다양한 모습의 결단"이었다. 본회

---

34) Dietrich Bonhoeffer, Ehik DBW 6, 87ff.

퍼는 교회의 정치적 책임의 모습을 다음과 같은 말에 극명하게 잘 표현하였다. 교회와 기독교인은 "바퀴 아래 깔린 희생자에게 붕대를 감아주는 것뿐만 아니라 바퀴 자체를 멈추게 하는 것이다."[35] 피흘리는 일을 중지시키기 위하여 "미친 운전수"인 히틀러를 제거하려 한 것이다.[36] 따라서 본회퍼가 히틀러의 암살계획에 가담한 행위는 저항권과 그의 책임윤리적인 관점에서 이해하여야 한다.[37]

## 4. 본회퍼 평화사상에서 저항권과 책임윤리의 문제

평화주의자인 본회퍼가 히틀러 암살모의에 가담한 행위를 어떻게 볼 것인가. 이 문제는 두 가지 관점에서 이해하여야 한다.

첫째, 폭력과 비폭력의 시각에서가 아니라 저항권의 관점에서 이해하여야 한다. 평화연구에서 또 평화 실현과정에서 직면하게 되는 문제가 폭력의 문제이다. 폭력의 문제를 이야기 할 때 두 가지 핵심적 문제가 제기된다. 첫째, 폭력적 방법인가 아니면 원칙적 비폭력인가, 둘째, 폭력과 저항권의 문제이다.[38] 이 문제를 논의할 때 원칙적인 폭력의 포기인가, 아니면 폭력사용이 최후의 비상수단(ultima ratio)으로 허용되는 문제인가 하는 것이 논의되어 왔다.

평화는 궁극적으로 폭력, 구조적 폭력의 제거에 있다. 평화는 폭력으로부터의 해방, 즉 폭력으로부터 자유한 곳에 있다. 이 폭력으

---

35) Dietrich Bonhoeffer, Berlin 1932-1933. DBW 12, Gütersloh 1997, 353.

36) 유석성,「디트리히 본회퍼」,『현대신학을 이해하기 위해 꼭 알아야 할 신학자 28인』, 대한기독교서회, 2001, 203-204

37) 유석성,「본회퍼 평화주의와 정치적 저항권」,『神學思想』 91. 1995 겨울, 45.

38) Yu, Suk-Sung, CG, 88.

로부터 자유는 탈정치화(Entpolitisierung)나 권력에 대한 포기를 의미하는 것이 아니다. 언어상으로 폭력(violence, Gewalt)과 권력(power, Macht)은 아주 분명하게 구별되기 때문이다. 권력은 힘의 정당한 사용을 의미하고, 폭력은 힘의 정당하지 못한 사용을 의미한다.[39] 폭력의 문제는 폭력인가 또는 비폭력인가의 양자택일의 문제가 아니라 정당한 권력의 사용인가 아니면 정당치 못한 권력의 사용인가에 따른 판단의 표준의 문제이다.[40] 폭력의 대립은 비폭력에서가 아니라 정의(Gerechtigkeit)에서 성립된다. 폭력의 척도는 정의에 있다.

폭력을 어떻게 극복할 것인가. 이 문제를 놓고 서구의 신학자들은 예수의 산상수훈(마 5:38-48)의 말씀에서 그 해결방법을 찾는 논의를 하여 왔다. 예수의 산상설교의 중심은 비폭력을 통한 폭력의 극복, 폭력으로부터의 해방과 자유이다. 원수사랑을 통한 적대감의 극복이다. 평화를 창조함으로써 적대관계의 극복을 말한다. 보복을 하지 말라(마5:38-42)는 예수의 말씀은 그 동안 폭력의 포기(Gewaltverzicht)로 간주되어 왔으나 이것은 폭력의 포기가 아니라 폭력으로부터 자유스러운 것(Gewaltfreiheit)를 의미한다.[41] 따라서 평화의 실현은 비폭력적 방법에 있으나, 이 비폭력의 방법은 비폭력 무저항을 의미하는 것이 아니다.

히틀러 암살단에 가담한 본회퍼의 결단과 행위도 저항권의 관점에서 보아야 한다.[42]

저항권(Widerstandsrecht/right of resitsance)이란 무엇인가. 일반적으로

---

39) J. Moltmann, Der Weg Jesu Christi, Christologie in messianischen Dimensionen, München, 189, 150.

40) J. Moltmann, Das Experiment Hoffnung, Mznchen, 1974. 153.

41) Ibid.

42) Vgl., Yu Suk-Sung, CG, 88ff

저항권은 "민주적·법치국가적 기본질서 또는 기본권 보장의 체계를 위협하거나 침해하는 공권력에 대하여 주권자로서의 국민이 민주적·법치국가적 기본질서를 유지 회복하고 기본권을 수호하기 위하여 공권력에 저항할 수 있는 비상수단적 권리인 동시에 헌법제도를 말한다."[43] 중세의 교회에서는 기독교의 자연법에 근거하여 저항권을 받아들였다. 토마스 아퀴나스는 한계상황에서 폭군살해를 허락하였다. 루터도 극단적인 경우 저항할 것을 언급하고 저항을 위한 신적 계명을 말하였다.[44] 1560년 작성된 스코틀랜드 신앙고백 14조에도 "무죄한 자의 생명을 보호하고 폭정에 저항하며 억압을 받는 자를 돕는다"[45]고 말하고 있듯이 무죄한 자의 피를 흘리게 하는 폭군이나 폭정, 불의에 대해서는 항거할 의무가 있다. 칼바르트도 이 14조 "폭정에 저항하는 것"(tyrannidem opprimere)의 해설에서 무죄한 자의 피흘림을 허용하지 않는 것이 "살인하지 말라"는 계명을 성취하는 것에 속한다고 하였다.[46] 사랑 안에서 수행하는 예수 그리스도에 대한 신앙은 우리의 적극적(정치적) 저항을 불가피한 필연적인 것으로 만든다.[47] 정치적 권력의 오용에 저항하기 위하여 필요한 경우에는 폭력사용은 이웃과 국가를 위한 책임의 틀 속에서 계명이 된다.[48] 명백한 폭정과 폭군에 대하여 기독교 전통에 따라 세운 신학적 근거에서 저항에 대한 의무와 권리가 정당화된다.

---

43) C.Creigelds, Rechtswörterbuch, 3.Aufl., München, 1973. 1315 참조. 권영성, [헌법학원론] (서울:법문사, 1995) 76. 재인용. 저항권에 관하여 : E.Wolf. Wirderstandsrecht, RGG. Bd.6, 3.Aufl. s.168ff. E.Wolf. Sozialethik. Theologische Girundfrangen. Güttingen 2. Aufl.982. 권영성. 헌법학원론, 76ff.

44) Jürgen Moltmann, Das Experiment Hoffnung, 154f.

45) K.Barth, Gotteserkenntnis und Gottesdienst nach reformatorischer Lehre, Zürich, 1938. 21.

46) Ibid., 213.

47) Ibid., 214.

48) J.Moltmann, Das Experiment Hoffnung, 156.

본회퍼의 저항과 폭력사용은 처음부터 정상적인 상황에서 행하여진 것이 아니라 마지막으로 비상시에 행하여진 것이다.[49] 처음의 수단(prima ratio)으로 한 것이 아니라 최후의 수단(ultima ratio)으로 한 것이다.

둘째, 본회퍼의 히틀러 암살음모에 가담한 행위를 책임윤리적 시각에서 이해하여야 한다. 책임의 개념은 본회퍼가 히틀러를 제거하기 위해 참여한 모반행위를 이해하는데 열쇠가 되는 개념이다.[50]

본회퍼는 신학계에서는 처음으로 책임윤리의 문제를 제기하였다. 1941년 여름부터 1942년 초 사이에 쓴 윤리 가운데 "책임적 삶의 구조"에서 책임윤리 문제를 다루었다.[51] 본회퍼는 이때 히틀러 암살음모를 계획의 과정에 있었으며 모반의 행위의 정점에 있을 때 책임과 책임윤리 문제를 썼다.[52] 본회퍼는 그의 책임윤리를 신학적이며 그리스도론적으로 해명하는데, 여기에 중심 개념은 대리사상(Stellvertretung), 현실적합성(Wirklicheitsgemäßheit), 죄책을 받아들임(Schuldübernahme), 자유(Freiheit)이다.[53]

본회퍼는 추상적 법칙윤리 결의론, 의무론적 윤리를 거부하고 책임윤리를 주장하였다. 그의 책임윤리는 그리스도가 성육신한 이 세상의 현실에서 세상을 위한 책임적인 삶을 말한다. "이 세상은 예수 그리스도 안에서 예수 그리스도를 통하여 우리에게 주어진 구체적

49) W. Maechler, "Von Pazifisten zum Widerstandskämpfer, Bonhoeffer Kampf für die Entrechteten", in : Die Mündige Welt, I, 92.

50) W. Huber, Protestantismus und Protest, 40.

51) 본회퍼의 책임윤리에 관하여 다음을 참조할 것. Yu, Suk-Sung, Christologische Grundentscheidungen bei Dietrich Bonhoeffer, Tübingen, 1990, 131-136(이하 CG)

52) Vgl., E. Bethge, "Bonhoeffers Weg von 'Pazifismus' zur Verschwöroung", in : H. Pfeifer (Hg.), Friede-das unumgängliche Wagnis, Die Aktualität der Friedensethik Dietrich Bonhoeffers, München, 1982, 119ff.

53) Dietrich Bonhoeffer, Ethik 238-278

인 책임의 영역"이기 때문이다.[54) 본회퍼의 책임은 철저하게 신학적이요, 그리스도론적이며, 예수 그리스도를 통하여 우리를 향하여 하시는 하나님 말씀에 응답함으로써 사는 응답구조이다.

본회퍼에 의하면 책임적 삶의 구조는 인간과 하나님에게 속박(Bindung)되어 있다는 것과 자기의 삶이 자유(Freiheit)하다는 것의 이중적으로 규정된다.[55) 본회퍼는 책임이란 속박과 자유가 밀접하게 결합되어 있을 때 존재하게 된다고 하였다.[56) 속박은 대리행위와 현실적 합성의 형태를 취하며, 자유는 삶과 행위의 자기검증과 구체적인 결단의 모험에서 증명된다. 책임은 대리행위에 근거하고 있다. "대리적 삶과 행위로서 책임은 본질적으로 인간과 인간에 대한 관계이다. 그리스도는 인간이 되었고 따라서 인간을 위한 대리적 책임을 지녔다."[57) 예수 그리스도의 삶은 책임적 삶으로 대리행위의 근원과 본질과 목적이다. 책임은 타자를 위한 삶과 행위이다.

한걸음 더 나아가서 책임은 죄책을 받아들이는 것이다. 죄 없는 예수 그리스도가 그의 형제의 죄를 대신 짊어지신 것은 타인에 대한 관심과 형제에 대한 사심 없는 사랑이며 책임적 행위이다. 이 책임적 행위는 본회퍼에 의하면 현실에 적합한 행동이다. 이것은 주어진 구체적 책임의 영역에서 예수 그리스도 안에, 예수 그리스도를 통하여 역사적으로 현실적 상황에 적합한 행위여야 한다. 본회퍼의 책임윤리는 개인윤리가 아닌 공동체의 윤리이며, 사회윤리이다. 본회퍼는 교회의 정체적 책임의 모습을 다음과 같은 말로 극명하게 잘 표현하였다. "바퀴 아래 깔린 희생자에게 붕대를 감아주는 것뿐 아니

---

54) Ethik, 247

55) Yu, Suk-Sung, CG., 127-136.

56) Ethik, 238.

57) Ethik, 240.

라 바퀴 자체를 멈추게 하는 것이다."[58] 따라서 본회퍼가 히틀러의 암살음모에 가담한 행위는 저항권과 그의 책임윤리적인 관점에서 이해하여야 한다.[59]

## 5. 본회퍼 평화론의 오늘의 의미

본회퍼 기독교 평화론은 오늘 우리에게 무엇을 말하는가?

첫째, 평화를 위하여 정의를 실현하는 것이다. 기독교 평화는 정의로운 평화이며 본회퍼는 평화에 헌신하는 것이 기독자의 참된 모습으로 보았다. 오늘 교회가 정의와 평화를 실천해야 될 것이다. 본회퍼가 평화는 정의와 진리가 확립되는 곳에 건설된다고 하였듯이 정의를 실현하는 것이 평화를 실현하는 걸이다. 평화는 정의의 실현을 통하여 구체화된다. 사회정의를 실현하는 것이 평화를 실현하는 것이다.

오늘 세계가 당면한 테러와 전쟁의 극복문제는 빈곤의 문제와 사회정의문제를 해결하지 않고는 안 된다. 코피 아난 유엔사무총장이 노벨평화상 수상연설에서 한 말은 이 시대 평화의 과제를 위해 깊이 새겨볼 말이다. "인류평화는 빈곤퇴치, 분쟁예방, 민주주의 발전 없이는 이룰 수가 없습니다." 평화실현의 첫걸음은 가진 자와 못가진 자의 문제를 구조적으로 해결하고, 미국을 위시한 가진 자가 나눔을 실천하여 빈부의 격차를 줄여야 한다. 오늘의 테러의 문제는 빈곤의 문제를 해결하여야 극복될 수 있다. 북한의 식량난을 인도적 견지에서라도 도와야 한다.

---

58) Gesammelte Schriften Ⅱ, 48.

59) Yu, Suk-Sung, CG, 185.

둘째, 전쟁을 반대하고 비폭력 방법으로 평화를 실현하는 것이다. 여기에는 많은 희생이 뒤따를 수 있고 비폭력의 길은 고통과 희생과 십자가의 길이 될 것이다.

오늘 세계는 보복전쟁 속에 있다. 테러와 폭력의 근절은 보복전쟁을 통해서 해결될 수 없다. 폭력과 전쟁은 또 다른 폭력을 가져오기 때문이다. 폭력은 폭력을 낳고, 보복은 보복의 악순환을 가져오고 피는 피를 부른다. 평화에 이르는 길은 무력이나 보복으로 이루어질 수 없고, 정의로운 전쟁이란 있을 수 없다.

평화의 길은 비폭력의 길이다. 비폭력의 길은 고통과 희생과 십자가의 길이다. 비폭력 방법은 위대하지만 그 길을 사는 사람은 죽음의 길을 가는 것을 각오해야 한다. 비폭력적 방법은 약한 것 같으나 강한 방법이며, 지는 것 같으나 이기는 길이다. 폭력적 방법은 어두움의 세력들이 사용하는 방법이요, 비폭력은 빛의 자녀들이 사용하는 방법이다. 폭력은 생존자에게는 비참함을, 파괴자에는 야수성을 남겨주고 마침내 그 자체를 파괴한다. 미국 대통령이었던 케네디는 이렇게 말한 바 있다. "인류는 전쟁을 종식시켜야 합니다. 그렇지 않으면 전쟁이 인류를 종식시킬 것입니다."

테러의 극복 방법은 테러로서는 해결할 수 없고 평화는 폭력적 방법으로 해결할 수 없다. 평화학자 요한 갈퉁은 "평화적 수단에 의한 평화"를 주장한 바 있다.[60] 본회퍼가 평화는 위대한 모험이라고 하였듯이 평화의 길은 험한 길이다.

셋째, 오늘 동아시아에 있어서의 문제는 동아시아 문제인 동시에

---

60) Johan Galtung, Peace by Peaceful Means, 1996. 요한갈퉁, 『평화적 수단에 의한 평화』, 강종일 외 옮김, 들녘, 2000.

세계평화와 직결되는 문제이다. 한·중·일에서는 동북아시아의 평화문제는 동아시아인의 생존의 문제인 동시에 세계평화와 직결된 일이기도 하다. 한·중·일에서는 북한 핵문제, 한·일간의 독도문제, 일본의 역사교과서 왜곡문제, 일본의 고이즈미 총리의 야스쿠니 신사참배로 나타난 신군국주의 기도(企圖), 중국의 고구려사를 중국역사로 편입시키고자 하는 동북공정(東北工程) 등이 한·중·일 삼국 간에 현안문제로 제기되고 있다. 동아시아가 함께 공존하려고 하면 동북아의 역사문제를 바로 잡고 비핵, 평화를 실현해야 한다.

동아시아 3국은 평화와 공존을 위해 본회퍼로부터 무엇을 배울 수 있으며 어떤 교훈을 얻을 수 있겠는가? 역사적 잘못을 바르게 인식하고 참회하여야 한다. 본회퍼가 지의 인식(Schulderkenntnis)과 죄의 고백(Schuldbekenntnis)을 강조하였듯이[61] 과거의 역사적 과오를 바르게 인식하고 철저하게 반성하고 참회하여야 한다. 잘못을 참회하려면 먼저 잘못을 바르게 인식하고 깨달아야 반성과 참회를 바로 할 수 있다. 지나간 역사에 대한 정리가 되어야 평화공존이 가능하다. 지나간 역사에 대한 반성과 사죄가 동아시아의 선린과 평화공존을 위한 선결 사항이다.[62]

일본인들은 그들이 행한 침략과 학살에 대하여 반성과 사죄와 참회를 하기는커녕, 오히려 자기들이 행한 잘못을 은폐·왜곡·미화시키고 있다. 그들은 역사적 과오에 대하여 형식적인 사과의 말 몇 마디만 하고, 잊을 만하면 또 다시 신 군국주의와 패권주의를 꾀하는 망언을 하고, 한국영토인 독도를 일본영토라고 주장하고, 후손을 교

---

61) Dietrich Bonhoeffer, Ehik, DBW 6, 125ff.
62) 유석성, 「동아시아의 평화와 본회퍼의 평화사상」, 『公共性의 윤리와 평화』, 손규태 교수 정년 퇴임 기념 논문집, 한국 신학연구소, 2005, 337-345

육시키는 역사교과서마저 왜곡시키는 일을 하고 있다.

중국의 동북공정의 결과물로 고구려사를 중국역사에 편입을 시킨 논문들이 발표되고, 마라도 남방에 있는 이어도를 중국이 한국영토로 인정하지 못하겠다고 보도되었다. 일본은 독도를 일본영토라고 억지 주장을 하고 북한은 핵실험을 하고, 일본은 이것을 신(新)군국주의 건설의 구실로 삼고 있다. 이러한 때 본회퍼로부터 평화에 대한 올바른 가르침을 배워야 할 것이다. 세계는 부익부 빈익빈의 심화되는 빈곤의 세계화의 현상이 나타나고 있다. 20대 80이라는 말이 잘 나타내 주듯이 강대국을 위한 세계화가 이루어지고 있다. 한반도에는 현재 분단된 상태로 휴전협정이 발효되는 상태다. 한반도는 휴전협정을 평화협정으로 바꾸고 마침내는 평화통일을 이루어야 할 과제를 안고 있다. 이러한 때 한국교회와 기독교인은 평화 수행을 자기 십자가를 지고 예수 그리스도를 따르는 길로 이해를 하여야 할 것이다.

인류의 분쟁의 원인이 이데올로기보다 인종과 종교 갈등에서 일어나고 있다. 인류 평화를 위해 종교 간의 협력을 하면서 평화문화를 만들어가야 할 것이다.

본회퍼가 평화를 하나의 위대한 모험이라고 말한 것처럼 오늘 우리는 평화를 예수님의 처신에서 고난과 죽음을 각오하고 평화를 실천할 때 진정한 평화가 이루어질 것이다.


## 결 론


함석헌과 본회퍼는 1901년 1906년 동양과 서양, 한국과 독일에서 거의 같은 시기에 태어나 평화를 위한 투쟁의 삶을 살았다. 그들은 "싸우는 평화주의자"였다. 본회퍼는 20기 전반기를 살고(39세) 함석헌은 본회퍼보단 2배를 더 살았다.(88세) 본회퍼는 히틀러의 나치에 대한 투쟁을 하다가 처형되었고 함석헌은 그의 삶을 군사독재에 항거하며 평화를 위한 투쟁을 하였다.

두 사람의 공통점은 평화에 대한 근거를 종교적 가르침에 두고 있다. 본회퍼가 기독교에만 머무르는 기독교 평화주의라면, 함석헌은 기독교, 힌두교, 노장의 도가사상을 아우르는 종교적 평화주의이다.

함석헌은 평화를 생명과 필연과 역사의 절대 명령으로 보았고, 본회퍼는 평화를 하나님의 명령과 그리스도의 현존이라고 하였다. 함석헌과 본회퍼 모두 비폭력 저항을 주장하였다. 오늘날 요한 갈퉁이 제시한 "평화적 수단에 의한 평화"를 말한 평화다.

그러나 이들은 저항권이나 책임윤리적 방법이라고 할 수 있는 최후의 수단(ULTIMA RATIO)으로서 항거의 방법, 물리적 수단을 인정한다. 함석헌은 이렇게 말한다. "모르긴 몰라도 사람을 포악 무도하게 죽이는 것을 당하면 나도 총 들고 나갈지도 몰라 … 다른 사람이 아닌 간디를 읽어보면 아주 그 점이 잘 밝혀지는 것이 있어요."[63]

본회퍼의 미친 운전사 이야기에서도 이같은 이야기이다. 함석헌은 최후의 수단의 방법을 취하지 않았지만 본회퍼는 최후의 수단의 방법으로 미친 운전수인 히틀러를 암살하고자 하였던 것이다.

함석헌이나 본회퍼 모두 평화는 전쟁이나 군비확장으로 실현되지 않는다고 하였다. 오늘 미국의 이라크 침공과 북한의 핵실험으로 야기된 한반도의 문제를 해결하는데 함석헌과 본회퍼의 평화론은 세계평화를 이룩하는 데 인류를 살리는 해결책이 될 것이다. 비핵화

---

63) 「씨을의 소리, 씨을의 사상」, 함석헌전집, 14. 384.

만이 인류를 살리는 길이 될 것이다. 함석헌과 본회퍼의 평화론은 "더 이상 전쟁을 연습하지 않고 칼을 쳐서 보습을 만들고 창을 쳐서 낫을 만드는"(이사야2:4) 세계를 만들 수 있을 것이다.

오늘의 세계평화를 위협하는 것은 종교와 인종과 각국의 경제적 이해관계, 세계유일 초강대국인 미국의 패권전략이다. 한스 큉이 "종교의 평화 없이는 세계평화도 없다. 종교의 대화 없이는 종교의 평화도 없다"고 말한 바 있다.[64] 함석헌의 종교적 평화론은 종교간. 인종간의 평화를 실현하는데 기여할 수 있을 것이다.

본회퍼의 기독교 평화론은 정의와 평화에 대한 기독교인과 교회의 책임의 길을 제시한 기독교평화주의다.

(서울신학대학교 교수. 한국본회퍼 학회 회장)
위 글은 지난 10월 씨을사상연구회 월례발표회 논문임.
동지사대학 강연문(2011. 12. 2 )

---

64) Hans Küng, Projekt Weltethos, München, 1990, 13.

# 1-6. 본회퍼의 평화사상과 동아시아의 평화

## 1. 시작하는 말

지금 한반도는 탈냉전 시대에 냉전 지대로서 지구상에 남은 마지막 분단국가이다. 더구나 미국이 "악의 축(axis of evil)"의 하나로 지목한 북한이 핵문제를 가지고 동아시아뿐 아니라 세계의 평화를 위협하고 있다. 한반도의 남북분단은 평화를 위협하는 근원이며, 분단이 되어 있는 한 한반도의 진정한 평화는 있을 수 없고 한반도의 평화가 없는 한 동아시아의 평화는 있을 수 없다.

디트리히 본회퍼는 기독교 평화운동의 선구자이다. 본회퍼는 예수 그리스도의 가르침인 평화를 이 사회 속에 실천하고자 투쟁하다가 순교하였다.

미국의 라인홀드 니버는 본회퍼의 처형 후 2개월 후에 본회퍼를 순교자라 칭하고 "그의 삶은 현대 사도행전에 속한다"고 말한 바 있다.[1] 본회퍼가 남긴 공언 중 가장 위대한 것은 정의와 평화를 위한 기독교인의 의무와 책임을 강조한 것에 있다.

한국에서는 일본을 가리켜 "가깝고도 먼 나라"라고 한다. 지리적으로 가까운 이웃나라지만 그동안 역사 속에서 선린의 관계보다 증오와 원한의 관계로 지낸 일이 많았기 때문이다.

한국을 둘러싸고 있는 동북아에도 북한 핵문제를 비롯한 중국의

---

1) Reinhold Niebuhr, "The Death of Martyr", Christianity and Crisis, 25(June 1945), 6.

팽창주의, 일본의 신군국주의가 평화를 위협하고 있다. 기독교는 정의와 평화를 위한 사회적 책무에는 소홀히 하고 오직 기복주의 경향으로 나가고 있다. 이러한 상황에서 "본회퍼는 오늘 여기에서 우리들에게 구체적으로 정의와 평화를 위한 기독교의 과제를 위해 무엇을 말하고 있으며 무슨 의미가 있는가?"를 찾아보는 일은 의미가 깊은 일이다.

이러한 때 이 강연을 통하여 본회퍼의 평화사상에 비추어 한국과 일본의 교회와 그리스도인들이 동아시아의 평화를 위해 무엇을 어떻게 할 것인가를 찾아보는 기회를 삼고자 한다.


## 2. 본회퍼의 평화사상

본회퍼는 신앙과 행동, 개인적 경건과 정치적 책임이 일치된 삶을 살았다. 본회퍼는 기독교 평화운동의 선구자였다. 그는 평화를 실천하는 길이 히틀러를 제거하는 것이라고 믿고 나치정권에 항거하다가 처형된 순교자이다.[2] 1990년 3월 서울에서 개최되었던 "정의 평화 창조 질서의 보전"(JPIC)의 대회는 본회퍼가 1934년 8월 28일 덴마크 파뇌(Fanö)에서 제안한 "평화를 위한 에큐메니칼 회의"가 실현된 것이다.[3]

본회퍼는 예수의 산상설교에 나타난 비폭력의 가르침 속에서 평

---

2) 유석성, "디트리히 본회퍼", 「현대신학을 이해하기 위해 꼭 알아야 할 신학자 28인」, 대한기독교서회, 2001, 200.

3) Dietrich Bonhoeffer, Gesammelte Schriften, Band 1, München, 1978, 219.(이하 GS) 한국기독교사회문제연구원 편, 「정의·평화·창조질서의 보존 세계대회자료집」, 한국기독교사회문제연구원, 1988, 22.

화의 의미를 발견하였다.[4] 보복하지 말고 원수를 사랑하고, 박해하는 사람을 위하여 기도하라는 말씀(마 5:38-48)에서 기독교의 복음의 핵심과 평화의 계명을 발견하였다. 당시에 독일 루터교에서는 평화주의에는 관심이 없었고 오히려 평화란 조국을 위해 군사적 행동이 요구될 때 적극적으로 참여하는 것이 자연스럽다고 하였다. 그러나 본회퍼는 이러한 교회의 태도에 문제가 있다고 생각하였다.

본회퍼는 그리스도를 뒤따르는 십자가적 제자직(弟子職 Nachfolge)과 세상에 대한 책임 속에서 평화를 파악하였다. 여기에서 예수 명령의 구체성과 값비싼 타자를 위한 삶, 개인적 훈련과 신앙의 공동체에서 평화를 발견하였다. 그에게 있어서 평화는 신앙의 결단과 정치적 책임적 행위였다. 본회퍼는 평화를 하나님의 계명과 그리스도의 현존이라고 갈파하였다.[5] 평화 실천은 하나님의 계명에 순종하는 일이며, 평화의 왕으로 이 세상에 성육신한 그리스도의 뒤를 따르는 값비싼 제자직을 이행하는 일로 본 것이다. 평화를 건설하는 것이 기독교인과 교회의 의무와 책임이자 신학의 과제이다.

## 3. 본회퍼의 평화사상과 한·중·일 3국

1989년 11월 9일 베를린 장벽의 붕괴로부터 시작된 동구사회주의권의 몰락, 독일의 통일, 소련의 붕괴는 세계를 탈냉전, 탈 이념, 신 국제질서로 변화시켰다. 미국과 소련의 두 축으로 지배하던 국제질서는 소련의 해체로 미국이 세계 유일 초강대국이 되어 세계 패권

---

4) Dietrich Bonhoeffer, Nachfolge (DBW4), München, 1989, 134ff.
5) GS I, 216.

국가가 되었다. 9,11사태 이후 세계는 테러와 침략과 전쟁 속에 있다. 미국이 아프가니스탄을 침공한 이래 세계의 비난에도 불구하고 미국은 찾아내지도 못하는 대량살상무기(WMD)를 이유로 이라크를 침략하였다. 테러를 없앤다고 하면서 더 큰 국가적 테러를 자행한 것이다. 지금 북한 핵문제는 세계 평화문제의 초점이 되고 있다. 북한 핵문제를 놓고 6자 회담이 몇 차례 열렸으나 중단된 상태다.

동북아시아의 평화문제는 동아시아인의 생존의 문제인 동시에 세계평화와 직결된 일이기도 하다. 한·중·일에서는 북한 핵문제, 한·일간의 독도문제, 일본의 역사교과서 왜곡문제, 일본의 고이즈미 총리의 야스쿠니 신사참배로 나타난 신군국주의 기도(企圖), 중국의 고구려사를 중국역사로 편입시키고자 하는 동북공정(東北工程)등이 한·중·일 삼국 간에 현안문제로 제기되고 있다.

동아시아가 함께 공존하려고 하면 동북아의 역사문제를 바로 잡고 비핵, 평화를 실현해야 한다. 동아시아 한·중·일 3국은 지리적으로 이웃하고 있어서 때로는 선린관계를 때로는 전쟁과 침략과 약탈의 관계로 지내왔다. 지난 20세기에도 전반기는 제국주의 침략과 전쟁의 시기였으며, 후반기에는 동서 이데올로기 대립에 의한 냉전체제 속에서 대결과 비극적 분단의 역사였다.

한반도는 일본의 식민통치로부터 해방됨과 동시에 남북으로 분단되었다. 해방의 역사는 곧 분단의 역사가 되었다. 한국이 분단된 것은 무엇보다도 일본의 35년의 식민통치가 없었더라면 분단되지 않았을 것이다. 물론 분단의 원인은 미국과 소련 등의 강대국의 이해관계와 통일국가를 세울 만한 역량을 갖추지 못한 것도 있지만 원천적으로 일본의 식민통치가 없었더라면 분단되지 않았을 것이다.[6]

---

6) 분단의 원인에 대하여: 강만길, 「고쳐 쓴 한국현대사」, 창작과 비평사,1994. 2002( 21쇄), 201.

한반도 분단은 불합리한 분단이었다. 독일이 제2차 세계대전을 일으킨 전범의 나라로서 그 제가로 분단된 것이라면, 그렇다면 한반도가 분단될 것이 아니라 일본이 분단되었어야 마땅한 일이다. 한반도는 일본 대신에 분단된 것이라 말할 수 있으며 한반도 분단은 불합리하고 억울한 분단이라고 말할 수 있다. 더구나 일본은 한반도의 6,25전쟁과 다른 분단국인 베트남 전쟁 때문에 경제적 기반을 다지고 경제대국으로 갈 수 있었다. 이런 일을 보면서 하나님의 의(義)가 어디에 있는가 묻지 않을 수 없다.

일본은 한국과 중국 등에 침략과 전쟁, 학살과 약탈을 자행하였다. 일본은 한국에서 1592년 '임진왜란'을 비롯하여 일제 강점기(1910-1945)를 통하여 학살과 약탈과 만행을 저질렀다. 이러한 사실은 경기도 화성의 제암리교회(提巖里敎會) 학살사건(1919)에서도 이러한 사실은 잘 증명된다. 중국에서도 난징(南京) 대학살사건(1937.12-1938.1) 때 얼마나 많은 중국인을 학살하였는가? 일설에 의하면 1937년에서 1945년까지 8년 동안 일본군은 중국인을 3,500만 명을 학살하였다고 한다.[7]

동아시아 3국은 평화(平和)와 공존(共存)을 위해 본회퍼로부터 무엇을 배울 수 있으며 어떤 교훈을 얻을 수 있겠는가?

첫째, 역사적 잘못을 바르게 인식하고 참회하여야 한다. 본회퍼가 죄의 인식(Schulderkenntnis)과 죄의 고백(Schudbekenntnis)을 강조하였듯이 과거의 역사적 과오를 바르게 인식하고 철저하게 반성하고 참

---

강정구, "미국의 한반도 전략과 조선의 분단", 제주4.3연구소 엮음, 「동아시아의 평화와 인권. 제주4.3 제50주년기념 제2회 동아시아 평화와 인권 국제학술대회 보고서」, 역사비평사, 1999, 79-117.

7) 슈청샨,"난싱대학살 사건과 왜곡의 역사",「동아시아 평화인권 한국위원회편, 동아시아와 근대의폭력 2. 국가폭력과 트라우마」, 삼인, 2001, 76.

회하여야 한다.[8] 잘못을 참회하려면 먼저 잘못을 바르게 인식하고 깨달아야 반성과 참회를 바로 할 수 있다. 지나간 역사에 대한 정리가 되어야 평화공존이 가능하다. 지나간 역사에 대한 반성과 사죄가 동아시아의 선린과 평화공존을 위한 선결 사항이다.

일본인들은 그들이 행한 침략과 학살에 대하여 반성과 사죄와 참회를 하기는커녕 오히려 자기들이 행한 잘못을 은폐・왜곡・미화시키고 있다.[9] 그들은 역사적 과오에 대하여 형식적인 사과의 말 몇 마디만 하고, 잊을 만하면 또 다시 신 군국주의와 패권주의를 꾀하는 망언을 하고, 한국영토인 독도를 일본영토라고 주장하고, 후손을 교육시키는 역사교과서마저 왜곡시키는 일을 하고 있다.[10] 1982년 역사교과서 왜곡문제는 한국 국민을 격분케 하여 독립기념관을 건립하는 계기가 되기도 하였다.

이 왜곡된 역사교과서는 1905년 을사조약과 1910년 일제의 한국 병탄(倂呑)을 "동아시아의 안정에 필요한 정책이었다"고 정당화하였고[11] 태평양전쟁을 침략전쟁이 아니라 서구열강의 지배 아래 있는 아시아를 잘 살게 하기 위한 해방전쟁인 '대동아전쟁'이라고 규정하였다. 정신대 종군위안부 사건도 자발적 매춘이라 하여 삭제시켰다고 한다. 이런 왜곡 날조된 역사교과서는 일본의 침략행위를 정당화하며 역사적 사실을 은폐시키고 잘못을 미화시킨 것이다. 이 일은 일본인에 의해서도 비판을 받은 바 있다. 소설가 시바 료타로(司馬遼太郎)는 이렇게 말하였다. "교과서에 거짓말을 쓰는 나라, 특히

---

8) Dietrich Bonhoeffer, Ethik(DBW6), München, 1992, 127.

9) 다카하시 데츠야, 「일본의 전후 책임을 묻는다」, 이규수 옮김, 역사비평사, 1999.

10) 코모리 요우이치, 다카하시 테츠야 엮음, 「내셔널 히스토리를 넘어서」, 이규수 옮김, 삼인, 2000.

11) 이태진 편저, 「한국병합 성립하지 않았다」, 태학사, 200, 30ff. 참조.

이웃국가에 대해 거짓말을 쓰는 나라는 망한다."

그러나 이와 달리 600만의 유태인을 학살한 독일은 어떠한가? 독일정부는 나치 하에서 범한 잘못을 진심으로 사죄하고 보상하였다. 한 장의 사진이 우리를 숙연하게 할 뿐 아니라 감동을 준다. 그것은 1970년 독일의 빌리 브란트 수상이 바르샤바 유대인 게토 기념비 앞에서 무릎을 꿇고 두 손을 모아 사죄하고 있는 모습의 사진이다.[12] 일본의 왕이나 수상에게 가능하기나 한 모습인가? 독일은 과거 극복 방법으로 전쟁범죄를 단죄하였고 유대인 수용소를 과거를 기억하려는 기념관으로 잘 보존하게 하여 일반인에게 역사 교훈의 장소로 공개하고 있다. 물론 독일교회, 일본교회, 한국교회는 죄책 고백을 한 일이 있다. 그러나 한국이나 중국에서는 아직도 일본정부가 진심으로 사과하거나 과거의 잘못을 반성하고 있다고 인정하지 않고 있다.

둘째, 전쟁을 반대하고 비폭력적 방법으로 평화를 실현하는 것이다. 본회퍼는 무기와 군비확장을 의미하는 안보(Sicherheit)로는 평화를 이루어 낼 수 없다고 하였다.[13] 안보는 불신을 요구하며 불신은 전쟁을 가져오기 때문이다. 본회퍼는 전쟁을 반대하였다. 본회퍼는, 히틀러는 전쟁을 의미한다고 말하기도 하였다. 그래서 본회퍼는 히틀러를 제거하려고 하였던 것이다. 미국의 이라크 침략전쟁에 일본 자위대의 파병, 한국의 추가파병 문제는 본회퍼의 입장에서 보면 어떻게 하여야 하겠는가? 파병반대는 자명한 일이다.

오늘 세계는 보복전쟁 속에 있다. 테러와 폭력의 근절은 보복전쟁

---

12) 서울대학교 독일학연구소, 「시인과 사상가의 나라 독일 이야기 I. 독일어권 유럽의 역사와 문화」, 거름, 2000. 277.

13) GS I, 218.

을 통해서 해결될 수 없다. 폭력과 전쟁은 또 다른 폭력을 가져오기 때문이다. 폭력은 폭력을 낳고, 보복은 보복의 악순환을 가져오고 피는 피를 부른다. 평화에 이르는 길은 무력이나 보복으로 이루어질 수 없고, 정의로운 전쟁이란 있을 수 없다. 평화의 길은 비폭력(非暴力)의 길이다. 비폭력의 길은 고통과 희생과 십자가의 길이다. 비폭력방법은 위대하지만 그 길을 사는 사람은 죽음의 길을 가는 것을 각오해야 한다. 비폭력을 주장한 분들은 한결같이 폭력적인 방법에 의하여 죽임을 당했다.

예수님은 폭압적 정권에 의하여 처형되었고 마하트마 간디와 마르틴 루터 킹은 암살당했다. 그러나 비폭력을 통한 평화 실현의 가르침은 세계를 지배하고 인류의 빛이 되었다. 비폭력적 방법은 약한 것 같으나 강한 방법이며 지는 것 같으나 이기는 길이다. 폭력적 방법은 일시적으로는 이기는 것 같으나 결국에는 지는 방법이다. 폭력은 어두움의 세력들이 사용하는 방법이요, 비폭력은 빛의 자녀들이 사용하는 방법이다. 폭력은 생존자에게는 비참함을, 파괴자에는 야수성을 남겨주고 마침내 그 자체를 파괴한다. 미국 대통령이었던 케네디는 이렇게 말한 바 있다. "인류는 전쟁을 종식시켜야 합니다. 그렇지 않으면 전쟁이 인류를 종식시킬 것입니다."

테러의 극복 방법은 테러로서는 해결할 수 없고 평화는 폭력적 방법으로 해결할 수 없다. 평화학자 요한 갈퉁은 "평화적 수단에 의한 평화"를 주장한 바 있다.[14] 본회퍼가 평화는 위대한 모험이라고 하였듯이 평화의 길은 험한 길이다.

셋째, 본회퍼가 평화는 정의와 진리가 확립되는 곳에 건설된다고 하였듯이 정의를 실현하는 것이 평화를 실현하는 길이다. 평화는 정

---

14) 요한 갈퉁, 「평화적 수단에 의한 평화」, 강종일 외옮김, 들녘, 2000.

의의 실현을 통하여 구체화된다. 사회정의를 실현하는 것이 평화를 실현하는 것이다. 오늘 세계가 당면한 테러와 전쟁의 극복문제는 빈곤의 문제와 사회정의문제를 해결하지 않고는 안 된다. 코피 아난 유엔사무총장이 노벨평화상 수상연설에서 한 말은 이 시대 평화의 과제를 위해 깊이 새겨 볼 말이다. "인류평화는 빈곤퇴치, 분쟁예방, 민주주의 발전 없이는 이룰 수가 없습니다." 평화실현의 첫걸음은 가진 자와 못 가진 자의 문제를 구조적으로 해결하고, 미국을 위시한 가진 자가 나눔을 실천하여 빈부의 격차를 줄여야 한다. 오늘의 테러의 문제는 빈곤의 문제를 해결하여야 극복될 수 있다. 북한에서는 지난 10년간 식량난으로 250만 명 이상 굶어 죽었다고 한다. 인도적 견지에서라도 북한을 도와야 한다.

넷째, 본회퍼는 평화를 실현하기 위해 기독교인의 책임적인 행위와 공동체성의 실현을 통하여 가능하다고 하였다. 이것으로부터 평화를 위한 책임과 이웃과의 연대를 말하는 것이다. 본회퍼는 평화를 실천하기 위하여 책임적인 기독교인의 신앙적 결단과 행위가 필요함을 보여주었다. 본회퍼는 개인의 관심이나 이해관계, 국가가 침략하는 행위에서는 폭력을 거부하였지만 그러나 수많은 사람의 학살이 계속되는 상황에서 죄악의 공범이 되지 않기 위해 비폭력의 순결함을 지킬 수 없었고 히틀러 제거계획을 세웠던 것이다.

본회퍼의 저항과 폭력사용은 처음부터 정상적인 상황에서 행한 것이 아니라 마지막 비상시에 행한 것이다. 처음의 수단(prima ratio)으로 행한 것이 아니라 최후의 수단(ultima ratio)으로 한 것이다. 평화주의자인 본회퍼가 사람을 죽이는 암살계획에 가담한 행위는 책임윤리와 저항권의 입장에서 이해하여야 한다.[15]

---

15) 유석성, "본회퍼의 평화주의와 정치적 저항권", 신학사상 91집, 1995 겨울. 42ff.

본회퍼는 평화를 실현하기 위해서 공동체성을 강조하였다. 그는 그리스도를 "공동체(교회)로서 존재하는 그리스도"라고 하였다.[16) 이러한 공동체성은 국가주의나 인종주의를 넘어설 수 있는 개념이다. 동아시아 삼국은 평화를 위해 본회퍼의 공동체성을 깊이 생각하고 재일교포 도쿄대(東京大) 강상중(姜尚中) 교수나 일본인 와다 하루키(和田春樹) 교수가 이야기한 대로 "동북아시아 공동의 집"을 건설하는 일이 필요할 것이다.[17) 동아시아의 평화는 미국의 태도에 달려 있다. 미국은 북핵문제 때문에 북한을 공격의 표적 삼아 한반도 평화공존과 긴장완화를 저해하지지 않도록 하여야 할 것이다.

그동안 미국은 패권주의와 국익을 위한 정책을 펴 왔다. 부시 대통령은 취임한 후 미사일 방어체제(MD) 강행, 일방적인 친 이스라엘 외교정책, 교토 기후협약 탈퇴, 유엔 인종차별 철폐회의에서의 퇴장 등 국익 위주의 정책을 펼쳐왔다. 그러나 미국은 초강대국으로서 세계평화를 위한 도덕적 책무가 있다. 미국은 이라크문제, 북핵문제를 빨리 해결하고 테러의 근본적인 원인을 제거하고, 나아가서 인류가 함께 공존하며 상생(相生)할 수 있고 평화롭게 살 수 있는 국제질서를 만들어야 한다.

다섯째, 동아시아에 있는 평화의 전통을 존중하여 평화실현에 원용(援用)하는 것이다. 한·일·중 3국은 유가(儒家), 불교(佛敎) 도가(道家) 및 묵가(墨家), 법가(法家) 등의 영향 속에서 살았고 그들에게는 각각의 평화사상(平和思想)이 있다.

유가(儒家)는 예치(禮治), 덕치(德治)에서 찾았고, 도가(道家)는 무위자연(無爲自然), 소국과민(小國寡民), 비전론(非戰論)에서 묵가(墨家)는

---

16) Dietrich Bonhoeffer, Sanctorum Communio (DBW1), München, 1986, 126.

17) 강상중, 『동북아시아 공동의집을 향하여』, 이경덕 옮김, 뿌리와 이파리, 2001.

상현(尙賢), 상동(尙同), 반전론 (反戰論)에서, 법가(法家)는 강제규범(强制規範)과 법치(法治)에서, 병가(兵家)는 강력한 군사력에 기반을 둔 힘의 통치에서 평화를 추구하였다. 공자(孔子)는 덕치주의(德治主義)의 관점에서 인(仁)과 예(禮)를 중시하였고 균형과 조화를 뜻하는 화(和)를 중시하고 정명사상(正名思想)을 말하였다.[18] 인정(仁政)이나 왕도정치(王道政治), 폭군방벌론(暴君放伐論)을 중시한 맹자(孟子)의 사상은 본회퍼와 일맥상통(一脈相通)한 점이 있다. 본회퍼가 히틀러를 제거하려고 하는 것은 맹자가 폭군은 죽여도 좋다고 한 것과 유사한 것이다.[19]

한국에는 신라의 원효(元曉)의 화쟁(和諍)사상이 있다.[20] 화쟁이란 부처의 근본 가르침에 근거하여 온갖 주장(이쟁, 異諍)을 화회(和會)시키고, 회통(會通)시키는 것을 의미한다. 다시 말하여 "화쟁이란 불교 신앙 안에서 다양한 경향의 경전이나 여러 종파의 상호 대립하는 가르침들 사이의 다툼과 갈등을 화해·융합시키는 원효 특유의 해석학적 방법을 말한다. "[21] 오늘 종파 안에서 그리고 종교 간에 평화를 위하는 일에 원효의 사상은 시사하는 바가 크다.

1909년 10월 26일 하얼빈 역에서 이토 히로부미(伊藤博文)를 죽인 안중근( 安重根1879-1910)은 여순감옥에서 『동양평화론』(東洋平和論)을 썼다.[22] 비록 미완성이기는 하지만 안중근이 이토를 죽인 이론적 근거가 『동양평화론』에 있을 것이다. 이것은 본회퍼와 유사한 점이

---

18) 『論語』,「顏淵」, 君君 臣臣 父父 子子.

19) 『孟子』,「梁惠王章句下」, 臣弑其君 可乎, 曰賊仁者 謂之賊 賊義者 謂之殘 殘賊之人 謂之一夫 聞誅一夫紂矣 未聞弑君也.

20) 元曉撰, 十門和諍論,「한국불교전서」1, 1979. 최유진, 「원효 사상 연구-화쟁을 중심으로-」, 경남대학교출판부, 1998.

21) 신옥희, 『일심과 실존. 원효와 야스퍼스의 철학적 대화』, 이화여자대학교 출판부, 2000, 240.

22) 신용하 엮음, 『안중근유고집』, 역민사, 1995, 169-180.

있다. 오늘 한·중·일 동양 3국은 본회퍼에게서 책임(Verantwortung)과 연대(Solidarität)의 정신을 배우는 길이 평화를 실천하는 길이 될 것이다.

동아시아의 평화를 위해서는 한반도의 평화가 중요하다. 더 이상 한반도에서 전쟁을 하지 않고 평화적으로 평화통일하여야 한다. 한반도의 통일의 문제는 민족적인 문제인 동시에 국제적인 문제이다. 강대국의 이해관계가 맞물려 있는 일이다. 한반도의 평화와 동아시아의 평화를 위해서는 한국과 일본의 기독교인과 교회가 연대(連帶)하고 평화를 위한 책임(責任)을 다 하여야 하겠다. 이것이 오늘 본회퍼 평화사상에 비추어 평화문제를 생각하는 우리가 평화를 만들어가야 하는 "시간이 긴급한"(Die Stunde eilt)[23] 과제라고 생각한다.

## 맺는 말

동아시아의 평화를 위협하는 것은 자국 중심적 국수주의적 민족주의이다. 그것은 일본의 우경화된 자국 중심적 국가주의(nationalism)와 군국주의적 경향, 중국의 팽창주의, 북한의 핵문제이다.

일본은 교과서의 역사왜곡, 한국 영토인 독도의 영유권 주장, 총리의 야스쿠니 신사참배, 평화헌법 개정추진, 장관과 도쿄지사의 계속적인 망언을 통해 역사를 왜곡하고 극우화된 국수적인 침략적 군국주의적 경향으로 나아가고 있다.

일본은 한국과 중국을 위시한 동아시아에게 식민지배와 침략전쟁을 통해 큰 고통과 상처를 주었다. 일본은 과거를 반성하고 사죄

---

23) GS I, 219.

하여야 한다. 독일의 바이체커 대통령은 1985년 5월 8일 종전 40주년을 맞아 기념식에서 행한 연설에서 다음과 같이 말했다. "과거 앞에 눈을 감는 사람은 현재에 대해서도 눈이 어둡게 된다." 일본은 과거에 대하여 눈을 감을 뿐 아니라 과거의 역사를 왜곡하고 있다. 이것은 일본을 위해서도 동아시아의 평화를 위해서도 시정되어야 한다. 왜곡된 교과서로 교육을 받는 일본의 국민들에게 인류의 평화에 공헌할 미래는 없다. 중국 역시 바른 역사인식이 필요하다. 고구려사를 중국역사에 포함시키려는 것은 중국의 팽창주의 결과이다.

한국과 중국과 일본은 평화적인 아시아를 위해서 바른 역사인식을 하여야 하고 보편적 가치인 평화와 인권과 자유와 평등과 정의 그리고 민주주의를 추구하여야 할 것이다. 이것은 침략과 전쟁의 과거의 역사를 극복하고 더불어 사는 상생과 평화공존의 길로 나아가야 한다.

평화를 추구했던 본회퍼에게 동아시아의 평화를 위해 한·중·일 3국은 본회퍼의 평화사상에서 큰 교훈을 받을 수 있을 것이다.


## 본회퍼의 공헌

본회퍼는 기독교인뿐만 아니라 비(非)기독교인들에게도 그의 삶과 사상의 결합에서 관심을 끌게 하고 매력을 느끼게 하였다. 특히 기독교인들에게는 신앙과 행위가 일치된 그리스도의 증인으로서의 그의 순교자의 모습이 감명을 주었다. 그의 삶과 신학에서 신앙과 행동, 개인적 경건과 정치적 책임, 자유와 복종, 의인과 성화, 교회와 세상, 성스러움과 세속적인 것이 분리되지 않고 함께 일치되는 것이다. 본회퍼의 공헌은 요약컨대 그리스도 중심적인 사고와 신학, 제자직의 고귀함, 기독교신앙에서 세상성의 강조를 통하여 기독교인의 책임적인 삶을 일깨워준 것에 있다. 본회퍼는 그리스도의 증인으로서, 책임적인 기독교인의 삶의 모습과 교회의 참모습을 가르쳐주었고, 사회참여 신학의 선구자로서 정의와 평화와 사랑을 실천하는 길을 보여주었다.

# 1-7. 안중근의 동양평화론

안중근(1879.9.2.-1910.3.26.)은 신앙을 바탕으로 한국독립을 위한 나라사랑과 동양평화를 위해 산 삶이었다. 한국의 독립과 동양평화를 위해 1909년 10월 26일 하얼빈 역에서 초대 한국의 총감을 지낸 추밀원 의장 한국침략의 원흉 이토 히로부미를 권총으로 쏘아 죽였다.[1]

안중근은 이토를 포살한 것을 천명(天命)으로 이해하였다. 이 사건으로 인해 안중근은 민족의 영웅이 되어 오늘도 "안중근 의사"(義士)라고 불리운다.

안중근이 이토 히로부미를 포살한 사건을 의로운 전쟁, 의전(義戰) 동양평화의전(東洋平和義戰)이라고 하였다.[2]

안중근은 재판정에서 이토 히로부미를 죽인 것은 동양평화를 위해서 죽였다고 했다.

이토 히로부미는 일본제국주의 아시아주의로 포장된 대외침략정책을 진두지휘하고 통감으로서 한국을 일제의 식민지로 만드는데

---

1) 1909년 10월 26일 오전 9시경 열차가 도착하고 20분경 이토는 재정 대신 코코프체프의 안내를 받아 열차에서 내려 도열한 의장대 사열을 하고, 이어 각국 사절단의 인사를 받기 시작하였다. 안중근은 9시 30분경 이토와 십여보 거리를 두고, 브로우닝 권총을 발사하여 세 발을 가슴과 복부에 명중 시켰다. 그러나 안중근은 이토의 얼굴을 몰랐다. 누런 얼굴에 흰 수염이 긴 이가 이토라고 간주하고 오른쪽 가슴을 향해 통렬하게 세 발을 쏘았다. 그러나 안중근은 혹시 이토 히로부미가 아닐지도 모른다 하여 그 뒤에 의젓해 보이는 사람을 향해 세 발을 쏘았다. 첫째, 하얼빈 주재 일본 총영사 가와카미(川上俊彦, 수행비서관 모리(森泰二朗), 만주철도 이사 다나까(田中淸次郎)가 총을 맞았다. 그리고 나서 러시아어로 "코레아 우라"(대한독립만세)라고 만세 삼창을 외쳤다.

2) 安重根, 東洋平和論「序」

결정적인 역할을 하였다.

이토는 4차에 걸쳐서 일본 내각 총리를 역임하였고 한국을 일제 식민지로 만들기 위해 한국통감(1905년 12.21-1909년 6.14)을 맡았다.

1909년 6월 14일 한국통감을 사임하고 추밀원 의장을 맡았고, 10월 14일 만주 여행을 출발하여 10월 26일 하얼빈역에서 안중근에게 포살되었다.

안중근은 '동양평화론'을 주장했지만 이토 히로부미는 극동평화론(極東平和論)을 말했다. 이토의 극동평화론은 겉으로는 동양평화와 한국을 보호하여 자주독립을 이야기하지만 이것은 동아시아를 침략하고 식민지화 하려는 기만적 허위의 평화론이다. 안중근은 진정한 평화주의인 동양평화론을 주장하고 이토 히로부미는 침략의 논리를 위장한 극동평화론을 주장하였다.

안중근은 감옥 안에서『동양평화론』을 집필하였다. 그러나 완성되기 전 사형 집행이 되어 미완성의 작품이 되었다.

안중근은『동양평화론』을「서(序), 전감(前鑑), 현상(現狀), 복선(伏線), 문답(問答)으로 쓰려고 구상하고「서」와「전감」부분을 썼으나 나머지 부분은 집필하지 못하였다.「서(序)」와「전감(前鑑)」만 가지고는『동양평화론』을 충분하게 알 수 없지만, 여기에서 안중근은 일본의 잘못을 지적하고 철저하게 반성할 것을 촉구하고 있다.

동양평화를 위한 구체적 구상은 일본 관동도독부 고등법원장 면담과 재판관의『청취서』및 공판기록을 통해 알 수 있다.

청취서에서 안중근은 한·중·일 동양평화 평화회의를 여순에 조직할 것을 주장하였다. 여기에 공동군대, 공동은행, 공동화폐를 제안하였다.

안중근이 이토 히로부미를 죽인 것은 동양평화를 위한 전쟁 중에 의군 참모중장으로서 행한 일이기에 "기독교의 살인하지 말라"는 계명과 상관없다고 생각하였다. 안중근 의사는 법정에서 검사가 "사람을 죽이는 것은 가톨릭에서 죄악이 아닌가?"라는 질문에 "평화로운 남의 나라를 탈취하고 사람의 생명을 빼앗는 데도 수수방관하는 것은 죄악이 되므로 나는 그 죄악을 제거했다"고 대답했다. 이 문제는 전쟁 중 수행한 일과 '정당방위'와 '저항권' 입장에서 이해하여야 한다.

안중근의 이토 히로부미를 처단한 일을 당시 가톨릭 조선교구의 뮈텔 주교는 '살인 행위'로 단죄하였다. 1993년 8월 21일 김수환 추기경은 안중근 의사의 단죄에 대해서 사과했다. 김추기경은 미사에서 "안 의사는 신앙인으로서 하느님을 믿음과 사랑으로 따랐고 민족의 자존을 위해 의거를 이룩했다"고 말하고 "일제 강점기 제도교회가 의거를 평가하지 못함으로써 그 분의 의거와 정당방위에 대해 그릇된 판단의 과오를 범했습니다. … 이에 대해 나를 포함한 모든 사람들이 연대 책임을 져야 합니다"고 말했다.

2010년 3월 26일 정진석 추기경은 안중근을 신자로 복권시켰다.

동아시아 평화회의를 조직하기 위한 전제 조건으로 일본은 과거 침략 역사에 대한 시인, 반성, 사죄 보상을 하여야 할 것이다.

안중근이 제시한 동양평화론은 100년이 지난 오늘도 한·중·일 3국의 동아시아 평화뿐 아니라 세계 평화를 위해 기여할 수 있는 큰 시사점이 될 것이다.

## 2-1. 평화를 만드는 사람들

### 2-1-1. 역사속의 지식인 디트리히 본회퍼(1906-1945)

#### 암살단에 가담한 평화론자

"유대인을 위하여 소리치는 자만이 그레고리안 찬송을 부를 수 있다." "나치 하에서 박해받고 있는 유태인들에게 교회가 침묵하거나 무관심할 때 디트리히 본회퍼는 이렇게 외쳤다.

디트리히 본회퍼의 이름은 오늘도 불의한 세력과 폭압적 정권에 항거하는 사람들에게 귀감처럼 되어 있다. 히틀러 통치는 양심적 지성인들에게 저항의 깃발을 들게하여 그들을 감옥으로, 집단수용소로(KZ)로, 교수형의 형틀로, 총살형의 형장으로 끌어내었다. 그 중에 한사람, 디트리히 본회퍼는 나치 치하 2차대전 중 히틀러 암살음모에 가담했다가 발각되어 2년간의 감옥 생활 후 종전되기 직전 교수형에 처형된 신학자요, 목사였다.

본회퍼는 1906년 독일 브레스라우에서 출생, 17세에 튀빙겐대학교에 입학했다. 그후 베를린대학교와 미국 유니온 신학대학에서 공부했으며 21세에는 「성도의 교제」라는 논문으로 박사학위를 받았다. 이 논문은 칼 바르트로 하여금 신학적 기적이라는 평을 들었다. 그후 본회퍼는 베를린대학에서 강의도 했고 스페인 바르셀로나, 영국 런던에서 독일인을 위한 목회도 했다. 1933년 1월 30일 히틀러가 수상이 된 이틀 후, 본회퍼는「젊은 세대에게 있어서 지도자 변천」이라는 제목의 라디오 강연에서 스스로 신성화되는 지도자와 직위는 신을 모독하는 것이라고 하였다. 이것은 본회퍼의 반 나치운동의 출발점이 되었으며, 이때부터 본회퍼는 나치 정권의 감시 대상자가 되었다.

히틀러가 정권을 장악하고 나서 교회를 이용하려 했고, 교회는 두 그룹으로 나뉘었다. 첫째 그룹은 '독일 그리스도인들'이다. 이 '독일 그리스도인들'그룹은 그리스도 교회와 민족사회주의 절충을 꾀한 것이다. 기독교를 게르만화 하고자 하는 것으로 '민족은 하나, 하나님은 하나, 신앙도 하나'라는 구호 아래 교회를 권력의 지배 아래 두고자 했던 국수주의적, 민족주의적 기독교 운동이다. 히틀러는 그후 루트비히 뮐러를 제국감독(주교)으로 임명하고 목사들에게 충성 서약을 받았다.

둘째 그룹은 '고백교회'그룹이다. 1933년 9월 베를린에서 니뮐러 목사의 주도로 목사 긴급동맹이 결성되고 이것이 모체가 되어 히틀러에 저항하고 '독일 그리스도인들'그룹에 반대하는 '고백교회'운동으로 발전됐다. 본회퍼는 이 고백교회에 속하게 됐다.

본회퍼는 유태인을 학살하고 전쟁을 일으켜 인류의 역사를 비극으로 몰고가는 히틀러를 미친 운전수에 비유하여 다음과 같이 말했다. "만일 미친 사람이 대로로 자동차를 몰고 간다면 나는 목사이기 때문에 그 차에 희생된 사람들의 장례식이나 치러주고 그 가족들을 위로나 하는 것으로 만족하겠는가? 그 달려가는 자동차에 뛰어 올라 그 미친 사람으로부터 차의 핸들을 빼앗아 버려야 하지 않겠는가?" 본회퍼는 교회의 역할에 대해서도 "바퀴아래 깔린 희생자에게 붕대를 감아 주는 일뿐만 아니라 바퀴 그 자체를 멈추게 하여야 한다"라고 말하였다.

본회퍼는 그 미친 운전수가 몰고가는 바퀴를 멈추게 하기 위하여 미친 운전수인 히틀러를 죽이기로 했다. 그러나 사전에 발각되어 교수형에 처해진다. 그의 형 클라우스 본회퍼, 매형 폰 도나니도 처형됐다. 그가 옥중에서 쓴 편지는 사람들에게 감명을 줄 뿐만 아니라 세계 신학의 흐름을 바꾸어 놓았다. 세속화신학, 신죽음의 신학, 상황윤리 등이 본회퍼신학과 직접 연관되어 있고, 정치신학, 혁명의 신학, 해방신학, 민중신학 등이 간접적으로 연관되어 있다.

본회퍼는 신앙인들의 사회적, 정치적 책임과 참여의 길의 근거를 신학적으로 제시했다. 예수 그리스도를 '타자를 위한 존재'로 규정하고 참다운 교회모습을 타자를 위한 교회 속에서 찾았다. 본회퍼는 본래 평화주의자였다. 평화주의자가 어떻게 사람을 죽이는 암살단에 가담할 수 있는가. 그것은 폭력과 비폭력의 문제가 아니라 불의에 대한 저항권의 시각에서 이해해야 하며 책임윤리적 관점에서 해석해야 한다.

본회퍼는 다음 말을 남기고 형장으로 나갔다. "이것이 마지막입니다. 그러나 나에게 있어서 삶의 시작입니다."

오늘 그가 보여주고 남긴 삶의 발자취와 사상과 신념은 학문과 신앙 양심에 따라 정의와 평화를 위하여 살려고 하는 모든 사람들에게 언제나 새로운 시작과 격려와 교훈으로 남아있다. 진리는 실천을 통하여 도달될 수 있다.

(교수신문 1993.7.1)

## 2-1-2. 사랑의 실천 – 기독교윤리학

### 1. 기독교 윤리란 무엇인가?

"우리는 무엇을 행해야만 하는가?" "우리는 어떻게 살 것인가?" 이 두 질문은 윤리의 출발점이 되는 물음이다.

칸트는 "나는 무엇을 행해야만 하는가?"(Was soll ich tun?)라는 물음에 답하는 것이 도덕, 윤리라고 하였다. 윤리는 행위와 당위에 관한 연구이다.

윤리는 이론을 위한 이론이 아니고 실천에 관한 이론이다. 윤리학은 '인간의 도덕적 행위에 관한 비판적 연구'라고 할 수 있다. 윤리는 실천 그 자체, 행위 그 자체가 아니라 인간의 도덕적 행위를 문제 삼는다. 또한 윤리학은 실천과 경험을 전제로 하고 인간을 대상으로 하는 학문이다.

윤리는 서양에서는 개인의 관습, 사회의 풍습을 뜻하는 희랍어의 에토스(ethos)라는 말에서 유래하였다. 동양의 윤리(倫理)라는 말의 倫자는 무리, 동료, 또래 등의 뜻이고 理자는 이치(理致), 도리(道理), 이법(理法)등의 뜻을 담고 있다. 따라서 윤리의 문자적 의미는 「인간관계의 이법」, 「무리들 간의 도리」를 뜻한다.

윤리는 사람과 사람이 사회 안에서 함께 살면서 마땅히 행하여야 할 도리를 말한다. 따라서 도덕규범은 '명령'형의 형태로 나타난다.

기독교윤리는 기독교인의 도덕적 행위에 관하여 비판적으로 연구하는 학문이다.

기독교인이 살아가는 삶을 근본적으로 성찰하여 옳고 그른 것의 문제를 다루는 일이 기독교윤리이다. 일반윤리(철학적 윤리)와 기독교윤리의 차이점은 무엇인가. 일반윤리에서 "우리는 무엇을 행해야만 하는가"의 질문에 답하는 것이라면 기독교윤리는 "예수 그리스도를 믿는 신자로서, 교회의 회원으로서 나는 무엇을 행해야만 하는가"라는 질문 및 그 대답에 대한 성찰이다.

기독교윤리란 세 가지 특징이 있다.

첫째, 기독교윤리는 하나님의 뜻을 묻는 학문이다. 일반윤리에서는 윤리학을 최초로 체계화한 아리스토텔레스 이후에 윤리는 선을 추구하는 학문으로 일컬어 왔다.

따라서 윤리의 관심은 "내가 어떻게 선한 존재가 되며 선한 행위를 할 수 있을까" 하는 것에 있다. 반면에 기독교윤리에서는 이 질문에 앞서 하나님의 뜻을 먼저 묻는다. 기독교인의 윤리적 판단기준은 하나님의 뜻이다. 하나님의 뜻에 합당하면 옳은 것이고, 선한 것이다. 그러면 하나님의 뜻을 어떻게 알 수 있을까? 하나님의 말씀인 성경과 예수 그리스도 안에 나타난 하나님의 계시의 현실 속에서 발견할 수 있다. 따라서 본회퍼는 "기독교윤리의 문제는 그리스도 안에 나타난 하나님의 계시의 현실이 그 피조물 가운데서 실현되어 가는 것이다"라고 강조한 바 있다.

둘째, 기독교윤리는 예수 그리스도를 따르는 제자직의 윤리이다. 기독교윤리는 그리스도와 그의 몸인 교회와 연관된다. 그리스도가 없으면 기독교는 성립이 안 된다. 기독교인의 삶은 예수 그리스도의 부름에 순종으로 응답하고 자기 십자가를 지고 그리스도를 따라 사는 삶이다. 그리스도를 위하여 고난을 당하는 삶이다. 이것이 기독교인의 윤리이며 또한 기독교윤리는 신앙을 전제로 한다.

셋째, 기독교윤리는 이웃에 대한 책임성 속에서 사랑을 실천하는 사랑의 윤리이다. 예수님께서 인간을 향해 하신 말씀은 한마디로 사랑을 실천하라는 말씀이다. 그 말씀은 하나님을 사랑하고 이웃을 네 몸과 같이 사랑하라는 사랑의 이중계명에 잘 나타나 있다.(마 22:37-40)

기독교윤리는 기독교인들이 하나님의 뜻에 따라 예수 그리스도의 제자로서 하나님 앞에서 예수 그리스도에 대하여 바르게 고백하고 그 고백한 대로 증언하며 살아가는 기독교인의 삶의 문제를 다루는 것이다. 하나님과 세계가 화해된 그리스도 현실 안에서 '오늘' '여기에서' '우리들 사이에서' 기독교인들이 어떻게 참여할 것인가를 추구하는 것이 기독교윤리이다.

## 2. 예수 그리스도와 같은 모습이 되는 형성(形成)으로서의 윤리

예수 그리스도께서 이 세상에 오시지 않으셨다면 기독교도 성립되지 못했고 기독교인도 존재할 수 없었을 것이다. 기독교인의 삶의 문제를 다루는 것이 기독교윤리이다. 기독교인은 하나님의 뜻에 따라 예수 그리스도를 본받고 그의 가르침대로 살아가는 것이다. 독일의 신학자 디트리히 본회퍼(1906-1945)는 이러한 기독교인의 삶의 모습을 "형성으로서의 윤리"라고 표현을 했다. 본회퍼는 그리스도와 교회 중심적으로 그의 삶을 살았고 신학을 하였다. 본회퍼는 "그리스도는 오늘 우리에게 누구인가"를 물었고 거기에 대하여 정직하게 고백하고 그 고백한 대로 사는 신앙고백적 삶을 살려고 하였다. 그는 히틀러 치하에서 히틀러에 항거하다가 처형된 목사요 신학자였다. 1945년 제2차 세계대전이 끝난 후 현대 신학형성에 큰 영향을 주었고 오늘도 기독교인뿐만 아니라 비기독교인들에게도 삶과 사상이 결합된 그에게 매력을 느끼게 한다. 특히 기독교인들에게도 신앙과 행위가 일치된 그리스도 증인으로서의 그의 순교자적 모습이 감명을 준다. 그의 삶과 신학에서 신앙과 행동, 개인적 경건과 정치적 책임, 자유와 복종, 의인과 성화, 교회와 세상, 성스러움과 세속적인 것이 분리되지 않고 함께 일치된다. 그러면 "형성(形成)으로서의 윤리"란 무엇인가 본회퍼는 기독교인의 삶의 근거를 예수 그리스도의 모습에서 발견하고 예수 그리스도의 모습대로 닮고 변화되는 것을 "형성으로서의 윤리"라고 하였다. 형성의 성서적 근거는 갈라디아서 4장 19절 "그리스도의 형상이 이루기까지 다시 너희를 위하여 해산하는 수고를 하노니"의 말씀에서 찾을 수 있다. 성서가 말하는 형성은 그리스도와의 관계 속에서 성립된다. 형성이란 그리스도의 모습과 관계없는 독자적인 과정이나 상태가 아니다. 형성은 그리스도로부터 가능하고 또한 그리스도 모습을 향한 삶에서 이루어진다. "형성으로서의 윤리"는 구체적으로 세가지 그리스도의 모습을 닮아가는 윤리이다.

첫째, 성육신하신 예수 그리스도의 모습을 닮는 것이다. "하나님이 세상을 이처럼 사랑하사 독생자를 주셨으니"(요 3:16) 하는 말씀처럼 예수 그리스도께서 이 세상에 오신 것은 하나님의 사랑의 표현이다. 성육신은 하나님이 실제로 인간이 되셨다는 것을 말하며, 인간은 우상화의 대상도 경멸의 대상도 아니라 하나님의 사랑의 대상이라는 것이다. 성육신하신 예수 그리스도를 닮는 것은 사랑을 실천하며 사는 것이다.

둘째, 십자가에 달리신 예수 그리스도의 모습을 닮는 것이다. 이것은 인간이 심판의 대상이며 십자가를 지고 사는 삶을 의미한다. 예수 그리스도가 십자가에 달렸다는 것은 인간이 죄 때문에 하나님의 심판을 받는다는 것과 세상속에서 자기 십자가를 지고 그리스도 고난에 동참하는 삶을 의미한다.

셋째, 부활한 예수 그리스도의 모습을 닮아가는 것이다. 부활은 하나님 앞에서 새로운 인간이 되는 것이다. 중요한 것은 본회퍼가 말하는 형성의 의미는 인간 스스로 이루는 것이 아니라 예수 그리스도가 역사하여 형성이 이루어진다고 하는 것이다. 형성이 이루어지는데 필수 불가결한 장소와 역할을 하는 것이 교회이다. 형성으로서의 윤리는 추상적, 결의론적, 사변적이 아니라 이 세상 속에서 예수 그리스도의 모습대로 형성되도록 구체적인 판단과 결단 안에서 이루어진다.

그러므로 "형성으로서 윤리"는 성육신하고 십자가에 달려 돌아가시고 부활한 예수 그리스도를 따라 그의 모습대로 닮아가고 그의 가르침대로 따라가는 순종의 윤리이다.

### 3. 사랑의 윤리

기독교는 사랑의 종교다. 기독교의 복음은 한마디로 사랑의 복음이다. 예수님은 사랑 그 자체인 사랑의 화신이었다. 하나님께서 인간의 몸을 입고 이 세상에 오신 성육신 사건은 사랑 때문에 이루어졌다.(요3:16) 예수님이 말씀하신 사랑의 계명은 사랑의 이중계명과 원수사랑으로 요약할 수 있다.

첫째, 예수님은 하나님을 사랑하고 이웃을 사랑하라는 "사랑의 이중계명"을 말씀하였다. 예수님은 한 율법사가 "율법 중에서 어느 계명이 큰 계명입니까?" 묻는 질문에 약의 신명기 6장 5절과 레위기 19장 18절의 말씀을 가지고 대답하였다. "네 마음을 다하고 목숨을 다하고 뜻을 다하여 주 너의 하나님을 사랑하라 하셨으니 이것이 크고 첫째 되는 계명이요, 둘째도 그와 같으니 네 이웃을 네 자신 같이 사랑하라 하셨으니 이 두 계명이 온 율법과 선지자의 강령이니라."

마태 22:34-40 이 말씀은 하나님에 대한 인간의 종교적 사랑과 이웃에 대한 인간의 윤리적 사랑을 표현하고 있다. 또한 이 사랑의 정신은 모든 계명을 실천하는 동기와 추진력이 된다. 사랑은 율법의 완성이요,(로마 13:10) 성령의 첫 번째 열매다.(갈 5:22)

둘째, 예수님은 사랑의 이중계명의 말씀 이외에 더 나아가 "원수를 사랑하라"(마태5:44)는 말씀을 하였다. 원수를 사랑하라는 계명은 다른 종교에서 찾아 볼 수 없는 기독교만의 독특한 계명이다. 본회퍼는 원수 사랑을 비범성이라고 하였다. 원수를 사랑함으로써 적대감을 극복하여 원수의 존재가 소멸되고, 원수를 그리스도와 함께하는 공동체 안으로 끌어들여 이웃으로 만나는 창조적 사랑이 실천된다.

사랑의 종류에는 1. 자연적 현상으로서 인간의 본능적 사랑, 2. 인간을 향한 하나님의 신적, 초월적 사랑, 3, 하나님에 대한 의무로서 인간의 종교적 사랑, 4. 인간과 인간 사이의 의무로서 윤리적 사랑이 있다. 인간에 대한 하나님의 사랑 때문에 나님께 대한 사랑과 이웃에 대한 사랑을 실천하여야 하는 것이다.

사랑은 하나님의 선물인 동시에 우리에게 꼭 행해야 할 과제이다. 사랑은 직설법이자 동시에 명령법이다. "하나님은 사랑이시다"라는 직설법 형식의 선물은 동시에 하나님은 인류에게 "너희도 이와 같이 서로 사랑하라"는 명령법의 요구로 나타난다. 하나님이 우리를 사랑해 주신 것은 우리가 서로 사랑을 실천해야 할 것을 동시에 명령하고 있는 것을 의미한다.

사랑은 정의(正義)와 동전의 양면과 같이 불가분리의 관계이다. 정의는 사랑의 도구이며 사랑은 정의를 통하여 구체화된다. 라인홀드 니버는 "정의 없는 사랑은 감상주의가 되고 사랑 없는 정의는 정의 이하가 된다"고 하였다.

사회정의를 실현하는 것이 곧 사랑을 실천하는 것이다. 기독교 사랑은 이기주의적 사랑이 아니다. 사랑은 구체적으로 사회적 약자인 이웃들에게 실천하는 것이다. 실천하는 사랑이 완전한 사랑이며 참된 사랑이 되기 때문이다.

## 4. 평화윤리

평화로운 세상은 인류의 염원이며 평화로운 삶은 인간 모두의 소망이다. 오늘도 세계 각처에서 전쟁과 테러, 종교, 인종, 빈부 간의 갈등이 일어나고 있다. 평화를 위한 기독교의 과제와 역할이 중요하다. 기독교의 복음은 평화의 복음이며, 예수 그리스도는 평화의 왕으로 이 세상에 성육신 하였다.(히브리서 7:2)

평화란 무엇인가. 오늘날의 평화연구에서 평화의 개념은 소극적 의미와 적극적 의미로 사용한다. 소극적 개념에서 평화란 전쟁의 부재, 곧 전쟁 없는 상태를 의미한다. 더 나아가 평화는 폭력, 궁핍, 부자유, 불안이 없는 상태로 규정할 수 있다. 적극적 의미의 평화는 사회정의가 행해지고 있는 상태, 사회정의의 현존을 의미한다. 다시 말하면 삶을 위해 능력과 수단이 균등하게 분배되어 사회정의가 실현되는 상태로 평화는 규정된다. 기독교의 평화개념은 소극적, 적극적 평화개념을 연결시키면서 정의(正義)를 강조하는 것을 통하여 적극적 평화개념을 우선시하는 샬롬이다.

기독교의 평화를 잘 나타내주는 말은 구약에서 사용된 히브리어 샬롬(shalom)이다. 이 말은 완전하게 하다, 온전하게 하다, 안전하게 하다는 샬렘(shalem)이라는 동사에서 파생된 말로 완전성, 총체성, 온전함, 안전함을 의미한다. 샬롬은 온전하고 완전하며 안전하게 존재하는 것을 의미하는 것으로 모든 면에서 충만하고 결핍이 없는 상태를 의미한다. 샬롬은 단순히 우리말의 평화를 넘어 건강, 질서, 온전함, 정의, 조화, 구원, 복지 등의 뜻을 의미한다. 샬롬의 의미는 가족, 민족, 사회, 인간 공동체가 침해받지 않고 온전하고 완전하며 안전하게 존재하는 것을 의미한다.

기독교의 평화란 무엇인가? 첫째, 기독교의 평화는 정의로운 평화이다. 사회정의가 실현되는 곳에 하나님의 평화가 있다. 시편기자는 시적 형식을 빌려 정의와 평화가 서로 입을 맞춘다고 말함으로써 정의가 평화와 서로 밀접하게 연관되어 있음을 강조하고 있다.(시편 85:10) 평화는 정의의 결과이다.(이사야 32:17) 정의가 평화를 창조한다.

둘째, 기독교의 평화는 주어진 상태가 아니라 실현되어가는 과정이다. 평화는 만들어가는 것이다. 교회는 평화를 건설해가는 평화수립의 공동체가 되어야 한다. 그리스도인은 평화를 증언하고 평화를 만드는 자가 되어야 한다. 예수님은 평화를 위해 일하는 사람만이 하나님의 아들이 된다고 하였다.(마태 5:9)

기독교의 복음도 평화의 복음이다. "지극히 높은 곳에서는 하나님께 영광이요 땅에서는 기뻐하심을 입은 사람들 중에 평화로다"(눅 2:14)는 말씀처럼 예수님은 평화의 왕으로 오셨다. 예수 그리스도로 말미암아 인간들은 하나님과 평화를 누리게 되었고,(롬 5:1) 그리스도는 유대인과 이방인들의 막힌 담을 헐고 둘을 하나로 만드신 그리스도 자신이 평화이다.(엡 2:14)

예수님은 그리스도인들에게 '평화를 만드는 자들'이 되라고 말씀하였다. "화평하게 하는 자는 복이 있나니 그들이 하나님의 아들이라 일컬음을 받을 것임이요"(마5:9)라는 말씀처럼 하나님의 자녀는 평화를 이루는 사람이다. 이 말씀은 예수님의 산상수훈(마5-7)의 말씀 중에 팔복(八福)의 말씀 가운데 일곱 번째 복의 말씀이다. 팔복은 심령이 가난한 자, 애통하는 자, 온유한 자, 의에 주리고 목마른 자,

긍휼히 여기는 자, 마음이 청결한 자, 화평하게하는 자, 의를 위하여 박해를 받은 자가 복을 받을 것을 말하고 있다. 여기의 '화평하게 하는 자'의 원문은 '에이레노포이오이'(εἰρηνοποιοί)로서 원래의 뜻은 '평화를 만드는 사람들', '평화를 이루는 사람들'의 뜻이다. 이 말은 평화를 지키는 사람들(peacekeepers)의 수준을 넘어 평화를 만드는 사람들(peacemakers)이 되라는 것이다. 따라서 마태복음 5장 9절의 말씀은 하나님의 자녀는 평화의 사도가 되어 평화를 만들어가는 자가 되어야 할 것을 말하고 있다. 평화는 본래 주어진 상태가 아니라 실현되어 가는 과정이기 때문이다.

평화를 만드는 사람이 되는 길은 개인적 인간관계, 가정, 교회, 직장에서 실천하는 것이다. 이뿐 아니라 사회와 세계 속에서 전쟁, 테러, 기아, 빈곤, 의료시설 부족, 인종차별, 무질서, 환경오염, 국제난민, 종교 갈등, 인종분규, 남북평화통일문제를 해결하는 것이 평화를 실현하는 것이다.

셋째, 기독교의 평화는 소유가 아니라 공동의 길이다. 평화를 건설하기 위해 평화를 위협하는 전쟁준비, 테러, 폭력을 제거하고 서로 신뢰할 수 있는 공동적 평화 건설의 길을 함께 만들어가는 길이다. 그리스도인은 평화를 증언하고, 평화를 만드는 자가 되어야 한다. 평화를 실천하는 것은 오늘 기독교인과 교회에 맡겨진 책임이며 세상을 향한 기독교의 의무요 과제이다.

## 5. 성결한 삶과 사회적 성결

1907년 창립된 한국 성결교회는 지난해 2007년 교단창립 100주년 기념행사를 하였고 2011년이 되면 서울신학대학교는 100주년을 맞이한다. 성결(聖潔)은 우리 교파와 교단의 명칭이다.

이러한 때 우리는 성결한 사람이 되어야 하고 성결한 삶을 살아야 한다. 성결한 삶은 사랑과 정의를 행하고 평화를 만들어 가는 삶이다.

성결은 구원의 과정에 중요한 단계이다. 구원에는 의인(義認 또는 칭의( 稱義)라고도 함 justification)과 성화 또는 성결이 있다. 예수님이 구세주, 즉 그리스도라고 하는 믿음으로 의로와지는 의인(義認) 다음 단계가 성화(聖化 sanctification) 또는 성결이다. 의인을 초기 성화라고 하고 성화를 온전한 성화라고 한다. 감리교에서는 성화라고 하고 성결교에서는 성결이라는 표현을 주로 사용한다. 성결을 강조한 것은 존 웨슬리이다. 회개하고 의롭다 함을 받은 사람이 거듭난 중생 이후에도 행위로 죄를 짓는 자범죄(自犯罪)의 원인이 되는 부패성이 아직도 남아 있는데 이 부패성을 해결하는 것이 성결이다. 종교개혁자들 가운데 루터는 믿음으로 의로워지는 의인론 (칭의론)을 강조했지만 성결론은 강조하지 못했고, 칼빈은 성화를 말하기는 하였지만 인간의 육체적인 한계를 가지고 있어서 이 세상에서는 완전한 성화가 이루어 질 수 없다고 하였으나, 존 웨슬리는 이 세상에서 성결이 이루어 질수 있음을 강조 하였다. 웨슬리는 절대적인 의미가 아닌  상대적이며 동기적인 기독자 완전이 이 세상에서 가능함을 역설하였다. 여기에서 그리스도인의 사랑의 삶과 이 세상에서의 소금과 빛의 역할이 가능하다.

성결에는 내적인 성결과 외적인 성결, 개인적 성결과 사회적 성결이 있다. 성결은 히브리어로 '카도쉬'(kadosh)와 희랍어로 '하기오스'(hagios) 로서 그 낱말의 의미는 "세상으로부터 구별되어 거룩하게 되는 것"을 뜻한다. 이것은 소극적 의미의 성결의 의미이고 성결의 적극적 의미는 예수님이 이 세상을 사랑하여 이 세상 속으로 찾아 오셨듯이 세상으로 찾아가서 사랑으로 세상을 변화시키는 사회적 성결이다.

웨슬리는 개인적 성결과 아울러 사회적 성결을 강조하였다. 웨슬리는 기독교는 사회적 종교이며 성결도 사회적 성결이라고 하였다. "기독교는 기본적으로 사회적 종교이다. 기독교를 고독한 종교로 바꾸는 것은 참으로 기독교를 파 시키는 것이다."웨슬리는 개인적 종교(personnal religion)와 사회적 성결(social holiness) 사이의 지극히 중요한 균형을 강조한다. "고독한 종교"는 복음 안에서 찾아볼 수 없다. "거룩한 간부(姦夫 holy adulterers)라는 말이 복음과 양립할 수 없는 것과 같이 "거룩한 은자"라는 말도 복음과 양립할 수 없다. 그리스도의 복음은 사회적이 아닌 종교를 알지 못한다. 사회적 성결 이외에 다른 성결은 없다. "사랑으로써 역사하는 믿음이 크리스천의 완전의 길이와 넓이와 깊이와 높이이다."

성결교회는 개인적인 체험을 강조하여 성결을 "그리스도로 말미암아 성령의 세례를 받음이니 곧 거듭난 후에 믿음으로 순간적으로 받는 경험"이라고 하였다. 이 성결의 은혜를 받은 사람은 원죄의 부패성에서 정결케 되고 하나님의 사역을 할 수 있는 능력을 받는 것이다. 이러한 성결은 죄를 없애는 소극적이요 내면적이며 개인적인 이해이다. 성결은 적극적이며 점진적이며 사회적인 요소가 있다. 그것은 하나님을 사랑하고 이웃을 사랑하는 사랑의 성결이다. 사회적 성결 윤리는 몇 가지 특징을 갖는다.

첫째, 성결의 윤리는 십자가의 윤리이다. 성결은 자기 자신의 십자가를 지고 그리스도의 제자로서 그리스도의 고난에 동참하는 십자가의 윤리이다. 성결은 희생과 봉사를 위한 십자가의 삶이다.

둘째. 성결의 윤리는 사랑의 윤리이다. 성결의 적극적 의미인 사랑은 하나님사랑, 이웃사랑, 원수사랑이다. 세상 속에서 소금과 빛의 역할을 하는 사회적 성결은 사랑을 실천하는 것이다. 성결은 타종교에서 하는 것처럼 외우는 주문(呪文)이 아니라 실천이요 윤리다. 성결, 성결, 중생, 성결 주문 외우듯이 말한다고 구원받거나 하나님의 나라에 가는 것이 아니라 성결을 실천할 때 가치와 의미가 있는 것이다.

셋째, 성결의 윤리는 정의의 윤리이다. 사랑과 정의는 동전의 양면처럼 불가분리의 관계이다. 사랑 없는 정의는 감상주의가 된다. 정의는 사랑의 상대적 구체화이기 때문에 사랑의 윤리인 성결의 윤리는 정의의 윤리이다.

넷째, 성결의 윤리는 평화를 만들어가는 평화의 윤리이다. 평화는 정의의 결과이며 열매이다. 기독교의 평화는 정의를 행하는 정의로운 평화이다. 성결의 윤리는 평화를 만들어 가는 평화의 윤리이다.

성결의 삶을 사는 성결의 윤리는 십자가의 정신과 믿음으로 사랑과 정의와 평화를 실천하는 것이다. 그동안 성결교회에서는 정의와 평화실천에 소홀하거나 등한시하여 왔다. 정의와 평화를 실천하는 것은 그리스도의 명령이다.(마 5:9-10) 사랑의 복음으로 변화시키는 구체적인 사회의 모습은 올바르고 평화로운 사회이다.

한국 가톨릭교회는 지난 10년간 신도수가 2배나 늘어났다. 그 주요 요인이 사회복지와 정의 평화에 관심을 갖는 것이 교회의 모습이 좋은 이미지를 주어 그렇게 되었다는 연구결과가 나와 있다. 한국성결교회는 어느 길로 갈 것인가? 성결의 오늘의 의미는 사랑과 정의와 평화이다. 성결의 삶을 사는 성결의 윤리는 십자가의 정신과 믿음(갈 5:6)으로 사랑과 정의와 평화를 실천하는 것이며 성령의 열매(갈 5:22)를 행하는 것이다

## 6. 기독교의 경제윤리

경제는 정치, 사회, 문화와 함께 우리 삶의 가장 중요한 분야이다. 경제(經濟 , economy)라는 말은 서양에서는 희랍어의 오이코노미아

(oikonomia)에서 유래하였고, 동양에서는 '세상을 다스리고 백성을 구제한다'는 경세제민(經世濟民)의 준말에서 생겼다. 경제는 그 어원에서 뜻하는 바 대로 우리가 살아가는 삶에서 중요한 것이지만, 올바른 경제생활을 하려면 바른 경제의식과 경제윤리가 필요하다.

기독교에서 전통적으로 경제는 정치, 교회와 더불어 중요한 분야이다. 그리스도인은 바른 경제윤리관을 가져야 한다. 기독교 경제윤리에서 가장 중요한 문제는 '노동과 직업' '재산과 소유' '분배정의와 사회적 책임'이다.

기독교인은 어떠한 경제윤리의식을 가져야 하겠는가?

첫째, 천직의식과 소명의식을 가지고 살아야 한다. 어느 직업에 종사하든지 하나님이 불러서 맡겨주셨다는 천직의식을 갖는 것이다. 내가 매일 하고 있는 일이 하나님의 부름에 따라 그 일에 순종한다는 '일상적 일의 소명적 성격'이다. 이렇게 할 때 자기직업에 최선을 다하여 일하게 될 것이다.

둘째, '소유와 재산'과 연관하여 바른 청지기 의식을 가져야 한다. 모든 재산과 소유 문제에서 자기가 주인이 아니라 하나님이 주인이고 인간은 관리자라는 '청지기의식'이다. "땅과 거기에 충만한 것과 세계와 그 가운데에 사는 자들은 다 여호와의 것이로다."(시 24:1) 소유는 특권과 함께 의무를 의미한다. 하나님께서 소유를 가능케 하신 것은 잘 사용할 의무를 주신 것이다.

존 웨슬리는 돈 사용의 3대 원리를 말하였다. "열심히 벌어라."(Gain all you can!) "할 수 있는 대로 많이 저축하라."(Save all you can!) "할 수 있는 대로 많이 주어라."(Give all you can!) 돈을 벌고 저축하는 일은 제3원리인 많이 주기 위해 필요하다. 웨슬리는 제3 원리를 가장 중요하게 여겼다. 재물은 하나님을 기쁘시게 하는 일을 위해 사용하는 것이다. 바른 경제윤리의식이 확립되어 있지 않으면 인간은 물질의 노예가 된다.

셋째, 기독교인은 재능을 하나님의 선물로 감사하게 받아들이고 하나님의 나라와 세상을 위한 봉사의 도구로 사용하여야 한다.

웨슬리가 기회 있는 대로 모든 사람에게 선을 행하라"고 하였듯이 나눔에 대한 책임을 행하는 일이다. 오늘도 8억이 넘는 이웃들이 굶주림 속에서 살고 있다. 신자유주의를 앞세운 세계화는 부익부, 빈익빈(富益富, 貧益貧)의 '빈곤의 세계화'를 염려하게 되었다. 교회는 분배정의가 실현되고, 더불어 살 수 있는 사회가 되도록 섬김과 나눔의 책임을 다하여야 할 것이다.

## 2-1-3. 평화를 만드는 사람들

「신앙과 윤리」 [670호] 2008년 08월 23일

평화의 제전이라고 하는 올림픽이 중국 베이징에서 열렸다. 올림픽 개막식에서 중국 5천 년의 역사를 압축적으로 보여주며 중국의 4대 발명품을 소개하면서 대표적인 글자로 '和'(화)자를 제시하였다.

평화(平和)의 제전을 뜻하기도 하고 논어에 나오는 和而不同(화이부동), 즉 '화합하나 부화뇌동하지 않는다'는 의미의 '和' 자(字)를 소개한 것이다. 이 세상에 '화(和)' 자만큼 소중한 글자가 없다. 평화, 조화, 화합, 화해, 화목의 '和'이다.

기독교의 복음도 평화의 복음이다. "지극히 높은 곳에서는 하나님께 영광이요 땅에서는 기뻐하심을 입은 사람들 중에 평화로다"(눅 2:14)는 말씀처럼 예수님은 평화의 왕으로 오셨다. 예수 그리스도로 말미암아 인간들은 하나님과 평화를 누리게 되었고,(롬 5:1) 그리스도는 유대인과 이방인들의 막힌 담을 헐고 둘을 하나로 만드신 그리스도 자신이 평화이다.(엡 2:14)

예수님은 그리스도인들에게 '평화를 만드는 사람들'이 되라고 말씀하였다. "화평하게 하는 자는 복이 있나니 그들이 하나님의 아들이라 일컬음을 받을 것임이요"(마 5:9)라는 말씀처럼 하나님의 자녀는 평화를 이루는 사람이다.

이 말씀은 예수님의 산상수훈(마5~7)의 말씀 중에 팔복(八福)의 말씀 가운데 일곱 번째 복의 말씀이다. 팔복은 심령이 가난한 자, 애통하는 자, 온유한 자, 의에 주리고 목마른 자, 긍휼히 여기는 자, 마음이 청결한 자, 화평하게하는 자, 의를 위하여 박해를 받은 자가 복을 받을 것을 말하고 있다.

여기의 '화평하게 하는 자'의 원문은 '에이레노포이오이'(eivrhnopoioiv)로서 원래의 뜻은 '평화를 만드는 사람들', '평화를 이루는 사람들'의 뜻이다. 이 말은 평화를 지키는 사람들(peacekeepers)의 수준을 넘어 평화를 만드는 사람들(peacemakers)이 되라는 것이다. 따라서 이 마태복음 5장 9절의 말씀은 하나님의 자녀는 평화의 사도가 되어 평화를 만들어가는 자가 되어야 할 것을 말하고 있다. 평화는 본래 주어진 상태가 아니라 실현되어 가는 과정이기 때문이다.

평화를 만드는 사람이 되는 길은 개인적 인간관계, 가정, 교회, 직장에서 실천하는 것이다. 이뿐 아니라 사회와 세계 속에서 전쟁, 테러, 기아, 빈곤, 의료시설부족, 인종차별, 무질서, 환경오염, 국제난민, 종교 갈등, 인종분규, 남북평화통일문제를 해결하는 것이 평화를 실현하는 것이다. 평화를 만들어가는 것이 하나님의 자녀의 의무요 책임이다.

성 프란치스코의 '주여 나를 평화의 도구로 써주소서'라는 기도를 실천해야 한다. "미움이 있는 곳에 사랑을, 상처가 있는 곳에 용서를, 분열이 있는 곳에 일치를, 절망이 있는 곳에 희망을, 슬픔이 있는 곳에 기쁨을 심게 하소서.

## 2-1-4. 기독교의 평화윤리

　평화로운 세상은 인류의 염원이며 평화운 삶은 인간 모두의 소망이다. 오늘도 세계 각처에서 전쟁과 테러, 종교, 인종, 빈부간의 갈등이 일어나고 있다. 평화를 위한 기독교의 과제와 역할이 중요하다. 기독교의 복음은 평화의 복음이며, 예수 그리스도는 평화의 왕으로 이 세상에 성육신 하였다.(히브리서 7:2).

　평화란 무엇인가. 오늘날의 평화연구에서 평화의 개념은 소극적 의미와 적극적 의미로 사용한다. 소극적 개념에서 평화란 전쟁의 부재, 곧 전쟁 없는 상태를 의미한다. 더 나아가 평화는 폭력, 궁핍, 부자유, 불안이 없는 상태로 규정할 수 있다.

　적극적 의미의 평화는 사회정의가 행해지고 있는 상태, 사회정의의 현존을 의미한다. 다시 말하면 삶을 위해 능력과 수단이 균등하게 분배되어 사회정의가 실현되는 상태로 평화는 규정된다. 기독교의 평화개념은 소극적, 적극적 평화개념을 연결시키면서 정의(正義)를 강조하는 것을 통하여 적극적 평화개념을 우선시하는 샬롬이다. 샬롬의 의미는 가족, 민족, 사회, 인간 공동체가 침해받지 않고 온전하고 완전하며 안전하게 존재하는 것을 의미한다.

　기독교의 평화란 무엇인가?

　첫째, 기독교의 평화는 정의로운 평화이다. 사회정의가 실현되는 곳에 하나님의 평화가 있다. 시편기자는 시적 형식을 빌려 정의와 평화가 서로 입을 맞춘다고 말함으로써 정의가 평화와 서로 밀접하게 연관되어 있음을 강조하고 있다.(시편 85:10) 평화는 정의의 결과이다.(이사야 32:17) 정의가 평화를 창조한다.

둘째, 기독교의 평화는 주어진 상태가 아니라 실현되어가는 과정이다. 평화는 만들어가는 것이다. 교회는 평화를 건설해가는 평화수립의 공동체가 되어야 한다. 그리스도인은 평화를 증언하고 평화를 만드는 자가 되어야 한다. 예수님은 평화를 위해 일하는 사람만이 하나님의 아들이 된다고 하였다.(마태 5:9)

셋째, 기독교의 평화는 소유가 아니라 공동의 길이다. 평화를 건설하기 위해 평화를 위협하는 전쟁준비, 테러, 폭력을 제거하고 서로 신뢰할 수 있는 공동적 평화 건설의 길을 함께 만들어가는 길이다. 그리스도인은 평화를 증언하고 평화를 만드는 자가 되어야 한다. 평화를 실천하는 것은 오늘 기독교인과 교회에 맡겨진 책임이며 세상을 향한 기독교의 의무요 과제이다.

## 2-1-5. 평화적 수단에 의한 평화

평화는 언제나 아름답다. 그러나 평화는 결코 평화롭게 실현되지 않는다. 평화 실현을 위한 과정은 힘겹고 어려운 과정이다. 오늘 세계가 당면한 현실 속에서 평화의 이상과 전쟁의 현실 사이의 괴리가 얼마나 큰 것인가를 절실히 깨닫게 한다.

한해가 가고 새로운 해 임오년을 맞았다. 지난해 2001년은 다른 해 보다도 특별한 의미를 지닌 해였다. 새로운 세기가 시작될 뿐만 아니라 새로운 천년이 시작된 해였기에 인류의 소망을 담아 새해에 특별한 의미를 부여하기도 하였다. 마치 눈 내린 아침 창문을 열고 새날을 맞이하듯 경건한 마음으로 새해를 맞이하며 인류의 소망 중에도 두 손을 모아 빌어본 것이 평화였다. 그 평화는 예언자 미가가 말한 대로 "그 칼을 쳐서 보습을 만들고 창을 쳐서 낫을 만들 것이며 이 나라와 저 나라가 다시는 칼을 들고 서로 치지 아니하며 다시는 전쟁을 연습하지 아니하는" 평화의 세계를 갈구하였다.

그러나 새해 첫날의 기원은 다만 기원으로 그치고 테러와 전쟁으로 마감한 해가 되었다. 9·11 미국 뉴욕에서 일어난 테러와 이에 대한 보복으로 감행한 미국의 아프가니스탄의 공격은 인류가 평화로 나아가는 길이 얼마나 어렵고 먼 길인가를 알게 한다.

미국은 이 보복전쟁으로 테러의 배후로 지목한 오사마 빈 라덴을 체포하거나 사살하지 못했지만 그를 보호하고 있었던 탈레반 정권을 붕괴시켰다. 그러나 동시에 소련의 침공으로 황폐화한 국토를 다시 초토화시키고 무고한 생명을 죽였으며 참혹한 모습의 난민집단을 만들어 내었다. 미국은 테러와의 전쟁을 여기서 끝내지 않았다.

부시 대통령은 금년을 '전쟁의 해'로 선포하였으며 공격대상으로 구상하고 있는 것이 이라크, 소말리아, 예멘의 테러기지인 듯하다. 부시 대통령은 전쟁의 해로 선포하기보다는 오히려 '인류의 평화증진의 해'로 선포해야 하지 않았을까.

미 테러사태는 종교 간의 갈등으로 인한 문명충돌은 아니지만 확전이 된다면 문명충돌이 일어날 수도 있을 것이다. 이번 테러의 원인은 미국의 친 이스라엘 정책으로 인한 아랍인들의 증오와 세계화로 인한 빈부격차의 심화, 미국의 자국 이익을 추구하는 일방적 외교정책과 패권주의에 있다. 소련이 붕괴된 후 미·소로 대표된 양극체제는 무너졌고 미국은 세계 유일 초강대국이 되었다. 미국은 세계 평화질서 수립을 위한 도덕적 책임과 의무가 있다. 미국이 이번 테러를 이용하여 패권국가의 지위를 공고히 하거나 북한을 표적삼아 한반도의 평화공존과 긴장완화를 저해하지 않도록 하여야 할 것이다.

테러와 폭력의 확산은 보복전쟁을 통해서 해결될 수 없다. 폭력과 전쟁은 또 다른 폭력과 전쟁을 가져오기 때문이다. 미국이 아프가니스탄에 행한 폭격에 대해 미국의 노엄 촘스키 교수는 미국이 테러를 감행하였다고 비판하였다. 테러의 극복방법은 테러로는 해결할 수 없고 평화는 폭력적 방법으로 수립될 수 없다.

평화학자인 요한 갈퉁은 '평화적 수단에 의한 평화'을 주장하였다. 이것은 비폭력적인 평화적 방법에 의하여 일어나는 비폭력으로서의 혁명을 의미한다. 폭력에 대한 폭력적 응수는 결국 폭력사용의 명분에 반하는 전과를 초래한다. 갈퉁은 평화는 인내의 훈련이라고 하였다. 평화의 길은 험하고 어려운 길이다. 평화를 위해 전쟁을 일으키는 것은 자기모순이다.

평화에서 중요한 것은 무엇보다도 평화는 실현되어가는 과정, 주어지는 것이 아니라 만들어가는 과정이라는 사실이다. 예수님께서도 평화를 만들 것을 말씀하셨고 평화를 위하여 일하는 사람만이 하나님의 자녀가 될 것이라고 말씀하시지 않았던가. 평화는 정의의 실현을 통하여 구체화된다. 사회정의를 실현하는 것이 평화를 실현하는 것이다.

오늘 세계가 당면한 테러와 전쟁의 극복 문제는 빈곤의 문제와 사회정의 문제를 해결하지 않고는 안 된다. 코피 아난 유엔 사무총장이 지난해 노벨평화상 수상 연설에서 한 말은 이 시대 평화의 과제를 위해 깊이 새겨볼 말이다. "인류평화는 빈곤퇴치, 분쟁예방, 민주주의 발전 없이는 이룰 수가 없다" 평화 실현의 첫걸음은 가진 자와 못 가진 자의 문제를 해결하는 길이며 미국을 위시한 가진 자가 나누어줘 빈부의 격차를 줄여야 한다. 오늘의 테러의 문제는 빈곤의 문제를 해결하여야 극복될 수 있다.

국민일보 [2002. 01. 19]

## 2-1-6. 군축과 평화통일

시사주간지 뉴스위크 최근호(7월 9일자)는 세계 최악의 나라 1위로 북한을 선정했다. 장기독재와 철저한 통제, 광적인 군국화,저개발과 빈곤, 모든 비참함이 그곳에 있기 때문이라고 선정 이유를 밝히고 있다.

정확하게는 알 수 없지만 그동안 식량부족으로 1백50만에서 2백만 명이 기아로 사망했을 것으로 추정되고 있다. 총격을 무릅쓰며 목숨을 걸고 강을 건너는 북한주민도 있다고 한다. 우리는 TV를 통해 중국에서 식량을 찾아 헤매는 꽃제비들의 처절한 모습을 본 바 있다. 금년 봄의 극심한 가뭄으로 식량사정이 앞으로도 나아지지 않을 것 같다.하지만 적어도 북한 사람들도 우리 동포인데 굶어 죽지는 않도록 해야 하지 않을까.

지난해 미국은 60만 톤의 식량을 보냈고 중국은 15만 톤을 북한에 보냈다고 한다. 일본에서도 50만 톤을 북한에 무상으로 지원하겠다고 밝혔다. 반면 지난해 우리정부에서 60만 톤을 보내겠다는 발표를 했을 때 국내에는 반대하는 여론이 들끓었다. 그 이유는 식량이 군용으로 전용될 수도 있다는 것이고, 다른 하나는 상호주의 때문이었다. 어떤 사람들은 혹시 북한군이 그 식량을 먹고 힘 얻어서 남침하리라 생각했을지도 모르겠다.

언제부터인가 북한과 경제적인 문제로 거래를 할 때 '퍼준다'는 표현을 언론에서 쓰기 시작했다. 그후 이 표현은 지나치게 막 퍼준다는 의미로 사용되면서 국민들에게 북한 지원에 대해 부정적인 시각을 갖도록 작용하고 있다. 하지만 퍼준다고 말하는 사람들은 과연 굶어죽는 북한동포들에게 쌀 한 됫박이라도 퍼주고나서 퍼준다고 말하는가. 기독교의 사랑의 행위는 본래 아무 대가 없이 퍼주는 사랑이다. 적어도 기독교적인 신앙과 최소한 인도주의적인 면에서라도 굶주림 속에 몸부림 치는 동포들을 죽게 내버려 둘 수는 없지 않겠는가.

현 국민의 정부가 북한에 도와준 지원금이 김영삼 문민정부보다 훨씬 적다는 것은 잘 알려진 사실이다. 남북한 문제를 말할 때 무엇보다도 통일이 된 기점에서 생각하여야 할 것이다. 굶어죽는데 어찌 통일문제를 바로 생각할 수 있겠는가. "통일비용이 분단비용 보다 싸다"는 것은 깊이 새겨야 할 말이다. 우리가 분단으로 인해 지불하고 있는 비용이 얼마인가. 엄청난 국방비 등 분단으로 인한 비용은 한민족 전체의 낭비다. 북한의 국방비를 식량을 위해 사용하면 기아 문제가 해결될 수 있으리라 생각된다.

현재 군비로 쓰고 있는 군사비를 평화비용으로 전환한다면 한민족 전체의 삶의 질을 한층 더 높일 수 있을 것이다. 북한에서는 GDP의 약 30%를 군사비로 사용하고 있고 남한은 GDP의 2.8%, 정부예산의 16.6%를 군사비로 사용하고 있다. 이 비용을 생각할 때 남한은 북한보다 경제규모가 20배가 된다는 점을 감안하면, 남한은 북한보다 더 많은 국방비를 지불하고 있다는 것을 알 수 있다. 이 군사비용을 교육비, 사회복지비, 정보산업비로 사용하면 우리나라는 선진국이 될 것이다.

우리의 염원은 이 땅에서 다시는 전쟁을 하지 않고 평화통일하는 일이다. 이를 위해서는 먼저 긴장완화, 상호신뢰와 군축을 해야 할 것이다. 평화공존이 보장되려면 군축을 통해 남북이 상대방을 기습공격하지 않을 정도로 군축을 하고 무엇보다도 군사비용을 통일비용으로 전환해야 한다. 91년 12월 체결되고 92년 2월에 발효된 남북화해, 남북불가침, 남북교류·협력에 관한 남북기본합의서에 명시된 군사적 신뢰구축과 군축이 필요하다. 군사전문가들은 일차적 평화체제 단계에서의 적정 군규모를 남북한 각기 24만 명에서 28만 명으로 보고 있다.

통일을 이야기할 때 남북이 각기 적화통일과 흡수통일로 의심하지 말고 남북한 상호신뢰를 구축하고 이것을 바탕으로 화해와 평화공존으로 나아가야 할 것이다.한반도가 성서에서 말하고 있는 대로 칼을 쳐서 보습을 만들고 창을 쳐서 낫을 만들고, 칼을 들고 서로 치지 아니하며 다시는 전쟁을 연습하지 않는 나라로 만들어야 한다. 예수 그리스도의 정신은 화해와 일치 사랑과 평화다. 이 정신으로 기독교인들은 한반도의 평화통일을 위해 시대적·민족적 사명을 실천해야 할 과제를 부여받고 있다.

국민일보 [2001. 07. 07]

## 2-1-7. 보복의 악순환과 평화의 길


　평화의 길은 멀고 험한 것인가. 2001년 인류는 평화를 소망하고 기대하면서 새천년, 새로운 세기를 맞이했다. 새로운 세기가 시작되는 첫해인 올해 9월11일 미국 본토 그것도 미국의 심장부라고 할 수 있는 뉴욕과 워싱턴에서 일어난 테러에 의한 참사는 인류의 평화 실현의 길이 얼마나 멀고 험한가를 깨닫게 해주는 사건이었다. 뉴욕의 세계무역센터 110층 쌍둥이빌딩과 워싱턴의 미 국방부는 미국의 경제와 국방을 상징하는 건물이다.

　이 건물들에 비행기를 몰고 돌진하여 세계무역센터가 모래성 무너지듯 허망하게 붕괴되었고, 국방부 건물도 일부 파괴됐다. 어처구니없는 이번 테러 사건은 5,000명 이상의 귀중한 생명을 희생시켰다. 먼지를 일으키며 붕괴되는 세계무역센터 건물을 보면서 우리는 세계평화의 꿈이 좌절되고 있음을 느끼지 않을 수 없었다. 이는 세계평화를 위협하는 것이다. 이번 테러 참사를 통하여 폭력의 결과가 얼마나 비참하며 평화가 얼마나 소중한가를 다시 한 번 절실히 깨닫게 된다.

　미국은 테러에 의한 참사가 일어난 지 26일 만에 테러에 대한 응징으로 아프가니스탄 공습을 감행했다. 21세기 첫 번째 전쟁이 일어난 것이다. 아프가니스탄의 탈레반 정부가 이번 테러를 배후 조종한 인물로 지목되는 오사마 빈 라덴의 인도를 거부하고 있기 때문이다. 그러자 미국은 아프가니스탄의 테러기지를 파괴하여 탈레반 정권을 붕괴시키고 오사마 빈 라덴을 체포하기 위하여 대대적인 공습을 시작했다. 그러나 미국과 영국의 공습은 그 방법이 과연 정당한

지, 꼭 이러한 공습의 방법으로 테러를 응징했어야 하는지, 보복공격이 테러에 대한 진정한 해결책이 될 수 있는지는 의문이 든다.

반인륜적 테러는 비난받아 마땅하고 근절되어야 한다. 그러나 그 응징의 방법으로 무고한 생명을 죽이는 반생명적 보복도 자제되어야 한다. 미국의 공습은 국가가 행하는 또 다른 테러일 수도 있기 때문이다. 1991년 걸프전 이후 미국이 이라크에 봉쇄 조치를 한 후 50만 명의 이라크 어린이들이 죽어갔다. 만일 이러한 공습이 이라크 등으로 확산된다면 모든 사람들이 우려하는 문명의 충돌이 일어날 수도 있다. 이슬람권과 서구의 충돌은 인류에게 재앙을 가져다 줄 것이다. 전 세계 55개국의 13억 이슬람교인을 상대로 미국은 전쟁을 할 것인가.

폭력은 폭력을 낳고, 보복은 보복의 악순환을 가져오고, 피는 피를 부른다. 오사마 빈 라덴의 테러조직인 알 카에다는 지난 9일 "미국이 아프가니스탄 공격을 중단하고 물러나지 않으면 미국에 대한 항공기 돌진 테러 공격이 계속될 것"이라고 경고했다.

그동안 미국은 패권주의와 자국 이익 위주의 정책을 펴왔다. 부시 대통령은 취임 후 미사일 방어체제(MD) 강행, 일방적인 친 이스라엘 외교정책, 교토 기후협약 탈퇴, 유엔 인종차별 철폐회의에서의 퇴장 등 자국 이익 위주의 정책을 펼쳐왔다. 그러나 미국은 초강대국으로서 세계평화를 위한 도덕적 책무가 있다. 미국은 전쟁을 빨리 끝내고 테러의 근본적인 원인을 제거하도록 노력하며 나아가서 인류가 함께 공존하며 상생(相生)할 수 있고 평화롭게 살 수 있는 국제질서를 만들어야 할 것이다.

평화에 이르는 길은 무력이나 보복으로 이루어질 수 없으며 정의로운 전쟁이란 있을 수 없다. 평화의 길은 비폭력의 길이다. 비폭력의 길은 고통과 희생과 십자가의 길이다. 비폭력의 방법은 위대하지만 그 길을 가는 사람은 죽음의 길을 가는 것을 각오해야 한다. 비폭력을 주장한 사람들은 한결같이 폭력적인 방법에 의하여 죽임을 당했다. 예수님, 간디, 마틴 루터 킹. 예수님은 폭압적 정권에 의하여 처형되었고, 간디와 마틴 루터 킹은 암살당했다. 그러나 비폭력을 통한 평화 실현의 가르침은 세계를 지배하고 인류의 빛이 되었다. 비폭력적 방법은 약한 것 같으나 강한 방법이며 지는 것 같으나 이기는 길이다. 폭력적 방법은 일시적으로는 이기는 것 같으나 결국에는 지는 방법이다. 폭력은 어둠의 세력들이 사용하는 방법이요, 비폭력은 빛의 자녀들이 사용하는 방법이다. 폭력은 생존자에게는 비참함을, 파괴자에는 야수성을 남겨주고 마침내 그 자체를 파괴한다.

미국 대통령이었던 케네디는 이렇게 말한 바 있다. "인류는 전쟁을 종식시켜야 합니다. 그렇지 않으면 전쟁이 인류를 종식시킬 것입니다." 우리는 이 말에 귀 기울여야 할 것이다.

국민일보 [2001. 10. 13]

## 2-1-8. 정의와 평화의 실현을 위하여

세계교회협의회(WCC) 제10차 총회가 2013년 10월 30일부터 11월 8일까지 대한민국 부산 벡스코(Bexco)에서 개최된다. 전 세계 140개국 5억7천만 명의 그리스도인들을 대표하는 사람들이 모여 그리스도를 고백하고 교회일치와 선교적 사명과 시대적 증언과 봉사의 과제를 함께 모색하는 기독교의 축제이다.

WCC는 기독교의 유엔과 같은 기구로서 아시아에서는 1961년 제3차 뉴델리 총회 이후 두 번째로 열리게 되었다. 한국 땅에 기독교의 복음이 전파된 이후 가장 크고 의미 있는 대회를 개최하게 되었고 높아진 한국교회의 위상을 확인할 수 있는 기회이다.

WCC는 1948년 창설되었다. 교회의 역사에서 20세기가 '위대한 세기'로 기록될 수 있다면 그것은 WCC 창립에 있다. WCC는 교회의 일치, 복음의 사회적 실천을 통한 봉사, 선교를 위한 에큐메니칼 공동체이다.

WCC는 4대 기구가 합류하여 만들어진 기구이다. 1948년 신앙과 직제(Faith and Order), '삶과 실천(봉사)'(Life and Work) 두 기구가 모여 창립되었고, 그후 1961년 국제선교협의회(IMC), 1971년 세계기독교 교육협의회를 통합하여 만들어졌다. 이렇듯 WCC는 네 개의 시내가 합류하여 만들어진 큰 강물과 같다.

WCC는 세계에서 가장 폭넓고 포괄적인 기구이다. 전 세계 140개국에 속한 349개의 교단들이 회원으로 가입해 있다. 개인이나 단체는 회원이 될 수 없고, 오직 교단만이 회원이 될 수 있다. WCC에는 정교회를 비롯해서 성공회, 개혁교회(장로교회), 침례교회, 루터교회,

감리교회 연합교회와 오순절교회까지 회원교회로 참여하고 있다. 국내에서는 대한예수교장로회(통합), 기독교대한감리회, 한국기독교장로회, 대한성공회 등 4대교단이 회원으로 가입해 활동하고 있다.

일부 교회 안에서 WCC에 대한 비판적인 의견들이 있지만 이들의 주장은 WCC를 잘못 이해하는 오해에서 비롯된 것이다. 이들의 주장에 의하면 "WCC의 신앙고백이 의심스럽고, WCC는 선교에 관심이 없고, WCC는 용공이고, WCC는 사회선교에만 관심이 있고, WCC는 자유주의신학이고, WCC는 다원주의"라는 터무니없는 주장을 하고 있다. 그러나 이것은 WCC를 잘못 알고 비판하는 것이다.

WCC는 보수에서 진보까지 폭넓고 다양하게 참여하고 있다. 다양한 구성원들이 다양한 의견을 제시하지만, 위에서 제기된 문제들은 공식적으로 결의된 바가 없다.

WCC 제10차 부산총회 한국준비위원회는 WCC에 대한 입장을 분명히 밝히고 있다. "WCC는 삼위일체 하나님을 고백하는 교회들의 교제이며, WCC는 성서의 권위 위에 굳게 서있고, WCC는 예수 그리스도를 하나님이며 구주로 분명하게 고백하고 있으며, WCC는 선교와 전도를 교회의 존재가치로 고백한다. 또한 WCC는 공산주의 이념을 기독교적 가치로 받아들이지 않으며, WCC는 동성애, 일부다처제를 지지하거나 결의하지 않는다"라며 확실한 어조로 밝히고 있는 것이다.

WCC는 제2차 세계대전이 끝난 후 세계교회가 이 땅 위에서 하나님의 나라를 지향하며 어떻게 소금과 빛의 역할을 할 것이며, 교회가 어떤 방식으로 사명을 수행할 것인가를 제시하여 왔다. 더 구체적으로 말하자면 사랑의 복음에 기초하여 정의로운 사회와 평화로운 세계를 만들 수 있을 것인가를 고민하고 실천해 왔다.

이번 WCC 제10차 부산총회의 주제도 "생명의 하나님, 우리를 정의와 평화로 이끄소서"이다. 이 주제는 예수 그리스도의 복음의 실천적인 내용을 명확하게 나타내는 말이다.

기독교의 복음은 한마디로 사랑의 실천이다. 사랑은 정의로서 구체화된다. 정의가 실현됨으로써 평화가 이루어진다. 정의와 평화의 관계는 불가분의 관계이다. 평화가 정의를 창조하는 것이 아니라 정의가 평화를 창조한다. 이사야는 정의의 결과가 평화라고 말한다.(사 32:17) 시편기자는 "정의와 평화가 서로 입맞춘다"(시 85:10)라고 말함으로써 정의와 평화의 관계가 밀접함을 말하고 있다. 기독교 복음의 사회적 실천, 사랑의 구체화된 모습은 사회 속에서 정의와 평화가 실현되는 것이다.

이번 WCC 제10차 부산총회를 계기로 다시 한 번 이 땅 위에 정의와 평화를 위한 기독교의 사명과 과제를 재발견하고 여기에 기독교회는 정의와 평화의 실현을 위한 전위대가 되어야 할 것이다. 특별히 한반도의 평화통일을 위한 한국기독교와 세계기독교의 역할을 기대해 본다.

(기독교사상 권두언 2013.9)

## 2-1-9. 통일을 위한 저항과 기도의 힘

민족의 설렘과 감격 속에 이뤄졌던 6·15 남북정상회담 1주년이 되었다. 정상회담 이후 장관급회담개최, 두 차례의 이산가족 상봉, 각계 인사들의 방북, 경의선공사 시작 등 괄목할 만한 일들이 진행됐다. 그러나 미 부시 행정부가 출범한 후 남북관계는 교착상태에 빠졌다. 기대했던 제2차 남북정상회담도 아직 열리지 못하고 급기야는 김대중 대통령이 김정일 위원장에게 방문일정을 밝힐 것을 공개적으로 요청하기까지 했다.

통일이 얼마나 어렵고 험난한 길이며, 통일문제는 민족적인 문제이며 동시에 국제적인 문제임을 새삼 인식하게 한다. 한반도는 강대국의 각축전 속에서 그들의 이해관계에 의해 분단됐고, 이제 통일문제도 강대국의 정책과 그들의 국익에 따라 영향을 받고 있다. 미국의 대북정책과 미사일 방어(MD)체제를 강행하려는 부시행정부가 걸림돌이 되어 통일문제가 앞으로 나아가지 못하고 있다. 토머스 프리드먼이 「뉴욕타임스」에 기고한 칼럼을 통해 "미친 짓"이라고 비판을 한 미사일 방어체제는 한반도 평화와 통일논의에 부정적 영향을 주고 있다.

지구상 유일하게 남은 분단국인 한국. 이러한 상황에서 교회는 한반도의 통일을 위하여 무엇을 할 것인가.우리는 독일의 통일과정에서 교회가 했던 역할에서 기도의 힘이 얼마나 큰 위력을 발휘하는가를 발견할 수 있다.

독일의 슈뢰더 총리는 "독일인들 모두는 동독인들이 냉전 말 공산독재에 항거한 용기와 서독인들이 보여준 연대감에 감사하여야 할 것"이라고 말했다. 서독교회는 동독교회를 크게 도와줬고 동독교회는 저항과 기도운동을 통해 통일에 결정적 역할을 담당했다. 서독교회는 동독교회를 위해서 1957년부터 1990년대까지 대략 40억3천만 마르크를 지원해줬다.

이런 과정 속에 이른바 '촛불을 든 무혈혁명'으로 일컬어지는 동독 라이프찌히의 니콜라이교회에서 촛불시위 운동이 일어났다. 촛불이 자기 몸을 태워 어둠을 밝히듯이 니콜라이교회의 촛불시위는 공산독재의 어둠을 몰아내고 통일독일의 빛을 환하게 밝혀줬다. 라이프찌히 니콜라이교회의 촛불시위 역사는 1983년 가을의 평화운동으로 거슬러 올라간다.

당시 50여 명의 동독 청년들이 라이프찌히 광장에 모여서 촛불을 들고 핵무기 설치에 반대하는 침묵시위를 벌였는데, 경찰이 체포하려 하자 이들은 니콜라이교회당으로 피신했던 것이다. 이것을 계기로 동독인들은 매주 월요일 6시에 모여 촛불을 들고 '평화를 위한 밤'이라는 기도회를 가지게 되었다. 이 '평화기도회'는 비폭력적 방법으로 평화운동을 하는 모임이 되었고 세계의 정의와 평화와 인권, 그리고 환경을 위해 일하는 단체와 정보교환도 하며 서로 굳게 연대하게 됐다.

이 촛불을 든 월요일 밤의 평화기도회는 그후 계속 진행됐고 이 과정에서 운동에 참여했던 사람들은 체포되거나 서독으로 추방됐다. 1989년까지 이 기도회는 약 100여 명 정도 모이는 집회였으나 1989년 7월부터 동독주민의 집단탈출이 일어나자 평화기도회에 참석하는 숫자가 급속히 늘어났다. 10월 2일에는 2만 명, 16일에는 20만 명, 그리고 드디어 10월 30일에는 57만 명이 모여 비폭력 시위를 하기에 이르렀다. 이 촛불시위운동은 독일통일 과정에서 성직자와 재야운동가들이 민주화와 변혁운동을 이끌어간 '노이에스 포름'을 태동시켰다.

공산독재에 항거하기 위한 시위는 곧 다른 도시로도 요원의 불길처럼 번져나갔다. 11월 4일 동베를린 알렉산더 광장에서는 100만 명이 시위를 하기에 이르렀다. 마침내 11월 9일 베를린장벽은 평화의 함성으로 무너져 내렸고 이듬해 1990년 10월 3일 독일은 통일되었다.

독일이 통일되기까지에는 여러 복합적인 요인과 계기가 있었지만 그 불씨 역할을 했던 것이 바로 '월요 평화기도회'의 촛불시위를 통한 비폭력 저항운동이었다. 촛불이 어둠을 몰아내듯 평화와 정의와 인권과 민주화를 위한 촛불기도회가 공산독재의 어둠을 몰아내고 독일통일의 빛을 비추는 계기가 된 것이다.

독일교회의 기도회와 평화운동이 독일의 통일에 크게 기여했듯이 한국교회의 기도의 힘이 한반도의 평화통일을 앞당길 것이다. 신앙과 기도의 힘이 여리고 성을 무너뜨린 것처럼 기도는 분단의 장벽을 무너뜨리고 이 땅에 평화통일을 가져올 것이다.

데레사 수녀는 기도가 얼마나 소중한가를 가르쳐 준다. "사랑이 참되기 위해서는 기도 안에서 하나님과 함께 하여야 합니다. 우리가 기도하면 사랑할 수 있고 사랑하면 비로소 봉사할 수 있을 것입니다."

(국민일보)

## 2-1-10. 베를린 선언과 평화통일

한반도의 평화통일은 한민족의 염원이자 민족이 해결해야 할 과제다. 그뿐 아니라 기독교인들에게는 평화통일은 선교적 과제이기도 하다. 세계는 탈냉전시대를 맞아 화해와 협력의 시대로 접어든지 10년이 지났지만 한반도는 아직도 냉전지역으로 남아있다. 베를린장벽은 냉전시대의 상징물이었다. 그 베를린장벽은 무너지고 통일이 된 독일에서 지난 9일 김대중 대통령은 베를린 자유대학에서 「독일통일의 교훈과 한반도의 문제」라는 제목의 연설을 통해 '베를린 선언'을 발표했다.

선언을 통해 지구상에서 마지막으로 남아 있는 한반도 냉전 구조를 해체하고 항구적인 평화와 남북 간의 화해 협력을 이루고자 4개항의 대북 제안을 한 것이다. 그 내용은 남북경협을 통한 북한 경제 회복 지원, 한반도 냉전종식과 남북 간 평화공존, 이산가족 문제의 해결, 남북당국 간의 대화 추진이다. 현 정권이 집권한 후 햇볕정책이라고 불리는 포용정책을 일관되게 펴왔다. 이에 북한은 일단 '북한을 흡수통일하기 위한 기도'라고 비난했으나 대화 수용의 뜻을 비치기도 했다. 그러나 이번 '베를린 선언'은 북한의 체제붕괴 염려를 불식시키고 현 단계에서 당장 통일보다는 냉전종식과 평화정착을 추구하자는 뜻이 담겨 있다. 제2차 세계대전이 끝난 후 독일, 한국, 중국, 베트남이 분단됐다. 그밖에 분열국가인 예멘이 있다.

1975년 4월 베트남은 적화 통일됐고, 1990년 5월 예멘이 합의에 의한 평화통일을 이룩했으나, 그후 남예멘이 합의에 의한 평화통일 체제에서 이탈을 시도해 남북이 무력충돌, 1994년 7월 북예멘에 의해 무력 재통일됐다. 1990년 10월3일 동독이 서독으로 흡수통일됐다. 분단국가는 중국과 대만, 한반도의 남과 북한이 남게 됐다. 중국과 대만은 국제사회에서 분단국가의 문제로 취급하지 않고 있다. 왜냐하면 중국만을 유일한 합법정부로 인정하기 때문이다. 남북한만 지구상에 분단국가로 남게 됐다. 오늘도 천만이 넘는 이산가족들은 헤어진 가족들을 그리워하며 고통 속에 지내고 있다.

우리 민족은 인종, 지리, 문화, 경제 등 그 어떤 면에서도 분단될 이유가 없다. 통일은 꼭 이뤄내야 하며 그것도 전쟁을 하지 않고 평화통일을 이뤄내야겠다. 통일에 앞서 그 전 단계로 민족의 화해와 평화공존으로 나아가야 하며 그렇게 하기 위해서는 남북기본합의서 준수와 남북이 상대방을 기습공격하지 못 할 정도로 군비축소를 하고, 남북한 상호신뢰 구축을 해야 한다.

통일의 문제를 신학과 교회는 어떻게 보아야 하겠는가. 통일에 대한 신학적인 근거는 평화신학이 돼야 한다. "모든 사람과 더불어 평화하라"(로마서12:8)는 성경말씀처럼 한국교회는 통일 환경을 조성하도록 하여 이 민족을 통일의 길로 나아가게 해야 한다. 기독교에서 북한선교를 이야기하지만 분단된 상태 속에서 직접적인 북한선교는 불가능하다. 통일이 됐을 때를 대비해 선교전략도 세워야 한다.

교회는 통일의 필요성과 당위성을 인식시키고 분단을 극복하기 위한 통일교육과 평화교육을 실시해야 한다. 독일통일에 큰 기여를 한 독일교회처럼 한국교회도 통일을 위한 구체적 노력을 하여야 한다. 한반도가 궁극적으로 통일이 되어 이 땅을 "칼을 쳐서 보습을 만들고 창을 쳐서 낫을 만들어 다시는 전쟁을 연습치 않는 나라"로 만들어야 한다.

## 2-1-11. 시민불복종과 비폭력저항

미국과의 쇠고기 재협상을 요구하는 촛불시위가 두 달 넘게 계속되고 있다. 성급하고 잘못된 미국과의 쇠고기 협상을 놓고 광우병으로 인한 국민건강을 염려하는 국민들이 재협상을 요구하며 촛불시위를 벌여온 것이다. 6월 10일에는 전국적으로 100만 명이 넘는 국민이 시위에 참가하였다.

국가권력에 저항하는 방법에는 시민불복종과 저항권이 있다. 시민불복종은 특정한 법이나 정책이 정의와 어긋날 때 양심에 따라서 위법적인 행동으로 항거하는 것이다. 현대 시민불복종 운동은 미국의 헨리 데이비드 소로우에서 시작하여 인도의 간디, 미국의 흑인 민권운동가 마틴 루터 킹이 펼친 시민 저항운동이다.

소로우는 노예제도와 멕시코전쟁에 반대하여 6년 동안 인두세를 내지 않아서 감옥에 갇히게 되나 친척이 몰래 세금을 대신 내주어 하루만에 석방된다.

이 경험을 바탕으로 쓴 것이 『시민의 불복종』(Civil Disobedience)이다. 이후에 "시민불복종"이라는 말이 널리 사용되었다. 소로우는 국가가 부정의한 정책이나 법을 시행하는 경우 시민은 저항해야 하며, 비폭력적으로 해야 한다고 하였다.

간디나 마틴 루터 킹도 예수님의 산상설교의 말씀 속에서 비폭력의 원리를 발견하고 비폭력적 방법을 사용하였다. 그러나 비폭력 무저항이 아니라 비폭력 저항을 한 것이다.

하버드대학의 윤리학 교수였던 존 롤즈는 시민불복종에 대해서 이렇게 정의(定義)했다. "시민불복종이란 법이나 정부의 정책에 변혁을 가져올 목적으로 행해지는, 공공적이고 비폭력적이며 양심적이긴 하지만 법에 반하는 정치적 행위이다."

시민불복종은 부정의(不正義)한 법이나 정책에 대해 거부하려고 하는 시민적 용기를 가진 시민성, 공개적으로 수행되어야 하는 공공성, 불복종의 방식에서 신체나 재산에 해악을 끼치지 않으려는 비폭력성, 불복종 결과에 처벌을 감수하려는 양심성, 마지막 방법으로 하는 최후의 수단성의 원칙을 요건으로 한다.

시민불복종에는 세 가지 형태가 있다. 첫째, 종교적 교리에 맞지 않는다고 집총을 거부하는 것과 같은 인격과 도덕에 기초한 시민불복종, 둘째, 미국의 흑인 민권운동과 같이 부도덕하거나 부정의한 것이라고 여겨, 정부 결정에 반대하는 정의에 기초한 시민불복종, 셋째, 핵무기배치 반대운동이나, 미국과의 쇠고기협상에 반대해서 일어난 촛불시위 같이 현명치 못하거나 위험한 정부의 정책결정에 반대하는, 정책에 기초한 시민 불복종이 있다.

기독교인은 시민불복종을 어떻게 보야야 하나? 기독교인은 어느 정파의 정치적 목적에 따라 행동해서는 안 된다. 그러나 불의(不義)한 것, 잘못된 법과 제도 정책에 대해서는 항거할 의무가 있다. 하나님의 의(義)에 어긋난 것에 대해 비폭력 저항을 하여야 한다. "베드로와 사도들이 대답하여 이르되 사람보다 하나님께 순종하는 것이 마땅하니라."(행 5:29)

(한국성결신문, 2008.7.19)

## 2-1-12. 교황의 참회와 죄책 고백

기독교 2천 년의 역사에서 교회와 신앙의 이름으로, 진리를 추구한다는 명목으로 수많은 범죄가 행해졌다. 지난 5일 로마교황청이 기독교 2천 년의 역사 동안 인류에게 저지른 과오에 대해 최초로 공식 인정하고 참회했다. 이 문건은 「회상과 화해 - 교회의 과거의 범죄」라는 제목으로 발표됐다. 그리고 12일 교황 바오로 2세는 성 베드로 성당에서 집전한 '용서의 날 미사'에서 십자군전쟁, 종교재판, 반유대주의 등 가톨릭교회가 범한 죄와 잘못에 대해 용서를 구했다.

이날 미사에서 7개항의 죄의 고백과 참회를 했다. 그 항목은 일반적인 죄의 고백, 진리를 추구하는 명목으로 저지른 죄의 고백, 기독교인의 단결을 해친 죄의 참회, 유대인을 박해한 죄의 참회, 사랑·평화·인권·타문화와 종교를 업신여긴 죄에 대한 참회, 여성의 존엄성과 인류의 단결을 해친 죄에 대한 참회, 인간의 기본인권과 관련된 죄에 대한 참회였다. 가톨릭교회는 유대인들을 증오하고 박해했다. 그 이유는 예수님을 십자가에 돌아가시게 한 것이 유대인들 때문이라는 것이다.

독일 나치정권이 유대인 6백만을 대학살할 때도 침묵했고 십자군전쟁 때에는 7만여 명의 유대인 및 이슬람교도들을 학살했다. 15세기 신앙의 순수성을 지킨다는 명분으로 마녀 사냥을 자행했고 신대륙 정복 시 가슴에 십자가를 그으며 선교의 이름으로 원주민을 학살했다. 또한 신앙의 순수성을 지킨다는 이유로 종교재판에서 고문을 자행했다. '그래도 지구는 돈다'고 말한 갈릴레이 재판은 유명한 한 예다.

이번 일을 높이 평가할 수 있는 것은 역사적 과오에 대해 진실하게 인정하고 참회했다는 사실이다. 제2차 세계대전이 끝난 후 1945년 10월19일 독일의 개신교회는 나치 하에서 더 용감하게 투쟁하지 못한 잘못을 고백했다. 이른바 '슈투트가르트 죄책고백'이다. 독일교회가 나치 하에서 투쟁이 부족했음을 고백했다. "더 용감하게 신앙고백을 하지 못했고, 더 진실하게 기도하지 못했고, 더 즐겁게 신앙속에 살지 못했고, 더 뜨겁게 사랑하지 못했음"을 고백했다. 독일국가도 나치 하에서 저지른 잘못을 시인하고 죄과를 뉘우쳤다. 그러나 통탄스럽게도 일본 왕은 '통석의 염'이라는 말장난을 하며 그들의 죄과를 진실로 뉘우치지 않았다.

한국기독교회는 1988년 2월29일 '민족의 통일과 평화에 대한 한국기독교회 선언'을 발표하면서 '분단과 증오에 대한 죄책고백'을 한 바 있다. 이것은 "한국 그리스도인들은 분단체제 안에서 상대방에 대해 깊고 오랜 증오와 적개심을 품어왔던 일이 우리의 죄임을 하나님과 민족 앞에 고백한다"고 했다. 죄를 고백하려면 먼저 죄를 바르게 인식해야 한다. 그리고 하나님과 역사 앞에 진실해야 한다.

오늘의 교회와 사회는 잘못을 뉘우치는 회개와 참회의 문화가 필요하다. 한국교회와 정치계는 진실하게 잘못을 뉘우치고 있는가. 오늘의 현실을 보면 IMF사태로 국민들을 고통 속으로 빠뜨린 책임을 져야 할 정치인들이 잘못을 시인하고 회개하는 모습을 볼 수 없는 것이 우리 사회의 비극이요, 한계다. 잘못을 고백하고 뉘우쳐야 화해도 가능하다. 기독교인이란 늘 자기를 성찰하고 회개할 때 그 존재의 가치가 있다. 회개는 일회성이 돼서는 안 된다. 오늘의 교회의 과제는 끊임없이 회개하며 죄를 고백하고 정의와 평화가 강물처럼 넘치는 사회를 만들어가는 것이다.

(국민일보)

## 2-1-13. 역사왜곡과 참회

　일본이 다시 역사를 왜곡·날조하려 하고 있다. 일본은 동아시아의 침략을 정당화하며 침략 국가들에게 행한 만행을 은폐하려는 시도로 역사교과서를 왜곡시키려 한다. 문제가 된 것은 2002년부터 사용할 중학교 역사교과서가 이른바 황국사관에 의해 한국과 아시아 역사 부분이 왜곡된 채 문부과학성에 제출되어 채택될 전망이기 때문이다. 일본정부는 이미 1982년에도 역사교과서를 왜곡하고자 하여 당시 한국과 중국 등의 강력한 항의를 받고 '근린제국의 배려'라는 국제적 약속을 한 바 있다. 즉, '이웃 아시아 국가와의 근·현대사 역사관계를 기록할 때는 국제적 협조·이해를 배려한다'는 조항을 검인정 규정에 새로 넣기까지 하였다. 이때 이 역사교과서 왜곡문제는 한국민을 격분케 하여 독립기념관을 건립하는 계기가 되었다.

　이번 사건의 발단은 일본의 극우적 역사관을 가진 '새 역사교과서를 만드는 모임'에서 쓴 교과서가 객관적 사실로 기록된 것이 아니라 역사적 사실을 왜곡하고 진실을 호도한 채 신군국주의로 나아가는 경향이 있기 때문이다. 이 왜곡된 역사교과서는 1905년 을사조약과 1910년 일제의 한국 병탄(倂呑)을 "동아시아의 안정에 필요한 정책이었다"고 정당화하였다. 그리고 태평양전쟁을 침략전쟁이 아니라 서구열강의 지배 아래 있는 아시아를 잘 살게 하기 위한 해방전쟁인 '대동아전쟁'이라고 규정하였다. 정신대 종군위안부 사건도 자발적 매춘이라 하여 삭제시켰다고 한다. 이런 왜곡 날조된 역사교과서는 일본의 침략행위를 정당화하며 역사적 사실을 은폐시키고 잘못을 미화시킨 것이다.

일제 침략 시 그들은 얼마나 많은 수탈과 학살 그리고 만행을 저질렀던가. 3·1운동 82주년을 맞아 다시 한 번 일제의 잔학성을 상기하게 된다. 국민일보에서 발굴하여 보도한(2월 24일자), 3·1운동 때 화성 제암리교회뿐만 아니라 수원지방 16개 마을 5개 교회에서 일제에 의해 많은 사람들이 처참하게 살해되어 불태워진 사건에도 잘 나타나 있다.

일본인들은 그들이 행한 침략과 학살에 대하여 반성과 사죄와 참회를 하기는커녕 오히려 자기들이 행한 잘못을 은폐·왜곡·미화시키고 있다. 그들은 역사적 과오에 대하여 형식적인 사과 몇 마디만 하고 잊을 만하면 또 신군국주의와 패권주의를 꾀하는 망언을 하고 이제는 후손을 교육시키는 역사교과서마저 왜곡시키려 하고 있는 것이다.

그러나 이와 달리 600만 명의 유대인을 학살한 독일은 어떠한가. 독일정부는 나치 하에서 범한 잘못을 진심으로 사죄하고 보상하였다. 한 장의 사진이 우리를 숙연하게 할 뿐 아니라 감동을 준다. 그것은 1970년 독일의 빌리 브란트 수상이 바르샤바 유대인 게토 기념비 앞에서 무릎을 꿇고 두 손을 모아 사죄하고 있는 모습의 사진이다. 일본의 왕이나 수상에게 가능하기나 한 모습인가. 독일은 과거극복 방법으로 전쟁범죄를 단죄하였고 유대인 수용소를 과거를 기억하려는 기념관으로 잘 보존하여 일반인에게 역사 교훈의 장소로 공개하고 있다.

독일의 교회 역시 역사적 과오에 대하여 진실하게 인정하고 참회하였다. 제2차 세계대전이 끝난 후 1945년 10월19일 독일의 개신교회는 나치하에서 더 용감하게 투쟁하지 못한 잘못을 고백하였다. 이른바 '슈투트가르트 죄책고백'이다. 그들은 "더 용감하게 신앙고백을 하지 못했고 더 진실하게 기도하지 못하였고 더 즐겁게 신앙 속에 살지 못하였으며 더 뜨겁게 사랑하지 못했음"을 참회한 것이다.

일본에도 극소수이기는 해도 양심적인 지식인들이 있다. 일본정부는 그들의 말에 겸허하게 귀 기울이고 과거사에 대하여 반성 사죄하며 역사 왜곡을 중단해야 할 것이다. 소설가 시바 료타로(司馬遼太郎)의 말이다. "교과서에 거짓말을 쓰는 나라, 특히 이웃국가에 대해 거짓말을 쓰는 나라는 망한다."

(국민일보 2001. 3. 03)

## 2-1-14. 다시 생각하는 일본과 미국

새로운 세기를 맞아 첫 번째 맞이하는 올해 제56주년 광복절은 감격과 기쁨 보다는 분노와 우려 속에 보냈다. 그 이유는 일본의 역사교과서 왜곡과 총리 고이즈미 준이치로의 신사참배 그리고 미국 부시정권의 대북 강경정책의 영향으로 교착상태에 빠진 남북대화 때문이다. 광복절을 맞아 일본과 미국은 한국에게 참으로 어떤 존재인가를 묻게 된다 .

이 땅에서 일본은 지난 35년 동안 얼마나 잔혹하게 무고한 사람들의 생명과 재산을 앗아갔던가. 해방과 동시에 한반도는 남과 북으로 분단됐다. 한반도 분단의 큰 역할을 한 것이 일본과 미국이다. 분단의 근본적 원인은 일본의 식민지배에 있다. 일본의 통치가 없었다면 이 땅이 이렇게 비극적으로 두 동강이 나지 않았을 것이다. 한반도 분단의 또 다른 원인은 미국과 소련을 중심한 강대국의 이해관계에 있다. 물론 한반도 분단의 책임은 우리가 통일 국가를 세울 만큼 역량을 갖추지 못한 우리 자신에게도 있다 .

그러나 한반도의 분단은 불합리한 분단이었다. 우리와 같이 분단됐다 1990년 통일을 이룬 독일은 제2차 세계대전을 일으킨 전범의 나라이기 때문에 동서독으로 분단이 된 것이라면, 한반도가 분단이 될 것이 아니라 일본이 분단이 되었어야 마땅하지 않겠는가. 한반도는 일본대신에 분단된 것이라 말할 수 있고 때문에 한반도의 분단은 억울한 분단이라고 할 수 있다. 더구나 일본은 분단된 6·25한국전쟁으로 경제적 기반을 다지게 되지 않았는가 .

이런 일본이 과거 침략전쟁과 식민통치에 대한 반성과 사죄를 하기는커녕 오히려 과거 침략전쟁을 미화하여 동아시아 국가들을 해방시켰다고 하는 등 역사를 왜곡시켜 한국, 중국 등 근린국가들을 격분케 하고 있다. 그러나 일본 시민단체들의 노력으로 '새 역사교과서를 만드는 모임'의 중학교 역사교과서가 현재 단 12학교에서만 채택됐다고 한다. 이 우익단체는 역사교과서 채택을 10%로 목표 삼았으나 결국 일본의 1만2천2백9개 중학교 중 12개교에 그쳐 현재 전체의 0.1%라고 하니 일본인 후세 교육을 위해서도 그나마 다행스런 일이다. 그러나 이것은 끝난 것이 아니다. 일본의 군국주의적 우경화 경향은 재무장을 위한 헌법개정 논의 등 여러 가지 모습으로 나타나고 있고, 앞으로 동북아와 세계평화를 크게 위협할 것이라고 생각되기 때문이다 .

그 단적인 예가 8월 13일 고이즈미 총리의 야스쿠니 신사(神社)방문이다. 야스쿠니 신사는 일본패전 후 처형된 도죠 히데키(東條英機) 전 총리등 A급 전범14명을 포함 246만 명의 위패가 있는 곳이다. 외국 언론에서는 히틀러에게 경의를 표한 격이라고 비판하고 있다. 결과적으로 고이즈미는 침략전쟁을 정당화한 격이 됐다 .

우리는 일본의 지배로부터 해방되었지만 진정한 의미의 광복은 이루어지지 않은 채 미완의 광복으로 남아있다. 광복이 완성되기 위해서는 평화통일이 이루어져야만 한다. 어느덧 해방된 지 56년이 지났지만 반세기를 넘어 분단은 계속되고 있다. 세계는 탈냉전시대를 맞았지만 한반도만 냉전의 동토로 남아있다. 지구상 마지막 분단국가로 남아있는 한반도의 평화통일은 한민족의 염원이요 지상과제이다. 통일이 이루어지기 위해서는 먼저 화해와 협력이 이루어져야 한다. 지난해 6월 남북정상회담 이후 활발하게 이뤄지던 남북대화와 교류가 교착 상태에 빠져있다 .

그 이유에는 여러 가지가 있겠지만 그 중에 가장 큰 영향을 준 것

이 미국의 대북 강경정책과 시대착오적인 미사일방어(MD) 계획의
추진임이 분명하다. 미국은 북한과 대화를 하자고 하면서 받아들이
기 힘든 조건을 내세우고 있다. 부시정권은 탈냉전시대에 역사의 방
향을 신(新)냉전시대로 되돌리고 있다. 미사일방어 계획은 중단되고
마땅히 폐기돼야 하리라 생각된다 .

　신군국주의로 나아가려는 일본은 동아시아의 국가들에게 저지른
잘못에 대하여 솔직하게 인정하고 사죄해야 할 것이다. 일방적 외교
정책으로 자국의 이익만 추구하는 미국은 한반도의 분단을 극복하
고 평화를 정착시켜 세계평화를 위해 기여할 수 있도록 도와야 하리
라고 본다. 이것이 한반도를 분단시킨 그들의 인류평화를 위한 과제
가 아니겠는가 .

(국민일보 [2001. 08. 18])

## 2-1-15. 4월과 본회퍼

'가장 잔인한 달'이라고 T.S. 엘리어트가 노래한 4월이 되었다. 4월에는 고난절과 부활절 그리고 4·19가 있다. 그래서 4월은 삶과 죽음 그리고 죽음 이후의 삶에 대하여 생각하는 계절이다. 이 계절에 한반도의 천만 그리스도인들은 예수 그리스도의 고난과 부활에 대하여 명상하고, 어떻게 절망적인 현실에 부활신앙을 가지고 희망 속에 그리스도의 고난에 동참할 것인가를 묻게 된다. 이러한 때에 기억해야 할 신앙인이 디트리히 본회퍼이다. 본회퍼야말로 그리스도의 뒤를 따라 어떻게 살며, 어떻게 죽을 것인가를 보여준 신앙인이었다.

4월 9일은 독일의 신학자이며 목사였던 디트리히 본회퍼가 39세 때인 1945년 히틀러정권에 의하여 처형된 지 56주년이 되는 날이다. 그의 순교자적 죽음은 오늘도 신앙 양심에 따라 바르게 살고자 고난 받는 사람들에게 큰 용기와 힘이 되고 있다. 군사정권시절 불의한 세력과 싸워 감옥에 갇힌 젊은이들에게 본회퍼의 옥중서간은 얼마나 많은 용기와 위안을 주었던가.

본회퍼는 그의 사후 새로운 신학을 만들 수 있는 단초를 제공하였으며 그리스도인과 교회의 사회적 책임의 신학적 근거를 제공하였고, 평화신학과 기독교 평화운동의 선구자의 역할을 하였다. 오늘날 세계교회운동의 주제가 되고 있는 "정의, 평화 그리고 창조질서의 보존" 운동의 시발도 1934년 본회퍼가 덴마크 파뇌에서 제안한 '평화를 위한 세계교회회의'로 거슬러 올라간다.

본회퍼는 1906년 독일 브레스라우에서 태어나 튀빙겐대학교와 베를린대학교에서 신학을 공부하고 21세 때 신학박사학위를 받은 수재였다. 그의 박사학위논문을 가리켜 후일 칼 바르트는 "신학적 기적"이라고 하였다. 본회퍼는 베를린대학에서 강의도 하였고 목회도 하였다. 독일의 히틀러 나치정권은 유대인을 학살하고 제2차 세계대전을 일으켰다. 독일의 양심적 지식인과 신앙인은 저항하였고 그들은 감옥으로, 집단수용소로, 교수대로, 총살형의 형장으로 끌려갔다. 본회퍼 역시 연구실에서 편안하게 연구에 집중하고 가르칠 수만 없었다. 그는 교회를 향해 박해받고 있는 유대인들에게 관심을 갖도록 촉구하면서 "유대인을 위하여 소리치는 자만이 그레고리안 찬가를 부를 수 있다"고 갈파하였다. 그 자신도 마침내 히틀러를 제거하는 계획에 가담하게 되었고 이 일로 체포돼 2년간의 감옥생활을 한 후 종전 직전 형장의 이슬로 사라진다. 이러한 본회퍼의 일생은 모세의 '십계'처럼 영화화돼 지난해 구미 각국의 일반 영화관에서 상영되기도 했다.

본회퍼는 십자가와 연관시켜 고난의 의미, 순종하는 신앙, 참된 제자의 길의 고귀함을 일깨워 주었다. 본회퍼는 당시 독일교회와 그리스도인들의 신앙적 태도를 비판했다. 독일교회는 행위 없는 믿음, 순종 없는 신앙, 십자가 없는 은혜를 가진 교회이며 이것을 본회퍼는 값싼 은혜를 지닌 교회라고 질타한 것이다. 본회퍼는 기독교의 은혜는 본래 값싼 은혜가 아니라 값비싼 은혜라고 강조했다. 값비싼 은혜의 모습은 예수 그리스도 부름에 순종하는 신앙, 자기 십자가를 지고 그리스도 고난에 동참하는 제자의 길을 가는 삶, 십자가 아래 있는 교회의 모습이다.

기독교가 다른 종교와 차별된 것은 십자가가 있기 때문이다. 십자가는 기독교와 비기독교를 구별하는 시금석이다. 기독교의 축복은 십자가를 질 수 있다는 것에 있다. 십자가 없는 신앙은 기독교의 신앙이 아니라 기복을 강조하는 샤머니즘일 뿐이다. 기독교의 신앙은 십자가를 통해 얻어지는 부활 고난을 통해 얻어지는 영광이다.

21세기 첫 번째 고난절과 부활절을 맞아 그리스도의 부름의 의미를 생각하며 그리스도의 부름은 자기 십자가를 지고 그리스도의 고난에 동참하는 제자의 길임을 깨닫는 기간이 돼야 할 것이다.

(국민일보 2001. 04. 06)

## 2-1-16. 5월의 역사와 고난

계절의 여왕이라는 5월은 아름다운 계절이다. 신록의 푸름 속에서 생의 신비와 자연의 질서를 깨닫게 하는 계절이다. 독일의 시인 하이네는 이러한 계절을 "모든 꽃망울이 부풀어 터지고 모든 새들이 노래하는 놀랍도록 아름다운 5월"이라고 노래하였다. 5월은 가정의 달이다. 그것은 어린이날, 어버이날, 스승의 날이 있기 때문이다. 어린이를 독립된 인격으로 존중하며 부모님의 사랑과 스승의 은혜를 깊이 깨닫고 공경과 존경하는 마음으로 지내는 때이다.

그러나 눈부시게 아름다운 5월에 세 가지 비극적 사건이 있었다. 그것은 공교롭게도 5월 16일, 17일, 18일에 일어났다. 학생들에 의하여 주도되었던 4월 혁명은 자유당 이승만 독재정권을 무너뜨리고 민주당 정권을 세웠다. 1961년 5월 16일 군대가 탱크를 몰고 한강을 넘어와 민주당 정권을 붕괴시키고 쿠테타로 군사정권을 세웠다. 이 군사정권은 자체 내의 권력 암투에 의하여 붕괴되었고 또 다른 군사독재정권을 배태하고 있었다. 그것이 1980년 5월 17일 자행되었던 또 다른 군사정권의 창출을 위한 시도였다.

1980년 소위 '서울의 봄'이라고 일컬어지는 그 계절에 사람들은 민주화의 무지개를 쫓아가고 있었다. 그들에게 마른 하늘에 천둥 번개를 친 사건이 바로 5·17이다. 정치인, 언론인, 교수, 학생, 시민운동가 등 양심적 지식인들은 끌려가 고문 받고 감옥에 수감되기도 하였다. 그리고 5월 18일 민족사의 비극인 광주민중항쟁이 일어났다.

이 항쟁은 아름다운 계절에 결코 서정적인 언어로 노래할 수 없는 사건이다. 그래서 지금은 작고한 김남주는 이렇게 슬픈 곡조로 읊었다. "바람에 울고 웃는 풀잎으로 오월을 노래하지 말아라. 오월은 바람처럼 그렇게, 오월은 풀잎처럼 그렇게, 서정적으로 일어나거나 쓰러지지 않았다. 오월의 무기, 무등산의 봉기는 총칼의 숲에 뛰어든 맨주먹 벌거숭이의 육탄이었다. 불에 달군 대장간의 시뻘건 망치였고 낫이었고 한입의 아우성과 함께 치켜든 만인의 주먹이었다. 피와 눈물, 분노와 치떨림, 이 모든 인간의 감정이 사랑으로 응어리져 중오로 터진 다이너마이트의 폭발이었다."

광주민중항쟁은 이 민족에게 민주의식과 자주정신 그리고 통일 의지를 불어넣어주고 드높인 기념비적 사건이었다. 강만길 교수의 견해에 도움을 받아 광주민중항쟁의 민족사적 의미를 찾아볼 수 있다. 즉, 광주민중항쟁은 갑오농민전쟁, 3·1운동, 4월 혁명과 같은 민중항쟁의 역사적 전통을 계승하고 1987년 6월 항쟁의 동력으로 작용한 민주화운동이었다. 또한 자위적 무장항쟁의 합법성을 획득한 항쟁이었고, 반미의 무풍지대인 한국에서 미국의 정체를 파악하고 반외세·자주의 깃발을 높이 치켜든 사건이었다. 더 나아가 광주민중항쟁은 이 항쟁을 기점으로 통일의 문제를 긴박한 민족적 주제로 부각시킨 사건이었다.

광주민중항쟁이 일어난 지 21년이 되었다. 그때의 진상을 밝히려는 노력도 하였고 피해를 받은 사람들에게는 보상도 주어졌다. 반면에 군부의 주역들은 대통령도 되었지만 국민의 심판을 받아 감옥에도 갔다. 그러나 아직도 역사의 심판은 끝나지 않았다. 그때 기독교와 교회는 무엇을 하였는가. 오늘 이 역사 속에서 무엇을 깨닫고 실천할 것인가.

5월을 맞아 오늘의 역사 속에서 우리 기독교인들은 책임 있는 그리스도인으로서 바른 역사의식을 가져야 할 것이다. 정의는 승리한다는 것과 기독교는 이 세상에서 소금과 빛의 역할인 사회정의를 실천하는 일이다. 사회적 약자인 가장 작은 자들에게 한 것이 곧 예수 그리스도에게 한 것이다. 민족과 이웃의 고난에 동참하는 것이 예수 그리스도의 고난에 동참하는 것이다. 100만 명의 실업자속에, 1,000만 명의 이산가족 속에, 굶주리고 있는 북녘의 동포 속에, 입시지옥에서 고생하는 학부모속에 오늘의 고난이 있다. 이 분단과 고통의 한반도 역사 속에서 민족과 이웃의 고난에 동참하는 것이 오늘날 기독교의 과제이다.

(국민일보 2001. 5. 04)

## 2-1-17. 백범의 민족 정신을 본받아라

지난 주일날 밤. 제주도 중문 앞바다 위로 떠오르는 칠월의 보름달은 참으로 밝고 둥글고 빛나는 달이었다. '달님이시여, 높이높이 돋으시어 멀리멀리 비추어 주소서'라는 옛 시가 정읍사(正邑詞)를 떠올리며 저 달은 우리 역사 속에서 얼마나 많은 사람을 비추었을까 생각하였다. 저 달은 통일신라시대도 비춰준 달이고 고려 통일의 밤하늘에도 높이 돋아 올라 이 땅을 비춘 달이고 6·25 때에 피란민의 밤길에도 비춘 달이며 전장의 참호 속에서도 바라보았던 달이다. 밝고 밝게 빛나는 달을 바라보며 한반도의 우리 민족이 평화통일을 이루어 통일된 한민족이 저 달을 바라볼 수 있기를 기원하여 보았다. 그날 그 밝은 달빛 아래서 여야는 임동원 통일부장관의 해임건의안을 놓고 통과와 저지를 위해 한나라당과 자민련, 민주당과 청와대가 온힘을 다하여 결전을 다짐하며 저지를 위해 설득하고 있었다.

다음날 해임건의안은 통과됐고 이제 민주당과 자민련의 공동정권은 와해되고 여소야대의 정치적 상황으로 급변하였다.

옳음과 정의의 기준은 각기 다를 수 있겠지만 화해와 협력, 평화공존과 평화교류를 통해 평화통일을 이룩하는 것은 우리 민족에게는 매우 중요하다.

모름지기 민족통일의 문제는 미래통일이 된 시점에서 보아야 하고 민족의 관점에서 보아야 한다. 과거의 원한과 증오는 기억은 하되 용서하여야 화해할 수 있고 신뢰할 수 있고 협력할 수 있다. 그 길이 평화통일의 길이다. 독일의 경우도 통일로 나아가는 과정 속에서 동방정책을 펴면서 많은 갈등을 겪었다. 최근 방한한 전 서독 연방장관을 지낸 '에곤 바르'는 "갈등도 통일의 한 과정이며 고통 받는 동포를 도와야 하며 햇볕정책은 중단하지 말아야 한다"고 하였다.

  민족문제, 민족통일을 생각할 때 백범 김구 선생을 생각한다. 백범은 이 나라의 완전한 자주독립과 민족통일을 위해 한평생을 사신 분이다. 백범 선생은 안두희에 의해 암살되었다. 그런데 최근 공개된 문서에 의하면 안두희는 미군 방첩대의 정보원이자 요원이었다는 것이 재미사학자 방선주 교수 등이 발굴해냄으로써 밝혀졌다.

  백범 암살범 안두희의 배후에 미국이 있다는 것이 밝혀진 것이다. 백범 김구선생은 '삼천만 동포에게 읍고(泣告)함'이란 글에서 이렇게 절규하고 있다. "나는 통일된 조국을 건설하려다가 38선을 베고 쓰러질지언정 일신의 구차한 안일을 취하여 단독정부를 세우는 데는 협력하지 아니하겠다. 나는 내 생전에 이북에 가고 싶다. 그쪽 동포들도 제집을 찾아가는 것을 보고 싶다. 궂은 날을 당할 때마다 38선을 싸고도는 원귀의 곡성이 내 귀에 들리는 것도 같았다. 고요한 밤에 홀로 앉으면 남북에서 헐벗고 굶주리는 동포들의 원망스런 용모가 내 앞에 나타나는 것도 같았다." 백범 선생은 이글을 발표(1948년 2월)한 후 1948년 4월19일 38선을 넘어 평양에 가서 남북협상에 참가하고 5월5일 서울로 돌아와 이듬해 1949년 6월26일 경교장에서 안두희의 흉탄에 맞아 서거하였다. 오늘 통일문제를 정략적으로 이용하는 사람들은 백범에게 겸허하게 배워야 할 것이다. 이것이 화해와 사랑을 말씀하신 예수님의 정신에 따라 사는 길도 될 것이다.

  백범 선생이 갈파한 말씀은 민족통일을 생각하는 우리에게 통일의 문제는 정파적 이해관계가 아니라 민족문제로부터 보아야 함을 말씀하시는 그분의 유언처럼 들린다.

  "나의 유일한 염원은 삼천만 동포와 손에 손을 잡고 통일조국, 독립된 조국의 건설을 위하여 공동 분투하는 것뿐이다"

(국민일보 2001.9.8)

## 2-1-18. 사랑의 윤리

기독교는 사랑의 종교다. 기독교의 복음은 한마디로 사랑의 복음이다. 예수님은 사랑 그 자체인 사랑의 화신이었다. 하나님께서 인간의 몸을 입고 이 세상에 오신 성육신 사건은 사랑 때문에 이루어졌다.(요 3:16) 예수님이 말씀하신 사랑의 계명은 사랑의 이중계명과 원수사랑으로 요약할 수 있다.

첫째, 예수님은 하나님을 사랑하고 이웃을 사랑하라는 "사랑의 이중계명"을 말씀하였다. 예수님은 한 율법사가 "율법 중에서 어느 계명이 큰 계명입니까?" 묻는 질문에 구약의 신명기 6장 5절과 레위기 19장 18절의 말씀을 가지고 대답하였다. "네 마음을 다하고 목숨을 다하고 뜻을 다하여 주 너의 하나님을 사랑하라 하셨으니 이것이 크고 첫째 되는 계명이요, 둘째도 그와 같으니 네 이웃을 네 자신 같이 사랑하라 하셨으니 이 두 계명이 온 율법과 선지자의 강령이니라."(마 22:34~40) 이 말씀은 하나님에 대한 인간의 종교적 사랑과 이웃에 대한 인간의 윤리적 사랑을 표현하고 있다. 또한 이 사랑의 정신은 모든 계명을 실천하는 동기와 추진력이 된다. 사랑은 율법의 완성이요,(롬 13:10) 성령의 첫 번째 열매다.(갈 5:22)

둘째, 예수님은 사랑의 이중계명의 말씀 이외에 더 나아가 "원수를 사랑하라"(마 5:44)는 말씀을 하였다. 원수를 사랑하라는 계명은 다른 종교에서 찾아볼 수 없는 기독교만의 독특한 계명이다. 본회퍼는 원수사랑을 비범성이라고 하였다. 원수를 사랑함으로써 적대감을 극복하여 원수의 존재가 소멸되고, 원수를 그리스도와 함께하는 공동체 안으로 끌어들여 이웃으로 만나는 창조적 사랑이 실천된다.

사랑의 종류에는 자연적 현상으로서 인간의 본능적 사랑, 인간을 한 하나님의 신적·초월적 사랑, 하나님에 대한 의무로서 인간의 종교적 사랑, 인간과 인간 사이의 의무로서 윤리적 사랑이 있다. 인간에 대한 하나님의 사랑 때문에 하나님께 대한 사랑과 이웃에 대한 사랑을 실천하여야 하는 것이다.

사랑은 하나님의 선물인 동시에 우리에게 꼭 행해야 할 과제이다. 사랑은 직설법이자 동시에 명령법이다. "하나님은 사랑이시다"라는 직설법 형식의 선물은 동시에 하나님은 인류에게 "너희도 이와 같이 서로 사랑하라"는 명령법의 요구로 나타난다. 하나님이 우리를 사랑해 주신 것은 우리가 서로 사랑을 실천해야 할 것을 동시에 명령하고 있는 것을 의미한다.

사랑은 정의(正義)와 동전의 양면과 같이 불가분리의 관계이다. 정의는 사랑의 도구이며 사랑은 정의를 통하여 구체화된다. 라인홀드 니버는 정의 없는 사랑은 감상주의가 되고 사랑 없는 정의는 정의 이하가 된다고 하였다.

사회정의를 실현하는 것이 곧 사랑을 실천하는 것이다. 기독교 사랑은 이기주의적 사랑이 아니다. 사랑은 구체적으로 사회적 약자인 이웃들에게 실천하는 것이다. 실천하는 사랑이 완전한 사랑이며 참된 사랑이 되기 때문이다.

(한국성결신문 2008.6.28)

## 2-1-19. 사랑과 정의

　인생에서 가장 가치 있는 삶은 사랑의 삶이다. 하늘에는 별이 있고 산에는 나무가 있어야 하듯 사람의 가슴에는 사랑이 있어야 한다. 사랑의 삶을 사는 사람은 그의 가슴에 용기가 있고 입술에 노래가 있고 그의 발걸음에는 희망이 있다. 과연 우리 사회 속에 사랑이 있는가. 유난히 추운 올 겨울 이중의 한파로 떨고 있는 사람들이 있다. IMF 한파는 그늘진 사람들에게 여전히 매서운 찬바람이 되어 몰아치고 있다. 양로원 고아원 등 사회적 약자들이 그 찬바람을 맞고 있다. 세금이 1조5천억 내지 2조원 가량 더 걷혔다고 하는데 이 세금을 사회적 약자를 위해 써야 할 것이다.

　기독교는 사랑의 종교다. 공자가 인(仁)을 외쳤고 석가가 자비를 설파했다면 예수 그리스도는 사랑의 복음을 인류에게 전했다. 예수 그리스도는 사랑 그 자체인 사랑의 화신이다. 하나님께서 인간의 몸을 입고 이 세상에 오신 성육신 사건은 사랑 때문에 이뤄졌다. 하나님께서 인류에게 영원히 살 수 있는 구원의 길을 사랑을 통해 열어주신 것이다. 사랑은 직설법이자 동시에 명령법이다.

　"하나님은 사랑이시다"라는 직설법 형식의 선물은 동시에 하나님은 인류에게 "너희도 이와 같이 서로 사랑하라"는 명령법의 요구로 나타난다. 하나님이 우리를 사랑해주신 것은 우리가 서로 사랑을 실천해야 할 것을 명령하고 계시는 것이다. 예수님께서 말씀하신 모든 계명의 총화는 사랑의 계명이다. 그것은 이른바 '사랑의 이중계명'이다.

　하나님을 사랑하고 이웃을 네 몸과 같이 사랑하라는 말씀이다. 기독교적 사랑이란 무엇인가. 사랑의 행위는 단순한 동정심의 표현이나 온정주의적인 말로써만 이뤄지는 것이 아니다. 기독교 윤리에서 사랑을 생각할 때 정의(正義)와 연관시켜 생각해왔다.

이에 대해 라인홀드 니버, 에밀 브루너, 폴 틸리히, 니그렌 등 많은 학자들이 연구했다.

사랑과 정의의 관계는 동전의 양면과 같이 불가분리의 관계다. 정의는 사랑의 도구다. 사랑은 정의를 통해 구체화되고 실현된다. 니버는 정의 없는 사랑은 감상주의가 되고 사랑 없는 정의는 정의 이하가 된다고 한 바 있다. 사회정의를 실현하는 것이 곧 사랑을 실천하는 것이다. 정보화 사회는 사이버 공간 속으로 사람들을 몰아넣는다. 더불어 사는 것이 아니라 홀로 사는 이기주의적 인간을 만들 수 있다.

기독교 사랑은 이기주의적 사랑이 아니다. 자기만을 사랑한다면 그것은 진정한 기독교적 사랑이 아니다. 만일 테레사 수녀가 자기만을 사랑했다면 어떻게 인도의 빈민촌에 갈 수 있었으며, 슈바이처 박사가 아프리카 밀림 속으로 갈 수 있었겠는가. 예수께서 구세주가 된 것은 자기 자신을 위해서가 아니라 다른 사람을 위해 십자가에 달려 돌아가셨기 때문이다. 본회퍼는 예수님의 이와 같은 사랑의 모습을 "타자를 위한 존재 예수"라고 말했고, 교회 역시 타자를 위한 교회가 될 때 참다운 교회가 된다고 했다.

오늘도 추운 날씨에 굶주리고 헐벗고 병들고 고아가 된 이 사회적 약자인 이웃들에게 예수님의 "타자를 위한 존재"의 정신으로 돕는 것이 사랑을 실천하는 일이다. 기독교적 사랑은 인간의 존엄성을 높이고 구조적 부조리를 제거하고 사회정의가 행해지는 곳에 구체적으로 실현된다.

(국민일보 2000.2.19)

## 2-1-20. 예수 그리스도 따르는 제자의 윤리

예수 그리스도를 믿는 그리스도인들은 무엇을 하며 어떻게 살 것인가? 이 문제에 답하는 것이 기독교윤리이다. 기독교인은 하나님의 뜻에 따라 예수 그리스도를 본받고 그의 가르침대로 살아가야 한다.

예수님은 "누구든지 자기 십자가를 지고 나를 따라오지 않으면, 내 제자가 될 수 없다"고 말씀하였다.(눅 10:27) 십자가를 지고 예수를 따른다는 것은 예수의 고난에 동참하는 것이다. 이러한 제자의 길, 제자의 윤리를 독일의 디트리히 본회퍼는 "형성(形成)으로서의 윤리"라고 하였다.

형성으로서의 윤리는 예수 그리스도의 모습대로 닮고 변화되는 것을 말한다. 형성으로서의 윤리의 성서적 근거는 "나의 자녀들아 그리스도의 형상을 이루기까지 다시 너희를 위하여 해산하는 수고를 하노니"(갈 4:19)의 말씀에서 찾을 수 있다. 형성으로서의 윤리는 구체적으로 세 가지 측면에서 그리스도의 모습을 닮아가는 윤리이다.

첫째, 성육신하신 예수 그리스도의 모습을 닮는 것이다. "하나님이 세상을 이처럼 사랑하사 독생자를 주셨으니"(요 3:16) 하는 말씀처럼 예수 그리스도께서 이 세상에 오신 것은 하나님의 사랑의 표현이다. 성육신은 하나님이 실제로 인간이 되셨다는 것을 말하며, 인간은 우상화의 대상도 경멸의 대상도 아니라 하나님의 사랑의 대상이라는 것이다. 성육신하신 예수 그리스도를 닮는 것은 사랑을 실천하며 사는 것이다.

둘째, 십자가에 달리신 예수 그리스도의 모습을 닮는 것이다. 이것은 인간이 심판의 대상이며 십자가를 지고 사는 삶을 의미한다.

예수 그리스도가 십자가에 달렸다는 것은 인간이 죄 때문에 하나님의 심판을 받는다는 것과 세상 속에서 자기 십자가를 지고 그리스도의 고난에 동참하는 삶을 의미한다.

셋째, 부활한 예수 그리스도의 모습을 닮아가는 것이다. 이것은 하나님 앞에서 새로운 인간이 되는 것이다. 중요한 것은 본회퍼가 말하는 형성의 의미는 인간 스스로 이루는 것이 아니라 예수 그리스도가 역사하여 형성이 이루어진다고 하는 것이다. 형성이 이루어지는데 필수 불가결한 장소와 역할을 하는 것이 교회이다. 형성으로서의 윤리는 추상적, 결의론적, 사변적이 아니라 이 세상 속에서 예수 그리스도의 모습대로 형성되도록 구체적인 판단과 결단 안에서 이루어진다.

예수 그리스도를 따르는 제자의 윤리는 성육신하고 십자가에 달려 돌아가시고 부활한 예수 그리스도의 모습을 닮고 그의 가르침대로 행하는 순종의 윤리이다.

(한국성결신문 2008.6.14)

## 2-1-21. 세계화시대의 세계윤리

오늘 시대의 특징은 정보화와 세계화이다. 세계화(globalization)는 국제화, 지구화라는 표현으로도 사용하고 있다.

세계화라는 말은 경제적 영역 구체적으로 기업경영으로부터 유래된 말이다. 교통, 통신, 정보의 경이적인 발달에 따라 기업운영이나 경영전략의 구상이 한나라의 국내시장뿐만 아니라 전 세계를 상대로 하게 되었다.

그러나 오늘 세계화는 단순히 세계 경제적 측면만 의미하는 것이 아니라 정치, 경제, 사회, 문화 군사, 기술적 영역 등에서 이루어지고 있는 전 지구적 차원의 객관적 변화 추세를 지칭한다.

세계화의 특성은 첫째, 정보통신 혁명이 가져오는 시간과 공간을 결정적으로 압축시키는 시공압축혁명의 시대이다. 둘째, 모든 영역에서 상관성이 심화되고 경제적 상호의존과 무한 경쟁이 교차한다. 셋째, 핵위협과 생태학적 위기 등과 같은 지구공동체 형성의 필요성을 인식시키고 국경을 넘어서는 운명공동체를 확인시키는 세계적 관심의 현상이 나타난다. 넷째. 문화의 보편성, 특수성, 통합성과 다양성이 강조되는 문화 우위의 시대이며, 분권화와 자율과 시민참여의 시대가 증대되는 지방화시대이다. 다섯째, 세계화시대는 세계시민으로서 가져야 할 능력과 의미 그리고 행위규범을 갖추는 개개인의 도덕적 책무가 요청된다.

세계화는 부익부 빈익빈의 인류보편화 현상인 빈곤의 세계화를 가져올 수 있다. 이에 대한 경고를 '세계화의 덫'을 쓴 한스 피터 마르틴과 하랄트 슈만은 '20대 80의 사회'가 다가오고 있음을 경고하였다. 즉, 각 나라에서 지구촌 전체에서 오직 20% 사람만이 좋은 일자리를 가지고 안정된 생활 속에서 자아실현을 할 수 있으며 그 나머지 80% 사람들은 실업자 상태에서 또는 불안정된 삶을 살아갈 것이라고 하였다.

세계화 시대에 개인 간 국가 간의 무한경쟁은 밀림의 법칙인 약육강식이 통용되는 사회를 만들기 쉽다. 세계화시대를 바로 살기 위해서는 인류에게 표준이 되고 보편화되는 윤리적 기준인 세계윤리가 필요하다.

세계화시대에 인류가 지속가능하고, 더불어 살아가기 위해서는 인류공동체의 사랑과 나눔의 윤리, 평화의 윤리인 세계윤리를 형성하여야 할 것이다. 새로운 시대를 살아가는 우리는 더불어 살아가는 공존과 상생의 윤리가 필요하며 이에 기독교가 세계윤리 형성을 위해 그 역할을 하여야 한다. 세계윤리 형성을 위하여 종교의 역할이 중요하다. 이를 위하여 종교 간의 상호이해와 평화 교육 그리고 국제기구와 같은 제도적 뒷받침을 하여야 할 것이다.

(한국성결신문 2008.6.14))

## 2-1-22. 문명사적 전환기 세계윤리

　새천년 아침이 밝았다. 제3의 천년기인 대망의 새천년을 맞아 세계는 문명사적 대전환기의 역사적 대 변혁기를 맞고 있다. 오늘의 세계는 산업사회에서 정보사회로 변하고 있다. 인류의 역사는 농업사회, 산업사회 그리고 후기산업사회인 정보사회로 변모돼 온 것이다. 앨빈 토플러는 이런 사회를 "제3의 물결"이라고 불렀다. 정보화사회에서는 지식이 중시되는 지식기반사회다. 정보통신혁명은 시간과 공간을 압축시키는 시공압축혁명을 가져왔고, 지식과 정보가 중요한 역할을 하는 정보문명사회가 온 것이다. 산업사회에서는 자본과 노동이 생산의 핵심이었지만 정보화사회에서는 지식과 정보가 문명의 핵심적 원동력이다.

　새 문명시대는 농경과 산업사회에서 지식과 정보화사회로 전환된 사회다. 문명사적 전환기의 정보화사회의 특징은 세계화와 정보화다. 세계화의 특징은 상호의존과 무한 경쟁이 교차하는 사회다. 그뿐 아니라 개인이나 국가 간의 무한경쟁은 강자만 살아남는 밀림의 법칙이 통용되는 사회를 만들기 쉽다.

　세계화는 부익부 빈익빈이 보편화되는 '빈곤의 세계화'를 가져올 수 있다. 피터 마르틴과 하랄트 슈만이 20대 80의 사회가 다가오고 있음을 경고한 바 있다. 즉, 지구촌 각 나라에서 약 20%의 사람만이 좋은 일자리를 가지고 안정된 생활 속에서 자아실현을 할 수 있으며, 그 나머지 80%는 실업자 상태 또는 불안정한 일자리에서 살아갈 것이라고 한 것이다. 세계화는 헌팅턴이 말한 대로 종교 간의 분쟁에 의한 '문명의 충돌'이 일어날 수 있다. 이뿐 아니라 세계화시대는 환경오염으로 인한 생태계의 파괴, 핵위협 등과 같은 것에 의해 인류가 운명공동체가 되었다. 과학기술의 발달은 물질적 풍요와 생활의 편리함을 가져왔지만 물질만능의 가치관이 팽배한 사회에서 윤리의식이 약화된 사회가 되었다.

새 시대에 새로운 윤리가 필요하다. 1993년 9월4일 미국 시카고에서 열린 세계종교회의에서 만든 '세계윤리선언'은 세계화시대에 인류가 살아갈 세계윤리의 절대적인 삶의 기준을 제시했다. 예수님께서 말씀한 마태복음 7:12의 말씀이다. "그러므로 무엇이든지 남에게 대접을 받고자 하는 대로 너희도 남을 대접하라. 이것이 율법이요 선지자니라" 이 선언문은 이 황금률로부터 영원한 진리가 되는 네 가지 지침을 이끌어내고 있다.

삶을 존중하고 비폭력에 노력하는 문화에 대한 의무, 결속의 문화와 공정한 형태의 세계무역에 대한 의무, 삶에 있어 아량과 정직의 문화에 대한 의무, 기회균등과 남녀평등의 문화에 대한 의무 등이다. 세계윤리선언의 끝맺는 말은 세계화시대에 세계윤리 형성을 위하여 지침이 된다.

"우리는 공통의 세계윤리에 맞추어 보다 나은 상호이해를 추구해 사회적으로 수용될 수 있고 평화를 증진시키며 자연과 조화되는 생활방식에 따라 살아가야 한다."

세계화시대에 기독교는 세계윤리 형성을 위해 시대와 인류에게 바른 가치와 삶의 의미와 방향을 제시해야 한다. 생명의 존엄성을 높이며 자유 정의 평화 사랑 인권 평등의 인류 보편적 가치를 높여야 할 것이다. 세계윤리는 서로 더불어 살아가는 공존(共存)과 공생(共生), 상생(相生)의 윤리다.

(국민일보)

## 2-1-23. 기독인의 경제윤리

지난 12월 19일 "경제를 살리겠습니다"는 공약을 내건 이명박 후보가 대통령으로 당선되었다. 10년 전 IMF 사태 이후 10년 만에 경제문제가 다시 선거공약의 쟁점이 되었고 사회적 이슈가 되었다.

경제는 정치, 사회, 문화와 함께 우리 삶의 가장 중요한 분야이다. 경제(經濟, economy)라는 말은 서양에서는 희랍어의 '가정관리, 가정경영, 살림살이'를 뜻하는 '오이코노미아'(oikonomia)에서 유래하였고, 동양에서는 '세상을 다스리고 백성을 구제한다'는 경세제민(經世濟民)의 준말에서 생겼다. 경제는 그 어원에서 뜻하는 바대로 우리가 살아가는 삶에서 중요한 것이지만, 올바른 경제생활을 하려면 바른 경제의식과 경제윤리가 필요하다.

기독교에서 전통적으로 경제는 정치, 교회와 더불어 중요한 분야이다. 그리스도인도 바른 경제윤리를 가져야겠다. 기독교 경제윤리에서 가장 중요한 문제는 '노동과 직업', '재산과 소유', ' 분배정의와 사회적 책임'이다.

기독교인은 어떠한 경제윤리의식을 가져야 하겠는가.

첫째, 천직의식과 소명의식을 가지고 살아야 한다. 어느 직업에 종사하든지 하나님이 불러서 맡겨주셨다는 천직의식을 갖는 것이다. 내가 매일 하고 있는 일이 하나님의 부름에 따라 그 일에 순종한다는 '일상적 일의 소명적 성격'이다. 이렇게 할 때 자기 직업에 최선을 다하여 일하게 될 것이다.

둘째, '소유와 재산'과 연관하여 바른 청지기의식을 가져야 한다. 모든 재산과 소유 문제에서 자기가 주인이 아니라 하나님이 주인이고 인간은 관리자라는 '청지기의식'이다. "땅과 거기에 충만한 것과 세계와 그 가운데에 사는 자들은 다 여호와의 것이로다."(시 24:1)

소유는 특권과 함께 의무를 의미한다. 하나님께서 소유를 가능케 하신 것은 잘 사용할 의무를 주신 것이다. 존 웨슬리는 돈사용의 3대 원리를 말하였다. "열심히 벌어라.(Gain all you can!) 할 수 있는 대로 많이 저축하라.(Save all you can!) 할 수 있는 대로 많이 주어라.(Give all you can!)" 돈을 벌고 저축하는 일은 제3 원리인 많이 주기 위해 필요하다. 웨슬리는 제3 원리를 가장 중요하게 여겼다. 재물은 하나님을 기쁘시게 하는 일을 위해 사용하는 것이다. 바른 경제 윤리의식이 확립되어 있지 않으면 인간은 물질의 노예가 된다.

셋째, 기독교인은 재능을 하나님의 선물로 감사하게 받아들이고 하나님의 나라와 세상을 위한 봉사의 도구로 사용하여야 한다.

웨슬리가 "기회 있는 대로 모든 사람에게 선을 행하라"고 하였듯이 나눔에 대한 책임을 행하는 일이다. 오늘도 8억이 넘는 이웃들이 굶주림 속에서 살고 있다. 신자유주의를 앞세운 세계화는 부익부 빈익빈의 '빈곤의 세계화'를 염려하게 되었다. 교회는 분배 정의가 실현되고, 더불어 살 수 있는 사회가 되도록 섬김과 나눔의 책임을 다하여야 할 것이다.

(한국성결신문 2008.2-16)

## 2-1-24. IMF시대 기독교인의 경제윤리의식

IMF관리체제 경제국난을 맞이한 지 2년이 되었다. 이 경제위기는 얼마나 많은 사람들을 고난과 고통 속으로 몰아넣었는가. 무엇보다 한국사회에서 경제가 인간의 삶과 사회와 국가에 얼마나 중요한 문제인가 깨닫게 하는 기간이었다. 경제 문제 인식도 중요하지만 더 중요한 것은 바른 경제의식, 경제관, 경제 윤리를 아는 것이다. 바로 기독교인으로서 바른 경제관과 경제의식, 경제적 삶을 살아가는 것이다.

IMF사태를 가져온 경제적 위기의 원인 중에서 가장 강조할 것이 도덕적 해이(解弛)이다. 도덕성이 풀어지고 약해진 때 경제위기가 찾아왔다. IMF측은 "한국의 경제위기는 도덕적 해이에서 금융위기와 외환위기가 왔고 그 극복의 길은 투명성에 있다"고 평했다. 우리의 경제위기는 총체적 도덕적 해이와 부패가 국난의 원천이라는 점을 시사한다. '런던 이코노미스트'도 한국 금융위기는 허약한 은행, 부패기업, 오만한 관료, 위협적인 정치인 등의 합작품이라고 분석하고 있다.

도덕적 해이, 정경유착, 관치금융, 부정부패가 자유책임과 자유경쟁이라는 시장경제원칙이 확실히 정착되지 못하고 변질시킨 것은 부인할 수 없다. IMF사태 2년이 지난 지금 경제위기가 어느 정도 극복되어 가고 있지만 배금주의 가치관과 경제윤리의 빈곤이 회복되지 않고는 또 다른 위기가 언제든 불거질 수 있다. 또 풍요로운 경제란 인간의 행복을 전제로 한 것이어야만 한다. 인간이 물질의 노예가 되어서는 안되기에 최근 들어 하나님의 정의로운 경제의식이 더 중요해지고 있다.

IMF시대에 기독교인들은 어떤 경제윤리의식을 가져야 하겠는가.

먼저 하나님과 맘몬(Mammon)을 동시에 섬길 수 없다는 점을 알아야 한다. 경제적 풍요는 행복의 일개 수단이다. 배금주의처럼 행복보다 돈을 목적으로 해 수단과 목적이 전도되면 안 된다. 그러기 위해서 성경적 경제사고를 가져야 한다. 성경에는 경제적 풍요에 대한 경계사항과 권면사항에 대한 많은 말씀이 있다. 행복의 경제적 풍요를 누리기 위한 말씀들을 보면 크게 세 가지 의식으로 뭉뚱그려진다.

첫째, 청지기의식이다. 모든 재산과 소유문제에서 자기가 주인이 아니라 다만 관리자라는 의식을 가져야 한다. 모든 만물의 주인은 창조주 하나님이며 자기의 모든 것은 하나님께서 맡기셨다는 청지기의식이다. "땅과 거기 충만한 것과 세계와 그 중에 거하는 자가 다 여호와의 것이로다."(시 24:1) 소유는 특전과 함께 의무를 의미한다. 하나님께서 소유를 가능케 하신 것은 잘 사용할 의무를 주신 것이다. 이것이 청지기 의식이다.

둘째, 일상의 소명적 성격이다. 이런 것은 종교개혁자인 루터와 칼빈 이후 강조됐다. 어느 직업에 종사하든지 자신의 일이 하나님께서 맡겨주신 일이라는 천직의식이다. 이런 생각을 가진 사람은 자기의 직업을 사랑하게 되고 최선을 다하여 성실하게 일하게 될 것이다.

셋째, 기독교인은 신앙 아래서 자기의 재능을 하나님의 선물로 받아들이고 봉사의 도구로 이해하는 것이다. 자기의 재능에 대하여 하나님께 책임을 져야 하고 이 재능을 남과 세상을 위하여 사용하여야 한다. 새로운 천년을 맞아 기독교인들이 가져야 할 경제윤리의식은 재산과 소유문제에 있어서 선한 청지기의식이며 자기가 하고 있는 일과 직업에 대하여 소명과 천직의식을 갖고 세상을 위하여 봉사하는 자세로 사는 것이다.

(국민일보)

## 2-1-25. 성결한 삶과 사회적 성결

성결한 삶과 사회적 성결 1907년 창립된 한국 성결교회는 100주
년이 지나 새로운 2세기를 맞았다. 성결(聖潔)은 우리 교파와 교단의
명칭이다. 우리는 성결한 사람이 되어야 하고 성결한 삶을 살아야 한
다 성결한 삶은 사랑과 정의를 행하고 평화를 만들어 가는 삶이다.

믿음으로 의로워지는 의인(義認) 다음 단계가 성화 또는 성결이
다. 성결에는 내적인 성결과 외적인 성결, 개인적 성결과 사회적 성
결이 있다. 성결은 히브리어로 '카도쉬'(kadosh)와 희랍어로 '하기오
스'(hagios)로서 그 의미는 "세상으로부터 구별되어 거룩하게 되는
것"을 뜻하며 이것은 소극적 의미의 성결이다.

또 다른 적극적 의미의 성결은 예수님이 이 세상을 사랑하여 이
세상 속으로 성육신하셨듯이 세상으로 찾아가서 사랑으로 세상을
변화시키는 사회적 성결이다. 웨슬리는 사회적 성결을 강조하였다.
웨슬리는 기독교는 사회적 종교이며 "사회적 성결이 이외에 다른 성
결은 없다"고 하였다.

성결교회는 개인적인 체험을 강조하여 성결을 "그리스도로 말미암
아 성령의 세례를 받음이니 곧 거듭난 후에 믿음으로 순간적으로 받
는 경험이다"라고 하였다. 이 성결의 은혜를 받은 사람은 원죄의 부패
성에서 정결케 되고 하나님의 사역을 할 수 있는 능력을 받는 것이다.

이러한 성결은 죄를 없애는 소극적이요 내면적이며 개인적인 이
해이다. 성결은 적극적이며 점진적이며 사회적인 요소도 있다. 그것
은 '사랑으로 역사하는 믿음'(갈 5:6)인 사회적 성결의 윤리이다. 성결
은 주문(呪文)이 아니라 실천이요 원리이다. 성결, 성결 말한다고 구

원받거나 하나님나라 가는 것이 아니라 성결을 행할 때 의미와 가치가 있다.

　사회적 성결의 윤리는 몇 가지 특징을 갖는다.

　첫째, 성결의 윤리는 십자가의 윤리이다. 성결은 자기의 십자가를 지고 그리스도의 제자로서 그리스도의 고난에 동참하는 십자가의 윤리이다. 둘째, 성결의 윤리는 사랑의 윤리이다. 성결의 적극적 의미인 사랑은 하나님사랑, 이웃사랑, 원수사랑이다. 세상 속에서 소금과 빛의 역할을 하는 사회적 성결은 사랑으로 실천하는 것이다. 셋째, 성결의 윤리는 정의(正義)의 윤리이다. 정의 없는 사랑은 감상주의가 된다. 정의는 사랑의 상대적 구체화이기 때문에 사랑의 윤리인 성결의 윤리는 정의의 윤리가 된다. 성결은 불의한 사회를 하나님의 의에 맞도록 변화시키는 것이다. 넷째, 성결윤리는 평화를 만들어가는 평화의 윤리이다. 평화는 정의의 결과이며 열매이다.(사 32:17) 성결의 윤리는 정의로운 평화를 만들어 가는 평화의 윤리이다. 사랑은 정의로써 구체화되고 정의가 행해짐으로써 평화가 실현된다.

　그동안 성결교회에서는 정의와 평화 실천에 소홀하거나 등한시하여 왔다. 정의와 평화를 실천하는 것은 그리스도의 명령이다.(마 5:9~10) 성결의 삶을 사는 성결의 윤리는 십자가의 정신과 믿음으로 사랑과 정의와 평화를 실천하는 것이며 성령의 열매(갈5:22)를 행하는 것이다.

(한국성결신문 2008.9.6)

## 2-1-26. 생태적 위기와 환경윤리

　새로운 세기를 맞아 인류의 가장 중요한 문제 중 하나가 환경문제다. 21세기를 환경의 세기라고 한다. 인류가 살아남기 위해서는 환경문제를 해결하지 않으면 안 된다. 자연은 인간의 생명을 유지할 수 있는 알파와 오메가요 처음과 나중이다. 자연의 위기는 인간의 위기요 자연의 파괴는 곧 인간의 파괴다. 자연이 오염되고 파괴되어 생태계의 오염과 파괴로 이어져 생태적 위기로까지 이르렀다. 오늘의 환경문제는 산업화로 인해 무분별한 자연환경 훼손으로 대기오염, 수질오염, 온실효과, 삼림파괴, 오존층 파괴, 산성비, 사막화를 가져왔다.

　환경오염이 심각하게 된 것은 20세기 들어서이며 그것도 1960년대 이후다. 환경에 관심을 불러일으키게 한 것은 1962년 레이첼 카슨의 『침묵의 봄』과 로마클럽의 연구보고서 『성장의 한계』 등의 저서가 있다. 세계적으로도 환경문제를 해결하기 위해서 1972년 6월 5일 스톡홀름에서 유엔 인간 환경회의를 개최됐다. 「하나뿐인 지구」를 주제로 열린 회의는 자연에 관한 인간의 인식을 근본적으로 바꾼 계기가 되었다. 그후 20년 지나 1992년 브라질 리우에서 유엔 환경개발회의가 열려 환경문제의 심각성과 긴급성을 일깨워 주었고 '지속 가능한 개발' 개념을 제시했다. 환경문제는 어느 한 지역의 문제를 넘어 범지구적 문제가 되었다.

　이러한 환경문제의 원인은 무엇인가. 환경문제는 인류의 과학기술문명과 경제개발로 인하여 발생하게 됐다. 그 정신사적 원인을 보면 무엇보다도 인간 중심적 세계관에서 발생했다. 서구에서는 보다 편리한 삶을 위한 '진보'라는 이데올로기를 가지고 자연과 더불어 살기보다는 자연을 이용과 정복과 착취의 대상으로 보았기 때문에 그 결과 자연을 파괴하게 되었다. 신학적으로 보아도 인간중심적 신앙적 태도다.

하나님의 형상대로 지음 받은 인간이 "다스리라, 정복하라"는 말씀을 잘못 해석해 사용한 것이다. 인간의 땅의 통치를 의미하는 '다스리다'라는 뜻은 인간이 단지 소유자가 아니라 지배적 관리자를 의미한다. '정복하라'는 자연을 착취하고 파괴하라는 의미가 아니라 인간이 자연을 가꾸며 자연과 더불어 건강하고 행복하게 살라고 하는 것을 의미한다. 오늘의 생태학적 위기를 해결하는 방법은 무엇인가.

먼저 인간(人間)중심적 세계관에서 신(神)중심적 세계관으로 바꾸어야 한다. 하나님은 창조주, 인간은 피조물이다. 우주만물의 주인은 하나님이다. 인간은 자연에 대하여 하나님의 대리자요 관리자다. 자연을 이용의 대상으로만 취급할 것이 아니라 조화의 대상으로 보아야 한다. 오늘의 생태학적 위기를 극복하는 길은 인간 중심에서 하나님 중심으로 자연과의 조화를 이루면서 하나님의 정원에서 관리하는 정원사로서 살아가는 것이다.

그 다음으로 생명존중 사상을 드높이고 살아있는 모든 것에 대해 책임성을 가지고 살아가는 것이다. 기독교의 오늘의 과제는 생태학적 위기 속에서 죽음의 환경을 생명의 환경으로 바꾸어 생명문화를 창조하는 일이다. 생태적 위기 상황 속에서 기독교 윤리의 과제는 자연과 조화하면서 살아있는 모든 것들에 대해 무한한 책임을 지면서 하나님 중심적으로 살아가야 한다.

(국민일보)

## 2-1-27. 도덕적 인간과 비도덕적 사회

개인과 집단, 개인과 사회는 도덕성이 차이가 나는가? 차이가 난다면 개인과 집단 어느 쪽이 더 우월한가? 이 문제를 다룬 것이 미국의 라인홀드 니버가 1932년 출판한 『도덕적 인간과 비도덕적 사회』(Moral Man and Immoral Society)이다.

이 책은 20세기 명저로 손꼽히며 그의 이론은 우리나라 고등학교 윤리 교과서에 개인윤리와 사회윤리에 구별의 필요성이 소개되고 있다.

니버는 개인과 집단의 도덕성을 명확히 구별할 것을 주장하며 개인윤리와 사회윤리는 다르다고 말하였다. 개인과 집단을 비교할 때 집단이 개인보다 도덕성이 떨어진다. 그 이유는 집단적 이기주의(colletive egoism) 때문이다.

개인들은 다른 사람을 헤아리는 동정심과 이성적 능력, 정의감을 가지고 있어서 자기 자신의 이익보다 다른 사람의 이익을 먼저 고려할 수 있다는 의미에서 도덕적이라 말할 수 있다.

그러나 집단은 양심이 없고 이해관계만이 있을 뿐이기 때문에 개인보다는 비도덕적이다. 인간은 언제나 도덕이고 사회는 언제나 비도덕적이라는 의미가 아니라 니버의 뜻은 '비도덕적 인간과 더욱 더 비도덕적인 사회'라는 의미이지만 인간과 사회를 대조시키기 위하여 '도덕적 인간과 비도덕적 사회'라고 한 것이다.

우리 주변에서 그 동안 핵 폐기장 처리문제, 의약분업 문제, 노사

관계 등에서 집단적 이기주의가 얼마나 극명하게 이기적으로 나타나는가를 보아왔다. 이런 것 속에서 '님비현상'이나 '핌피현상'이 나타난다. 개인윤리는 사회문제 해결을 도덕적 행위자의 심경변화, 의지의 합리화 혹은 의식과 행동방식의 변화를 통한 도덕화에서 찾는다.

이것은 사회운영의 주체는 인간이니까 그 인간을 도덕적으로 만들면 자동적으로 사회도 도덕적이 되고, 따라서 사회문제도 저절로 해결될 수 있다고 하는 것이다. 중요한 것은 사회문제를 다룬다고 해서 그것이 곧 사회윤리가 아니라는 것이다. 개인윤리 차원에서도 사회문제를 다룰 수 있기 때문이다.

사회윤리는 사회구조윤리로서 사회문제 해결을 사회제도·정책·구조와 연관시켜 그것들의 개선·합리화 및 개혁을 추구한다. 예를 들어 의료문제에서도 의사의 동정심보다는 보험제도를 도입하면 효과적으로 가난한 사람이 의료혜택을 받을 수 있다. 이렇듯 사회문제를 제도적, 정치적, 구조적 차원에서 다루고 있는 것이 사회윤리이다.

그러나 개인윤리가 필요 없다는 것이 아니라 사회문제는 사회윤리로 해결해야 효과적인 것이다. 개인윤리와 사회윤리는 상호배타적이 아니라 상호보완적이다. 그러나 사회문제를 윤리적으로 해결하기 위해서 제도, 정책, 체제문제를 연관시켜 구조적으로 다루어야 효과적으로 해결할 수 있다는 것이다. 사회윤리는 사회정의를 실현하는 것을 목표로 한다.

(한국성결신문 2008.8.9)

## 2-1-28. 사회윤리와 집단적 이기심

　개인과 집단, 개인과 사회는 어느 쪽이 도덕성이 우월한가 아니면 같은가. 이 문제에 대답을 시도해 본 것이 현대의 사회윤리학이다. 개인보다 집단이 도덕성이 더 떨어진다. 그 이유는 집단적 이기심 때문이다. 오는 7월1일부터 본격 실시되는 의약분업을 앞두고 얼마 전 의사들의 대규모 시위가 서울 여의도공원에서 있었다. 이대로라면 동네 의원들은 다 망한다는 것이다. 심지어 제주도에서 올라온 어느 여의사는 삭발까지 했다.

　이들의 시위를 놓고 세간에서 밥그릇 싸움이니 집단적 이기주의니 평하기도 한다. 이것은 보는 관점에 따라 다를 것이다. 그전에 있었던 핵폐기물 처리장, 산업쓰레기 처리시설을 반대하는 님비(NIM-BY, Not in My Backyard:내 뒷마당에는 안 된다)현상은 분명히 집단적 이기주의의 한 표현이다. 얼마 전 대통령이 질책한 '특정고 인맥'문제와 고질적인 지역감정문제 역시 대표적 집단적 이기주의라고 할 수 있다. 여기서 주목하고자 하는 것은 집단적 이기심이다. 이 집단적 이기심을 기준으로 현대 사회윤리학에서는 개인윤리와 사회윤리를 구별해 설명한다.

　처음 개인윤리와 사회윤리는 명확하게 다르다는 것을 밝힌 이는 미국의 신학자 라인홀드 니버다. 니버는 1932년 간행된 명저『도덕적 인간과 비도덕적 사회』에서 개인과 집단 간의 도덕성을 엄격히 구별할 것을 주장했다. 그는 개인보다는 집단이 덜 도덕적이라고 하고 그 이유가 집단적 이기심 때문이라고 했다. 개인의 도덕적 행위와 민족, 인종, 경제 집단 등 사회의 도덕적 행위와는 명확한 구별이 있어야 한다는 주장이었다.

우리도 개인적으로 사람을 만나보면 나쁜 사람이 별로 없는 것 같다. 하지만 집단이 되면 달라진다. 목소리도, 주장도 사뭇 강경해진다. 그러면 개인윤리와 사회윤리는 어떻게 다른가. 고범서 교수는 개인윤리는 사회속 도덕문제의 원인을 개인의 양심 및 도덕적 행위와 연관되어 있다고 보고 문제해결을 개인의 도덕성에서 찾는다. 개인을 도덕적으로 만들면 자동적으로 사회도 도덕적으로 되며 사회문제도 해결된다는 것이다.

반면에 사회윤리는 사회문제의 원인을 사회의 구조나 제도 정책과 연관되어 있다고 본다. 사회문제 해결을 사회와 제도, 정책, 구조와 관련시켜 그것들의 개선 합리화 및 개혁을 추구한다. 따라서 사회윤리는 사회구조 윤리며 사회비판적 기능을 하며 공동선과 사회정의를 구현하는 것을 과제로 한다.

일례로 의사에게 의술은 인술이니까 가난한 사람들이 오면 무조건 무료로 치료하라고 하면 의사들이 그대로 하겠는가. 의사에 따라 다를 것이다. 이때 사회적으로 의료보험제도를 도입하면 효과적인 의료혜택을 받을 수 있을 것이다. 이렇게 사회문제를 제도적, 정치적, 구조적 차원에서 다루고 있는 것이 사회윤리다. 그러나 이런 입장이 개인윤리가 필요 없다는 주장은 아니다.

사회문제는 사회윤리적으로 해결해야 효과적이라는 것이다. 개인의 행위와 윤리 규범, 양심, 인격의 완성의 문제를 다루는 개인윤리가 필요하다. 개인윤리와 사회윤리는 상호배타적이 아니고 상호보완적이다. 사회윤리는 사회정의를 실현하는 것을 목표로 한다. 최근 복잡해진 사회구조 속에 이러한 상호보완의 필요성은 더욱 커지고 있다는 사실이다.

(국민일보)

## 2-1-29. 지역감정과 책임윤리

새로운 세기의 바람직한 인간상은 책임적 인간이다. 인간관계가 바로 되고 사회가 바로 되기 위해서는 책임적 인간, 책임적 사회가 되어야 한다. 총선을 앞두고 이른바 망국병이라고 하는 지역감정을 자극하는 발언을 정치지도자들이 하고 있다. 더욱 가관인 것은 그 책임을 서로 상대방에게 떠넘기는 책임전가를 하고 있다는 것이다. 김종필 자민련 명예총재가 지역감정의 원조를 김대중 대통령이라고 말한 것을 계기로 지역감정의 책임을 서로 네 탓이라고 책임공방을 하고 있다.

우리는 이번 총선에서 지역감정을 이용해 정치적 생명을 연장해 온 정치인들에게 지역감정이라는 인공호흡기를 제거함으로써 그들의 정치적 생명을 끊어버리고 이 땅에서 지역감정을 이용해 정치를 하고자 하는 풍토를 종식시켜야 할 것이다. 그렇게 하기 위해서는 오늘 우리 시대는 책임 있는 정치인이 필요하다.

소돔과 고모라는 의인 열 사람이 없어 망했다. 과연 국회의원과 정치인 중에 책임감 있는 정치인이 몇 명이나 되겠는가. 겉으로는 언필칭 국리민복을 위한다고 떠벌이지만 우선 자기의 유익을 위해 정치를 하고 있는 것은 뻔한 사실이다. 책임 있는 정치, 책임윤리를 실현하려면 먼저 책임전가를 하지 말아야 할 것이다.

책임은 현대 윤리학에서 가장 중요한 개념이다. 독일의 막스 베버는 1919년 뮌헨에서 행한 「직업으로서의 정치」라는 강연에서 정치가에게 필요한 것은 책임감, 책임윤리라고 하였다. 베버는 행위의 결과에 대해 책임을 지는 것을 책임윤리라고 했다. 그후 과학기술의 발달과 환경문제와 연관 지어 한스 요나스가『책임의 원리』를 통해 책임의 문제를 부각시켰다.

신학적으로 디트리히 본회퍼가 책임의 문제를 처음으로 제기했다. 본회퍼는 그리스도가 성육신하신 이 세상을 그리스도인의 구체적 책임의 영역으로 보았다. 그리스도인으로 책임 있게 살아가는 것은 예수 그리스도를 통해 우리에게 하시는 하나님의 말씀에 응답함으로써 사는 것이다.

책임 있게 산다는 것은 신앙을 가지고 사랑을 행하며 사는 것이다. 책임은 이중구조를 가지고 있다. 하나님 앞에서 하나님을 위해 이웃 앞에서 이웃을 위해, 미래 앞에서 미래를 위해, 자연 앞에서 자연을 위해 책임을 지는 것이다. 나 자신을 위한 삶이 아니라 이웃과 공동체, 민족과 세계를 위한 삶이 책임적인 삶이다.

책임이라는 말은 응답하는 능력을 의미한다. 기독교적으로 책임은 하나님 앞에서 하나님의 부름에 순종으로 응답하는 것이다. 책임은 신앙으로 사랑을 행하는 것을 의미한다. 구체적으로 오늘 남북이 분단된 것도 이 민족의 비극인데 다시 동서로 갈라놓는 지역감정을 조장하는 정치인들은 역사 앞에 죄를 짓는 것이다.

민국당의 지역감정 괴수론, 영남정권 재창출론, 한나라당과 자민련의 충청도 곁불론, 거기에다가 색깔론까지 가세하고 있다. 심지어 "영도다리에서 빠져죽자"는 말까지 하니 선거 후 영도다리에 장의사라도 차려야 할 판이다. 이러고서야 대한민국이 어떻게 되겠는가. 이러한 때에 그리스도인은 오늘의 현실에 어떤 책임의식을 느끼고 하나님과 민족과 역사 앞에서 어떻게 행동해야 하겠는가. 그것은 증오심으로 분열된 이 땅을 화합의 나라와 하나님의 의가 실현되는 나라로 만드는 것이다.

(국민일보)

## 2-1-30. 인권과 신권

인류의 역사는 인간의 권리신장을 위한 투쟁의 역사이다. 인권은 모든 사람의 의무이자 권리이다. 천부적 권리인 인권은 그냥 주어진 것이 아니라 생명을 걸고 쟁취한 역사적 산물이며, 수많은 사람의 희생 위에 세워진 금자탑이며 인간정신의 위대한 기념비다.

지난 11월26일 3년여 준비를 해온 국가인권위원회가 출범했다. 이날 첫날부터 민원창구에 사람들이 몰려들어 하루 동안에 122건의 민원이 접수됐다. 이것은 우리 사회에 억울한 눈물을 흘리는 사람들이 많다는 것을 나타낸다. 이날 접수된 것을 보면 양심적 병역거부자, 외국인노동자, 장애인들에 대한 각종 인권침해와 차별행위를 호소하는 진정이었다. 국가인권위가 활동을 시작함으로써 인권이 침해되고 유린되는 곳에 사회적 약자들이 억울함을 호소할 수 있는 길이 제도적으로 마련된 것이다. 현대판 신문고라고 할 수 있는 국가인권위의 출범을 계기로 이 땅이 인간답게 살 수 있는 정의로운 사회로 나아가기를 바란다.

인권을 말할 때 우리는 유엔 총회 결의에 따라 1948년 12월10일 선포된 세계인권선언을 생각한다. 이날을 기념하여 12월 10일을 인권의 날로 지키고 있다. 세계인권선언의 제1조는 이렇게 시작하고 있다. "모든 사람은 날 때부터 자유롭고 동등한 존엄성과 권리를 가지고 있다. 사람은 천부적으로 이성과 양심을 가지고 있으며 서로 형제애의 정신으로써 행동하여야 한다."

인권이 천부적인 자유와 권리로 인식되고 보장된 것은 1776년 미국의 권리장전이 최초이며 그후 1789년에 프랑스의 인권선언이 그리고 마침내 1948년 유엔의 세계인권선언이 선포되었다. 인권이란 생래적(生來的)인 기본적 권리로 인종, 피부색, 성별, 언어, 국적, 정치적 견해, 종교적 신념, 사회적 지위나 경제적 영향력, 성이나 나이와 상관없이 그들에게 주어진 모든 권리를 말한다. 인권은 날 때부터 부여받는 천부적인 것이고 양도할 수 없는 것이기 때문에 국가도 그것을 거부하거나 박탈할 수 없으며 개개인은 자발적으로나 강제적으로 그것을 포기할 수 없다.

역사 속에서 목숨을 걸고 인권과 정의와 민주주의를 위해 투쟁한 앰네스티, 만델라, 김대중 등 민간단체나 사람들에게 노벨평화상이 주어졌다. 그러나 인권을 위해 투쟁한 사람들이 모두 상을 받는 것이 아니고 고문, 투옥, 살해당하고 이름 없이 들풀처럼 짓밟히고 아침안개처럼 사라져버린 것이 인류의 역사였다.

군사독재시절 인권은 반독재 투쟁을 의미하는 말이었다. 정권유지를 위해 인권은 유린되고 침해당했고, 인권을 외친 이들은 고문과 투옥, 죽임을 당했다. 장준하 선생과 최근에 언론에 보도된 최종길 교수 등 의문사한 많은 분들의 죽음이 아직도 확실하게 규명되지 않고 있다. 인권은 신학적으로 보면 신권(神權)인 하나님의 권리에 기초하고 있다. 인간은 하나님의 형상대로 지음 받은 피조물이고 하나님과의 관계 속에서 이루어지는 삶이므로, 인간의 권리에 대한 침해는 하나님의 권리에 대한 침해가 된다. 인간은 하나님의 형상대로 지음을 받았기 때문에 존엄하고, 다른 사람과 함께 더불어 살도록 창조되었다. 이뿐 아니라 인간은 오늘의 생태학적 위기 속에서 하나님이 창조하신 자연과 더불어 조화하면서 살며 생태학적 정의를 실현해야 할 의무가 있다. 더 나아가 인권은 하나님 나라에 근거한 미래, 앞으로 다가올 사회와 살아갈 사람들에 대한 책임을 말한다.

예수님이 이 세상에 오신 성탄절이 다가온다. 예수님이야말로 인간과 세상을 구원하시기 위해 오셨다. 인간의 해방과 자유와 평화와 정의를 위해 오신 것이다. 예수님의 말씀에 따라 사는 길은 화해와 평화와 봉사의 정신으로 인간의 존엄성을 높이고, 차별받지 않고, 고문당하지 않고, 정의가 실현되고, 소외된 사람이 없는 사회를 만들어 가는 것이다.

(국민일보 2001. 12. 15)

## 2-1-31. 사형제도와 생명의 존엄성

생명은 존엄하고 귀하다. 성서에는 천하보다도 귀한 것이 사람의 생명임을 강조하고 있다. 사람이 죄를 지었다고 형벌의 방법으로 인간의 생명을 빼앗아도 되는가. 지난달 30일 여야의원 154명이 '사형제도 폐지에 관한 특별법안'을 국회에 제출한 것을 계기로 사형제도의 폐지와 존치를 놓고 활발하게 논의가 진행되고 있다.

사형제도는 기원전 18세기 함무라비법전과 고조선의 8조법금(法禁)에도 조문화되어 있듯이 오래된 형벌제도이다. 사형의 집행수단도 화형, 십자가형, 익사형, 참수형, 총살형, 교수형 등 다양하게 시행되었다. 예수님은 십자가형으로, 유토피아를 쓴 토머스 모어는 참수형으로, 나치 하에서 히틀러에 항거한 본회퍼는 교수형으로 처형되었다.

역사적으로 보면 18세기까지 사형은 보편적으로 집행되던 극형이었으나, 19세기에는 제한적으로 예외적인 경우에만 허용되었고, 20세기 후반에 들어서는 사형폐지론이 나오게 되었다. 현재 사형제도를 폐지한 나라는 108개국이고 사형제도가 남아있는 나라는 87개이다. 이 가운데 20개국에서는 제도적으로 사형제도가 있지만 10년 이상 사형을 집행하지 않고 있다. 우리나라에서는 1945년 이후 1,634명에게 사형을 집행하였으며 8월말 현재 사형선고가 내려져 사형이 확정되고 아직 집행되지 않은 사형수는 51명이라고 한다. 한때 사형선고를 받았던 김대중이 대통령으로 취임한 이후 아직까지 사형집행은 없었다.

사형제도 존치를 주장하는 사람들은 "사형제도는 흉악한 범죄를 억지하는 효과, 다른 사람의 생명침해에 대한 정당한 응보(應報), 흉악범죄 예방효과, 피해자의 법 감정에 부합하는 제도"라고 한다. 이에 반하여 사형제도 폐지를 주장하는 사람들은 "사형제도는 생명권을 침해하고 박탈하며 오판의 경우 회복이 불가능하고 범죄예방효과도 입증된 것도 아니며 법의 이름을 빌린 살인행위"라고 주장한다. 사형제도는 이밖에도 정치적 반대자들을 탄압하는 수단으로 악용돼 왔다. 그 예로 1959년 7월31일 사형이 집행된 조봉암의 사형을 들 수 있을 것이다. 사형제도 폐지를 주장하는 사람들은 사형 대신 종신형 제도를 주장한다. 사형제도 존치를 주장하는 사람들 가운데 절충적인 방법으로 운영의 묘를 살려 사형선고만 하고 사형집행을 하지 말자는 주장을 하기도 한다.

기독교에서는 20세기 초까지는 사형제도를 지지하였으나 최근에는 반대하는 입장이 점차 증가하고 있는 추세이다. 가톨릭교회에서도 김수환 추기경이 사형 폐지에 앞장서고 있다. 사형제도를 주장하는 사람들은 그 근거의 하나로 창세기 9장 6절 "무릇 사람의 피를 흘리면 사람이 그 피를 흘릴 것이니 이는 하나님이 자기 형상대로 사람을 지었음이라"는 말씀을 들고 있다. 이 말씀은 오늘날 이스라엘 사람들이 보복하는 근거로 사용하는 말씀이다.

그러나 사람을 죽인 자들, 피를 흘린 자들에게 피를 흘려 죽이는 보복과 응보의 정의만이 성서적 가르침일까. 이 문제는 생명의 존엄성과 보복하지 말라는 예수 그리스도의 가르침으로 새롭게 해석하여야 한다. 인간은 하나님의 형상대로 지음을 받은 피조물로서 존귀한 생명을 지닌 존재이다. 인간 생명의 주인은 하나님이다. 인간 누구도 귀중한 생명을 빼앗을 권리는 없다. 물론 지존파와 같이 다른 사람을 잔인하게 죽인 흉악범들은 자신의 생명권을 보호받을 권리를 상실했다는 주장을 할 수 있겠지만 그들 역시 귀중한 생명을 지닌 존재임에 분명하다. 흉악범들에게 회개하고 거듭날 수 있는 기회를 주어야 할 것이다. 사형선고를 하고 집행하지 않는 방법은 확실한 방법이 될 수 없다. 오히려 적극적인 방법인 사형제도를 폐지하고 종신형으로 바꾸는 방법이 인간의 존엄성과 생명의 존엄성을 지키는 길이 될 것이다. 하나님 말씀을 율법이 아니라 복음으로 이해하기 위해서도 사형제도는 폐지되어야 하며 고귀한 인간의 생명과 존엄성을 높이기 위하여 사형제도는 폐지되어야 한다.

(국민일보 2001.11.17)

## 2-1-32. 상황윤리

인간의 행위를 선과 악, 옳고 그름으로 윤리적 판단을 할 때 규범 윤리와 상황윤리로 나누어 생각할 수 있다. 규범윤리는 윤리적 법칙이나 원리에 따라 판단하는 것이며 상황윤리는 상황을 고려하여 윤리적 행위를 판단하는 것이다.

예를 들면 안중근 의사가 이토 히로부미를 죽인 것을 어떻게 볼 것이며, 의사가 환자에게 하는 거짓말은 윤리적으로 정당한 것인가. 전쟁터에서 적군을 죽이는 행위나 1980년대 지는 꽃처럼 떨어지듯 죽은 대학생들의 분신자살에 대해 어떻게 평가할 것인가. 위의 문제들은 살인하지 말라, 거짓말하지 말라는 계명을 어기는 것은 아닌가.

상황윤리에서는 윤리적 규범의 상대적 타당성만을 인정하고 상황에 따라서는 범법행위도 정당화될 수 있음을 주장한다. 상황윤리는 상황이라는 용어 때문에 잘못 생각되는 경우가 많다. 원칙 없이 상황에 따라 그때그때 형편에 따라 윤리적 판단을 하는 것을 상황윤리라고 생각하는데, 그것은 상황윤리가 아니라 무원칙의 도덕률 폐기주의이다. 상황윤리에서 윤리적 규범은 사랑이다. 사랑만이 항상 선하고 사랑만이 유일한 규범이고 사랑은 수단을 정당화한다고 한다.

상황윤리라는 용어가 등장한 것은 1966년 조셉 플레처가 '새로운 도덕'을 말하며 『상황윤리』(Situation Ethics)를 출간하게 된 이후이다. 물론 이 책이 나오기 이전에도 윤리적 판단에서 상황을 중요시하는 상황주의적 윤리는 있었다. 그러나 플레처의 『상황윤리』가 나온 후, 상황윤리라는 말이 널리 사용되었고 이에 대한 찬반논쟁이 뜨겁게 전개되기도 했다. 기독교윤리를 상황윤리로 파악한 플레처는 도덕적 결단을 내리는데 계율주의, 도덕률 폐기주의, 상황주의가 있다고 하고 자기는 상황주의라고 했다.

플레처는 상황윤리를 논하기 위해서 실용주의, 상대주의, 실증주의, 인격주의 등, 네 가지 전제가 필요하다고 했다. 그는 사랑을 절대적인 윤리규범으로 보며 모든 계명이나 율법 또는 규범을 사랑을 실현하려는 목적에 부합할 때 타당성을 갖는다고 했다. 플레처는 도덕규범을 어길 수밖에 없는 예외적인 경우로 성을 애국적 수단으로 사용하는 애국적 간첩행위, 강간을 당해서 임신한 태아의 낙태문제 등을 들고 있다.

상황윤리에 대해 비판하는 점은 다음과 같다. 상황윤리에서 윤리적 규범과 판단기준으로 삼는 '사랑'이라는 용어가 매우 애매하게 사용되었다. 그뿐 아니라 극단적인 한계상황 속에서 일어날 수 있는 경우들을 가지고 보편적 윤리기준을 삼았다는 것이다. 윤리적 문제를 인격적·실존적 접근을 함으로써 사회적 측면을 소홀히 다뤘다는 점도 비판을 받는다. 그러나 상황윤리가 윤리문제의 중요성을 사회 속에 부각시키는데 공헌한 것은 분명하다.

규범윤리가 도덕생활의 유지기능이 있는가 하면 상황윤리는 새로운 윤리를 만드는 건설과 개혁기능이 있다. 규범이냐 상황이냐는 양자택일의 문제가 아니다. 누구든 상황을 전혀 고려하지 않고 판단을 내릴 수 없다. 그렇다고 원칙이나 법칙을 전혀 무시할 수 없다. 따라서 규범윤리와 상황윤리는 상호보완적이 돼야 한다.

상황 없는 규범은 공허하고 규범 없는 상황은 맹목이다. 윤리적 삶에 있어서 바른 방향은 법칙에 의해서 지배되는 사랑의 윤리가 돼야 할 것이다.

(국민일보 2000. 2.26)

### 2-1-33. 상황윤리와 그 문제점

    무엇이 옳고 그른지, 무엇이 선하고 악한지를 판단하는 윤리에 규범윤리와 상황윤리가 있다. 규범윤리는 윤리적 법칙이나 도덕적 원리에 따라 판단하는 것이며, 상황윤리는 상황을 고려하여 판단하는 것이다. 상황윤리에서는 규범의 상대적 타당성만을 인정하기 때문에 상황에 따라서는 범법행위도 정당화될 수 있음을 주장한다.

    예를 들어 우리나라의 안중근 의사가 이토 히로부미를 죽인 일, 의사가 환자에게 하는 거짓말, 전쟁터에서 적군을 죽이는 행위의 경우이다. 살인하지 말라, 거짓말하지 말라는 계명을 어기는 것은 아닌가? 예수님도 안식일 날 계명을 어기고 병자를 고치셨다.(눅 6:6~11) 이것은 상황윤리적이 아닌가?

    상황윤리가 '상황'이라는 용어 때문에 잘못 생각하는 경우가 많다. 원칙 없이 상황에 따라 그때그때 형편에 따라 윤리적 판단을 하는 것을 상황윤리라고 생각하는데 그것은 상황윤리가 아니라 무원칙의 무율법주의이다. 상황윤리에서 윤리적 판단의 원리는 사랑이다. 사랑 때문에 행하면 정당화될 수 있다고 주장한다.

    상황윤리라는 용어는 1966년 조셉 플레처가 『상황윤리』(Situation Ethics)를 출간한 후 "상황윤리"라는 말이 널리 사용되었고, 상황윤리에 대한 찬반의 논쟁이 뜨겁게 전개되었다. 물론 이 책이 나오기 이전에도 윤리적 판단에서 상황을 중요시하는 '상황주의적 윤리'는 있었다.

    기독교윤리를 상황윤리로 파악한 플레처는 도덕적 결단을 내리는데 율법주의, 무율법주의, 상황주의가 있다고 하고 자기의 입장은 상황주의라고 하였다. 사랑의 반대는 증오가 아니라 무관심이라고 흔히 하는 유명한 말도 『상황윤리』라는 책에서 조셉 플레처가 한말이다.

플레처는 예외적 상황에서 도덕규범을 어긴 일을 정당화한다. 제2차 세계대전 중에 수용소에서 석방되기 위한 방편으로 임신을 하기 위해 다른 남자와 성관계를 갖고 가족에게 돌아온 독일의 베르크마이어 이야기, 강간을 당해서 임신한 태아의 낙태문제 등을 들고 있다.

플레처식의 상황윤리는 문제점이 많고 비판받아 마땅하다. 상황윤리에서 윤리적 원리와 판단기준으로 삼는 '사랑'이라는 용어가 매우 애매하게 사용되었다. 그뿐 아니라 극단적인 한계상황 속에서 일어날 수 있는 경우들을 가지고 보편적 윤리기준을 삼은 것이 문제점이다.

실제로 누구든지 상황을 전혀 고려하지 않고 판단을 내릴 수 없다. 그렇다고 원칙이나 법칙을 전혀 무시할 수 없다. 플레처처럼 도덕적 규범을 무시하면 도덕적 무질서 사회가 될 것이다. 규범이냐 상황이냐의 양자택일의 문제가 아니다. 규범윤리와 상황윤리는 상호보완적이 되어야 한다. 윤리의 바른 방향은 "법칙에 의해서 지배되는 사랑의 윤리"가 되어야 할 것이다.

(한국성결신문 2008.4.19)

## 2-1-34. 뇌사와 장기이식

모든 생명은 태어나고 죽는다. 인간의 죽음의 시점을 언제로 볼 것인가. 심장사로 볼 것인가, 뇌사로 볼 것인가. 전통적으로 심장의 박동이 멎고 호흡이 정지되어 심폐기능이 끝나는 시점인 심장사를 인간의 죽음으로 보아왔다. 그러나 의학기술이 발달되어 장기이식이 가능해짐으로써 뇌사를 인간의 죽음으로 인정하게 되었다.

역사적으로 뇌사의 문제는 1967년 남아프리카 공화국 버나드(Christian Banard) 박사가 인류 최초로 심장이식수술에 성공을 거둔 후, 죽음의 정의(定義)로서 심장사와 뇌사에 대한 논쟁을 불러 일으켰다. 이듬해 1968년 미국 하버드대학의 "뇌사판정을 위한 특별위원회"에서 뇌사를 사망 개념으로 인정하였다.

세계적으로는 1971년 핀란드에서 최초로 법적 죽음으로 공인된 이후 프랑스, 이탈리아 등 여러 나라에서 뇌사를 법적으로 인정하고 있다. 국내에서는 1983년 대한의학협회의 '죽음의 정의 특별위원회'에서 뇌사를 사망개념으로 인정하였고, 1988년 서울대학병원에서 뇌사자로부터 간을 적출하여 간이식수술을 하였으며, 2000년 2월 '장기 등 이식에 관한 법률시행령'이 제정됨에 따라 합법적으로 뇌사자로부터 장기를 적출하여 장기이식을 하게 되었다.

뇌사란 모든 뇌의 기능이 더 이상 되돌릴 수 없게 되는 불가역적(不可逆的) 상태로서 대뇌, 소뇌, 뇌간의 전체기능이 소실된 것을 의미한다. 뇌사상태에서는 인공호흡기를 사용하여야 한다. 인공호흡기를 사용하면 호흡이 가능하여 맥박이 뛰고 생명이 일시적으로 유지되나 보통 7일 이내에서 최장 14일 이내 소생하지 못하고 심장이 멎게 되어 반드시 심장사에 이른다.

뇌사는 기억, 사고, 감각능력을 하는 대뇌만 손상된 식물인간과는 구별된다. 식물인간은 호흡, 순환, 대사기능 등 기본적인 생명활동을 주관하는 뇌간은 살아있어서 인공호흡기를 부착하지 않고도 수개월 혹은 수년 이상 장기간 살아 있을 수 있고 소생의 가능성도 있다. 그러나 뇌사자는 다시 소생할 수 없다. 뇌사가 문제가 되는 것은 뇌사자에게서 콩팥, 간, 폐, 췌장, 심장, 골수, 각막 등 7개 장기를 적출하여 죽어 가는 사람을 살릴 수 있는 장기이식을 할 수 있기 때문이다.

뇌사를 인정하는 것은 인간의 존엄성을 무시하는 것이 아니라 오히려 고양시키는 것이다. 반드시 심장사로 이어지는 뇌사자는 호흡이 끊기기 전에 그의 장기를 죽어가는 다른 사람에게 준다면 여러 사람의 생명을 구할 수 있다.

뇌사를 죽음으로 인정하면 환자의 가족들이 겪어야 하는 경제적 부담과 정신적 고통을 덜어줄 수 있다. 유의할 점은 뇌사판정을 정확히 하는 것과 장기가 매매되지 않도록 하는 일이다. 뇌사자의 장기를 이식시키는 것은 죽어가는 생명을 살리는 사랑을 실천하는 행위이다.

(한국성결신문 2008.3.22)

## 2-1-35. 안락사와 호스피스

　의학기술의 발달로 고통스러운 상태에서 단지 목숨을 연장하는 일이 가능하게 되었다. 고통 중에 있는 말기환자가 고통을 피하기 위하여 죽음을 선택하는 것이 안락사(安樂死)이다. 안락사(euthanasia)는 본래 어원적으로 희랍어의 eu(좋은)와 'thanatos(죽음)'의 합성어로서 '편안한 죽음', '행복하고 품위 있는 죽음'을 의미한다. 현재 안락사는 네델란드와 벨기에에서 합법화되어 있다.

　안락사에는 적극적 안락사와 소극적 안락사가 있다. 적극적 안락사는 치명적인 극약을 먹이거나 주사하는 등 적극적인 방법으로 안락사 시키는 것을 의미한다. 일반적으로 안락사는 자의적 적극적 안락사를 의미한다. 소극적 안락사는 음식공급을 중단하거나 치료를 중단시킴으로써 환자의 죽음을 야기하는 행위를 의미한다. 학자에 따라서는 자의적 소극적 안락사는 안락사의 범주에 넣지 않기도 한다.

　적극적 안락사는 '죽임,(killing)'이고 소극적 안락사는 '죽게 방치함'(letting die)이다. 국내에서 대한의사협회의 윤리지침은 약물주입으로 생명을 단축시키는 '적극적 안락사'는 금지하지만 치료를 중지하는 '소극적 안락사'는 인정하고 있다. 가톨릭교회에서는 안락사를 반대하고 있고, 개신교에서는 안락사를 인정하는 쪽과 반대하는 편으로 나누인다.

　소극적 안락사와 비슷하지만 안락사와 구별하는 것이 존엄사이다. 존엄사는 '품위 있는 죽음'이라고도 하며, 임종이 임박한 말기환자에게 적극적인 치료를 중단하거나 유보하고 기본적인 보살핌만을 제공하면서 자연스럽게 죽음을 맞이하도록 하는 것을 의미한다.

안락사를 반대하는 가톨릭교회에서도 환자가 더 이상 치료를 받지 않겠다고 스스로 결정했을 때 무의미한 연명치료를 중단하는 것은 안락사로 보지 않는다.

안락사의 대안으로 떠오른 것이 말기환자의 고통을 덜기위한 시설과 지원활동인 호스피스(hospice 安樂院)이다. 호스피스는 임종을 앞둔 말기환자와 그 가족을 사랑으로 돌보는 행위로서, 환자가 남은 여생동안 인간으로서의 존엄성과 높은 삶의 질을 유지하면서 삶의 마지막 순간을 평안하게 맞이하도록 신체적·정서적·사회적·영적으로 도우며, 사별가족의 고통과 슬픔을 경감시키기 위해 총체적으로 돌보는 일이다. 국내에서는 1978년 강릉 갈바니병원에서 처음 도입하였다.

안락사문제는 고령화 사회에서 의료기술의 발달과 높은 의료비의 증가로 우리가 해결해야 할 과제가 되었다. 호스피스는 안락사문제를 대체하여 해결하는 방법이다. 환자의 고통을 덜어주고, 존엄하게 사망할 수 있으며, 가족의 고통을 줄여주고, 사회전체비용을 경감하는 호스피스 제도에 교회가 앞장서야 할 것이다.

(한국성결신문 2008.4.5)

## 2-1-36. 인간복제와 인간의 존엄

　미래에 과연 인간을 복제할 수 있을까? 그 가능성은 열려 있다.

　1997년 2월 24일 스코틀랜드 에든버러 근처에 있는 로슬린 연구소의 이안 윌머트(Ian Wilmut) 박사와 그의 동료들은 양을 복제하였고, 그의 이름은 돌리(Dolly)라고 발표하였다. 이 돌리는 체세포 이식의 방법으로 1996년 7월 5일에 태어났으나 복제 기술에 대한 특허 때문에 발표를 미룬 것이다.

　그후 한국에서도 1999년 2월 황우석 박사팀이 복제젖소 '영롱이' 1999년 4월 한우 '진이'를 복제하였고, 2005년에 이병천 박사팀이 개를, 2007년에 늑대를 복제하였다. 이 방법으로 인간복제의 길을 열어 놓은 것이다. 2003년 클로네이드사(社)에서 복제인간이 태어났다고 발표하였으나 사실로 확인되지 않았고 거짓인 것 같지만, 머지않아 현실로 나타날지도 모른다.

　생명을 복제하는 방법에는 수정란 분할방식과 핵치환 복제방법이 있다. 수정란 분할방식은 1930년대 알려진 것으로 인공적인 일란성 쌍둥이 또는 다둥이 복제방식으로 정자와 난자가 결합한 후 2배포기, 4배포기, 8배포기 등에 이르렀을 때 분할하여 필요한 만큼 자궁에 착상하여 출산하게 한다.

　핵치환 복제방식은 난자에서 핵을 제거하고 그 난자에 체세포의 핵을 이식·융합시키는 핵치환 복제 방식이다. 이것은 두 배우자 없이 이루어지는 무배우자, 무성생식의 복제방식이다. 여기서 문제가 되는 것은 핵치환 복제방식이다.

　이론적으로 인간도 이 방식으로 복제할 수 있는 길이 열린 것이다. 인간을 복제한다면, 의학적 목적에 사용할 연구용 복제배아를 만드는 치료복제가 있고, 실제로 아기를 생산할 목적으로 자궁에 착상하여 복제 배아를 만드는 생식복제가 있다.

인간복제는 이식용 장기의 획득이나 임상시험용 인체 모델을 원하는 의료인, 죽은 자녀를 복제하려는 부부나 불임부부, 전투력이 뛰어난 복제 인간 군대를 만들려는 사람들이 시도할 수 있다.

인간복제는 하나님의 창조 질서에 어긋난다. 하나님은 인간을 하나님의 형상대로 창조하셨고, 남자와 여자를 통해 개체인 인간을 만들도록 한 것이다. 인간은 하나님의 선물로서 조작의 대상이 아니다. 인간복제는 인간의 존엄성과 생명의 가치를 훼손하는 일이다.

인간복제는 인간을 수단화하고 상품화한다. 그뿐 아니라 인간복제는 인간관계를 혼란하게 한다. 체세포 복제에 의해서 태어난 아기는 그 사람의 아들로 보아야 하는가, 아니면 쌍둥이로 보아야 하는가? 인간복제는 부모와 자녀의 개념도 파괴한다. 기독교는 이러한 이유에서 인간복제만은 막아야 할 것이다.

(한국성결신문 2008.5.18)

## 2-1-37. 줄기세포와 생명윤리

21세기는 생명공학 시대이다. 생명공학 중에서 중요한 것 하나가 줄기세포이다. 2005년 우리 사회뿐만 아니라 세계과학계에 문제가 되었던 것이 줄기세포를 둘러싼 황우석 사태였다. 줄기세포가 문제가 되는 것은 난치병 치료 때문이고 이것으로 인해 우려되는 것은 인간복제이다.

줄기세포의 주된 용도는 환자의 손상된 장기부위에 줄기세포를 이식해 건강한 세포로 자라게 하여 난치병을 치료하는 것이다. 줄기세포(stem cell)는 인체 모든 세포나 모든 조직을 만들어내는 기본, 즉 근간이 되는 세포이다.

줄기세포에는 배아줄기세포와 성체줄기세포가 있다. 배아줄기세포는 임신초기 단 며칠 동안만 존재하며 인체 내에 210여 가지의 조직이나 기관으로 분화할 수 능력을 가진다. 성체줄기세포는 대표적으로 탯줄세포(제대혈) 같은 데서 추출할 수 있다.

배아(embryo)는 수정란에서 각 기관이 형성되고 몸에 대체적인 형태가 잡히는 수정 후 8주까지를 말하고 8주 이후부터 출생까지는 태아(fetus)라고 한다. 줄기세포를 얻는 방법은 네 가지가 있다. 첫째, 시험관 아기와 같은 불임치료 시술 후 남는 냉동배아를 이용하는 것, 둘째, 유산된 태아에서 배아줄기세포를 얻는 방법, 셋째, 성체줄기세포에서 얻는 방법, 넷째, 황우석 교수가 시도했던 복제배아에서 줄기세포를 얻는 방법이 있다.

특히 문제가 되는 것은 복제배아를 통해서 줄기세포를 얻는 방법이다. 난자에서 핵을 제거하고 그 난자에 사람의 귀나 피부 등에서 채취한 체세포를 융합시켜 배아를 만든다. 이 배아를 100여 개의 세포로 된 배반포기 배아를 배양시킨다. 이 배반포기 내부 세포덩어리에서 줄기세포주를 확립하고 다양한 세포로 분화시킨다.

여기에서 윤리적 문제는 복제배아에서 배아줄기세포를 얻으려면 배반포기에 이른 배아를 파괴해야 한다는 것이다. 배아를 생명으로 본다면 배아줄기세포를 복제하는 것은 생명을 파괴하는 행위라고 할 수 있다. 가톨릭이나 개신교의 보수주의자들은 배아복제를 이러한 이유에서 반대한다.

생명의 시점을 어디로 볼 것인가? 난자와 정자가 결합되는 수정설, 수정란이 자궁에 착상되는 착상설(7-14일), 뇌기능설(60일), 인큐베이터에 생존이 가능한 체외생존능력설(24주), 산모의 진통과 분만을 기준으로 하는 진통·분만설이 있다.

수정 후 대략 14일이 되는 시점에 발생하는 '원시선'을 생명의 시작으로 보아 배아줄기세포 연구를 정당화하는 주장도 있다. 복제배아가 복제인간으로까지 이어질 수 있다는 우려이다. 배반포기 배아를 그대로 자궁에 착상시킨 경우 복제인간의 태아가 될 수 있기 때문이다.

현재로서는 인간복제가 불가능한 것으로 알려져 있지만 '미끄러운 경사길' 이론처럼 인간복제를 시도할 수 있기 때문이다.

줄기세포 연구의 엄격한 생명윤리기준이 필요하다.

(한국성결신문 2008.5.3)

## 2-1-38. 기독교 윤리란 무엇인가

기독교윤리는 기독교인의 도덕적 행위에 관하여 비판적으로 연구하는 학문이다. 최근 이른바 옷 로비사건이 세상을 시끄럽게 하고 있다. 검찰 – 청문회 – 특검을 이어 거쳐 내려오는 동안 말도 되지 않았던 거짓말들이 하나씩 하나씩 껍질을 벗고 있다. 하나의 거짓말은 열 개, 백 개의 거짓말을 낳게 된다는 것을 깨닫게 한다. 평소에 존경받고 좋은 일도 많이 한 사건 관련자들이 어떠한 사정이 있어 그러는지는 모르겠으나 사회적으로 기독교인의 신뢰가 실추된 것만은 사실이다.

물론 기독교인이라고 하는 사람 자체가 완벽한 사람을 의미하지는 않는다. 기독교인들은 그리스도를 따라 바르게 살아보려는 의지를 가진 사람들이지 성인들은 아니다. 그러나 열매를 보고 그 나무를 알고, 행실을 보고 그 사람을 판단하듯 사회 속에서 교회와 기독교를 판단하는 것은 성경말씀 그 자체보다도 교인들의 삶과 행위다. 즉, 기독교인이 살아가는 삶을 근본적으로 성찰해 옳고 그른 것의 문제를 다루는 일이 기독교윤리다.

일반윤리와 기독교윤리의 차이점은 무엇인가. 일반윤리에서 "우리는 무엇을 해야만 하는가"의 질문에 답하는 것이라면 기독교윤리는 "예수 그리스도를 믿는 신자로서, 교회의 구성원으로서 우리는 무엇을 해야 하는가" 하는 질문에 답하는 것이다.

첫째, 기독교윤리는 하나님의 뜻을 묻는 학문이다. 일반윤리에서는 윤리학을 최초로 체계화한 아리스토텔레스 이후에 윤리는 선을 추구하는 학문으로 일컬어왔다. 따라서 윤리의 관심은 "내가 어떻게 선한 존재가 되며 선한 행위를 할 수 있을까" 하는 것에 있다.

반면 기독교윤리에서는 이 질문에 앞서 하나님의 뜻을 먼저 묻는다. 기독교인의 윤리적 판단기준은 하나님의 뜻이다. 하나님의 뜻에 합당하면 옳은 것이고 그것은 선한 것이다. 그러면 하나님의 뜻을 어떻게 알 수 있을까.

하나님의 말씀인 성경과 예수 그리스도 안에 나타난 하나님의 계시의 현실 속에서 발견할 수 있다. 그래서 본회퍼는 "기독교윤리의 문제는 그리스도 안에 나타난 하나님의 계시의 현실이 그 피조물 가운데 실현돼가는 것"이라고 강조한 바 있다.

둘째, 기독교윤리는 예수 그리스도를 따르는 제자직의 윤리다. 기독교윤리는 그리스도와 그의 몸인 교회와 연관된다. 그리스도가 없으면 기독교는 성립이 안 된다. 기독교인의 삶은 예수 그리스도의 부름에 순종으로 응답하고 자기 십자가를 지고 그리스도를 따라 사는 삶이다. 그리스도를 위해 고난당하는 삶이다. 이것이 기독교인의 윤리며 또한 기독교윤리는 신앙을 전제로 한다.

셋째, 기독교윤리는 이웃에 대한 책임성 속에서 사랑을 실천하는 사랑의 윤리다. 예수께서 인간을 향해 하신 말씀은 한마디로 사랑을 실천하라는 말씀이다. 그 말씀은 하나님을 사랑하고 이웃을 내 몸과 같이 사랑하라는 사랑의 이중계명에 잘 나타나있다.

이처럼 기독교윤리는 기독교인들이 하나님의 뜻에 따라 예수 그리스도의 제자로서 하나님 앞에서 예수 그리스도에 대하여 바르게 고백하고 그 고백한 대로 증언하며 살아가는 기독교인의 삶의 문제를 다루는 것이다. 하나님과 세계가 화해된 그리스도 현실 안에서 '오늘' '여기에서' '우리들 사이에서' 기독교인들이 어떻게 참여할 것인가를 추구하는 것이 기독교윤리다.

(국민일보 1999.12.11)

## 2-1-39. 윤리와 윤리학

20세기가 저물어가고 21세기가 동터오는 여명의 시각이다. 세기의 전환점에 서서 우리는 분단된 한반도 속에서 세계화의 시대에 무엇을 해야 하며, 어떻게 살 것이며, 어떻게 바른 사회를 만들어 갈 것인가를 묻게 된다. "우리는 무엇을 행해야 하는가?" "우리는 어떻게 살 것인가?" 이 두 질문은 윤리의 출발점이 된다.

칸트는 "나는 무엇을 해야만 하는가?"(Was soll ich tun?)라는 물음에 답하는 것이 도덕이요, 윤리라고 했다. 윤리는 행위와 당위에 관한 연구다. 윤리는 이론을 위한 이론이 아니고 실천에 관한 이론이다. 윤리학은 "인간의 도덕적 행위에 관한 비판적 연구"라고 할 수 있다. 윤리는 실천 그 자체, 행위 그 자체가 아니라 인간의 도덕적 행위를 문제 삼는다. 또한 윤리학은 실천과 경험을 전제로 하고 인간을 대상으로 하는 학문이다.

윤리는 서양에서는 개인의 관습, 사회의 풍습을 뜻하는 희랍어의 에토스(ethos)라는 말에서, 도덕(moral)은 라틴어 모스(mos)라는 말에서 유래했다. 동양의 윤리(倫理)라는 말의 倫자는 무리, 동료, 또래 등의 뜻이고 理자는 이치(理致), 도리(道理), 이법(理法) 등의 뜻을 담고 있다. 따라서 윤리의 문자적 의미는 "인간관계의 이법", "무리들 간의 도리"를 뜻한다.

기독교윤리에 대해 말하기 전에 일반 윤리, 철학적 윤리에 대하여 먼저 언급하고자 한다. 철학적 윤리학은 도덕철학으로 불리우는 철학의 한 분야이다. 철학에는 형이상학, 논리학, 인식론, 미학, 윤리학이 있다. 윤리학은 이론철학이 아니라 실천철학이다. 그러면 윤리적 판단을 어떻게 할 것인가. 전통적으로 도덕적 가치판단은 "좋은 것과 나쁜 것"(善惡)과 "옳은 것과 그른 것"(正邪)의 기준에서 판단해왔다.

우리가 윤리적 판단을 할 때는 동기보다 결과를 중요시하는 결과주의적 관점, 결과보다 동기를 중요시하는 동기주의적 관점으로 나눌 수 있다. 이 두 관점을 강하게 대표하는 것이 고전윤리학의 두 학설인 목적론적 윤리설과 법칙론적 윤리설(의무론적 윤리설)이다. 목적론적 윤리는 결과주의적 경향이며 법칙론적 윤리는 동기주의적 성향이 강하다.

목적론적 윤리설은 인간이면 누구나 추구해야 마땅한 삶의 목표가 주어져 있다고 전제함으로써 보편적 윤리의 원리를 제시하고자 한다. 어떤 행위가 좋은지 나쁜지는 인간의 행위가 궁극적인 목적을 달성함에 어느 정도 기여하는가에 따라서 판단된다. 여기에 대표적인 인물은 아리스토텔레스이다.

법칙론적 윤리설은 "인간에게는 언제 어디서나 누구나 지켜야 할 타당한 행위의 법칙인 도덕률이 주어져 있다"고 주장한다. 행위의 옳고 그름은 선천적으로 주어진 도덕법칙에 비추어 결정한다. 이 윤리설은 칸트로 대표된다.

윤리학은 인간이 마땅히 지켜야 할 규범의 학문이며 당위와 가치에 대하여 연구하는 학문이다. 또한 윤리학은 무엇을 할 것이며, 어떻게 살아야 하는지 삶의 방향과 바른 판단을 할 수 있도록 도와주는 삶의 지혜를 가르쳐 주는 학문이기도 하다.

(국민일보 1999.12.4)

## 2-1-40. 칼을 쳐서 보습으로

　세계는 대 변혁의 역사적 전환점에 서 있다. 제2차 세계대전 후 동서 이데올로기 대결의 냉전체제가 새로운 모습으로 탈바꿈하고 있다. 세계를 동서의 대결구조로 분할했던 알타체제로부터 화해와 협력의 구조로 바꾸려하는 몰타체제의 새로운 시대가 열린 것이다.

　지난 해 10월 3일 동서독이 통일된 후 동유럽의 사회주의체제가 붕괴되었다. 그리고 급기야 지난 8월 28일 '현존사회주의'인 공산주의의 종주국이라고 할 수 있는 소련에서 1917년 공산주의 혁명의 성공이래 74년 간이나 통치해 온 소련공산당도 그 붉은 깃발을 내리고 종언을 고했다. 왜 사회주의 체제가 붕괴되고 있는가? 사회주의 체제가 붕괴된 것은 자본주의의 이념적 우월성 때문이라기 보다는 사회주의체제가 가지고 있는 자체내의 모순과 병폐때문이었다. 위로부터 강요된 강압적이며 인위적 평등은 결과적으로 '빈곤의 평등'의 결과를 초래하였다. 공산당과 군대 그리고 비밀경찰에 의해 유지되어온 반민주적 반민중적 당의 폭압적 관료체제는 인간이 인간답게 살 수 없는 비인간화의 억압구조를 창출하였다. 그 결과 인간의 자유가 결핍되고 인권이 유린되는 표본적인 삶의 현장이 되게 되었고 사회주의체제 하에 살아야만 하는 인민들의 「아래로부터의 저항」을 받게되어 사회주의 체제가 해체된 것이다. 물론 여기에는 고르바쵸프의 '위로부터 혁명'이라고 할 수 있는 페레스트로이가(개혁)와 글라스노스트(개방)의 영향이 크게 작용하였던 것도 사실이다. 이제 세계는 동과 서의 이념적 대결에서 경제의 문제인 남과 북의 대결구도로 바뀌고 전개될 것으로 보인다.

세계에는 사회주의를 체제이념으로 하는 공산주의 국가는 중국 베트남, 쿠바, 북한이 남게 되었다.

오늘의 한반도에 삶을 살아야 하는 우리는 지구상 분단의 마지막 국가로 남게 되었다. 우리 자체내의 분열에 의해 분단된 것이 아니라 제2차 세계대전 후 강대국의 세력다툼의 희생물로써 분단된 남과 북. 그 남과 북이 9월18일 유엔에 동시가입하게 되었다. 남북한의 유엔시대가 개막된 것이다. 유엔의 동시가입의 기회를 분단고착화의 방향이 아니라 평화공존과 신뢰구축을 통하여 평화통일을 촉진시키는 계기로 만들어야 할 것이다.

오늘의 한반도의 과제는 통일을 위한 방안모색과 통일을 위한 분위기 조성, 즉 한민족 동질성 회복을 위한 통일 환경 조성에 있다. 통일의 방법은 베트남식의 무력통일, 독일식의 흡수통일, 예멘식의 합의통일을 방법이 있다. 이 방법 중에서 합의통일의 방법이 가장 바람직한 방법일 것이다. 통일을 이루기 위하여 남한의 자유민주주의에 대한 확고한 신념과 이에 대한 제도적 실현이 되어야 한다. 그것을 기회균등과 분배에 의한 사회정의의 구현, 자유와 평등과 인권이 보장되는 복지사회 일 것이다. 북한을 향한 남한의 이념과 제도의 우월성이 바로 여기에 있다.

남북한 앞에 놓인 과제는 불가침 선언을 통한 상호신뢰 구축, 군비축소, 한반도의 비핵지대화 등이다.

한반도의 통일은 평화로운 통일이어야 하고 평화는 정의로운 평화이어야 한다. 분단의 십자가를 지고 살아가는 오늘의 역사 속에 한국기독교와 기독교인은 평화를 복음의 빛에서 이해하여야 하며 평화통일을 이 시대에 한국기독교에 부여받을 선교적 과제로 인식하고 통일의 실현을 위해 진력해야 할 것이다.

　기독교는 평화의 복음이며 예수그리스도는 평화의 왕으로서 오셨다. 그 평화의 정신은 화해와 통일과 일치에 있다. 예수님은 평화의 건설자가 되라고 하셨다. "평화를 위하여 일하는 사람들은 복이 있다. 하나님이 그들을 아들이라 부를 것이다."(마 5:9) 우리민족에게 주어진 분단 현실인식을 위한 고뇌와 평화통일을 위한 선교적 과제를 예수 그리스도께서 평화를 위해 선포하신 복음의 정신에서 발견하고 실천하는 일이 이 시대에 신학도에게 주어진 책임과 명령이다. 그것은 다름 아닌 이사야와 미가 같은 예언자가 외친대로 이 땅을 "칼을 쳐서 보습을 만들고 창을 쳐서 낫을 만들어 다시는 전쟁을 연습치 않는 나라로 만드는 일"일 것이다.

(서울신학대학보 1991. 9. 20)

## 2-1-41. 다시 4·19를 맞으며

- 민주·평화통일 운동으로 계승되어야 -

「가장 잔인한 달」이라고 T.S 엘리어트가 노래한 4월이 왔다. 산야(山野)에는 진달래가 다시피고 접동새도 다시 운다. 그리고 4·19도 또 다시 맞게 된다.

4·19 22주년.
서울대학교 「4·19 선언문」은 이렇게 시작하고 있다.
"상아의 진리탑을 박차고 거리에 나선 우리는 질풍과 같은 역사의 조류에 자신을 참여시킴으로써 이성과 진리, 그리고 자유의 대학정신을 현실의 참담한 박토에 뿌리려 하는 바이다.
오늘의 우리는 자신들의 지성과 양심의 엄숙한 명령으로 하여 사악과 잔학의 현상을 규탄광정 하려는 주체적 판단과 사명감의 발로임을 떳떳이 선명(宣明)하는 바이다."
4·19는 자유당 이승만독재정권에 항거하여 자유, 정의와 민주주의를 위한 학생들의 외침이 강압적 정권을 무너뜨리고 성공한 최초의 민주혁명이었다. 4·19는 민족사에서 동학농민운동, 3·1운동에 이은 민중의 항쟁이었다. 민주주의를 열망하는 사람들의 가슴에 4·19는 언제나 영원한 자유의 활화산이 되어 오늘도 타오른다.
오늘도 민주제단에 피를 뿌린 185명의 희생자들은 수유리 4·19 묘지에 잠들어 있다. 그러나 그들이 목숨을 바쳐 이루고자 했던 민주주의가 실현되었으며, 학생들로 하여금 거리로 뛰쳐나오게 했던 부정선거는 과연 근절되었는가?

역사는 다시 반복되는가? 3월24일 실시된 제14대 국회의원선거에서 '군부재자투표부정'이 있었다고 육군 9사단의 이지문 중위가 「양심선언」을 통해 폭로하였다. 이를 뒷받침하는 증언들도 군인들에 의해 밝혀지고 있다.

4월혁명은 자유당 정권의 부정선거에 항거하여 일어난 것이다. 1960년 3월 대통령·부통령 선거에서 자유당정부는 경찰과 공무원을 동원하여 3인조 상호감시적 투표, 사선투표, 환표, 야당선거운동 방해 등 온갖 불법을 감행하였다.

이땅에 다시 20년이 지난 후 안기부 직원이 개입된 흑색선전, 집권당을 위해 대학생들이 동원된 한맥회(韓脈會)사건, 군대에서 공개투표를 통한 부정선거시비가 일어나서 되겠는가.

4월혁명 22주년을 맞는 오늘 4·19정신은 우리에게 무엇인가. 4월혁명은 완결된 혁명이 아니라 미완(未完)의 혁명이다. 그것은 오늘도 계속되어야 할 혁명이다. 4월혁명은 민족운동의 지평에서 완전한 민주주의의 실현과 평화통일 운동으로 계속되어야 한다.

금년의 4·19는 부활절과 같은 날이다
예수 그리스도의 부활은 포악한 어둠의 세력을 이기고 예수님이 다시 사신 승리한 사건을 의미하듯이 4·19정신은 오늘의 역사 속에 자유와 정의 그리고 평화와 사랑의 정신으로 부활하여야 할 것이다.
수유리 사월학생 혁명탑의 비문을 끝맺고 있는 다음의 말들은 「자유혼을 위한 부활의 외침」으로 우리의 가슴을 질타한다. "해마다

4월이 오면 접동새 울음 속에 그들의 피묻은 혼의 하소연이 들릴것이요, 봄을 선구하는 진달래처럼 민족의 꽃들은 사람들의 가슴마다 되살아 피어나리라."

(서울신학대학보 1992.4)

## 2-1-42. 사회적 회심과 거듭남

- 불의에 대한 항거와 사회정의를 위하여 -

한 사람의 회심(回心)의 사건은 위대한 역사를 창조한다.

다메섹도상의 사도 바울의 회심은 기독교를 세계적 종교로 만드는 데 결정적 공헌을 하였다. 오늘도 그가 회심의 사건 후 기록한 말씀은 수많은 사람들의 삶을 변화시키고 나아가 세계의 역사를 복음으로 변화시키는 원동력이 되고 있다. 아우구스티누스의 회심은 기독교교리를 확립하는 대표적 교부신학자로 만들었다. 파스칼의 회심은 신음하면서 신을 탐구하고, 성실하게 사색하고 경건하게 산 신앙인의 삶을 살게 하였고 불후의 명저 『팡세』를 낳게 하였다.

그리고 꼭 우리가 기억해야 할 또 한사람의 회심의 사건 그것은 1738년 5월 24일 오후 8시 45분 영국 런던의 올더스케이트에서 일어난 요한 웨슬레의 회심의 사건이다.

요한 웨슬레는 영국 런던시 올더스케이트에서 성서연구와 기도를 목적으로 몇 사람의 신앙동지가 모이는 작은 집회에 참석하게 되었다. 그날 밤 그 집회에서는 루터의 로마서 주석의 서문을 읽고 있었다. 특히 하나님께서 예수를 믿는 자의 마음에 일으키시는 변화를 논하는 부분을 읽을 때 웨슬레의 마음이 이상하게 뜨거워짐을 느꼈다.

이 날의 '마음이 이상하게 뜨거워진' 회심의 사건은 두 가지 점에서 숭효한 변화를 가져왔다.

첫째, 교회역사의 새로운 지평과 새 시대의 선교의 장을 열었다. 웨슬레는 뜨거워진 '불타는 가슴'으로 회심 후 51년간의 전도생활을 통하여 25만 마일의 마상(馬上)여행을 하면서 4만2천4백번의 설교를 통하여 '세계는 나의 교구'라고 외치면서 성결의 복음을 전파하였다. 이 결과 감리교회 그리고 그의 정신에 따른 성결교회 등이 생기게 되었다.

둘째, 웨슬레의 회심의 사건은 영국의 사회를 변화시켰다. 그의 복음전도는 사람들을 변화시켰고 변화된 사람들에 의해서 영국사회가 새로운 모습으로 변화하게 되었다. 당시의 영국사회는 산업화의 과정 속에서 정치적 부패와 종교적 타락, 사회적 혼돈의 상태 속에 있었다.

이러한 영국사회가 프랑스나 다른 나라처럼 피를 흘리는 혁명이 일어나지 않고 명예혁명을 통하여 영국사회를 변화시켰다고 역사가들은 평가한다. 영국 역사가 레키는 "올더스케이트에서의 집회가 역사의 신기원을 만들었다"고 말하고 있다.

웨슬레의 회심은 오늘의 역사 속에서 어떤 의미를 가지고 있는가. 요한 웨슬레가 강조한 신생, 중생, 온전한 성화, 기독자 완전 등의 웨슬레 성화론은 인격적 사랑과 사회정의가 포함되는 사회적 성화론일 것이다. 그 이유를 웨슬레는 이렇게 역설하여 설교하지 않았던가. "기독교는 근본적으로 사회적 종교이다. 만약 우리가 기독교를 사회와 고립된 종교로 만들게 되면 이 종교는 사라지고 말 것이다"

윤리적 삶과 사회적 봉사와 사회구조의 변화는 참된 회심에 대한 증거로써 요청되는 것이다.

웨슬레의 회심이 수많은 개인의 삶과 영국사회를 변화시켰듯이 오늘의 상황에서 사회적 회심과 거듭남으로써 변화되어야 할 것이다. 그것은 기독자와 교회가 불의에 대한 항거와 인권과 사회정의를 위해서 진력하는 모습 속에서 사명과 의무를 발견할 수 있을 것이다.

(서울신학대학보 1992.5)

## 2-1-43. 5월의 역사속에서 실천의 의미를

5월은 아름다운 계절. 생동하는 만물들 속에서 '생의 신비'를 느끼게 하는 계절이다. 그래서 하인리히 하이너는 "모든 꽃망울이 부풀어 터지고 모든 새들이 노래하는 놀랍도록 아름다운 5월"이라고 노래하지 않았던가.

'계절의 여왕 5월은 젊은이의 달이고 가정의 달이다. 어린이 날(5일) 어버이 날(8일) 스승의 날(15일)이 있다. 워즈워드가 "어린이는 어른의 아버지"라고 한 말 속에서 함축된 깊은 뜻을 헤아리며 모든 것의 가능성으로서의 어린이의 소중함과 가치를 생각한다. 부모님의 사랑과 스승의 은혜를 깊이 느끼며 공경과 존경하는 마음으로 보답하여야 할 것이다.

그러나 찬란하게 아름다운 5월의 역사 속에서 일어났던 『3대사건』을 기억하지 않으면 안된다. 공교롭게도 16일, 17일, 18일에 있었던 일이다.

1961년 5월 16일. 학생들에 의하여 주도되었던 4월혁명은 자유당 이승만독재정권을 붕괴시키고 민주당정권을 세웠다. 이 민주당 정권을 군사쿠테타로 무너뜨리고 이 땅에 군사정권을 세운 날이 5·16이다. 이 군사독재정권은 자체내의 권력의 암투에 의해 괴멸되었고 또 다른 군사독재정권을 배태하고 있었다. 그것이 1980년 5월 17일에 자행되었던 새로운 군사정권의 창출이었다.

1980년 '서울의 봄'이라고 일컬어지는 그 계절에 모든 사람들은 민주화의 무지개를 쫓고 있었다. 그들에게 폭풍우를 동반한 천둥번개와 벼락을 친 사건이 5·17이다. 정치인과 양심적 인사들은 감옥행을 당하였고, 교수와 언론인들은 '정화(淨化)의 이름아래 대학과 직장에서 거리로 쫓겨났다. 그리고 5월 18일. 민족사의 비극의 사건인 광주민주항쟁이 일어났다.' 이 사건은 아름다운 계절에 결코 서정적인 언어로 노래할 수 없는 사건이다. 그래서 어느 시인은 다음과 같이 노래한다. "바람에 울고 웃는 풀잎으로 오월을 노래하지 말아라. 오월은 바람처럼 그렇게 오월은 풀잎처럼 그렇게 서정적으로 일어나거나 쓰러지지 않았다. 오월의 무기 무등산의 불에 달군 대장간의 시뻘건 망치였고 낫이였고 한입의 아우성과 함께 치켜든 만인의 주먹이었다. 피와 눈물, 분노와 치떨림, 이 모든 인간의 감정이 사랑으로 응어리져 증오로 터진 다이너마이트의 폭발이었다."

광주민주항쟁은 우리 민족사에서 어떤 의미를 지니는가?
광주민주항쟁은 이 민족에게 민주의식과 민족자주 정신 그리고 통일의지를 고취 강화시킨 민족의 이정표가 된 사건이었다. 첫째, 이 항쟁은 민주화운동으로서의 갑오농민전쟁, 3·1운동, 4월혁명의 민중항쟁의 역사적 전통을 계승하고 1987년 6월 항쟁의 동력으로 작용한 사건이었다. 둘째, 자위적 무장항쟁의 합법성을 획득한 항쟁이었고 반미의 무풍지대인 한국에서 미국의 정체를 파악하고 반외세자주의 깃발을 높이 치켜든 사건이었다. 셋째, 이 항쟁을 기점으로 '통일의 문제'를 긴박한 민족적 주제로 부각시켰다.

다시 오월을 맞아 어린이의 고귀함과 부모와 스승의 은혜를 생각하자. 그리고 오늘의 역사속에서 책임적 기독교인으로서 역사의식을 가져야겠다. 가장 작은 자들에게 한 것이 곧 예수그리스도에게 한 것이라는 예수님의 가르침(마 25장)을 기억하자. 그리고 민족과 이웃의 고난에 동참하는 것이 예수그리스도의 고난에 동참하는 것이라는 의식을 갖고 실천하는 실천력이 필요한 계절이 오월이라는 것도 아울러.

(서울신학대학보 1992.5)

## 2-1-44. 혹세무민하는 시한부 종말론

　기독교는 종말론의 종교이다. 종말론이란 역사의 종말에 대한 이론으로서 마지막 일들에 관한 교리이다. 즉, 예수그리스도의 재림과 최후심판, 죽은 자들의 부활과 세계사의 마지막에 일어날 일들에 관한 이론을 말한다. 기독교 종말론은 성서를 근거로 하고 있다. 현재 한국사회에 비성서적인 「시한부 휴거 종말론」이라는 유령이 나타나 민중들을 현혹하고 세상을 어지럽히고 있다. 이 시한부 종말론자들은 주장한다.

　"오는 10월 28일 24시 예수의 공중재림과 함께 믿는자들을 휴거되고 지상에서는 7년간의 대환란이 시작, 1999년에는 세상이 완전히 끝나면서 휴거된 자들만 살아나는 천년왕국이 시작된다" 이 시한부 종말론을 주장하는 대표적인 단체는 이장림 목사의 다미 선교회이다. 이 선교회는 88년 9월 15일 설립된 후 전국 10개 도시 66개 지부에 4천여 명의 신도를 두고 있다고 한다. 이 밖에 「다베라 선교회」, 「성화선교회」 등 250여 개의 단체 및 추동하고 있고 이들 중 5천여명이 생업을 포기하고, 직장을 그만두고, 학업을 중단하고 순교의 각오로 10월 28일 그날을 기다리며 집단생활 속에서 '종말론적 삶'을 살고 있는 실정이라고 보도되고 있다.

　검·경찰을 헌금을 빙자한 약취행위, 미성년자 납치나 감금, 부녀자를 유인하여 가정을 파괴하는 행위 등에 대하여 법적인 단속을 펴고 있다.

반사회적이며 반인륜적인 결과를 가져오는 이러한 시한부 종말론과 같은 이단사상은 역사상 끊임없이 나타났다. 2세기 중엽 몬타누스가 천년왕국이 '페푸자'에 건설된다고 주장할 것으로 시작하여 1999년 12월 31일 밤 12시 가브리엘 천사가 부는 나팔소리에 따라 땅속의 모든 시체들이 되살아나고 인류가 최후의 심판대 앞에 선다는 시한부 종말론이 나타나기도 하였다.

이러한 주장을 한 이단 종파에는 안식교 여호와의 증인, 크리스챤사이언스, 몰몬교 등이 한국에서는 최근에 35명의 떼죽음을 가져온 1987년의 오대양사건을 비롯해 그 이전에도 3백여 명의 어린이와 부녀자들이 강간 살해당한 백백교사건(1900년), 용화교사건(62년), 동방교사건(74년), 장막성전교회사건(75년), 에덴성회사건(79년)이 있었다.

이러한 시한부 종말사상을 전쟁후에나 급격한 사회변동에 좌절과 실의에 잠긴 사람들이 현실도피적이며 내세지향적인 사람들이 피난처로 빠져드는 병리현상이다.

재림의 날짜를 계산하여 예고하는 것은 분명히 비성서적이다. 예수님이 분명히 재림할 것이나 그 날과 그 시간은 하늘의 천사들도 모르고 예수님 자신도 모르고 하나님 아버지만 아신다고 하지 않았는가. (마 24:36)

기독교인들은 혹세무민하는 이단종말사상에 현혹되지 않기 위해서라도 성서가 가르쳐 주고 있는 확실한 종말관과 종말의식을 가지고 사회적 책임을 수행하여야 할 것이다.

사회정의와 평화와 인권과 사랑의 실현에 진력하는 교회의 모습 속에서 참된 종교로서의 기독교와 교회 그리고 기독교인의 모습을 발견할 수 있을 것이다.

종교가 사회적 책임을 하지 못하고 인류를 미혹시키는 반사회적, 반인륜적 종교가 될 때 칼 마르크스가 말한대로 "민중의 아편"밖에 되지 못할 것이다.

오늘의 기독교 과제, 그것은 "민중의 아편"의 역할이 아니고 "민중의 생명"의 역할을 하는 종교가 되는 것이다.

(서울신학대학보 1992.8)

## 2-1-45. 곧은소리 생태학적 위기와 생태적 재앙

"지구는 숨차고 자연은 신음하고 있다"

오늘날 지구의 환경문제를 극명하게 표현하는 말이다. 인류의 생존을 위협하는 환경오염과 생태적 위기는 오늘날 세계가 최우선해서 해결하여야 할 화급한 문제로 등장하게 되었다. 대기오염, 수질오염, 온실효과, 오존층 파괴, 산림파괴, 산성비 문제 등이 심각한 환경문제들이다. 삼천리 금수강산을 자랑하던 대한민국이 오염강산으로 변하였고 산좋고 물맑은 이땅이 수질오염으로 인하여 마실 물을 걱정하게 되었다. 서울을 위시한 대도시에는 숨이 막힐만큼 공기가 오염되었다. 부천시에도 세계적 수준을 기록하는 '부천스모그'현상이 나타나고 있다. 지구상의 생물들을 유해한 자외선으로부터 보호하여 주는 오존층이 파괴되어 가고 있고 남극 상공에 오존층에 구멍이 뚫린 것이 발견되어 충격을 주었다. 화석연료의 사용으로 인하여 발생되는 탄산가스, 메탄가스가 증가됨에 따른 온실효과가 나타나고 있다.

1990년 3월 서울에서 "정의·평화, 창조 질서의 보전"을 주제로 개최된 세계교회협의회의 세계대회 준비 문서에 따르면 현재의 생태학적 위기상황이 얼마나 심각한가를 말하여 주고 있다. 1)매분마다 세계의 국가들은 군사무장을 위해 1천8백만 달러씩 지출하고 있다. 2) 매시간 기아 또는 기아로 인한 질병에 의해 어린아이들이 1천5백여 명씩 죽어가고 있다. 3) 매일 동물이나 식물이 한 종씩 멸종하고 있다. 4) 매주 제2차 세계대전의 시기를 예외로 하고 80년대 들어와서 더 많은 사람들이 체포되고 고문당하며 살해되거나 아니면 여러 가지 방법으로 압제정부에 의해 더 혹독한 억압에 시달리게 됐다. 5) 매달 세계경제 구조로 말미암아 1천5백억 달러가 매월 누중되고 있으며, 이러한 외채 누중은 제3세계 사람들에게 당할 수 없는 부담을 지우고 있다. 6) 매년 한반도의 3/4만큼의 원시림이 파괴되고 있다.

이러한 상황 속에서 생태학이라는 학문이 각광을 받게 되었다. 생태학이란 어원적으로는 '집에 관한 학문'을 뜻하고 인간을 비롯한 모든 생명들이 생활하는 터전으로서 환경과 인간이 어떻게 자연과 관계하면서 살아갈 수 있는가 탐구하는 학문을 말한다.

오늘의 상황은 '생태적 위기'를 넘어 '생태적 재앙'으로 발전되었다.

생태적 위기를 가능케 한 사상적 근원은 무엇인가. 철학적으로 인간중심적 세계관에서 비롯된 것이다. 데카르트 이후에, 인간은 인식과 의지의 주체로서 인식되고 세계는 그의 객체로서 인식되었다. 인간중심적인 세계관이 근대 서구의 자연과학을 발전시키는 원리로 사용하게 되어 자연을 이용과 착취의 대상으로만 생각하게 되었다. 인간에게도 인간답게 살 권리가 있듯이 자연에게도 자연의 권리가 있다.

지난 6월 5일은 세계환경의 날이었다. 세계환경의 날 주제를 「하나의 지구, 하나의 가족」으로 정하고 지구가 직면한 환경위기와 생태학적 위기를 세계적 시각과 공동체적 연대감을 가지고 극복하고자 하는 것이다. 자연은 정직하다. 자연을 학대하는 자에게는 반드시 보복한다. 인류의 진정한 미래의 희망은 자연과의 조화에서 가능하다. 자연의 인간화와 인간의 자연화에서.

(부천시민신문 1994.6.27)

## 2-1-46. 통일의 당위와 민족의 현실

- 「햇볕정책」 논의와 북한의 인공위성 발사를 보며 -

21세기를 눈앞에 두고 세계는 변화하고 있다. 1989년 냉전시대의 상징적 산물이던 베를린 장벽이 무너지고 동구권의 사회주의를 이념으로 하는 공산국가들이 해체된 후 세계는 탈냉전시대가 되었고 새로운 국제질서로 개편되었다. 각 국가는 변화된 국제환경 속에서 자국의 이익의 극대화를 모색하고 있다. 세계 제2차 세계대전이 끝난 후 4개국이 분단되었다. 독일, 한국, 중국, 베트남이 분단되었다. 그 밖의 분열국가인 예멘이 있다.

분단국가들은 한반도를 제외하고 통일이 되었다. 1975년 4월 30일 베트남은 적화통일되었고, 1990년 5월 21일 예멘이 합의에 의한 평화통일을 이룩하였으나 그후 남예멘이 통일체제에서 이탈을 시도하여 남북이 무력충돌을 일으켜 1994년 7월 북예멘에 의하여 무력재통일되었다. 1990년 10월 3일 동독이 서독으로 흡수통일되었다. 분단된 국가는 중국과 대만, 한반도에 남한과 북한이 남게 되었다. 중국과 대만의 분단문제는 국제사회에서 분단국가 문제로 취급되지 않고 있다. 왜냐하면 중국만을 유일한 합법정부로 인정하기 때문이다. 분단국가는 한반도 밖에 없다. 세계에서 마지막 남은 분단국으로 탈냉전시대에 냉전 지대로 남아 있는 것이 한반도이다. 분단된 한반도에서 통일은 꼭 이루어내야 할 당위지만 평화통일까지 길은 멀고 험난한 것이 현실이다.

북한은 김일성 사후 4년만에 공식적으로 김정일 시대를 열었다. 지난 9월 5일 최고인민회의를 개최하여 국가 주석제를 폐지하고 국방위원장의 권한을 강화하는 내용의 헌법을 개정하였다. 그리고 김정일을 국방위원장에 추대하였다. 국방위원장은 "나라의 정치, 군사, 경제 역량의 총체를 통솔 지휘하는 국가 최고 직책"이며 "조국의 존엄을 상징하고 대표하는 성스러운 직책" 등으로 규정하였다. 국방위원장 김정일은 실질적인 국가수반으로서 병영국가의 통치자가 된 것이다. 북한은 탈냉전시대에 사상과 정치의 강국, 군사의 강국, 경제의 강국을 내세우는 '강성대국'을 외치면서 식량난에 허덕이면서도 군비 확장을 하고 있다. 북한은 '미사일'과 '인공위성'을 발사하였고 이것에 성공하였다고 주장하고 있다. 이 '북한발사체'를 놓고 미국, 일본, 한국 등에서 논란이 많았지만 3단계에서 실패한 인공위성으로 추정하고 있다. 그러나 북한의 장거리 미사일 개발능력이 뛰어난 것으로 입증되었다. 북한의 미사일 발사는 한국은 물론 일본, 동북아 더 나아가 미국에까지 위협이 될 것으로 예측된다.

　미사일 문제는 동북아에서 군비경쟁을 불러일으킬 수 있다. 한편 김대중 정권이 출범한 후 대북정책도 바뀌었다. '평화, 화해, 협력'을 통한 남북관계개선을 대북정책의 목표로 삼고 있다. 대북정책의 3대 원칙은 '평화를 파괴하는 일체의 무력도발불용, 흡수통일 배제, 화해·협력의 적극추진'을 내세우고 있다.

　이러한 현 정부의 대북정책은 이른바 「햇볕정책」이라고 불리운다. 일종의 화해, 포용정책이라고 할 수 있다. 이 정책을 놓고 처음에는 큰 논란이 없었지만 동해안 잠수정 사건과 무장침투원 사망 표류 사건 이후 찬반의 목소리를 내고 있다. 「햇볕」이 갖는 오해의 소지가 있다. 즉, 바람이 아니라 햇볕을 통하여 북한의 외투를 벗기겠다는 것은 북한으로 하여금 흡수통일로 오해될 수 있기 때문이다. 그러나 「햇볕정책」은 계속 유지되어야 한다. 「햇볕정책」이 담고 있는 화해, 협력, 공존공영의 포용정책은 계속되어야 한다.

남과 북이 함께 살기 위해서는 평화통일이 이루어지기 위하여 그 전단계로 민족의 화해와 평화공존으로 나아가기 위해서는 몇 가지 과제를 실천하여야 할 것이다. 이를 위해서 남북한 교류 활성화와 관계개선을 하여야 한다.

첫째, 1991년 12월 체결되고 1992년 2월에 발효된 「남북기본합의서」를 준수하여야 한다.

이 합의서는 7·4남북공동성명에서 천명된 자주, 평화, 민족대단결의 3대 원칙을 재확인하고 남북화해, 남북불가침, 남북교류·협력에 관한 합의서이다.

둘째, 군축을 하여야 한다. 평화공존이 보장되려면 군의 축소를 통하여 남북이 상대방을 기습공격하지 않을 정도로 군비축소를 하고 군사비용을 통일비용으로 전환하여야 한다.

셋째, 통일을 이야기할 때 남북이 각기 적화통일과 흡수통일로 의심하지 말고 남북한 상호신뢰를 구축하고 이를 화해와 평화공존으로 나아가도록 하여야 한다. 이 길만이 민족의 염원인 통일의 당위를 통일의 현실로 바꾸어 갈 수 있는 길일 것이다.

## 2-1-47. 전쟁통한 평화와 정의실현은 불가능

- 문명의 충돌로 이어지지 않도록 비폭력적 평화정착 노력이 절실 -

세계는 지금 테러와의 전쟁 속에서 죽어가고, 다치면서 고통 당하고 있다.

9월 11일 미국 뉴욕과 워싱턴에서 일어났던 테러에 의한 대참사는 마침내 21세기 첫 번째 전쟁을 불러왔다.

인류의 역사는 전쟁의 역사라는 말을 증명하듯 미국은 영국과 함께 테러에 대한 응징으로, 이번 테러의 배후 조종자로 지목되는 오사마 빈 라덴의 신병 인도를 거부하는 탈레반 정권이 있는 아프가니스탄에 대한 대대적인 공습을 시작하여 연일 폭탄을 퍼붓고 있다. 미국은 이번 공습을 통해 아프가니스탄에 있는 테러기지를 파괴하고 탈레반 정권을 붕괴시키고 오사마 빈 라덴을 체포하고자 한다.

역사 이래 미국 본토가 공격받은 것은 처음이며 그것도 심장부인 뉴욕과 워싱턴의 경제와 국방을 대표하는 세계무역센터와 국방성 건물에 자살특공대가 비행기를 몰고 돌진, 5,463명(10월8일 현재)이 희생된 대 참사를 불러 일으켰다. 이뿐 아니라 미국은 탄저균 감염 사례가 발견돼 생화학테러의 공포에 떨고 있다. 세계의 각국에서는 미국과 아프가니스탄의 전쟁이 확산될까 염려하면서 불안해 하고 있다.

이번 테러사태는 왜 일어났는가. 그 근본 원인은 민족과 국가 그리고 종교 간의 복합적인 갈등이다. 그 시작은 1948년 이스라엘 독립국가 건설 과정에 연루된 유태인과 이슬람의 갈등에서 비롯된다. 팔레스타인 땅을 놓고 이스라엘이 2전 년 전의 연고권을 주상하여 그 땅에 2천 년간 살던 팔레스타인들이 쫓겨나 난민이 되었고, 때문에 이스라엘과 아랍권 나라들과의 전쟁은 지금까지 그치지 않고 있다. 이러한 민족과 국가의 충돌과정에서 영국과 미국은 이스라엘의 손을 일방적으로 들어주었다는 것이다. 게다가 최근 미국의 패권주의, 일방적 외교정책에서 생긴 반미감정은 범이슬람계의 미국에 대한 증오심을 폭발시킨 것 같다. 냉전시대 이후 미국은 소련과 양극 체제를 유지하여 왔으나 소련이 붕괴된 후 세계유일의 강대국이 되었다. 보수공화당 부시정권은 출범 후 미사일방어(MD)체제 강행, 일방적 친 이스라엘정책, 교토 기후협약 탈퇴, 유엔 인종차별 철폐회의에서의 퇴장 등 자국이익 위주의 정책을 전개하여 왔다. 그 때문에 민족과 국가 사이의 갈등을 넘어서 종교로 인한 문명의 충돌로 확산될 우려마저 낳고 있다.

이슬람은 '한 손에는 코란 한 손에는 칼'이라고 알려졌지만 그것은 잘못 알려진 것이고 본래 이슬람은 형제애와 평화를 사랑하는 사람들이며 종교라고 한다. 이슬람 전체의 5% 정도밖에 안 되는 과격한 원리주의자들이 끔직한 테러를 자행하고 있는 것이다. 반인륜적인 테러는 마땅히 근절되어야만 한다.

테러는 약자의 저항 수단이지만 인류 모두의 적이다. 그렇다고 해서 응징의 방법으로 전쟁을 한다고 해결될 수는 없는 문제이다. 폭력은 폭력을 낳고, 보복은 보복의 악순환을 가져오고 피는 피를 부른다. 반인륜적인 테러를 응징하기 위해 무고한 아프가니스탄 사람들을 죽이는 반생명적 전쟁은 강대국이 약소국에게 행하는 또 다른 국가적 테러가 될 수 있다.

우리는 예수님께서 말씀하신 "오른뺨을 치거든 왼편도 돌려대라"는 보복을 하지 말라는 가르침 속에서 인류 평화를 위한 빛을 발견할 수 있다. 폭력, 무력, 전쟁을 통한 보복으로는 평화를 실현할 수 없고 테러 등 폭력의 문제도 해결할 수 없다. 오사마 빈 라덴을 체포하여 처형한다고 해서 문제가 해결되지 않는다. 수많은 또 다른 제2, 제3의 빈라덴들이 줄줄이 나와서 끝없이 세계를 괴롭힐 것이다. 그렇다고 이스라엘 사람들(그들도 지중해에 빠져 죽을 수밖에 없으므로 사력을 다해 싸운다고 강변한다)을 팔레스타인 땅에서 몰아내고 팔레스타인 난민들에게 땅을 되돌려 줄 수는 없는 일이다. 그러므로 팔레스타인 자체정부를 인정하고 이스라엘과 함께 공존할 수 있도록 만들어야 할 것이다.

미국은 이번 전쟁을 더 이상 확산시키지 말고 빨리 중단하고, 이번 테러 근절을 위한 근본 대책을 적극적으로 모색해야 한다. 미국은 세계 유일초강대국으로써 세계평회질서를 건설할 의무와 책임이 있다. 그러므로 자국의 국익만 추구하지 말고 세계가 함께 살 수 있는 평화적 국제질서를 비폭력적 방법으로 건설해야 할 것이다.

이번 전쟁이 이슬람권과 기독교적 서구문명이 싸우는 '문명의 충돌'이 되지 않도록 해야 한다. 문명충돌로 이어진다면 인류 최악의 재앙이 될 것이기 때문이다.

폭력은 생존자에게는 비참함을, 파괴자에게는 야수성을 남겨주고 마침내는 민족과 국가 그리고 인류 그 자체마저도 파괴할 수 있다. 테러나 전쟁을 통해서는 평화와 정의가 실현될 수 없다. 인류가 테러나 전쟁 등 폭력적 행위를 근절시키지 않으면 테러나 폭력적 행위가 인류를 파멸시킬 것이다.

(한국성결신문 2001.10.20)

## 2-1-48. 통일을 위한 교회의 역할

예수의 화해정신으로 남북신뢰와 협력 구축해야

장미의 계절 6월, 이 땅에서는 한·일 월드컵이 열리고 있다. 장미 꽃보다도 더 붉은 빨간색 유니폼을 입고 국민들은 "대~한민국", "오 ~필승 코리아"를 연호하며 한국팀을 응원하고 있다. 지난 6월 14일 한국은 모든 국민의 염원인 16강의 대업을 이루었다.

그날 밤의 감격과 그 환희의 함성은 온 국토를 뒤덮었다. 길거리 에서는 태극기를 휘날리는 감격의 대열이 넘쳐났다. 버스위로 올라간 사람들, 경적을 울리는 차들, 눈물을 흘리는 시민들 온 나라가 '감격 시대'를 체험한 날이었다. 이 광경을 보며 남북한이 평화통일이 되는 그날이 오면 저렇게 기뻐하며 환호하리라 생각한다. 마치 1989년 11월9일 베를린 장벽이 무너지던 밤과 1990년 10월3일 통일이 되던 날 베를린의 브란덴부르크 문에 올라가 환호하던 독일사람들처럼 그렇게 기뻐서 덩실덩실 춤을 출 것이다.

6월은 우리 민족의 비극을 안겨준 6·25한국전쟁과 분단된 이 땅이 평화통일의 길로 나갈 수 있다는 희망을 준 6·15남북정상회담이 열렸던 달이다.

세계의 분단국가들 모두가 통일이 되었으나 한반도만이 이 지구상에 마지막 남은 분단국가가 되었다. 우리 한반도가 분단된 것은 강대국의 이해관계, 동서 이데올로기의 산물이다. 우리 의지와는 상관없이 분단되었고, 게다가 동족이 동족을 죽이는 동족상잔의 비극을 가져왔고 1000만이 넘는 이산가족을 만들어 내었다. 오늘도 노령화된 그들은 헤어진 가족을 그리워 하며 세상을 하직하고 있는 상황이다. 언제까지 이 비극의 역사를 계속할 것인가. 우리 민족의 염원인 통일은 한민족이 꼭 이루어내야 할 민족의 과제이다.

2년 전 우리 민족 한반도 전체를 감격하게 만든 김대중대통령과 김정일 국방위원장 두 정상간의 포옹은 이 민족이 하나될 수 있는 평화통일의 길로 나아갈 수 있는 희망과 기대를 주었다. 남북정상회담 2주년을 맞아 그 동안 화해 협력이 증진된 것은 사실이나 '6·15 남북공동선언'에서 한 약속이 다 지켜진 것은 아니다. 네 차례의 이산가족 상봉에서 4,500여 명이 북의 가족을 만났고, 1만7000명이 북한을 방문했고 교역액도 4억 달러가 넘었다.

그러나 김정일 국방위원장의 서울답방 등은 지켜져야 할 약속으로 남아있다. 통일의 과정이 얼마나 험난한 길인가 재삼 깨닫게 하는 기간이었다.

우리는 한반도에서 평화 없는 통일이나 통일 없는 평화가 아니라 진정한 평화통일이 이루어지기를 원한다. 적어도 이 땅에서 전쟁을 하지 말아야 한다. 전쟁을 하면 이 한민족은 후진국을 면치 못할 것이고 공멸할 수밖에 없기 때문이다.

통일의 방법은 독일식의 흡수통일이나 베트남식의 적화통일의 방법보다는 협의통일방법으로 해야할 것이다. 남북분단은 이 땅에 불평화의 근원이다. 이 땅에 평화를 가져오기 위해서는 남과 북이 통일되어야 하고 절대로 통일의 과정으로서 화해 협력의 평화정착이 되어야 한다. 최근 '6·15 남북공동 선언문'의 제2항의 "낮은 단계의 연방제안"에 대한 논의가 있었다. 이것은 통일의 길로 나아가는 접근 과정의 노력으로 이해하여야 할 것이다. 통일의 문제는 민족적 문제로 다루어야지 정략적 문제로 다루지 말아야 한다. 통일이 되기 위해서는 상호신뢰, 화해와 협력, 군비축소, 평화공존, 남북연합의 과정을 거쳐야 할 것이다.

## 예수의 화해정신으로 남북 신뢰와 협력 구축해야

교회에서는 왜 통일문제에 대하여 관심을 가져야 하는가.

기독교에서는 평화통일의 문제는 "평화를 위하여 일하는 사람들"(peacemakers)이 되라는 그리스도의 평화의 계명(마 5:9)과 "모든 사람으로 더불어 평화하라"(롬 12:18)는 말씀의 실천으로 이해하여야 할 것이다. 남북한교회는 동서독의 교회가 독일의 통일을 위해 큰 역할을 했듯이 남북한의 평화교류, 평화공존, 평화통일을 위해 화해와 나눔과 평화정신으로 큰 몫을 감당해야 한다.

교회는 평화를 만들어 가는 과정으로서의 통일을 위해 예수님의 화해의 정신에서 남북한이 신뢰와 화해를 할 수 있도록 만들어야 할 것이다.

식량부족으로 아사(餓死)위기에 처한 북한 주민을 나눔의 정신으로 식량을 지원, 도와야 한다. 이뿐 아니라 통일의 필요성과 당위성을 인식시키고 통일교육과 평화교육을 실시하고, 통일 후의 통일한국의 사회의 이념, 헌법, 제도 등을 위한 청사진을 제시하여야 한다. 통일이 되었을 때 대비하여 북한지역의 선교전략도 모색해야 할 것이다.

(한국성결신문 2002.6.22)

## 2-1-49. 인생의 황금률

명설교·명법문

　세계는 전쟁과 테러, 핵(核), 기근과 질병, 인종과 종교 간의 분쟁, 생태계의 위기, 성차별, 빈부격차, 문명 충돌과 빈곤의 문제에 직면해 있습니다. 지난 1993년 9월 4일 미국 시카고에서 기독교, 이슬람교, 불교, 유대교 등 여러 종교 지도자들이 모여 세계종교회의를 개최하였습니다. 여기에서 예수님의 황금률(黃金律)을 근거로 "세계윤리선언"을 발표하기도 하였습니다. 황금률은 산상 설교에 나오는 말씀으로 "그러므로 무엇이든지 남에게 대접을 받고자 하는 대로 너희도 남을 대접하라 이것이 율법이요 선지자니라"입니다.

　각 종교에서 인정하듯이 황금률은 인류를 살릴 생명의 말씀이며, 사람들이 바른 관계 속에 살아가도록 하는 지혜의 말씀입니다. 오늘날 황금률의 의미는 무엇이겠습니까? 첫째, 사랑과 정의를 행하는 것입니다. 예수님이 '이웃사랑'과 '더 나은 의(義)'를 설명하기 위하여 그 당시 사람들에게 통용되던 윤리적 격언을 가지고 말씀하신 것이 황금률이기 때문입니다. 둘째, 남을 배려하는 것입니다. 나보다 다른 사람을 먼저 생각하고 배려하는 이타적인 정신입니다. 자신이 육식을 좋아하여 다른 사람에게 고기를 대접 받고 싶다고, 스님이나 채식주의자를 초대하여 육식을 대접하면 되겠습니까? 셋째, 예수를 따르는 제자의 길입니다. 하나님사랑, 이웃사랑, 원수사랑의 그 '사랑'을 실천하는 일은 자기를 희생하는 십자가의 길인데, 이를 예수님이 실천하셨습니다. 예수님이 "타자(他者)를 위한 존재"이셨듯이 다른 사람을 위한 존재가 되어 예수님의 뒤를 따라가는 제자의 길을 갈 때, 황금률은 실현됩니다.

오늘날 세계의 문제는, 강대국과 가진 자들이 약소국과 가난한 사람들의 입장을 생각하는 역지사지(易地思之)의 정신으로 황금률을 실천할 때, 사랑과 정의와 평화의 세계가 될 것입니다.

(조선일보 2006.12.4)

# 2-1-50. 독일 통일을 위한 교회의 역할

　오늘은 독일통일을 위한 교회의 역할에 대하여 말씀드리겠습니다. 그 중에서도 동동의 라이프찌히 니콜라이교회의 촛불 평화시위 운동에 대한 것입니다.

　지난 10월 3일은 독일이 통일된 지 9주년이 되는 날이었습니다. 독일 비스바텐(Wiedbaden)에서 거행된 9주년 기념연설에서 사회정의와 동독인들의 공산독재에 항거한 용기, 서독인들의 연대감을 역설하였습니다.

　슈뢰더 총리는 강조하기를 "사회정의 없이는 독일인에게 민주주의가 최선의 정치제도라는 확신을 심어줄 수가 없다"고 하면서 독일인들 모두는 동독인들이 냉전 말 공산독재에 항거한 용기와 서독인들이 보여준 연대감에 감사하여야 할 것"이라고 말하였습니다.

　독일이 통일되는데 동독인들이 용기 있게 공산독재에 저항한 사실이 큰 역할을 하였습니다. 그 중에서도 동독교회가 통일을 위한 큰 역할을 담당하였습니다.

　11월 4일 동베를린의 알렉산더 광장에서는 100만 명의 시위대가 모여 언론의 자유와 민주주의를 외치며 시위를 하였습니다. 동독 서기장 에리히 호네커(Erich Honecker)는 89년 10월 6일은 동독 수립 40주년 기념행사를 대대적으로 하겠지만 동독정부는 파탄직전에 있었습니다. 동독시민들은 라이프찌히 동베를린 그 밖의 다른 도시에서 연일 계속된 시위와 이에 대한 서독 TV를 통해 호네커가 내세운 업적은 현실과는 거리가 먼 환상에 불과하다는 것을 인식하게 되었습니다. 10월 18일 동독 중앙위원회가 호네커를 실각시키고 에곤 크렌츠(Egon Krenz)를 서기장으로 선출하게 되고 드디어 11월 9일 베를린 장벽이 붕괴되게 되고 이듬해 90년 10월 3일 독일은 통일되었습니다.

핵무기 설치를 반대하는 시위는 서독에서도 격렬했습니다. 서독을 비롯한 서유럽에서도 핵무기 설치를 반대하는 대규모 시위를 하였고 풍부한 정보와 자료를 가지고 평화운동을 전개하였습니다. 그러나 동독의 라이프찌히에서는 청년들이 겨우 촛불을 들고 아무 소리도 외치지 못하고 다만 침묵 하나가 교회의 저항운동이었으며 교회의 월요평화기도회의 촛불시위였습니다.

촛불이 어둠을 몰아내 듯 평화와 정의와 인권과 민주화를 위한 촛불기도회가 공산독재의 어둠을 몰아내고 독일통일의 빛을 비추는 계기가 되었습니다.

독일의 교회가 독일통일을 하는데 기여했듯이 우리 교회도 너희는 세상의 소금과 빛이라고 하신 예수님 말씀처럼 서로 손에 손을 잡고 연대하여 사회정의를 행함으로써 소금이 되고 평화운동에 참여하므로 통일의 길로 나아가는 세상의 빛이 되어야 할 것입니다.

(CBS 기독교방송 1999.10)

## 2-1-51. 러시아 혁명과 탈냉전

단풍이 곱게 물들어가고 하늘이 높아가는 계절, 10월의 중순입니다. 아름다운 계절에 좋은 결실을 거두는 가을이 되시기를 빕니다.

10월은 이 땅에 민주주의를 정지시킨 박정희 독재시대의 10월 유신과 러시아에서 10월혁명이 일어난 달입니다.

20세기는 혁명과 전쟁의 세기였습니다.

그 사건들은 1917년 러시아의 10월혁명과 1914년 「전쟁을 없애기 위한 전쟁」이라는 제1차 세계대전 1939년 인류 역사상 가장 처참한 전쟁인 제2차세계대전이 일어났습니다. 1989년 새로운 세기 10년을 앞두고 질풍노도처럼 동유럽을 휩쓸고 지나가며 일어난 혁명적 사건인 사회주의 체제의 붕괴입니다.

1917년 일어난 러시아 혁명을 10월혁명이라고 일컫습니다. 러시아 혁명일은 11월 7일이었지만 러시아 달력으로(露曆)으로 10월 25일이었기에 10월혁명으로 일컬어집니다.

러시아 혁명은 레닌의 지도 아래 좌익과 볼세비키가 주동이 되어 당신의 수도 뻬트로그라드(Petrograd)에서 무장봉기하여 전국에 파습되었습니다.

그 결과 케렌스키(Kerensky 1881-1970) 임시정권이 붕괴되고 세계 최초의 사회주의 국가인 소비에트 연방공화국이 생겨났습니다. 소련의 탄생은 동유럽의 공산화로 이어졌고 제2차 세계대전 이후 이데올로기에 의한 공산주의와 자본주의, 사회주의와 자유주의의 이념적 대결의 냉전시대를 열었습니다.

1917년 레닌의 공산주의 혁명은 성공하여 '현실사회주의'의 종주국인 소련을 탄생시켜 공산당이 74년 동안 지배하게 되었으나 1991년 그 붉은 깃발을 내리게 되었습니다. 냉전은 종식되었고 세계는 새로운 국제질서로 재편되었습니다.

　　왜 사회주의 체제는 붕괴되었습니까? 여러분은 그 이유를 어떻게 생각하십니까? 사회주의 체제가 붕괴된 것은 자본주의의 이념적 우월성' 때문이 아닙니다. 그것보다는 사회주의 체제가 가지고 있는 자체 내의 모순과 병폐 때문에 망하게 된 것입니다. 조선일보 9월 10일자에 이규태 논설고문이 쓴 구소련 사회의 병폐와 고르바초프에 관한 글이 실려 있었습니다. 그 이야기를 소개하자면 다음과 같습니다.

　　고르바초프가 고향인 스타브로포리 지방 농업담당 서기로 있을 때 일입니다. 승용차로 지방 가도를 달리는데 앞서가던 감자 수송 트럭에서 감자가 떨어지기 시작했습니다. 그 손실을 묵살하고 달리는 트럭을 뒤따라 목적지 창고까지 간 고르바초프는 운전사에게 감자가 떨어지는 것을 알았으면 차를 멈춰 수습하고 가야할 게 아니냐고 질책하였습니다. 그러자 그 운전사는 자기의 임무는 주어진 시간 안에 감자를 수송하기만 하면 되는 것이지 적재물 손실은 자기 책임 밖의 일이고, 그 때문에 시간을 못 지키면 벌점이 돌아온다고 말했습니다.

　　고르바초프가 소련의 경제체제의 원천적 모순과 침체원인을 절감하고 개혁의 꿈을 품기 시작한 것은 이때의 경험에서 비롯된 것이었습니다.

　　고르바초프는 체르넨코가 사망한 후 1985년 3월 11일 공산당 서기장에 취임하여 개혁과 개방의 페레스트로이카와 글라스노스트를 부르짖으며 소련의 사회를 변화시키고자 하였습니다.

　　고르바초프는 "우리는 변해야 합니다. 내일을 살아야 합니다. 여러분도 국가도 개혁되야 합니다." 이렇게 국민들에게 외쳤습니다. 그러나 고르바초프는 세계를 변화시켰지만 소련을 지켜내지 못하였습니다. 고르바초프는 역사의 방향을 바로 보았지만 소련 공산당의 붉은 깃발이 내려짐과 동시에 정치일선에서 물러나야 했습니다. 사회주의 체제는 모든 사람이 잘사는 평등을 내세워 이상적인 사회를 건설하였지만 모든 사람이 고르게 못사는 평등인 '빈곤의 평등'의 결과를 가져왔습니다. 그 이유는 위로부터 강요된 강압적이며 인위적 평등이었기 때문입니다. 공산주의 체제는 공산당과 군대 그리고 비밀경찰 세 가지에 의하여 유지된 반민주적, 반민중적, 폭압적 관료체제였습니다. 이 체제는 인간이 인간답게 살 수 없는 비인간화의 억압구조를 만들어 내었으며 그 결과 인간의 자유가 결핍되고 인권이 유린되는 표본적인 삶의 현장이 되었습니다.

소련공산주의 체제는 결국 억압적인 사회주의 체제에서 살아야 하는 인민들의 「아래로 부터의 저항」과 고르바초프의 「위로부터의 혁명」이라고 할 수 있는 페레스트로이카(개혁)과 글라스토스트, 개방의 영향이 크게 작용하여 해체되었습니다. 오늘의 세계는 동과 서의 이념적 대결에서 경제의 문제인 남과 북의 대결구도로 바뀌었습니다.

세기말 세계의 변화 앞에 러시아 10월혁명과 그 혁명으로 인하여 생겨난 소련이 붕괴된 것을 생각하며 탈냉전시대에 냉전지대로 남아있는 한반도가 탈냉전지대로 변화될 날을 기원하여 봅니다.

(CBS 기독교방송 1998.10)

## 2-1-52. 지성적 신앙과 신학의 반석 위에 세운 교회

　새천년을 맞아 오늘의 사회는 지식정보화 사회로 변화하고 있다. 정보화 사회는 지식이 큰 힘을 발휘하는 지식기반 사회이다. 지식이 중시되는 시대를 맞아 지식과 신학이 우리의 신앙에 어떤 의미와 가치와 관계가 있으며 무슨 역할을 하는가.

　한국 기독교인과 교회에 제기되는 문제 중에 하나가 지성적 신앙이 약화되고 신학이 빈곤한 모습이다. 한국교회의 반지성적인 신앙적 풍토의 뿌리는 깊다. 이 땅에 기독교를 전파할 당시 외국 선교사들의 신학적 태도와 선교방향은 한국인의 무속적이고 신비적인, 종교적 기질과 결합하여 이러한 풍토를 조성한 것으로 보인다. 이러한 모습을 1917년 당시 춘원 이광수는 교회의 신학적 빈곤과 교역자의 무지, 반지성적 태도를 신랄하게 비판하기도 하였다. 춘원은 말하기를 "목사, 전도사 … 같은 교역자는 최저계급의 민중과 접하는 동시에 최고 계급의 민중과도 접하며, 접할 뿐더러 종교적 의미로 보아 지도하는 자요, 그리하려면 상당한 학식이 있어야 할 것은 물론이요, 신구약 성겨만 2, 3차 맹독하고 백매가량 되는 설교학이나 배워가지고는 부족할 것이 분명 하오. 적어도 기독교의 대표적 수종의 신학서를 열람하고 고래로 저명한 철학서이며, 종교 문학을 열람하고 그 중에도 현대의 철학의 대강과 과학의 정신을 이해하여서 현대 문명의 정신과, 현대사조의 본류와, 현대문명과 종교와의 관계를 이해하여야 할 것이오. 심리, 윤리, 수사학 지식의 필요함은 물론이어니와 이만 하고야 전도도 하고 지도도 할 것이외다. 그런데 현금 교역자는 어떠한가요"(이광수, "금일 조선야소교의 결점", 「청춘」, 1917년 11월호. 이광수전집, 삼중당, 제17권, p. 23.)

감정만 앞세우는 기복적 신앙태도는 교회론을 약화시키고 이원론적인 신앙을 배태 시켰다. 또한 사회적 책임을 경시하는 현실도피적인 신앙자세와 신학을 경시하거나 새로운 신학을 기피하고 지성적 사고를 배척하는 신앙형태를 만들어내었다.

반지성적 신앙 태도 중의 대표적인 모습은 무조건 덮어놓고 믿는 것이 좋은 신앙적 자세라는 것이다. 독실한 신앙생활을 하려면 따져 묻지 말고 그냥 믿기만 하면 된다는 맹목적 신앙의 자세로 신학적 지식은 신앙을 약화시키거나 뿌리를 흔든다고 한다. 이러한 태도가 올바른 신학적 토대 위에 교회와 신앙을 세우는데 걸림돌이 되었다. 실제로 지식과 이성이 신앙을 강화시키는데 도움이 되는가 그렇지 않은가 하는 문제는 기독교 2천 년의 역사 속에서 논쟁과 투쟁의 대상이었다. 그동안 역사 속에서 전개된 신앙과 지식의 관계는 상호배타적인 입장, 대립적 입장 그리고 하나가 다른 하나를 지배한다는 지배적 입장이 있었는가 하면 상호보완적이라는 입장도 있었다. 가장 바람직한 관계는 상호보완적인 관계인 것 같다. 신앙은 지식을 필요로 한다. 참된 신앙인이 되려면 내가 무엇을 믿는가를 확실히 알고 분명한 사실로 깨닫고 받아들일 때 확실히 믿을 수 있게 된다. 믿는다는 사실은 이미 그것을 알기 때문에 믿을 수 있는 것이다. 알지 못하는 것을 어떻게 믿을 수 있으며 믿는 것을 어떻게 알지 못하겠는가.

신앙과 지식의 관계에서 그 순서는 신앙이 먼저이고 지식은 나중이다. 지식은 신앙이 될 수 없다. 신앙은 지식과 이성의 도움을 받아가면서 앞자리를 차지한다. 이러한 뜻에서 안셀름은 신앙은 이해(지식)를 추구한다고 하였다. 아우구스티누스도 기독교 신앙이 모든 지식을 얻게 하는 주요 등불이라고 말한 바 있다.

그러면 신앙이란 무엇인가. 신앙은 예수 그리스도 안에 나타난 하나님의 구원행위에 관한 복음을 믿는 믿음을 의미한다. 신앙은 예수 그리스도에 대한 신뢰로서 업적이 아닌 선물이며 율법이 아니라 복음이다. 신앙은 세 가지 모습을 갖는다. 지식과 동의와 신뢰이다. 지식은 구원에 필요한 여러 가지를 아는 일이며, 동의는 하나님말씀에 의하여 가르쳐진 것을 진리로 굳게 믿는 것이고, 신뢰는 신자 각 개인이 복음이 약속한 것을 자기에게 적용하는 측면이다. 우리는 하나님을 알지 못하면서 동의할 수 없고 동의하지 않으면서 신뢰할 수는 없다. 하나님께 신뢰하는 사람만이 하나님께 복종하는 신앙을 가질 수 있다. 따라서 복음적 신앙은 지성적 신앙이라 할 수 있다.

신앙과 신학의 관계는 어떠한가. 신학은 신앙을 검증하고 비판하고 분석한다. 신학은 우리가 무엇을 믿어야 하고 어떻게 믿어야 하고 무엇을 향해 믿어야 하는지를 제시한다. 신학은 신앙을 위한 학문인 동시에 교회를 위한 학문이다. 신학은 교회의 신앙을 올바로 정립시킨다. 신학과 신앙은 교회를 떠나서는 존립할 수 없다. 교회와 신앙이 바르게 세워지려면 바른 신학이 형성되고 바른 신학 위에 교회와 신앙이 건설되어야 한다. 교회가 신학 위에 굳건히 서야 시한부종말론 같은 이단사설에 미혹되지 않을 것이다.

한국교회의 반지성적 신학교육은 한국교회에 (1) 신학적 사고와 사상을 배척하고, (2) 기독교의 문화도입과 사회연구와 참여를 함께 제지하고, 오히려 (3) 열광적인 부흥회적 신앙행태와 (4) 율법주의적 경건주의의 신앙생활 행태를 심어 왔다.( 서광선, 한국기독교의 새 인식, 대한기독교출판사,1985, p. 68.)

새로운 세기를 맞아 한국교회는 하나님 말씀에 기초한 신학교육과 신앙교육을 할 때 반석 위에 세우는 교회가 될 것이다. 우리가 추구하는 지식과 신학은 하나님 말씀 위에 그것도 주의 빛안에서 발견할 수 있다. 미국 컬럼비아대학의 교육 표어이기도 한 시편 36편 9절의 "주의 빛안에서 우리가 빛을 보리이다"는 말씀처럼, 주의 빛안에서 참 신앙의 빛을 발견하는 21세기의 한국교회와 신자가 되어야 할 것이다.

(한국성결신문 2001.1.14)

## 2-1-53. 지역감정과 책임윤리

　새로운 세기의 바람직한 인간상은 책임적 인간이다. 인간관계가 바로 되고 사회가 바로 되기 위해서는 책임적 인간, 책임적 사회가 되어야 한다. 총선을 앞두고 이른 바 망국병이라고 하는 지역감정을 자극하는 발언을 정치지도자들이 하고 그 책임을 상대방에게 떠넘기는 책임전가를 하고 있다. 김종필 자민련 명예총재가 지역감정의 원조를 김대중 대통령이라고 말한 것을 계기로 지역감정의 책임을 서로 네 탓이라고 책임공방을 하고 있다. 지역감정을 이용하여 정치적 생명을 연장해온 정치인들에게 지역감정이라는 인공호흡기를 제거함으로써 그들의 정치적 생명을 끊어버리고 이 땅에서 지역감정을 이용하여 정치를 하고자 하는 풍토를 종식시켜야 할 것이다. 그렇게 하기 위해서는 오늘 우리 시대는 책임있는 정치인이 필요하다. 소돔과 고모라는 의인 열 사람이 없어서 망했다. 과연 국회의원과 정치인 중에 책임감있는 정치인이 몇 명이나 되겠는가. 겉으로는 언필칭 국리민복을 위한다고 하지만 자기의 유익을 위하여 정치를 하고 있지 않는가. 책임있는 정치, 책임윤리를 실현하려면 먼저 책임전가를 하지 말아야 할 것이다. 책임전가의 원조는 아담과 하와이다. 그들이 에덴동산에서 금단의 열매를 먹고 하나님의 추궁을 받자 아담은 하와를 하와는 뱀 때문이라고 책임을 떠 넘겼다.

　책임은 현대윤리학에서 가장 중요한 개념이다. 독일의 막스 베버는 1919년 뮌헨에서 행한 「직업으로서의 정치」라는 강연에서 정치가에게 필요한 것은 책임감, 책임윤리라고 하였다. 베버는 행위의 결과에 대하여 책임을 지는 것을 책임윤리라고 하였다. 그후 과학

기술의 발달과 환경문제와 연관하여 한스 요나스가 "책임의 원리"를 통하여 책임의 문제를 부각시켰다. 신학적으로 디트리히 본회퍼가 책임의 문제를 처음으로 제기했다. 본회퍼는 그리스도가 성육신하신 이 세상을 그리스도인의 구체적 책임의 영역으로 보았다. 그리스도인으로서 책임있게 살아가는 것은 예수 그리스도를 통하여 우리를 향하여 하시는 하나님의 말씀에 응답함으로써 사는 것이다. 책임있게 산다는 것은 신앙을 가지고 사랑을 행하며 사는 것이다. 책임은 이중구조를 가지고 있다. 하나님 앞에서 하나님을 위하여 이웃 앞에서 이웃을 위하여, 미래 앞에서 미래를 위하여, 자연 앞에서 자연을 위하여 책임을 지는 것이다. 나 자신을 위한 삶이 아니라 이웃과 공동체, 민족과 세계를 위한 삶이 책임적인 삶이다. 책임이라는 말은 응답하는 능력을 의미한다. 기독교적으로 책임은 하나님 앞에서 하나님의 부름에 순종으로 응답하는 것이다. 책임은 신앙으로 사랑을 행하는 것을 의미한다. 구체적으로 오늘 남북이 분단된 것도 이 민족의 비극인데 다시 동서로 갈라놓는 지역감정을 조장하는 정치인들은 역사 앞에 죄를 짓는 것이다. 신당인 민국당의 지역감정 괴수론, 영남정권 재창출론, 한나라당과 자민련의 충청도 곁불론, 거기다가 색깔론까지 가세하고 있다. 심지어 "영도다리에서 빠져죽자"는 말까지 하니 선거 후 영도다리에 장의사를 차려야 할 판이다. 이러고서야 대한민국이 어떻게 되겠는가. 이러한 때에 그리스도인은 오늘의 현실에 어떤 책임의식을 느끼고 하나님과 민족과 역사 앞에서 어떻게 행동해야 하겠는가. 증오심으로 분열되어 가는 이 땅을 화합의 나라와 하나님의 의가 실현되는 나라로 만드는 것이다.

## 2-1-54. 상생과 황금률

　새로운 천년의 아침, 새해 신사년을 맞아 인류가 지향해야 할 목표는 더불어 살고 함께 사는 상생(相生)과 공생(共生)의 사회이다.

　정치는 모름지기 국민을 잘살게 하는 기술이 아니던가. 정치는 국민에게 희망을 주어야 한다. 새해 벽두부터 우리는 더불어 살 수 있는 상생에 대한 희망보다 함께 공멸할 지도 모른다는 생각이 들 정도로 정치지도자들은 우리에게 실망과 좌절을 안겨 주었다. 김대중 대통령과 이회창 총재의 회담 이후 우리는 마치 죽창으로 찔리고 뒤통수를 얻어맞은 기분이다. 상생의 정치를 부르짖던 이 총재는 더 이상 상생의 정치가 없다고 선언하고 상극의 정치로 나아가고 있고, 정도(正道)를 말씀하는 대통령은 이른바 '의원꿰주기'의 불가피성을 역설하고 있다. 이들의 영수회담분위기를 보면 얼마나 상생과 먼 것인가를 짐작할 수 있다. 오죽하면 김 대통령은 "야당이 나를 실패한 대통령으로 만들려고 하고 있다"고 했겠는가. 이들의 주장과 대결은 단순한 시정인의 모습과 달리 국가와 국민의 운명을 결정짓는 일이기 때문에 그 심각성은 지대하다. 우리 사회는 과연 참된 상생의 희망이 있는가. 그렇다면 어디에서 상생의 지혜를 발견할 수 있으며 어떻게 상생을 실천할 수 있겠는가. 상생의 사회를 위해 종교는 어떤 역할을 하며 기독교는 어떤 기여를 할 수 있겠는가.

　오늘의 인류의 문제는 종교, 인종, 민족 간의 갈등, 빈곤의 세계화, 환경오염으로 인한 생태학적 위기, 물질적 풍요에 따른 인간 소외와 윤리의식의 약화 그리고 인명경시 현상 속에서 종교인들은 더불어 살 수 있는 지혜를 찾고 있다. 각 종교의 지도자들이 1993년 9월 미국 시카고에서 세계종교회의를 개최하고 인류가 나아갈 방향을 모색하고 세계 윤리 선언을 발표하기도 하였다. 그 지혜의 길을 여러 성현의 말씀 속에서 찾은 결과 황금률로 일컫는 마태복음 7장 12절 "그러므로 무엇이든지 남에게 대접을 받고자 하는 대로 너희도 남을 대접하라. 이것이 율법이요 선지자니라"는 산상수훈의 말씀 속에서 찾았다. 예수님 이전에도 이와 비슷한 말을 희랍 철학자들이나 유대교 랍비들이 하였다. 랍비 힐렐은 "당신이 싫어하는 것을 네 이웃에게 행하지 말라"고 하였고, 공자도 "내가 원하지 않는 바를 남에게 시키지 말라"(己所不欲 勿施於人)고 말하였다. 이들의 말들은 소극적 표현양식이지만 예수님께서는 적극적 표현으로 말씀하신 것이다. 이들보다 예수님은 한 차원 더 높은 수준이다. 인류의 윤리적 격언인 황금률은 인간관계의 대장전(大章典)이다. 황금률은 구약성서 율법의 요약인 사랑의 이중계명을 실천하는 길이고, 예수의 뒤를 따라 사는 제자직을 의미한다. 예수님께서 타자를 위한 삶을 살았듯이 이 말씀을 실천하는 삶은 다른 사람을 위해 사는 삶을 의미한다. 그 길은 얼마나 어려운 일인가. 십자가를 지는 길인지도 모른다.

인간관계에서도 모든 문제는 나를 중심한 생각에서 비롯된다. 상생의 삶을 살고자 하면 모든 문제가 나를 중심으로 하는 자기 본위적인 생각에서 벗어나서 상대방을 배려하고 대가를 바라지 않고 자신을 비울 때 가능하다. 자기중심적인 사고에서 독선과 아집이 나오고 인류에 해악을 끼치는 결과를 가져온다.

새해에 맞아 어느 해보다 많은 눈이 내렸다. 눈은 추한 것이나 아름다운 것이나 모든 것을 덮어 은빛 세계로 만들어 빛나게 한다. 흰 눈이 온 누리를 덮어 정결하게 만들 듯이, 사랑과 평화로 상생과 공생의 세상을 만들 수 없겠는가. 그 지혜는 세계 종교인들이 발견한 대로 황금률에서 찾아야 할 것이다.

김 대통령과 이 총재는 다 같이 가톨릭 신자로 알려져 있다. 부디 이 두 분은 예수님의 말씀에 귀를 기울여 이 황금률을 실천하기를 소망한다. 이회창 총재는 상생의 깃발을 다시 달아 높이 올리고, 김 대중 대통령은 넓은 가슴으로 모든 사람을 포용하여 "정치는 바로 잡는 것"이라는 정자정야(政者正也)의 정신으로 국민에게 상생과 공생의 길을 보여주기 바란다. 예수님께서는 죽고자 하는 자는 살고 살고자 하는 자는 죽는다고 하였다. 자기를 버리면 영원히 살고 모든 것을 얻을 것이다.

(국민일보 2001. 1. 27)

## 2-1-55. 도덕적 해이 현상과 건전한 가치관 정립

신사년 새해가 밝았다. 새해 신사년(辛巳年)에는 모든 일이 신사적
(紳士的)으로 되었으면 좋겠다. 상식이 통하고, 믿을 수 있고, 거짓말
하지 않고, 남을 배려하고, 자기의 유익에 앞서 남의 유익을 먼저 고
려하고, 사회적 약자를 돕는 신사적인 해가 되기를 바란다.

새해아침, 언론들의 새해 화두는 신뢰와 본분, 정도(正道)와 지도
력이었다. 이 말은 우리 사회가 건강하지 못하고 허위가 난무하고
있다는 것을 의미한다. 이 모든 것의 밑바닥에는 도덕적 해이(解弛)
가 문제가 된다. 3년 전 IMF사태를 불러일으킨 경제적 위기의 원인
중에서 가장 강조된 것이 도덕적 해이였다. 부정과 부패, 과소비, 정
경유착 등 도덕성이 느슨해지고 약해진 때에 경제적 위기가 찾아왔
다. IMF 당국도 한국 경제위기에 대하여 진단하기를 "한국의 경제위
기는 도덕적 해이에서 금융위기와 외환위기가 왔고 극복의 길은 투
명성에 있다"고 하였다. 한국사회가 도덕적 해이 현상을 치유하지
않는 한 위기는 언제든 다시 찾아올 것이다.

높은 도덕성이 요구되고, 사회 속에 올바른 가치관을 심어 주어야
할 교회는 어떠한가. 교회는 건강하며 신자들은 믿을 수 있는가. 오
늘의 교회는 병들고 깊은 중병에 들어 있지 않는가. 지난해 언론으
로부터 집중 조명 받은 한국교회의 물량주의, 목회자 세습문제, 무
속화된 기도원, 담임목사의 전횡 등은 이 땅의 기독교를 부끄럽게
한다. 그뿐 아니라 그 동안 사회적으로 지탄받고 있는 각종 비리사
건에 기독교인이 연루되어 있다. 옷로비 사건, 무기수입 로비사건과
최근 금융비리에 이르기까지 그 주역들은 집사, 권사, 장로, 목사사

모가 관련되어 있다. 물론 지금도 비리에 관련된 기독교인보다는 관련되지 않은 기독교인들이 더 많이 있다. 빛도 없이 이름도 없이 "오른손이 하는 일을 왼손이 모르게" 실천하고 있는 교회와 신자들이 많이 있고 그래도 비신자보다 신자들이 비교적 도덕성이 높은 것은 사실이다. 그러나 사회에서 교회와 기독교인들을 향한 기대는 일반 시정인들에 대한 기대와는 엄연히 다르다. 그것은 높은 도덕성을 요구한다.

예수님께서 말씀하신 대로 교회와 신자들은 세상에서 소금과 빛의 역할을 해야 한다. 소금은 부패를 방지하고 빛은 어두움을 몰아낸다. 썩은 소금이나 어두운 빛은 존재할 수 없다. 상한 소금과 어두움으로는 부패를 방지하지 못하고 어두움을 몰아낼 수 없다. 오늘의 한국교회가 소금과 빛의 역할을 제대로 하기 위해서 바른 가치관과 도덕성을 지닌 건강한 교회와 신자들이 되어야 할 것이다.

가치에는 목적을 얻기 위한 수단적 가치인 도구적 가치와 그 자체가 목적으로 추구되는 본래적 가치가 있다. 도구적 가치가 본래적 가치로 전락할 때 가치관 전도(顚倒) 현상이 일어난다. 예를 들어 돈 같은 도구적 가치가 본래적 가치로 바뀌면 배금주의와 황금만능주의 가치관이 나타나기 쉽다. 오늘의 한국사회의 가치관 문제는 물량주의, 노동천시, 감각적 쾌락주의, 본능적 향락주의, 연고주의, 이기주의, 정신적 가치의 경시현상, 업적주의 등이다. 한국 기독교의 문제는 기복주의, 현실도피주의, 자기중심적 이기주의, 공적인 것을 개인 것으로 만드는 사사화(私事化)가 문제이다.

오늘의 한국교회의 병리현상과 가치관 전도현상을 바로 잡는 길은 예수님의 가르침과 복음정신의 근본으로 돌아가는 것이다. 사익(私益)보다 공익(公益)을 먼저 생각하는 선공후사(先公後私)의 정신으로 돌아가는 것이다. 공자도 이(利)를 보고 의(義)를 생각하며 위태로움을 보고 목숨을 바친다(見利思義 見危授命)고 하였다. 하나님의 뜻을 행하고자 하면 자기욕심을 버려야 한다. 이기주의적 생각과 행위에서 벗어나야 한다. 이웃을 위하여 목숨을 버리지 못 할지언정 나보다 이웃과 하나님의 교회를 먼저 생각해야 한다. 오늘날 교회의 각종 문제, 목회자의 금전문제, 세습문제 등은 하나님이나 주의 몸된 교회보다 나를 먼저 생각해서 생긴 문제가 아니던가. 예수님께서도 "그의 나라와 의를 먼저 구하라"고 말씀하셨다. 그다음 모든 것의 주인은 하나님이시라는 청지기의 정신과 봉사자의 정신으로 변화되는 것이다. 만물의 주인은 하나님이며 모든 일은 나에게 맡겨 주셨다는 관리자의 정신이다. 이것이 오늘 한국교회와 신자들을 건강하게 만들고 바른 가치관을 정립하여 나가는 길일 것이다.

(성결신문 2001. 1.8)

## 2-1-56. 4월혁명과 미완의 과제

「4월은 갈아엎고 일어서는 달」이라고 신동엽 시인이 노래한 것처럼 부정과 부패의 정권을 갈아엎고 이 땅에 민주와 자유 그리고 정의의 깃발 높이든 4월이 왔다. 산과 들에는 진달래가 피고 접동새도 다시 운다. 그리고 4·19도 또 다시 맞게 되었다. 4·19, 34주년. 한국 역사에 4월은 가장 잔인한 달로 기억된다. 학생과 시민이 피를 흘리고 생명을 던져 민주주의를 수호한 1960년 4월 19일 「피의 화요일」에 일어났던 4월 민주혁명 때문이다. 오늘도 민주제단에 피를 뿌린 185명의 희생자들은 수유리 4·19 묘지에 잠들이있다. 서울대학교 4·19 선언문은 이렇게 시작하고 있다.

"상아의 진리탑을 박차고 거리에 나선 우리는 질풍과 같은 역사의 조류에 자신을 참여시킴으로써 이성과 진리, 그리고 자유의 대학정신을 현실의 참담한 박토에 뿌리려 하는 바이다. 오늘의 우리는 자신들의 지성과 양심의 엄숙한 명령으로 하여 사악과 잔학의 현상을 규탄 광정(匡正)하려는 주체적 판단과 사명감의 발로임을 떳떳이 선명(宣明)하는 바이다."

4월혁명의 성격은 첫째, 민주주의를 위한 한국운동사에서 새로운 이정표를 제시하고 역사의 장을 연 위대한 기념비적 사건이었다. 4·19혁명은 1919년 3·1운동의 기폭제역할을 했던 동경유학생들의 2·8독립선언과 1919년 3·1운동, 6·10만세운동, 광주학생운동의 정신을 계승하고 4·19이후의 1965년 한.회담 반대의 6·3사태,

70년대 반독재 민주화운동, 80년 광주민주화운동, 1987년 6월항쟁 등의 운동의 방향에 정신적 지주의 역할을 하였다. 둘째, 4월혁명은 또한「옆으로부터의 혁명」으로서 12년간 지속된 부패한 자유당정권을 붕괴시키고 성공한 최초의 민주혁명이었다. 이극찬 교수의 설명처럼 4월혁명의 성격은 독일의 슈타인과 하르덴베르크의 대개혁처럼 구지배계급의 계획과 지도하에 타협적으로 단행되는「위로부터의 혁명」도 아니고, 프랑스혁명처럼 정치적으로 성숙된 계급이 민중의 광범한 토대위에서 자주적으로 단행하는 아래로부터의 혁명이기 보다는 민중의 토대위에 선 지식계층에 의해서 단행된「옆으로부터의 혁명」이라 할 수 있다. 4월혁명의 이념은 민주, 자유, 정의, 평화의 정신으로 규정지을 수 있을 것이다. 독재에 저항한 민주, 압제에서 자유를 탈환한 자유, 부정과 부패에 항거한 정의 , 이 땅에 정의실현의 모습을 보여준 평화의 정신에 있다. 4월혁명 34주년을 맞는 오늘 4·19정신은 우리에게 무엇인가. 4월혁명은 완결된 혁명이 아니라 미완의 혁명이다. 그것은 오늘도 계속되어야 할 혁명이다. 4월혁명은 민족운동의 지평에서 완전한 민주주의 실현과 평화통일 운동으로 계속되어야한다.

최근 정가에서 4·19를 놓고 여당인 민자당과 야당인 민주당에서 행사의 주도권과 정통성을 놓고 시비가 있었다. 4월혁명의 정통성은 어느 정당에 있는 것이 아니다. 그것은 4월혁명의 정신을 이어가는 국민에게 있다. 또 4·19에 참여한 세대라도 그가 오늘 서있는 자리가 그 정신에 부합하지 않고 다만 4·19에 참여하였다고 4.19를 훈장이나 벼슬처럼 행동하고 있다면 그는 4·19정신을 모독하는 일이다. 민자당이나 민주당은 4월혁명을 정략적 차원에서 이용하지 말아야 할 것이다.

민주, 정의, 자유, 평화를 열망하는 사람들의 가슴에 4·19는 언제나 영원한 자유의 활화산이 되어 타오른다. 수유리 4월 학생혁명탑의 비문을 끝맺고 있는 다음의 말들은 「자유를 향한 부활의 외침」으로 오늘도 우리의 가슴을 질타한다. "해마다 4월이 오면 접동새 울음 속에 그들의 피묻은 혼의 하소연이 들릴 것이요, 봄을 선구하는 진달래처럼 민족의 꽃들은 사람들의 가슴마다 되살아 피어나리라."

(부천시민신문 1994.4.11)

## 2-1-57. 코는 크게, 눈은 작게

한비자(韓非子)의 설림하편(說林下篇)을 보면 환혁(桓赫)이라는 사람이 이렇게 말한다. "조각의 원칙은 코는 크게 만들어야 하고 눈은 작게 만들어야 한다. 큰 코는 작게 할 수가 있으나 작은 것은 크게 만들 수 없다. 작은 눈은 크게 만들 수 있으나 큰 것은 작게 만들 수 없다"

이렇게 환혁이 말한 대로 조각을 시작할 때「코」는 크게「눈」은 작게 하는 것처럼 매사에는 각기 그 형편에 따라 크게 할 것이 있고 작게 할 것이 있다. 융통성과 신축성이 필요하다. 특히 人間의 思考와 行動에 있어서 그렇다. 희랍신화에 나오는「프로크루스테스 침대」처럼 획일성에서 독선이 싹트고 非人間化의 풍조가 난무한다. 인간의 思考와 행동에 宗敎的 그릇된 도그마가 지배할때 그 사람은 어느 다른 사람보다도 가장 추한 모습의 사람이 된다.

미국의 신학자였던 라인홀드 니이버는 "계급지배의 최악의 형태는 종교적 계급지배이며 편협성의 최악의 모습은 종교적 편협이며 자기주장의 최악의 형태는 종교적 자기주장"이라고 간파한 바 있다. '계급지배의 대표적인 것을 들면, 인도의 카스트제도이며 지배적인 승려계급은 모든 피지배계급을 복종시켜서 갖가지 사회적 무능력자로 만들 뿐 아니라 사회참여조차 하지 못하게 만든다'는 것이다.

종교의 탈을 뒤집어 쓴 편협성과 자기주장 이것이 바로 종교의 참된 기능을 저해하는 요소이다. 우리 주위에서 성직자나 평신도 속에서 바로 이와 같은 독선적인 사람들을 많이 본다. 교회에서 기관에서 각종 모임과 회의에서 자기의 생각과 주장에 모든 것을 맞추려는 사람들을 접하게 된다. 그들은 흔히 黑白論理的 思考와 판단을 하고 그것이 가장 聖書的이요, 참된 예수의 가르침이라고 생각한다.

예수 그리스도를 잘 따르는 오늘의 크리스천상 그것은 독선과 획일과 편협성에 사로잡힌 사람이 아니라는 것은 분명하다.

예수를 따르는 충실한 제자상 그것은 환혁의 말처럼 「코는 크게 눈은 작게」 조각하듯 유연한 사고 신축성 있는 행동을 하는 사람이 아닐까?

## 2-1-58. 본회퍼의 교회개념과 교회개혁

- 타자를 위한 교회, 세상을 위한 교회 -

### 시작하는 글

교회는 항상 개혁되어야 한다. "항상 개혁되어야 하는 교회"(ecclesia semper reformanda)라는 종교개혁적 명제는 개신교 교회의 실천원리이자 오늘날도 교회를 향해 끊임없이 요청되는 존재원리이다. 프로테스탄트 교회는 잘못된 가톨릭교회에 대해서 프로테스트(protest)하는 데서 출발했던 것처럼 언제나 적그리스도의 악마적 세력이나 비성서적 제도, 질서, 구조에 대한 저항의 당위성과 교회 자체 내의 개혁의 필요성을 그 본질로 하고 있다. 디트리히 본회퍼(1906-1945)의 이름은 오늘날도 불의한 세력과 폭압적 정권에 항거하는 사람과 "교회를 교회답게" 개혁하고자 하는 교회의 귀감처럼 되어 있다. 본회퍼는 독일교회가 나치의 히틀러 정권의 외적 도전과 교회 자체 내의 개혁하지 않으면 안 되는 모습 속에서 "교회의 교회다움"을 추구하며 교회개혁과 세상을 위해 책임지는 교회의 모습을 일깨운 신학자요 목사였다.

### 1) 교회와 그리스도

우리는 본회퍼의 신학적 발전을 3시기로 구분할 수 있다.

첫째: 학문적 시기(Akademische Zeit): 1927-1931/32

둘째: 교회투쟁의 시기(Kirchenkampf):1932/33-1939/40

셋째: 저항과 투옥의 시기(Widerstand und Haft): 1939/40-1945

본회퍼의 신학에 있어서 중심은 그리스도다. 그리스도는 처음 학문적 시기에서는 계시의 현실(Offenbarungsrealität)로서 둘째, 교회투쟁 시기에는 교회의 주로서 그리고 마지막으로 저항과 투옥의 시기에는 "교회의 주일 뿐만 아니라 세상의 주"(Herr der Kirche/Herr der Welt)로서 이해된다.

그런데 본회퍼의 신학에 있어서 교회는 또한 그리스도와 더불어 핵심적 개념이다. 본회퍼의 박사논문이 말해주듯이 그의 신학은 교회론으로부터 출발하고 있다. 1927년 그가 21세에 베를린대학에 제출한 박사학위 논문 「성도의 교제」(Sanctorum Communio)와 교수자격논문 「행위와 존재」(Akt und Sein) 그리고 베를린대학에서 강의한 「교회의 본질'(Das Wesen der Kirche), 「그리스도론」 강의(Christologie-Vorlesung), 「나를 따르라」, 「윤리학」, 「옥중서신」에 이르기까지 교회문제들이 일관되게 취급되고 있다.

본회퍼가 교회에 관심을 갖게 된 전기적 사건은 로마방문을 통해서 생겨났다. 본회퍼는 1924년 튀빙겐대학 시절 그의 형 클라우스와 함께 로마를 여행하게 되었다. 그때 그는 교회에 대한 새로운 안목과 중요성을 발견했다. 본회퍼는 독일의 개신교회가 지역적, 민족적, 소시민적인 것을 깨닫게 되고 가톨릭교회의 보편성과 예배의식에서 큰 감명을 받았다. 이때 본회퍼에게서 카톨릭교회에 대한 비판적 사랑이 싹트게 된다. 이 교회에 대한 관심이 후일 그가 박사논문으로 교회론을 택하게 된 동기가 되었다.

본회퍼는 처음부터 기독론과 교회론을 밀접하게 연관시켰다. 본회퍼의 신학은 교회론으로부터 출발한다. 그는 교회를 공동체로서 존재하는 그리스도(Christus als Gemeinde existierende)로서 규정한다. 그는 교회이해를 위해서 집합인격(Kollektivperson)의 개념을 사용하여 교회의 사회학적 기본구조를 밝힌 것이다.

본회퍼는 그의 교수자격논문 「행위와 존재」에서 계시이해를 중심주제로 다룬다. 그는 여기에서 계시이해의 기독교적 성격을 탁월하게 규명하고 있다. 당시 신학에서 두 개의 서로 대립되는 계시이해가 있었다. 하나는 선험철학의 영향을 받은 신학으로서, 이것은 신중심적 입장에서 행위를 강조했고(Karl Barth), 다른 하나는 존재론적 철학의 영향을 받아 인간중심의 입장에서 존재를 강조하는 관점에서 계시를 이해했다. 본회퍼는 게시에 있어서 행위와 존재의 대립적 관계는 교회개념에서 극복될 수 있고 행위-존재의 통일성(Akt-Sein-Einheit)이 가능하다고 믿었다. 본회퍼는 교회론적 관점에서 전체 신학을 본 신학자였다. "신학은 교회의 한 기능이다. 왜냐하면 설교 없는 교회는 있을 수 없고 회상 없는 설교는 있을 수 없기 때문이다. 그러나 신학은 교회의 회상이다."

그러면 교회란 무엇인가? 본회퍼에 의하면 교회는 인간과 함께하는 하나님의 새로운 의지라고 했다. 하나님의 의지는 언제나 구체적으로 역사적인 인간들에게 명령된다. 교회는 역사 안에서 시작되며 동시에 완성된다. 그 이유는 하나님의 말씀은 언제나 행위이기 때문이다.

## 2) 제자직의 교회. 십자가의 교회

1933년 1월 30일 히틀러는 정권을 장악하고 수상인 된다. 이날은 인류의 비극을 잉태한 날이며 교회를 투쟁 속으로 몰아넣고 양심적 지식인과 신앙인들의 수난을 예고한 날이다. 유태인 600만 명을 학살하고 제2차 세계대선을 배태시킨 날이기도 하였다. 1933년부터

1945년까지 제3제국 하에서 독일교회는 교회투쟁의 시기를 맞이하게 된다.

이 교회투쟁의 시기에 본회퍼는 배를린대학에서 「교회의 본질」, 「그리스도론」 그리고 「창조와 타락」을 강의했다. 본회퍼는 1935년부터 1937년까지 고백교회에서 세운 목사후보생을 위한 핑켄발데 수련소에서 교장으로 일했다. 이 수련소는 특별한 교육과정을 실시했다. 철저한 이론적 교육과 더불어 영적 훈련 및 그것의 실제적 적용을 강조했다. 형제의 집(Bruderhaus)에서의 공동생활, 강의, 기도와 명상, 죄의 고백, 마을의 가정들을 방문하는 교과과정이 실시되었다. 이 수련소는 1937년 비밀경찰에 의해서 폐쇄 당한다. 이 수련소에서 강의한 내용이 『나를 따르라』(Nachfolge)라는 제목으로 출간되었고 형제의 집의 공동생활의 기록인 『신도의 공동생활』(Gemeinsames Leben)이 출판되었다.

『나를 따르라』에서 본회퍼는 당시의 독일교회를 비판하고 제자직을 통한 기독교 신앙의 참 모습을 밝히고자 했다. 본회퍼에 의하면 교회는 제자직의 수행의 장소다. 교회는 그리스도의 부름, 그리스도를 따름(제자직), 신앙의 복종, 그리스도의 십자가의 장소이다. 교회는 그리스도 안에서 하나님과 이웃에 대한 유일한 매개이며 그를 통해서 그를 향하여 유지되는 세계의 매개이다. 교회는 고백하고 뒤따르는 교회이다. 본회퍼의 공헌은 그리스도를 뒤따르는 제자들의 길인 제자직(Nachfolge)의 고귀한 가치와 심원한 의미를 일깨워 준 것에 있다. 제자직은 종교개혁자들에게 잊힌 주제였다. 루터교에서는 제자직의 윤리(Nachfolge Ethik)를 재세례파 교회에 넘겨주었고 질서의 윤리(Ordnungsethik)로 제한하였다. 이 제자직의 주제를 중심 주제로 부각시키는데 공헌한 것이 본회퍼였다.

본회퍼는 제자직을 은혜와 분리될 수 없는 것으로 파악한다. 본회퍼는 당시 독일의 교회는 종교개혁의 표제어인 믿음만으로 의로 워진다는 것을 잘못 인식하고 있다고 비판했다. 본회퍼는 복종 없는 신앙(Glaube ohne Gehorsam)을 값싼 은혜라고 하였다. '값싼 은혜는 싸 게 파는 물건, 함부로 팔아버리는 용서와 위로와 성만찬으로서의 은혜이다. 값싼 은혜는 회개 없는 용서의 설교, 교회 교육 없이 베푸는 세례, 죄의 고백 없이 행하는 성만찬, 개인적 죄의 고백 없는 면죄의 확인이다. 값싼 은혜는 제자직 없는 은혜, 십자가 없는 은혜, 인간이 된 예수 그리스도 없는 은혜이다."

값비싼 은혜는 그리스도의 제자직으로 부른다. 제자직에로 부름은 예수 그리스도와의 인격적 결합을 뜻한다. '신앙'이란 복종의 행위이다. 본회퍼는 다음과 같은 유명한 말을 한다. "믿는 자는 복종하고 복종하는 자는 믿는다." 신앙과 복종은 시간적으로가 아니라 논리적으로 분리가 가능하다. 제자직에로 부름은 본회퍼에 의하면 제자들의 복종을 요구한다. 이 복종은 직접적 복종, 단순한 복종, 구체적 복종을 의미한다. 첫째, 제자직을 위한 부름은 직접적 복종의 응답을 요구한다. 예수가 따르라는 부름에 제자들은 예수에 대한 신앙고백을 한 것이 아니라 복종의 행위를 했다. 둘째, 제자직에 대한 부름은 단순한 복종을 요구한다. 왜냐하면 제자직은 자기의 의지에 따라 사는 삶의 모습의 포기이기 때문이다. 자기의 의지를 포기하는 것은 예수를 뒤따름을 위한 전제이다. 이 포기는 오직 신앙으로부터 수행되어야 한다. 신앙을 위한 구체적인 상황에 그리스도의 계명에 대한 단순한 복종이 가능하다. 셋째, 예수의 부름은 구체적 부름이요 구체적 복종이다. 신앙은 오직 복종의 행위 속에서 존재한다. 예수의 부름은 인간적 모든 속박, 억압, 무거운 모든 짐, 근심과 양심의 고통 등에서 해방시킨다.

예수 그리스도를 따르는 제자직은 본회퍼에 의하면 십자가에 달린 그리스도를 따름으로써 드러난다. 본회퍼는 제자직에로의 부름(마가 8,31-38)은 예수의 수난선포와 밀접하게 연관되어 있다고 한다. 예수의 십자가의 종합적 표현이 수난과 버림받음을 뜻한다는 것이다. 제자직은 예수 그리스도와의 인격적 결합이요, 십자가를 의미한다. 수난을 위한 제자직의 표현은 그리스도의 십자가를 의미하고 이 십자가는 철저하게 예수 그리스도의 고난에 동참하는 것을 의미하며 이 고난은 그리스도 안에 있기 때문에 진정한 기쁨이 된다는 것이다.

### 3) 교회와 윤리

본회퍼에 있어서 기독교 윤리와 교회 역시 불가분의 관계이다. 그에 의하면 하나님의 뜻을 묻고 그것을 실천하는 것이 윤리이며 그 윤리의 형성이 이루어지는 장소와 역할이 교회이다. 본회퍼는 그리스도인의 삶의 모습의 근거를 예수 그리스도의 모습에서 발견했다. 그에 의하면 윤리는 예수 그리스도의 모습(Gestalt)대로 닮아 가는 '형성으로서 윤리'(Ethik als Gestaltung)이다.

예수의 모습은 어떤가? 성육신하고 십자가에 죽고 부활한 것이 그리스도의 모습이다. 이 그리스도의 모습으로 변화되는 것이 성서가 말하는 형성의 의미이다. 형성이란 그리스도와의 관계에서 성립된다. 형성이란 그리스도의 모습과 관계없이 독자적인 과정이나 상태가 아니라 예수 그리스도의 모습으로부터 그리고 그 모습을 향한 형성을 말한다. "기독교 윤리의 출발점은 그리스도의 몸인 교회의 형태 속에 있는 그리스도의 모습이며 그리스도의 모습을 따른 교회의 형태이다." 성육신은 실제로 인간이 되었다는 것을 말하며 인

간은 우상화의 대상도 경멸의 대상도 아니라 하나님의 사랑의 대상
이라는 것이다. 십자가에 달렸다는 것은 하나님에 의해서 심판 받
는 인간이 되는 것이다. 이 인간은 하나님의 심판을 지고 죄 때문에
하나님 앞에서 매일매일 죽어야 하는 인간, 세상 속에서 그리스도
를 위해 그리스도의 고난에 동참하여 하나님 앞에서 새로운 인간이
되는 것이다. 부활은 하나님 앞에서 새로운 인간이 되는 것이다. 중
요한 것은 본회퍼가 말하는 형성의 의미는 인간 스스로 이루는 것
이 아니라 예수 그리스도가 작용하여 형성이 이루어진다고 하는 것
이다.(갈 4,19) 형성의 필수불가결한 장소와 역할을 하는 것이 교회이
다. '형성으로서의 윤리는 추상적, 결의론적, 사변적이 아니라 이 세
상 속에서 예수 그리스도의 모습대로 형성되도록 구체적 판단과 결
단을 내리는데서 그리스도를 따르는 복종의 윤리이다.

### 4) 세상을 위한 교회

테겔 감옥에서 본회퍼는 중요한 질문을 던진다. 도대체 기독교란
오늘날 우리에게 무엇이며 그리스도란 누구인가? 이러한 그리스도
가 누구냐 하는 물음에 대한 대합을 「어느 저서를 위한 초안」에서
발견할 수 있다. 즉, 예수 그리스도는 타자를 위한 존재다.

본회퍼는 타자를 위한 예수(Für-andere-Dasein Jesu)와 연관시켜 우
리는 '타자를 위한 예수'를 생각해야 한다. 본회퍼는 "교회를 타자
를 위한 존재일 때만 교회다'라고 말한다. 여기서 두 가지 질문을 한
다. 참된 교회는 어디에 있으며 "타자"란 누구인가? 참된 교회는 두
가지 조건하에서 성립된다. 그것은 곧 그리스도와 십자가이다. 예수
그리스도는 교회의 근거며 교회는 그로 말미암아 세워졌다.

참된 교회는 십자가 이레 있는 교회다. 십자가 아래 있는 교회란

십자가 공동체며 고난의 공동체다. 본회퍼는 타자를 위한 교회의 과제를 1) 곤궁한 자들에게 소유를 나누어주는 일 2) 인간 공동체적 삶과 세상적 과제에 도와주고 봉사하는 것에서 찾는다. 오늘의 타자를 구체화하면 마태복음 25장에서 찾을 수 있다. 지극히 적은 자들과 보잘 것 없는 자들, 굶주리고, 목마르고 나그네 되고 헐벗고, 병들과 옥에 갇힌 자들이다. 타자를 더 구조적으로 말하자면 정치적으로 억압받고, 경제적으로 착취당하고 사회문화적으로 소외당한 자들이다.

타자를 위한 존재에서 다음 몇 가지들이 보완되어야 할 것이다.

첫째, 타자를 위한 교회는 타자와 함께 하는 교회(Kirche mit andere)로 보충되어야 한다. 타자를 위한 교회에서는 타자를 주체(Subjekt)로 보지 못하고 객체(Objekt)로 보기 때문이다.

둘째, 나아가서 타자를 위한 교회는 민중을 위한 교회, 주체로서의 민중을 나타내는 민중의 교회가 되어야 할 것이다.

셋째, 타자를 위한 교회는 가난한 자들을 위한 교회가 되어야 한다. 공관복음서 기자들은 예수를 다음과 같이 선포했다. 1) 복음은 가난한 자들에게 선포되어야 한다. 2) 하나님의 나라는 가난한 자들에게 속한다. 3) 하나님은 가난한 자들 편이며 하나님의 미래는 그들에게 속한다. 4) 하나님의 나라는 가난한 자, 병든 자, 어린이, 노예들 가운데 이미 임재했다.(눅 4,18; 마 11,5; 막 10,14; 마 19,14, 막 5,3; 막 5,3) 가난은 집합개념이며 상대적 개념이다. 가난한 자들의 우선적 선택과 가난한 자들을 위한 당파성을 고려하는 교회가 되어야 할 것이다.

본회퍼는 예수 그리스도는 교회의 주일 뿐만 아니라 세상의 주가 된다고 했다. 그는 성육신과 십자가를 통해서 현실성과 세상성을 발견한다. 본회퍼에 있어서 그리스도와 세계가 분리되지 않고 서로 결합된다. 그리스도의 현실은 세상의 현실 속에 있는 하나님의 현실이다. 그리스도 안에서는 하나님과 세계가 같은 시점으로 주시하는 것이 가능하다. 그리스도 안에서 하나님과 세계가 화해되고 하나님의 현실과 세계의 현실이 만난다. 기독교적 삶은 세상적 삶이요, 하나님 없는 세상에 하나님은 고난을 함께 당하는 것이다. "신앙은 세상적 삶 속에서 하나님의 고난에 참여하는 것이다."

(한·일 본회퍼학술대회1991. 5. 24)

## 3-1. 우리의 현실과 대화를 시도한 『사회윤리학의 탐구』

손 규 태 : 대한기독교서회, 1993)

① 윤리학은 실천신학이라고 불리는 철학의 한 분야이다. 윤리학은 칸트가 말한 "나는 무엇을 해야만 하는가?"라는 질문으로부터 출발한다. 윤리학은 인간의 가치와 당위와 규범과 실천의 문제를 다루는 학문이다. 실천철학으로서 윤리학은 세분되지 않고 연구되어 왔다. 20세기 후기산업사회가 등장하면서 다양한 사회적 문제가 발생하였고, 개인중심적인 개인윤리를 가지고는 복잡한 사회문제를 해결하기 어렵게 되었다. 이에 대한 탁월한 이론을 전개한 미국의 라인홀드 니버는 개인윤리와 사회윤리를 엄격히 구별할 것을 강조하기도 하였다.

사회윤리학이라는 용어는 20세기 들어와 학자들에 의해서 널리 사용되고 강조되었다. 특히 사회문제에 관심을 갖는 신학자들에게 널리 사용되었다. 영어권에서는 사회윤리(Social Ethics)로 독일어권 개신교에서는 기독교 사회윤리(Christliche Sozialethik), 가톨릭에서는 기독교 사회론(Christliche Soziallehre, 또는 Christliche Gesellschaftslehre)이라고 사용되고 있다.

사회윤리란 무엇인가? 사회윤리는 사회 구조를 다루는 사회 구조 윤리이며, 사회 비판적인 기능을 가지며 공동의 선과 사회 정의를 구현하는 것을 과제로 한다. 유의할 점은 사회문제를 다룬다고 해서 그것이 곧 사회윤리가 아니라는 점이다. 개인윤리 차원에서도 사회 문제를 다룰 수 있기 때문이다. 사회윤리는 사회문제의 해결을 사회의 제도·정책·구조에 의거해서 해결하고자 할 때 비로소 사회윤리라고 할 수 있다(참고 : 고범서, 「개인윤리와 사회윤리」, 한국신학연구소). 한국 신학계에는 사회윤리학에 관한 저서가 적고, 더구나 번역된 저서들은 대부분 오래전에 출판된 것이기에 원리적인 면에서는 참고가 되지만 새로운 문제에 적절한 대답을 주지는 못하는 경우가 대부분이다.

② 이러한 때 손규태 박사의 『사회윤리학의 탐구』의 출간은 기독교 사회윤리학계의 경사라고 생각한다. 이 책은 다음의 몇 가지 의미에서 '출간 의미'와 '존재 가치'를 지닌다.

첫째, 현대 사회윤리학과 기독교인에게 문제가 되는 현실적인 문제를 다루었다. 둘째, 그간 출판된 사회윤리학은 미국의 책을 참고로 하여 저술되었는데, 이 책은 주로 독일어권 문헌을 참고로 하여 저술되었다. 셋째, 저자는 사회윤리적 주제들을, 단순히 외국의 학문적 성과들을 소개하는 것으로 만족하지 않고, 우리의 현실과 대화를 시도하였고, 한국의 역사학과 사회과학적 연구 성과들과의 대화에 충실하려고 노력했다는 점을 들 수 있다(p.19).

저자는 이 책에서 10장에 걸쳐서 광범위한 여러 주제를 다루고 있다.

1. 정치문제(민주주의, 인권, 사형 제도), 2. 민족 문제(기독교와 민주주의, 국가주의, 일본 천황제), 3. 민중신학, 4. 제3세계, 5. 평화, 6. 통일, 7. 환경, 8. 경제 문제, 9. 현대 과학 기술 문명(과학기술 혁명, 현대 스포츠, 새로운 세계 질서)들이다.

저자는, 기독교 사회윤리학의 과제는 "역사학 내지는 사회과학적 성과들을 복음의 빛에서 비판적으로 검토함으로써 기독교인들에게 삶의 정향과 지침을 제공하는 것"(p.10)이라고 말하고 있다. 이에 덧붙여, 사회윤리는 시간과 공간의 제한성을 가지고 있기 때문에, 언제 어디서나 타당한 원리들과 삶의 지침을 제시하는 것이 사회윤리의 과제가 아니라고 한다. 따라서 상황에 따라 사회윤리학의 과제가 바뀌게 된다고 주장한다. 그러므로 저자는 한국에서 기독교 사회윤리의 중심적 과제를 "민족 모순, 계급 모순 그리고 분단 모순이라고 하는 삼중의 모순이 빚어내는 제반 모순들을 분석하여, 복음의 빛에서 여기에 대한 삶의 정향을 제시하는 것"(p.18)이라고 한다.

이런 한국적 사회윤리의 과제 속에서 저자는 민주주의, 민족, 민중, 제3세계, 평화, 통일, 환경, 경제, 문화, 기술 등 한국의 사회윤리학이 다루어야 할 문제들에 집중하고 있다. 이 책에는 이 시대를 호흡하고 살아가야 할 기독교인들에게 주어지는 문제에 대한 해답과 생각의 실마리를 풀고자 할 때 찾아볼 수 있도록 많은 항목이 기술되어 있다. 마치 기독교 사회윤리학의 편람과 같은 역할을 한다. 특히 독일어권의 최신 학문적, 교회적 정보와 지식과 연구 경향을 알 수 있다.

소련과 동구권에서 현존하는 사회주의인 공산주의 체제가 붕괴되고 세계 질서는 개편되었다. 이제 세계 각국은 민족과 인종을 앞세운 민족주의와 자국의 경제적 이익을 꾀하는 국가적 이기주의를 추구하고 있다. 우리 한반도는 구시대 이데올로기의 대결장으로, 아직도 지구상에서 유일하게 분단된 국가로 남아 있다. 이러한 때 민족 문제와 통일문제는 우리에게 가장 현실적인 문제인 동시에 과제이다.

이 책에서 돋보이는 부분은 제3장 「민족 문제와 사회윤리학」과 제7장 「통일문제와 사회윤리학」이다. 민족주의 문제는 저자의 하이델베르크대학교 박사 학위논문 주제이기도 하다(Kirche und Nationalismus).

손 박사는 민족주의 또는 민족의 개념과 연관시켜 다양한 주제들을 논술하고 있다.

1) 기독교와 민족주의, 2) 기독교 문화와 민족의 가치, 3) 민족교회사 서술의 문제, 4) 국가주의와 유럽 공동체, 5) 일본천황제와 군국주의, 6) 민중신학에서 민족문제들이다. 여기에서 간과할 수 없는 것은 저자의 민족교회사 서술에 대한 입장이다. "한국에서의 민족교회사 서술은 실학적 민족 의식과 동학적 민족 의식을 통전적으로 매개하고, 서구의 부르주아적 민족 의식인 정치적, 주체적 민족의식을 넘어서서 새로 동터오는 민중시대의 민중적 민족의식을 구현해내는 방향에서 쓰여야 할 것이다. 이런 확고한 전망이 세워질 때 비로소 우리는 역사 문서들에 대한 올바른 자료 비판도 해낼 수 있을 것이다."(p.104)

「통일문제와 사회윤리학」 부분에서 통일신학과 통일문제에 대한 저자의 입장이 잘 드러나 있다. 저자는 통일신학을 평화신학과 연관시키고 있으며, 우리 사회의 지배 모순을 3중적(민족·계급·분단) 모순으로 파악하고 있다. 이런 모순 극복을 위해서는 민족적 목표인 민족의 자주화와 정의로운 분배에 의한 민주화를 실현해야 한다. 저자는, 독일의 통일은 민족의 자주·민족·화해·평화 공존의 원칙에서 이루어졌다고 이해한다.(p.360)

③ 끝으로, 아쉽거나 보완할 점을 몇 가지 지적하겠다.

첫째, 이 책은 저자도 서문에서 밝혔듯이 본래 목차를 정하고 그 목차에 따라 저술한 것이 아니고 여러 가지 계기와 요청에 의하여 쓰인 글이다. 따라서 그때그때 필요한 문제에 답을 주는 시의적절한 생동감 넘치는 글인 반면에 일관된 사상, 체계적 항목, 원리적 내용이 부족하다. 사회윤리학에서 꼭 다루어야 할 주제들과 기초 이론들이 빠져 있다. 예를 들면 교회와 국가, 이데올로기(사회주의, 자본주의, 민주주의), 폭력과 비폭력, 노동과 소외, 의료 윤리, 가족과 결혼, 정치신학, 책임사회론 등이다.

둘째, 기독교 사회윤리학을 교회의 현장과 더욱 접맥시켰으면 한다. "신학은 교회의 한 기능"이라는 바르트의 말을 빌리지 않더라도, 교회의 현실과 현장을 간과한 신학은 신학의 제 기능을 할 수 없고, 기독교 사회윤리학에서는 더욱 그렇다고 생각한다. 기독교 사회윤리학에 대한 호네커의 견해는 귀기울일 만하다. "사회윤리학의 과제는 무엇보다도 사회 현실에 대한 인식을 수용하고 그것을 신학과 교회에 매개하는 것이다. 따라서 사회윤리학은 사회학적 현실 인식을 충분히 다루는 것이다. 교회의 행동 지침을 위한 정보를 준비하는 것이다. 신학적 사회윤리학은 교회적 실천을 위한 사회학적 정보들의 매개이며, 현대 사회에서 목회적 실천을 위한 안내이다."

셋째, 저자는 사회윤리적 주제들을 한국의 현실과 대화를 시도하고 있지만 더욱더 한국화하는 토착성과 실천성을 강조하였으면 한다.

서평자의 생각으로는, 신학에서 중요한 것은 상황성, 실천성, 토착성이라고 생각한다. 상황을 떠난 신학은 추상적 관념의 유희에 빠질 수 있다. 신학과 신앙에서 실천의 강조는 아무리 해도 지나침이 없을 것이다. 신학은 사색과 실천의 학문이며, 비판적 성찰의 학문이다. 몰트만도 "신앙과 신학의 새로운 준거는 실천에 있다"고 하지 않았던가. 진리란 실천을 통해서 도달 될 수 있다. "하나님 신앙은 그의 존재를 주장하는 데 있는 것이 아니라 오히려 그를 위해 행동하는 데서 성립된다."(구티에레즈) 무엇을 위한 실천이란 말인가. 그것은 세계변혁과 해방을 위한 실천이다. 민중의 한과 민주주의의 실현과 통일을 위하여 해방과 자유의 누룩과 효소가 되어 변혁의 주체가 되는 것이다.

(대학기독교서회 1993)

## 3-2. 에버하르트 베트게 『디트리히 본회퍼』

김순현 옮김 : 복있는 사람들, 2006

디트리히 본회퍼 1906-1945)는 그리스도의 제자이며 증인으로서 책임적 삶을 살다가 순교자의 길을 갔다. 본회퍼가 처형된 2개월 후인 1945년 6월 미국의 라인홀드 니버는 본회퍼를 '순교자'라고 칭하면서 그의 삶은 현대의 사도행전이라고 하였다.

본회퍼는 20세기 독일 신학자 중 널리 알려진 유명한 신학자이며 목사이다. 본회퍼는 제2차 세계대전 후 새로운 신학 형성에 기여하였다. 그러나 그가 오늘 많은 사람들에게 감명을 주는 것은 그의 신학보다도 그리스도를 위한 그의 삶과 죽음 때문이었다. 그가 그렇게 죽었기 때문에 그는 오늘 이렇게 살아 있다. 그의 순교자적 죽음으로 인하여 그의 신학이 더욱 빛나게 되었다. 한국에서도 1970년대 군부 독재 시절 민주화 투쟁을 하다가 감옥에 간 젊은이들에게 본회퍼의 책들은 큰 용기와 위안과 삶의 희망을 주었다. 이 번역본의 뒤표지에 증언하고 있는 한명숙 국무총리와 13년간 감옥에서 지내야 했던 그의 부군 박성준 교수의 증언이 이것을 잘 말해준다.

본회퍼는 그리스도인과 교회에 큰 영향을 주었다. 그의 예수 그리스도를 따라 바르게 사는 제자의 길과 성도의 공동체인 교회의 참모습을 가르쳐 주었다.

본회퍼는 1906년 2월 4일 브레슬라우에서 태어났다. 정신의학 및 신경의학 교수였던 아버지 칼 본회퍼와 어머니 파울라 사이에 8남매 중 6번째로 태어났다. 7번째인 자비네와는 쌍둥이였다. 본회퍼의 부계는 법률가 집안, 모계는 신학자 목사의 집안이었다. 이 가정의 주요 목적은 어머니 기독교적인 가치와 아버지의 휴머니즘적인 가치에 입각하여 책임적 인간으로 양육하는 것이었다. 본회퍼는 17세 때 튀빙겐대학에 입학하여 신학 공부를 시작하였고, 이듬해 베를린대학으로 옮겨 21세 때인 1927년 박사학위를 받은 수재였다. 그는 베를린대학에서 강의를 하였고 나치하에서 에큐메니칼 평화운동과 히틀러 나치의 반대하는 투쟁에 나섰고, 급기야 히틀러를 암살하기 위한 모의를 하였다. 이 일로 인해 투옥되었고 결국에는 1945년 4월 9일 이른 아침 여명의 시간에 교수형으로 처형되었다. 독일에서는 본회퍼가 21세부터 39세까지 남긴 그의 글들을 모아서 새롭게 16권(DBW)으로 출판하였다. 본회퍼의 저서 중『나를 따르라』(Nachfoge, 원제목은 추종, 뒤따름, 영어번역은 The Cost of Discipleship)『신도의 공동생활』(Gemeinsames Leben)『윤리』,『저항과 복종( 옥중서간)』은 많은 사람들에게 감명을 주었다. 이 저서들을 통하여 새로운 신앙의 길과 교회의 할 일을 새롭게 발견하였다.

오늘도 본회퍼는 기독교인으로서 어떻게 살 것인가? 오늘의 교회는 어떻게 역할을 해야 하는가? 하는 질문을 할 때 답을 줄 수 있는 사람이다. 본회퍼는 마르지 않는 샘터와 같아서 신앙과 신학의 문제들의 답을 그에게서 얻을 수 있다. 그는 해답을 줄 뿐 아니라 그리스도인과 교회가 올바른 질문을 할 수 있도록 도와준다.

2006년 금년은 본회퍼 탄생 100주년이 되는 해이다. 세계 각처에서는 세미나, 강연, 출판기념회 등 각종 행사가 열리고 있다. 본회퍼 탄생 100주년을 맞아 베트게의『디트리히 본회퍼』의 전기를 출판하게 된 것은 뜻 깊은 일이라 생각한다.

에버하르트 베트게가 쓴 이 책은 1976년 출판되었으나 한국어 번역본은 30년이 지난 이제서 출판하게 되었다. 이 책은 그림과 사신

을 많이 곁들인 전기시리즈로 유명한 로볼트(Rowohlt)문고 출판사의
이른바 로로로(rororo) 시리즈로 출판된 본회퍼 전기이다. 이 전기들
은 권위가 있는 전기물 시리즈이다. 종교 편에는 예수님을 위시해서
공자, 석가, 바울, 무하마드, 마르틴 루터, 토마스 아퀴나스, 현대에는
떼야르 드 샤르뎅, 마르틴 부버, 파울 틸리히, 알버트 슈바이처 등이
들어 있다. 이 시리즈에 20세기 종교계를 대표하는 인물 중에 본회
퍼가 선정된 것이다. 이 시리들 중 일부가 한길사에서 번역 출판되
기도 하였다.

이 책의 저자 에버하르트 베트게(Eberhard Bethge 1909. 8.28-
1990.3.18)는 본회퍼 전기를 가장 잘 쓸 수 있는 사람이었다. 베트게
는 누구인가? 베트게는 이 책을 쓰기 전에 본회퍼 전기의 결정판이
라 할 수 있는 1,150쪽이나 되는『디트리히 본회퍼의 전기』(Dietrich
Bonhoeffer. Theologie. Christ. Zeitgenosse. Eine Biographie, München, 1968/
8,korrigiete Auflage, Gütersloh, 2004)를 쓴 저자이다. 이 본회퍼의 전기(傳
記)는 서평자가 지금 번역 중이며 2007년이나 2008년에 한국어판
이 출판될 예정이다.

베트게가 없었다면 아마도 오늘의 본회퍼가 이만큼 널리 깊이 있
게 알려지지 못했을 지도 모른다. 베트게는 1906년 태어난 본회퍼
보다 3년 후인 1909년에 태어났다. 그러나 베트게는 본회퍼의 핑겐
발트 신학원의 제자이며 친구이고, 본회퍼의 누나의 딸인 조카 레나
테와 결혼한 조카사위이다. 본회퍼가 감옥에서의 명상과 새로운 신
학적인 생각들을 적어 감옥 밖으로 편지형식으로 내어보냈다. 바로
그 수신자가 베트게였다. 베트게가 1944년 7월 20일 체포되어 감옥
에 갈 때까지 본회퍼가 보낸 편지를 대부분 보관하였고 이것이 후에
옥중서신을『저항과 복종』의 제목으로 출판하였다. 베트게는 재판
날짜가 5월로 잡혀있었기 때문에 소련군이 베를린에 도착하여 다행

히 감옥에서 풀려날 수 있었다.(번역본 202-203)

베트게는 또한 본회퍼의 미완성 작품인『윤리』(Ethik)를 편집하여 출판하였고 본회퍼의 편지, 강연, 설교 등 본회퍼의 유고들을 모아서 책으로 펴내었다. 베트게는 평생 본회퍼를 세상에 알리고 본회퍼의 삶과 신학을 정리하는데 바쳤다. 그는 본회퍼의 글들을 모아 전집을 출판하였고 본회퍼에 관하여 글을 쓰고, 강의를 하다가 2000년 81세의 일기로 타계하였다. 베트게 없는 본회퍼를 생각할 수 없고 본회퍼 없는 베트게의 삶과 일생을 생각하기 어렵다. 이 작은 문고본은 이미 베트게가 쓴 전기의 요약본이라고 할 수 있다. 베트게는 이 책을 통하여 본회퍼의 생애와 사상을 한 편의 드라마처럼 잘 서술해놓았다.

이 책은 본회퍼의 일생을 연대기적으로 구성하고 있다. 마지막 9장에서는 그의 저작과 본회퍼 사상을 정리하고 있다. 베트게는 본회퍼의 저서를 통해 본회퍼의 신학이 세 단계로 발전했음을 주장하고 있다. 첫째, 박사논문『성도의 교제』와 교수자격논문인『행위와 존재』의 시기인 학문적 시기, 둘째『나를 따르라』와『신도의 공동생활』의 교회투쟁시기, 셋째,『윤리』와『저항과 복종(옥중서간』으로 대표되는 테겔 형무소 시기이다. (첫째 시기에는 공동체(교회)로서 존재하는 그리스도가 대표적인 사상이라면, 둘째 시기에는 값싼 은혜와 값비싼 은혜, 제자직과 십자가가 주요 개념이고, 세 번째 시기는 궁극적인 것과 궁극이전의 것), 현실개념, 책임윤리, 형성으로서의 윤리, 비종교적 해석, 타자를 위한 존재, 타자를 위한 교회의 여러 가지 주제로 설명할 수 있다.

본회퍼 연구가들은 본회퍼의 신학을 전기와 후기로 나눈다. 학문적 시기와 교회투쟁시기까지 전기이고, 윤리와 옥중서신의 감금시기이다. 전기와 후기의 단절을 이야기하지만 베트게는 갓시(Godsey)와 더불어 그리스도론적 관점에서 전기와 후기의 연속성을 주장한다.

이 베트게의 『디트리히 본회퍼』를 읽음으로 한국 기독교인과 교회는 무엇을 깨달을 수 있으며, 배울 수 있겠는가.

첫째, 그리스도 중심적인 삶과 신학이다.

본회퍼 신학을 관통하고 있는 신학의 주제는 그리스도와 교회이다. 본회퍼의 신학의 주제가 되는 질문은 그가 1933년 베를린에서 행한 「그리스도론 강의」에서 "예수 그리스도는 누구인가" 질문을 하였고, 또 테겔 감옥에서 "예수 그리스도는 오늘 우리에게 있어서 누구인가"라는 질문을 하였다. 이 물음 속에 그의 삶과 신학의 질문이 다 들어있다. 본회퍼는 그의 박사논문인 「성도의 교제」에서 그리스도와 교회의 관계를 공동체로서 존재하는 그리스도라고 하였다. 여기서 공동체는 교회를 말한다. 따라서 그리스도를 "교회로서 존재하는 그리스도"라고 말할 수 있다. 따라서 그의 신학은 그리스도 중심적인 신학이라고 말할 수 있다.

본회퍼는 예수 그리스도를 "타자(他者)를 위한 존재"라고 하였고 교회를 가리켜 "타자를 위한 교회"라고 하였다. 오늘 우리는 그리스도 중심적인 신앙의 자세로 다른 사람을 위한 삶을 살아야 하겠다. 오늘의 한국교회도 "타자를 위한 교회"가 되어야 한다. 또 중요한 것은 본회퍼는 "오늘" 그리스도가 누구인가를 물었다. 오늘 이 역사와 현실 속에서 그리스도를 만나고 그 현실문제 해결을 하여야 한다.

둘째, 제자직(Nachfolge, Discipleship)의 고귀함과 고난의 재발견이다.

본회퍼는 예수 그리스도를 따르는 제자의 길의 고귀한 가치를 강조하였다. 본회퍼는 순종과 고난을 제자직과 연관시켰다. 예수를 믿는 자들은 순종해야 한다. "믿는 자만이 순종하고 순종하는 자만이 믿는다." 예수를 따르는 제자의 길은 십자가의 길, 고난의 길이다. 예수를 따르는 자는 고난을 축복으로 알고 그리스도의 고난에 동참하는 것이 제자의 길이다. 기복주의에 물들어 있는 한국교회에 본회퍼는 교회의 바른길을 알려준다.

셋째, 정의와 평화를 위한 기독교인의 의무와 책임이다.

본회퍼는 산상설교를 통한 평화의 계명을 새롭게 발견하였다. 비폭력 보복금지, 원수사랑의 계명이었다. 이 평화계명을 중심으로 교회는 평화계명을 실천해야 할 의무와 책임을 강조하고 에큐메니칼 평화운동의 선구자가 되었다. 본회퍼는 기독교인의 삶을 평화를 만들어가는 삶이라고 하였다. 본회퍼는 평화는 하나님의 계명이요 그리스도의 현존이라고 하였다. 본회퍼는 1934년 8월 덴마크 파뇌에서 행한 평화설교를 통해 에큐메니칼 공의회를 개최할 것을 제안하였다. 당시에 "시간이 급박하다"고 말하면서 "내일이라도 전쟁의 나팔소리가 들릴지도 모른다"고 하였다. 그러나 그 당시에 아무도 이 말에 귀를 기울이지 않았고, 본회퍼의 예언은 그대로 들어맞아 1939년 9월 1일 히틀러는 폴란드를 침공함으로 제2차 세계대전을 일으켰다. 그후 56년이 지나 서울에서 "정의, 평화, 창조 질서의 보전"의 이름으로 평화에 관한 에큐메니칼 대회가 열리게 되었다. 이것은 본회퍼가 제안한 것이 그때서 이루어진 것이다.

오늘 우리는 평화를 만드는 그리스도인, 교회는 평화를 건설하는 교회가 되어야 한다. 평화를 위해 일하기 위해서는 기독교인 사회 속에서 소금과 빛의 역할을 다 하여야 할 것이다. 본회퍼는 사회적, 정치적 책임을 다하기 위해서 구체적으로 하여야 할 것을 주장하였다. 본회퍼는 당시의 사회적 약자인 유태인 문제를 놓고 한 유명한 말이 있다. "유태인을 위하여 소리 지르는 자만이 그레고리안 찬가를 부를 수 있다." 불의 앞에 침묵은 죄이다. 계명은 구체적인 것이다. 본회퍼의 히틀러 암살공모에 가담한 것도 계명에 대한 구체적 실천이었고, 신앙의 결단에서 오는 정치적 책임의 행위였다.

본회퍼는 교회의 할 일에 대하여 이렇게 말하였다. "바퀴아래 깔린 희생자들에게 붕대를 감아 주는 일뿐만 아니라 바퀴 자체를 멈추게 하는 일이다."

본회퍼는 계속하여 피 흘리는 것을 중지시키기 위하여 "미친 운전수'인 히틀러를 제거하려 했던 것이다.(이 문제에 관하여 기독교사상 2006년 10월호에 실린 유석성의 글을 참조.)

넷째, 본회퍼는 신앙과 행위가 일치된 삶, 책임적인 기독교인의 삶을 보여 주었다. 그뿐 아니라 영성신학의 새로운 방법들을 제시하였다. 본회퍼는 기독교인이 된다는 것은 "기도하는 것과 사람들 사이에 정의를 행하는 것"에 의하여 성립된다고 하였다. 본회퍼는『나를 따르라』,『신도의 공동생활』을 통해 기독교적 영성의 삶과 프로그램을 어떻게 하여야 하는지 잘 제시하였다. 영성을 알고자 하면 본회퍼의『신도의 공동생활』이 크게 도움이 될 것이다.

베트게를 통하여 우리는 본회퍼를 만날 수 있다. 베트게는 아주 훌륭히 본회퍼의 참모습을 보여 주고 있다. 이제 베트게에게 소개받은 본회퍼와 그리스도안에서 사귀는 것은 우리의 몫이요 과제이다. 본회퍼가 손을 내밀고 악수를 청하고 있다. 자! 베트게의『디트리히 본회퍼』로 본회퍼를 만나고 본회퍼의 저서(『나를 따르라』,『윤리』,『신도의 공동생활』,『옥중서간』)로 그와 친교를 갖자. 참으로 좋은 진리와 복음의 동반자를 만나고 사귈 수 있으리라!

오늘도 본회퍼는 진실한 그리스도인으로 살고자 하는 사람들, 바른 교회를 만들고자 하는 목회자들에게 성찰과 지침, 용기와 희망을 준다.

(베트게 디트리히 본회퍼 전기서평 목회와 신학 2006. 11.)

# 3-3. 『진노의 잔』

메리 글래즈너 권영진 옮김 소설 본회퍼 『진노의 잔』 홍성사, 2006.

디트리히 본회퍼(Dietrich Bonhoeffer)는 20세기 독일의 신학자로서, 행동하는 신앙인으로 전세계적으로 잘 알려진 인물이다. 제2차 세계대전이 끝난 1945년 이후 새로운 신학 형성에 큰 영향을 주었으며, 신앙양심에 따라 행동하는 신앙인의 삶의 모범을 보여 주었다. 본회퍼는 나치 하에서 히틀러 암살계획에 가담하였다가 체포되어 2년간의 감옥생활 후 종전되기 직전 1945년 4월 9일 교수형에 처형된 신학자요 목사이며 기독교 평화운동의 선구자였다.

본회퍼는 예수그리스도를 따라서 참된 제자의 길을 가고자 하는 사람들, 군부 독재자들에게 의해서 탄압받는 고난의 현장에서 본회퍼는 큰 용기와 위안이 되었다. 본회퍼의 저작들은 새롭게 출판되고 있다. 독일에서 본회퍼 전집이 새롭게 편집되어 16권으로 출판되었다. 한국에서는 이 전집 중 주요 저서 8권을 2006년 하반기에 본회퍼 탄생 100주년을 맞아 대한기독교서회에서 출판할 예정으로 있다. 본회퍼 책들은 여러 언어로 번역되었고 한국을 비롯한 독일, 일본, 미국, 폴란드 등 세계 여러 나라에 본회퍼학회가 있다. 본회퍼는 개신교뿐만 아니라 가톨릭, 신학자나 성직자, 평신도, 그리고 비기독교인들에게 까지도 감명을 주고 관심을 불러일으켰다

올해는 본회퍼 탄생 100주년이 되는 해이다. 100주년을 맞아 한국에서는 본회퍼의 소설 『진노의 잔』(The Cup of Wrath)이 번역되어 출판되었다 이 책은 1992년에 출판되었지만 한국에서는 본회퍼 탄생 100주년을 기념하여 홍성사에서 한국어 번역본을 출판하였다.

이 책을 통하여 독자들은 본회퍼가 우리 옆에 있는 것처럼, 그의 모습을 비디오를 통하여 그의 삶을 보는 것처럼 생생하게 그리고 있다. 멀리 있는 본회퍼를 나의 앞에 있는 사람으로 만날 수 있다. 저자 메리 글래즈너(1921-)는 미국에 살면서 10년 이상을 독일을 오가며 디트리히 본회퍼에 관련된 자료들을 수집하고, 본회퍼의 약혼녀, 형제들, 제자들, 친구들의 증언을 듣고 사실에 가깝게 재구성하였다.

이 책은 본회퍼의 전 생애를 다루는 것이 아니라 그가 히틀러 치하에서 악마적 권력과 어떻게 투쟁하다 교수형으로 처형되어 순교자의 길을 갔는지를 다루고 있다. 이 책은 소설이지만 본회퍼 전기처럼 그의 삶을 본회퍼를 만났던 사람들의 검증을 받았다.

이 책은 4부로 구성되어 있다. 1. 피할 수 없는 특권, 2. 광야의 대변자, 3. 폭풍우 한가운데서, 4. 영광의 길, 순교자의 길이다.

이 책을 읽으므로 본회퍼가 그리스도의 제자로서 살아가는 모습을 발견할 수 있을 것이다. 본회퍼는 말한다. "중요한 것은 진정한 그리스도의 제자로서 서로를 도와주고 서로 지원하고, 서로 권면하고, 서로 가르치고 참된 예수제자의 삶을 실현해 보고자 하는 데 있다."(174)

본회퍼는 누구인가. 독자들을 위해 본회퍼의 생애와 사상, 영향 등을 적어 보기로 한다. 본회퍼는 1906년 2월 4일 독일 브레슬라우에서 출생하여 튀빙겐대학과 베를린대학에서 신학공부를 하고 1927년 21세 때 신학박사학위를 받은 수재였다. 이 박사학위를 받은 논문을 가리켜 칼 바르트는 신학적 기적이라고 하였다. 본회퍼는 베를린대학에서 강의도 하였고, 런던에서 목회도 하였고, 에큐메니칼 운동에 적극적으로 참여하였다. 그는 박사학위논문인『성도의 교제』를 비롯하여『행위와 존재』,『나를 따르라』,『신도의 공동생활』,『윤리』,『저항과 복종』(옥중서간) 등이 있다.

본회퍼는 신앙과 행위가 일치됨을 삶으로 보여주었고 이 세상 속에서 그리스도인의 책임적인 삶과 교회의 역할을 일깨워 주었다. 신학계에서는 처음으로 책임윤리를 말한 본회퍼는 그의 신학과 삶에서 신앙과 행동, 개인적 경건과 정치적 책임이 분리되지 않고 일치함을 제시하고 실제로 보여 주었다.

1933년 1월30일 히틀러가 집권한 후 유대인들을 박해하였다. 히틀러는 유태인 600만을 학살하였으며 제2차 세계대전을 일으키어 수천만 명의 희생자를 내었다. 독일의 양심적 지식인과 신앙인들은 히틀러에 항거하였으며 이들은 감옥, 집단수용소, 사형장으로 끌려갔다. 본회퍼도 히틀러를 적그리스도로 보고 저항의 깃발을 들게 된 것이다.

본회퍼는 교회가 박해받고 있는 유대인들에게 적극적 관심을 가져야 할 것을 촉구하면서 "유대인을 위하여 소리치는 자만이 그레고리안 찬가를 부를 수 있다"고 갈파하였다.

본회퍼는 히틀러를 제거하기로 결심하고 히틀러 암살계획 하는 일에 가담한 혐의로 1943년 4월 5일 체포되어 테겔 형무소에 수감되었다. 이때 감옥에서 베트게에게 보낸 편지인 옥중서간이 사후에 출판되어 새로운 신학을 만들어 내는 단초가 되었고, 많은 사람들에게 감명과 용기를 주고 있다. 이 옥중서간은 우리나라에서도 군사독재시절 민주화 운동으로 감옥에 갇힌 젊은이들에게 용기와 위안이 되기도 하였다. 본회퍼는 감옥 안에서 동료들에게 신앙과 인격의 감화를 주었다고 한다.

1945년 4월 9일 이른 아침 교수형에 처해졌다. 본회퍼는 판결문이 낭독되자 무릎을 꿇고 하나님께 진지한 자세로 기도하고 처형대로 올라갔다. 그는 다시 짧게 기도하고 용감하게 교수대를 붙잡고 얼마 후 숨을 거두었다. 본회퍼의 최후를 목격했던 수용소 의사 피셔 휠슈트롱은 "나는 약 50년 동안 의사로 활동하면서 그렇게 신께 헌신적인 모습으로 죽는 사람을 보지 못하였던 것 같다"고 본회퍼의 마지막 모습을 증언하였다.

본회퍼가 처형된 3주일 후 히틀러는 자살하였고, 1945년 5월 8일 독일은 패배하였으며 연합군은 승리하였다. 본회퍼는 다음과 같은 마지막 말을 남기고 교수대로 이끌리어 나갔다. "이것이 마지막입니다. 그러나 나에게 있어서 삶의 시작입니다." 본회퍼의 삶은 이렇게 끝났지만 그러나 그의 말처럼 마지막은 끝남이 아니라 새로운 시작을 위한 출발의 신호였다. 그의 삶은 오늘도 그리스도의 제자로서 그리스도를 증언하며 신앙양심에 따라 자유와 사랑과 평화와 정의를 위하여 사는 모든 사람들에게 새로운 시작과 격려와 교훈으로 남아 마침표 없는 현재 진행형의 삶이 되고 있다.

본회퍼에게 늘 제기되는 문제가 있다. 평화주의자인 목사요, 신학자인 그가 어떻게 사람을 죽이는 히틀러 암살계획에 가담할 수 있는가? 본회퍼는 감옥에서 동료에게 이렇게 말하였다. "만일 어떤 미친 운전사가 사람들이 많이 다니는 인도 위로 차를 몰아 질주한다면 목사인 나는 희생자들의 장례나 치러주고 가족들을 위로하는 일만 하는 것이 나의 임무라고 생각하지 않습니다. 나는 그 자동차에 올라타서 그 미친 운전사로부터 핸들을 빼앗아야 할 것입니다." 본회퍼는 그 당시 미친 운전사인 히틀러를 제거하려고 하였던 것이다.

본회퍼의 진실된 모습은 그리스도와 교회 중심적인 신앙과 신학에서 찾아져야 한다. 본회퍼의 신학은 철저하게 그리스도 지배적이며 교회 중심적이다. 그는 그리스도와 교회를 일치시켜 "교회(공동체)로서 존재하는 그리스도"라고 말하였다. 본회퍼는 "예수 그리스도는 오늘 우리에게 있어 누구인가"를 질문하였다. 예수 그리스도는 "타자(他者)를 위한 존재"라는 것이다. 예수 그리스도가 "타자를 위한 존재"이듯이 교회의 모습도 "타자를 위한 교회"가 되어야 한다고 하였다. 오늘날 자기중심적 이기주의로 흐르는 현대의 그리스도인과 교회는 사랑을 실천하여야 함을 강조한 본회퍼의 이 말을 깊이 새겨야 할 것이다.

본회퍼는 그리스도인의 삶은 인간이 되고 십자가에 달려 돌아가시고 부활한 그리스도의 모습을 닮아가는 삶을 살아야 함을 역설하였다. 이것을 그는 "형성으로서의 윤리"라고 하였다.

본회퍼의 위대한 공헌은 예수 그리스도를 따르는 제자의 길인 제자직의 고귀함을 일깨워 준 것에 있다. 특히 십자가와 고난의 의미, 순종하는 신앙의 중요성을 강조하였다. 예수 그리스도를 따르는 사람은 예수 그리스도의 부름에 순종하여야 하며, 예수 그리스도에게 순종하는 길은 자기 십자가를 지고 그리스도의 고난에 동참하는 길이 제자의 길이다. 교회도 십자가 아래 있는 교회가 되어야 한다. 십자가와 고난이 없는 신앙은 기독교의 신앙이 아니라 기복을 강조하는 샤머니즘에 불과할 뿐이다. 본회퍼는 당시의 독일교회를 순종 없는 신앙, 십자가 없는 은혜를 소유한 값싼 교회라고 질타하였다. 본회퍼의 이 말은 한국교회와 그리스도인들에게 주는 경고의 메시지라고 생각한다.

본회퍼의 또 다른 공헌은 경건과 영성의 의미를 새롭게 해석하여 준 것에 있다. 오늘날 영성 신학의 큰 산맥을 이루는 것이 본회퍼의 경건과 영성에 대한 견해이다. 본회퍼는 현실도피적인 경건과 영성이 아니라 이 세상과 역사에 참여하는 경건과 영성을 강조하였다. 본회퍼는 경건이 세상을 위한 봉사와 밀접한 관계가 있는 것으로 보았나. 본회퍼는 다음과 같이 천명하였다. "오늘 우리가 기독교인이라는 것은 두 가지 존재방식에 의해서만 성립된다. 기도와 인간 사이에 정의를 행하는 것이다."

본회퍼는 기독교인뿐만 아니라 비기독교인들에게도 그의 삶과 사상의 결합에서 관심을 끌게 하고 매력을 느끼게 하였다. 본회퍼는 그리스도의 증인으로서, 책임적인 기독교인의 삶의 모습과 교회의 참모습을 가르쳐 주었고, 사회참여 신학의 선구자로서 정의와 평화와 사랑을 실천하는 길을 보여주었다. 그리스도 앞에서 진실되게 살려고 했던 한 신앙인의 죽음은 후세의 많은 사람에게 '신앙적 삶의 지평'을 열어 주었다.

본회퍼 탄생 100주년을 맞아 독자들은 『진노의 잔』을 읽으므로 그리스도 제자로서 진리와 정의를 위해 순교의 길을 간 본회퍼의 투쟁과 고난의 삶을 가슴으로 새길 것이다. 본회퍼의 삶을 감동적으로 쓴 메리 글래즈너 저자와 한국어본을 출판한 홍성사에 감사하며 본회퍼가 수용소에서 설교 후에 드린 기도로 이글을 마친다.

"하나님, 당신의 뜻이라면 우리로 하여금 다시금 태양의 황홀함을 볼 수 있게 해 주시고 이 세상의 기쁨을 다시 한 번 느낄 수 있도록 해 주시옵소서. 모든 힘들었던 경험들을 늘 기억하게 하시고, 이로 인해 우리의 삶이 전적으로 당신께 속해 있는 것을 알게 하옵소서. 앞으로 무엇이 우리에게 닥치든지 두려워하지 않고, 감사함으로 당신의 선하신 사랑의 손에서 받을 수 있게 하옵소서. 아멘!"(605)

# 3-4. 디트리히 본회퍼 선집 간행사

디트리히 본회퍼(1906-1945)는 신앙고백적인 삶을 산 신앙인이었다. '예수 그리스도는 오늘 우리에게 있어서 누구인가'를 묻고 그 물음에 정직하게 고백하고, 그 고백한 대로 그의 삶을 산 그리스도의 증인이었다. 그가 사형당한 플로센뷔르크에는 "형제들 가운데 예수 그리스도의 증인 디트리히 본회퍼는 1904년 2월4일 브레슬라우에서 출생하여 1945년 4월9일 플로센뷔르크에서 그의 삶을 마감하다"라고 새겨져 있다.

본회퍼가 1945년 사형에 처형된 후 미국의 라인홀드 니버는 본회퍼를 순교자라고 칭하면서 그의 삶은 '현대의 사도행전'이라고 하였다. 본회퍼는 제2차 세계대전 이후 새로운 신학 형성에 크게 기여했고, 그리스도인과 교회에 예수 그리스도를 따라 바르게 사는 제자의 길과 성도의 공동체인 교회의 참모습을 가르쳐 주었다.

본회퍼는 기독교인이 된다는 것은 "기도하는 것과 사람들 사이에 정의를 행하는 것"이라고 말하였다. 본회퍼 신학은 한마디로 정의와 평화를 위한 그리스도인과 교회의 책임과 의무를 강조한 것이다.

그러나 오늘날 본회퍼가 감명을 주는 것은 그의 신학보다 그리스도를 위한 그의 삶과 죽음 때문이다. 그의 순교자적 죽음으로 인해 그의 신학은 더욱 빛나게 되었다. 전 세계에서 그리스도의 제자로서 바르게 살려는 사람들에게 귀감이 되고 있으며, 한국에서도 1970년대 군부 독재시절에 민주화 투쟁을 하다가 감옥으로 간 젊은이들에게 본회퍼의 책들은 큰 용기와 위안이 되기도 하였다.

본회퍼의 책들은 그 동안 20세기 후반기에 신학계와 기독교인의 삶에 큰 영향을 주었다. 특히『나를 따르라』,『신도의 공동생활』,『윤리학』,『저항과 복종 (옥중서간)』은 많은 사람들에게 읽히는 책들이다.

그 동안 독일에서는 그의 저술들이 단행본으로 출판되었고 그밖에 그의 강연, 설교, 편지 등을 묶어 디트리히 본회퍼 총서(Dietrich Bonhoeffer Gesammelte Schriften I-VI)를 출판하였다. 독일에서는 1986년부터 본회퍼가 쓴 모든 글들을 묶어 16권 8,000페이지에 이르는 디트리히 본회퍼전집(Dietrich Bonhoeffer Werke)을 출판하여 완간하였다. 한국에서는 이 16권 중에서 본회퍼의 주요 저서 8권을 번역하여 출판하기로 하고 10년 전부터 이 작업을 착수하여 한국판 본회퍼전집을 간행하기에 이르렀다.

『성도의 교제』,『행위와 존재』,『창조와 타락』,『그리스도론』,『나를 따르라』,『신도의 공동생활』,『윤리학』,『저항과 복종(옥중서간)』을 이번에 발간하게 되었다. 이것은 한국 신학계와 기독교계에 새로운 이정표와 삶의 지표를 제시하는 계기가 되리라고 믿는다. 이일을 위해 수고한 번역자들과 이 전집을 발간해준 대한기독교서회에 감사한다.

이번에 새롭게 번역된 본회퍼의 저서들이 "교회를 교회되게" 하며 기독교인들에게 "올바른 그리스도의 제자의 길"을 수행하는데 도움이 되기를 바란다. 한국사회 속에 기독교인들이 사랑을 실천하며 정의를 행하고 평화를 이루는 일이 본회퍼의 책들을 읽는 사람들의 과제라고 생각한다.

(대한기독교서회 2010. 9. 10. )

# 3-5. 라인홀드 니버 『인간의 본성과 운명』 Ⅰ·Ⅱ

오희천 옮김, 종문화사, 2014

라인홀드 니버 (Reinhold Niebuhr 1892- 1971)는 미국의 신학자요 사회윤리학자로서 미국 신학계뿐만 아니라 정치계에도 폭넓은 영향력을 주었다. 니버가 살아 있을 당시 정치학자 한스 모겐소는 "현존하는 미국인들 가운데 가장 위대한 정치철학자"라고 평하기도 하였다.

니버는 일생동안 기독교의 아가페적 사랑은 사회 속에 정의를 통하여 구체적으로 실현될 수 있음을 주장하였다. 사회정의에 무관심한 기독교인이나 교회는 참된 기독교인이나 교회가 아님을 역설하였다. 정의 또한 사랑에 의하여 뒷받침되어야 한다고 하였다. 니버는 "정의 없는 사랑은 감상주의이며 사랑 없는 정의는 정의 이하라고 하였다."

니버는 20세기 명저로 알려져 있는『도덕적 인간과 비도덕적 사회 (Moral Man and Immoral Soceity』(1932)를 비롯해서 여러 권의 저서를 썼다. 그의 저서 중에서『도덕적 인간과 비도덕적 사회』만큼 중요한 저서가『인간의 본성과 운명(The Nature and Destiny of Man)이다. 이 저서를 가리켜 흔히 니버의 제1주저(主著)라고 말한다. 이 저서는 20세기 기독교 인간이해의 가장 탁월한 저서로 평가받고 있다. 이 책은 본래 1939년 영국의 에딘버러대학의 기포드 강좌로 행한 것이다. 기포드 강좌에는 유명한 신학자나 철학자들이 초청받았다. 강의를 한 학자들은 칼 바르트, 폴 틸리히, 루돌프 불트만, 화이트 헤드, 존 듀이 현내에는 위르센 몰트만 등이 있다.

니버의 사회윤리론의 기초는 인간이해이다. 인간이해는 니버신학의 사고 구조와 신학적 체계와 사회윤리를 이해하는 열쇠가 된다.

니버는 인간은 하나님의 형상대로 지음 받은 피조물이며 죄인이라고 한다. 이중에서 인간이 '하나님의 형상'을 지닌 존재라는 것과 '피조물'이라는 것은 인간이 정반대의 이중성을 지니고 있음을 뜻한다. 이 이중성은 흑백논리와 이분법적 사고를 극복하는 니버의 변증법적 사고, 즉 모든 '긍정'은 그곳에 대응하는 '부정'을 요청한다는 것이 되었다.

하나님의 형상은 인간이 자유와 자기초월성을 지니는 존재를 의미하며, 피조물은 유한성과 제한성을 의미한다. 이 이중성은 권력의 속성을 말할 때 권력의 필요성과 위험성을 동시에 지니고 있음을 발견하는 도구로 사용된다. "정의를 위한 인간의 능력은 민주주의를 가능하게 한다. 그러나 부정의로 기우는 인간의 경향성은 민주주의를 필요하게 만든다"는 니버의 말에 잘 나타나 있다.

이번에 새로운 번역 출간되는『인간의 본성과 운명』Ⅰ·Ⅱ은 이미 1958년 번역되어 출판된 일이 있다. 이미 절판되었고 번역의 미흡함이 많이 발견된 번역서였다. 새 시대에 새 번역의 필요성을 지닌 책이었는데 이번에 새 모습으로 출판하게 되었다.

니버는 나에게 신학함의 의미와 가치를 심어 주었고, 나의 신학적 사고 형성에 큰 영향을 주었다. 나는 니버 연구로 석사논문을, 본회퍼 연구로 박사논문을 작성하였다.

니버와 함께 신학공부를 시작한 사람으로 니버 연구와 학문에 새 계기가 되기를 바라면서 기쁜 마음으로 추천한다.

# 3-6. 라인홀드 니버 『인간의 본성과 공동체들』

오희천 옮김, 종문화사, 2015

라인홀드 니버(Reinhold Niebuhr 1892.6.21.-1971.6.1)는 20세기 최고의 기독교 사회윤리학자이며, 그의 동생 리처드 니버(Richard Niebuhr 1894-1962)와 더불어 미국을 대표하는 기독교 윤리학자이기도 하다.

니버는 독일에서 이주해 온 구스타브 니버의 아들로 1892년 미국 라이트시에서 태어나 엘름허스트대학, 이든(Eden)신학교와 예일대학교에서 신학을 공부했다.

그후 포드자동차 회사가 있는 디트로이트시에서 1915년부터 1928년까지 13년간 목회를 하였다. 이 기간 중에 그는 산업사회의 현실에서 사랑이 구체화된 실천으로의 정의의 문제에 관심을 갖게 되었다. 그리고 이런 관심이 그의 평생의 학문적 주제인 '사랑과 정의'에 초점을 맞추고 사회정의를 신학적 주제로 삼는 계기가 되었다. 이전의 연구를 바탕으로 20세기 명저로 꼽히는 『도덕적 인간과 비도덕적 사회』(Moral Man and Immoral Society)를 저술한 것도 이 시기였다.

니버는 1932년부터 1950년 은퇴할 때까지 유니온 신학대학에 교수로 있으면서 미국의 기독교뿐 아니라 일반사회와 정치계에 폭넓게 영향력을 끼친 신학자요 목사였다.

미국의 유명한 정치학자 한스 모겐소(Hans Morgenthau)는 니버가 교회 안팎의 정치사상에 끼친 큰 영향에 대해 "현대 미국의 가장 위대한 정치철학자"라고 평가하였다.

흑인인권운동 지도자 마틴 루터 킹을 비롯하여 지미 카터, 빌 클린턴 그리고 현재의 오바마에 이르기까지 미국의 대통령들에게도 큰 영향을 끼쳤다. 또한 그는『인간의 본성과 운명』(The Nature and Destiny of Man),『도덕적 인간과 비도덕적 사회』(Moral Man and Immoral Society)를 비롯한 18권의 저서와 많은 글들을 남겼다.

니버는 인간의 본성을 바탕으로 사회를 이해한다. 니버는 인간을 하나님의 형상대로 지음 받은 자유로운 피조물이며 동시에 죄인이라고 규정한다. 하나님의 형상을 지녔다는 것은 자기를 초월할 줄 아는 자유로운 존재라는 것을 의미한다. 인간이 피조물이라는 것은 인간의 유한성과 의존성을 가리킨다. 이것은 인간이 이중성을 지녔다는 것을 의미한다. 흑백논리와 이분법적 사고를 극복하고자 하는 니버의 변증법적 사고, 즉 모든 긍정은 그것에 대응하는 '부정'을 요청한다는 그의 변증법적인 사유는 이런 인간이해에 기초한 것이다. 그리고 인간의 이런 이중성 때문에 그는 인간 사회에서 권력의 필연성을 역설하지만 동시에 그 위험성을 경고하기도 한다. 그의 이런 입장은 다음과 같은 주장에 단적으로 나타난다. "정의를 위한 인간의 능력은 민주주의를 가능하게 한다. 그러나 부정의로 기우는 인간의 경향성은 민주주의를 필요하게 만든다."

현실주의에 기초한 니버의 윤리이론은 다음과 같이 요약될 수 있다.

첫째, 그는 현대의 사회윤리를 구조윤리로 파악한다. 그는 개인윤리와 사회윤리를 구별하여 집단은 개인보다 도덕성이 떨어진다고 생각했다. 사회윤리는 개인윤리의 연장이 아니라 정책, 제도 그리고 체제와 연관시켜 논하는 구조윤리라는 것이다.

둘째, 기독교의 사랑은 정의를 통하여 구체화되고 실현된다. 정의는 사랑의 구체화된 모습이다. 그에 의하면 "사랑은 정의를 통하여 구체화되고, 정의가 행해짐으로써 평화가 이루어진다."

『인간의 본성과 그의 공동체들』(Man's Nature and His Communities)은 니버의 마지막 저서이다. 니버의 탁월성은 기독교적 인간이해와 기독교 사회윤리를 제도, 정책 그리고 체제와 연관시켜 구조적으로 이해했다는데 있다. 니버가 서문에서 밝혔듯이 이 책은 인간관에 대한 그의 입장들을 요약하고 수정하고 있다. 니버의 신학사상을 바르게 이해하고자 한다면 반드시 이 책을 읽어야 한다. 이 책에 대한 요약은 고범서 박사의 『라인홀드 니버의 생애와 사상』(대화문화아카데미, 대화출판사, 2007, pp.847-874)에 잘 나타나 있다.

이 책이 널리 읽혀 인간과 사회에 대한 바른 이해를 할 수 있는 기회가 되기를 바라며, 니버가 강조한 예수님의 사랑과 사회정의가 이 땅에 실천되기를 기원하면서 니버의 기도문으로 이 추천의 글을 맺고자 한다.

"하나님, 내가 변화시킬 수 없는 일에 대해서는 그것을 받아들일 수 있는 평온함을 주시고, 내가 변화시킬 수 있는 일에 대해서는 변화시킬 수 있는 용기를 주소서. 그리고 이 두 가지 차이를 분별할 수 있는 지혜를 주소서."(God, grant me the serenity to accept the things I can, courage to change the things I can, and wisdom to know the difference.)

## 3-7. 고범서, 『라인홀드 니버의 생애와 사상』

대화문화 아카데미, 2007.

### 1. 라인홀드 니버의 위치와 니버사상에 관한 저서의 필요성

라인홀드 니버(Reinhold Niebuhr 1892. 6. 21-1971.6.1)는 20세기 미국
의 대표적인 기독교 사회윤리학자요, 사회사상가이다. 그는 1930년
대부터 1960년대까지 30년 동안 미국의 신학계뿐만 아니라 정치사
상계에도 큰 영향을 준 신학자였다. 그의 대표적인 저서 『도덕적 인
간과 비도덕적 사회』(Moral Man and Immoral Society, 1932)는 20세기의
대표적인 명저 중의 한 권으로 손꼽힌다. 이 책에서 니버는 주장한
집단(사회)은 개인에 비하여 집단적 이기주의(collective egoism) 때문
에 도덕성이 떨어진다는 주장을 함으로써 개인윤리와 사회윤리를
엄격히 구별할 것을 주장하였다. 이 이론은 신학계뿐만 아니라 일반
윤리학계에서도 보편적인 이론이 되었고 사회구조 윤리(Social Struc-
ture Ethics)로서의 현대 사회윤리학(Social Ethics)을 정립하게 하는 이
론적 근거와 틀을 만들게 되었다. 이 니버의 개인윤리와 사회윤리의
구별에 대한 이론은 우리나라 고등학교 윤리교과서에도 실려 있다.(고
등학교 『윤리』, 교육부, 2000. p.82. 고등학교 『도덕』, 교육인적자원부, 2005, p.25.)
이러한 이론을 한국에 소개를 하는 데 고범서 박사는 선구적 역할
을 하였다. (고범서, 『個人倫理와 社會倫理』, 1978, 한국신학연구소, 1978. 고범서,
「社會倫理의 特性에 관한 硏究」, 『韓國人의 倫理觀 II』, 韓國精神文化硏究院, 1984,
pp.247-278 참조) 한국의 학계에서 라인홀드 니버의 사상을 체계적으로
저술한 저서가 필요한 상황에서 고범서 교수의 이 저서가 출간되게

되었다

## 2. 고범서 교수의 『라인홀드 니버의 생애와 사상』의 가치와 요약

이 책은 라인홀드 니버에 관하여 그의 사상을 전체적으로 소개하고 정리한 저서이다. 라인홀드 니버의 생애부터 그의 전 저작 18권의 책을 요약하고 평가하면서 그의 사상을 체계적으로 저술한 총 943면이나 되는 방대한 분량의 대저이다. 추천인이 알기로는 영미계나 독일어권 어디에도 니버의 전 저작을 이렇게 다 소개하고 그의 사상을 정리 평가한 책이 아직까지 없었다. 세계 신학계에서 높이 평가 받을 수 있는 대작이자 역저이다. 니버는 신학자로서 일반철학계(사상과 윤리학계)와 사회정치학계에도 영향을 주었다. 이 책은 신학계뿐만 아니라 일반윤리와 정치학계에서도 필요한 책이 될 것이다.

이 저서는 10장으로 구성되어있다. 각 시대별로 니버 생애의 특징과 그 시대에 쓴 저서 18권에 대하여 1-9장에서 저서의 핵심사상을 요약 소개하고 저자의 입장하에 평가하는 방식으로 되어있다. 특히 마지막 10장에서 니버 신학에 대하여 전체를 평가하고 있다.

제1장과 제2장은 「탄생과 유년시절」, 「학창시절」을 소개하고 있다. 제3장 「디트로이트 목회시절」에서는 디트로이트시의 베델교회에서 목회하던 시절에 목회활동과 그의 첫 번째 저서 『문명은 종교를 필요로 하는가?』(1927)를 다루고 있다. 제4장 「유니온 신학교 교수로 취임(1928)」은 뉴욕에 있는 유니온 신학교 교수로 취임하여 본격적인 학자로서 학문 활동을 하던 시기로서, 여기에서는 목회일기인 『길들여진 냉소주의자의 노트북으로부터의 단편들』을 소개하고 있다.

제5장에서는 『유니온 신학교 초기(1928-1935): 기독교윤리 형성

기』로서『사회사업에 대한 종교의 공헌』(1932),『도덕적 인간과 비도적적 사회』(1932)『한 시대에 대한 종언에 대한 성찰』(1934),『기독교 윤리의 한 해석』(1935)이 출간된 시기이다. 이 시기에 그 유명한『도덕적 인간과 비도적적 사회』가 출간된 시기이다. 이 책은 기독교 사회윤리학계에 금자탑을 세운 저서가 되었다.『기독교 윤리의 한 해석』은 기독교윤리학의 가장 중심적인 주제인 사랑과 정의의 관점에서 기독교 윤리를 통찰한 저서이다.

제6장「유니온 신학교 교수 중기(1936-1945): 신학적 체계구축시기」로서 니버가 학문적으로 가장 왕성하게 활동하던 때이다.『비극을 넘어서』(1937),『기독교와 힘의 정치』(1940), 기퍼드 강좌인『인간의 본성과 운명』(1권1941, 2권1943),『빛의 아들과 어둠의 아들』(1944)을 소개하고 있다.

제7장「제2차 세계대전 후의 니버의 정치적 활약과 그 시기의 저술들(1946-1952)」에서는『시대의 징조의 분별』(1946),『신앙과 역사』(1949),『미국역사의 아이러니』(1952)의 저서가 출간되었다. 이 시기는 니버는 정치적으로 활발하게 참여한 시기이며, 기독교와 역사의 문제에 대하여 저술을 한 시기이다.

제8장에서는「유니온 신학교말기 (1952-1960): 신학적 및 정치적 저술과 생활환경」의 시기로서 이때에『기독교 현실주의와 정치적 문제』,『자아와 역사의 드라마』,『경건하고 세속적인 미국』,『국가와 제국의 구조』가 출판되었다. 이때는 공산주의 왜 그렇게 악한가? 하는 공산주의에 대하여 비판하던 시기이다. 이 시기에는 중점적으로 정치문제와 국제문제에 관한 저술을 하였다.

제9장에서는「유니온 신학교 은퇴와 그후의 삶을 다룬 시기(1960-1971)」로서 그의 마지막 저서인『인간의 본성과 그의 공동체들』의 저서가 출판된 시기이다. 유니온 신학교에서 가르쳤던 사회적, 정치

적 철학의 기존 견해들의 요약과 수정이 이루어진 시기이다.

제10장 「끝맺는 말: 니버의 신학과 미래의 전망」으로, 이 책의 가장 중심적인 부분이다. 니버 신학의 주제, 니버 신학의 공헌, 니버의 한계, 니버의 오늘의 의미를 다루고 있다.

니버의 사상은 사회정의 실현을 통한 사랑의 실천에 있다. 니버의 핵심적 과제는 "그리스도의 보편적인 절대적 사랑을 상대적인 사회적 현실에 적용하여 상대적으로 사회정의를 실현하는 것이다."(909쪽)

고범서 교수는 한국에 라인홀드 니버의 사상을 소개하고 사회윤리를 정립하는 데 평생을 바쳤다. 그동안 그가 저술한 대표적인 저서를 보면 아래와 같다.

『개인윤리와 사회윤리』,(한국신학연구소, 1978.)『변혁시대의 사회윤리』,(한림대출판부, 개정판,1992.)『가치관연구』,(나남,1992.)『사회윤리학』(나남, 1993.)『행복의 윤리학』,(소화, 1994.)『미래기독교의 여명』,(소화,1996.)『포스트 모던시대의 사회윤리』,(소화,1998,)『 파워- 힘에 대한 연구』, (2002.)

고범서 교수의 위의 저서에 보듯이 그는 우리시대의 대표적인 사회윤리학자로서 사회윤리학의 이론을 정립하고, 저술로서 빛나는 업적을 쌓아왔다. 니버연구사에 금자탑을 쌓고 앞으로 니버연구에 새로운 이정표를 세운 저서가 될 것이다.

# 3-8. 『세계 속에 있는 하나님』

곽혜원 옮김, 동연출판사

### 1. 몰트만과 한국

위르겐 몰트만 박사는 1964년 『희망의 신학』을 세상에 내놓아 세계적 명성을 얻고 생존해 있는 신학자 중 최고 석학으로 일컫는 독일의 신학자이다. 그를 가리켜 흔히 희망의 신학자라고 부르는 이유도 『희망의 신학』이라는 책 때문이다. 몰트만 교수가 5월 11일부터 16일까지 한국 방문하고 돌아갔다. 한국에서 서울신학대학, 연세대, 한신대, 한국 민중신학회와 안병무. 서남동기념사업회가 공동 주최하는 강연회, 한국기독교 교회협의회, 가톨릭교회의 일치포럼 등 바쁜 일정을 보냈다. 몰트만은 1975년 3월 한국을 방문한 이래 이번이 8번째 방문이었다. 1975년 한국에서 3월 첫 번째 강연이 「민중의 투쟁 속에 있는 희망」인 것처럼 한국의 고난 받는 민중들에 관심과 애정이 많다. 몰트만은 한국의 민중신학을 세계 신학계에 소개하였고 독일어판 민중신학을 편집하여 출판하였다.

그의 저서 곳곳에 한국사회, 한국교회, 민중신학에 대하여 쓰고 있다.(특히 『신학의 방법과 형식』pp. 270-289,) 한국에는 박사학위 논문지도를 한 9명의 제자( 김균진, 박종화, 배경식, 이성희, 유석성, 이신건, 김명용, , 김도훈, 곽미숙)가 있다.

### 2. 몰트만은 누구인가

몰트만은 누구인가. 몰트만은 1926년 4월 8일 독일의 북부 항구

도시 함부르크에서 교사의 아들로 태어났다. 그의 어릴 때 꿈은 아인슈타인과 같은 물리학자가 되는 것이었으며 괴테, 레싱, 니체를 즐겨 읽었던 꿈 많은 소년이었다. 제2차 세계대전은 그의 운명을 바꾸어 놓았다. 1943년 7월 함부르크 공습 때 옆에 있던 친구는 산산조각이 났지만 몰트만은 구사일생으로 살아남았다. 볼트만은 징집되어 1944년 영국전선으로 나갔고 1945년 전쟁포로가 되어 3년간 포로생활을 하다가 1948년 풀려났다. 그는 이 절망적인 죽음과 공포의 전쟁 속에서 영국 장교가 준 성경책을 읽으며 하나님을 발견하고 희망의 그리스도를 만났다. 수용소에서 포로로 잡혀있는 독일의 신학자들에게서 신학 공부를 시작하였다. 포로에서 풀려 귀국한 몰트만은 괴팅겐대학에서 신학을 계속 공부하여 신학박사 학위를 받았다. 그는 괴팅겐대학에서 오토 베버, 에른스트 볼프 등 훌륭한 선생님들의 지도를 받았다. 오토 베버는 그의 지도교수였고 에른스트 볼프에게서는 사회윤리의 강한 가르침을 받았다. 그후 목회도 하고 본대학을 거쳐 튀빙겐대학에서 1994년 은퇴하기까지 교수로 있었고 지금은 명예교수이다.

몰트만은 세계적 명성을 얻게 된『희망의 신학』을 출판하였는데 이 책은 에른스트 블로흐의『희망의 원리』에서 희망의 개념을 발견하여 종말론을 전개한 것이다. 불로흐는 "하나님 없는 희망"을 몰트만은 "하나님 있는 희망"을 말한 것이다.

몰트만은 그후『십자가에서 달리신 하나님 』,『성령의 능력 안에 있는 교회 』3부작을 펴냈다. 그후 다시 조직신학을 자신의 신학적 입장에서 체계화시켜 6권의 저서를 내었다.『삼위일체와 하나님나라』,『창조 안에 계신 하나님』,『 예수 그리스도의 길 -메시아적 그리스도론 』,『생명의 영』,『오시는 하나님』,『신학의 방법과 형식』을 저술하였다. 지금도『희망의 윤리』를 집필 중에 있고 2011년에는 완성되어 출판된다고 한다. 이 책 외에도 『정치신학, 정치윤리』, 『 본회 퍼의 사회윤리』 등 여러 가지 저서가 있다. 2008년까지 전 세계에서 몰트만의 신학을 주제로 쓰여진 박사학위 논문이 207편이나 될 정도로 그의 신학은 많이 연구되고 있다.

### 3. 『세계 속에 있는 하나님』에 대하여

이번에 한국 방문을 계기로 출간된 『세계 속에 있는 하나님, 하나님나라를 위한 공적인 신학의 정립을 지향하여』가 한국어로 출판되었다.

몰트만은 기독교의 정체성(Identität)과 기독교의 세상과의 공적인 연관성 (Relevanz)을 강조하고 있다. 이 책에 앞서 출판된 『삼위일체와 하나님역사』에서 다루었다. 또한 남은 문제인 기독교와 세상과의 연관을 다룬 것이 이번에 출판된 『세계 속에 있는 하나님』이다.

몰트만은 세상과의 연관성을 맺지 않는 기독교의 정체성은 없으며 신학의 기독교의 정체성 없이 세상과의 공적인 연관성은 있을 수 없다고 말하고 있다. (p.7) 그 이유는 신학은 그리스도를 위한 하나님의 신학이기 때문이다.

몰트만은 하나님나라와 연관시켜 신학이 사회의 공적인 일에 관여해야 함을 역설하고 있다. 신학이 사회적 문제에 깊이 관여해야 하는 것은 예수 그리스도와 하나님나라에 대한 희망 때문이라고 한다. 신학은 공공복리에 대해 깊이 유념하여 사회의 가난한 자와 소외된 자들을 정치적으로 대변해야 한다. 기독교는 사회 속에 사회정의와 인권과 평화, 자연과의 조화를 통한 생태적 정의를 이루어야 함을 논한다.( p.10.pp.75-109)

이 책은 3부로 구성되어 있다. 제1부 현실정치와 기독교신학, 제2부 현대세계의 가치와 기독교신 신학, 제3부 타종교와 기독교 신학으로 구성되어 있다.

제1부에서 정치신학과 해방신학, 생태신학, 인권 등의 문제를 다루고 있다. 정치신학의 기원과 전개, 오늘의 기독교의 과제가 무엇인지를 말하고 있다. 몰트만은 정치신학과 해방신학과 연관하여 세계화 문제에 대해서 상세하게 논한다. 제2부에서는 현대세계의 문제인 환경과 생태계의 위기에 대한 생태신학의 문제, 인권의 문제, 세계화의 경제문제 등을 다루고 있다.

제3부에서는 신학과 종교의 문제, 아우슈비츠 이후 유대교와 기독교신학, 자유의 종교인 개신교와 에큐메니칼 시대의 사명, 자유주의와 근본주의 문제, 기독교와 타종교의 문제를 논한다.

이 책에서 탁월한 부분은 정치신학 분야이며, 유럽에서 정치신학을 주장한 학자로서 그의 입장이 잘 드러나 있다. 몰트만의 이 책은 신학과 교회가 사회에 참여해야 하는 이유를 정치신학이라는 개념을 가지고 설명하고 있다. 몰트만이 말한 정치신학에 대하여 알아보자.

### 4. 몰트만의 정치신학

정치신학은 1960년대 독일에서 생긴 상황신학이다. 이 정치신학은 엄밀한 의미에서 "새로운 정치신학"이다. 남아메리카의 해방신학, 미국의 흑인신학, 한국의 민중신학과 같은 상황신학이다. 독일에서 정치신학에 참여한 학자는 요한 밥티스트 메츠(Johann Baptist Metz), 위르겐 몰트만(Jürgen Moltmann), 도로테 죌레(Dorothee Sölle)이다. 메츠는 "사회비판의 제도로서의 교회"를 말하였고, 몰트만은 정치신학을 "복음의 정치적 해석학"으로서 이해하였다.

정치신학 용어는 그리스의 스토아학파에서 처음으로 사용하였고 스토아학파는 신학을 신화신학, 자연신학, 정치신학 세 부분 나누었

다. 정치신학은 정치적 우월성과 국가의 절대적 요구를 신학적으로 정당화하는데 이용되었다

독일에서도 1922년 민족 사회주의적이며 극단적 반유대주의적인 국법학자 칼 슈미트(Carl Schmitt)가 정치신학(Politische Theologie, 1922년 제1판, 1934년 제2판)의 저서를 출판함으로써 "정치신학"이란 개념을 사용하였다. 그는 독재정치를 위한 반혁명적, 반자유적, 반민주적 애호심의 기치로 정치신학을 말한 것이다. 슈미트의 정치신학은 신학적으로 정당화된 정치적 통치권론(統治權論 Souveränitätslehre)이었다. 슈미트는 그의 정치신학을 1922년에는 바이마르 공화국의 대통령의 독재와 1934년 이후 히틀러의 강압적 통치를 정당화시키는데 사용하였다.

독일에서 정치신학이 태동하게 된 계기가 된 것은 아우슈비츠의 대학살이었다. 아우슈비츠 사건은 독일인들에게 사고의 행동의 전환점과 신앙이 내포하고 있는 신학적 위기를 드러내었다. 그뿐 아니라 아우슈비츠는 하나님에 대한 기독교의 진술을 고려해야 할 해석학적 조건이기도 하였다. 독일에서 나치 하에서 저질러졌던 아우슈비츠의 대학살은 독일인들이 행한 인류범죄였다. 제2차 세계대전 후에 독일인들은 아우슈비츠 대학살에 어떻게 기독교인들과 교회가 침묵하였는가에 대하여 묻게 되었다. 이 침묵은 제약과 수치와 비통의 책임을 수반하는 생명의 힘에 대한 물음이기도 했다. 이런 희생자들의 기억 속에서 미래에 대한 희망과 생명에 대한 용기 있는 신앙의 행동과 신학을 발견하고자 하였다. 여기에 대한 반성으로 정치신학이 태동하게 된 것이다. 두 가지 사실을 발견했다. 첫째, 신앙의 사사화(私事化, Privatisierung)는 신앙이 지니고 있는 책임 있는 공적 증언을 하지 못하고 기독교인들에게 자신들의 영혼만 구원하려 하는 "내적 망명" 상태로 돌입시켰음을 알게 되었다.

둘째, 종교와 정치를 철저하게 분리시킴으로 교회는 비정치적으로 정치는 비종교적으로 처신하게 되었고, 히틀러 당시에 박해받던 유태인들과 같은 사람들에게 인간의 존엄성과 인간 기본권에 대한 책임을 의식하지 못했다. 여기서 교회가 사회 안에서 비정치적으로 존재할 수 없고, 신앙 역시 순수하게 교회적으로 그리고 비정치적으로 존재할 수 없음을 깨달았다. 정치의식이 결여된 신학자들은 존재하지만 근본적으로 비정치적인 신학은 존재하지 않는다. 스스로 비정치적임을 선언하는 교회들과 신학자들은 항상 현상 유지의 권력과 협력하고 전적으로 보수적인 연합체를 구성한다. 반면에 정치신학은 신학이 지니고 있는 공적 증언과 책임에서 출발하며 사회 비판적이고 권력 비판적 신학이다. 정치신학은 교회 정치 조건을 의식하게 만들고 교회의 정치적 실존을 그리스도화시키려고 한다. 정치신학은 모든 신학의 정치적 의식을 일깨워야 한다.

정치신학은 교회의 정치화가 아니라 세계를 향한 얼굴을 가진 신학과 이 시대에서의 하나님 진술이었다. 이때 정치신학은 사회비판적 책임 하에 있는 종말론적 방향을 가진 하나님의 진술이었고 그리스도의 십자가의 정치적 차원과 하나님나라의 정치적 연관성에 대한 통찰이었다.

정치신학은 교회의 정치와 그리스도의 정치적 참여를 기독교화하려는 것이고 신앙의 정통성으로부터 그리스도의 제자직의 올바른 실천인 정통실천(Orthopraxis)으로 추진하려는 것이다. 따라서 정치신학은 정치적 해석학이요, 정치적 해석학은 정치적 제자도의 실천과 윤리를 동반한다. 몰트만은 그의 그리스도론을 십자가의 신학으로부터 정치신학으로, 정치신학은 정치적 제자도의 윤리로 귀결시킨다. 몰트만의 정치적 해석학은 하나님의 고난의 상황에서 삶의 해석학이 되고자 하며 그렇기 때문에 실천과 실천의 변화를 포함한다고 하였다.

### 5.『세계 속에 있는 하나님』의 가치와 오늘의 의미

몰트만의『세계 속에 있는 하나님』은 신학과 교회, 그리스도인이 세상과의 관계 속에서 왜 공적인 증언을 해야 하며 어떻게 사회참여를 할 것인가를 명쾌하게 밝혀준 책이다. 하나님사랑과 이웃사랑을 어떻게 실천해야 하며, 소금과 빛의 역할을 하기 위해 무엇을 할 것인가를 잘 설명하고 있다.

우리는 기독교의 정체성과 세상과의 연관성, 복음과 문화, 교회와 국가, 신학과 정치, 기독교와 타종교, 기독교의 선교와 시대적 사명, 자유와 평등, 사회정의와 평화, 세계화시대의 교회의 역할에 대하여 알고자 하면 이 책을 읽고 그 답을 얻을 수 있다. 신학을 공부하는 사람은 물론 설교를 준비해야 하는 목회자 그리고 평신도에 이르기까지 오늘의 실천적이며, 시대적인 문제들의 신학적인 설명을 들을 수 있다. 몰트만 그는 분명 어두운 우리 시대의 갈 길을 밝혀주는 등대와 같은 스승이다. 제자로서 선생님이 건강하게 장수하시기를 빈다.

# 3-9. 『오시는 하나님 - 기독교적 종말론 - 』

김균진 옮김, 대한기독교서회, 1997

위르겐 몰트만의 종말론에 관한 새로운 저서『오시는 하나님』이 번역, 출간되었다. 나는 튀빙겐대학교에서 몰트만 교수에게 7년 동안 가르침을 받았다. 1985년 여름학기에 종말론 강의를 듣게 되었는데 그 강의 내용이 바로 이 책이다.

몰트만은 1964년 종말론을 다룬『희망의 신학』으로 유명해졌고 이 책의 출판을 기점으로 현대의 대표적 신학자가 되었다. 몰트만은 『희망의 신학』이후에『십자가에 달리신 하나님』,『성령의 능력 안에 있는 교회』를 세상에 내놓았다. 그 이후 몰트만은 다시 조직신학적으로 기여하기 위하여 지금까지 5부작을 저술하였다.『삼위일체와 하나님 나라』(신론)를 시작으로『창조 안에 계신 하나님』(생태학적 창조론),『예수 그리스도의 길』(기독론),『생명의 영』(성령론)에 이어 다섯 번째로 쓴 것이 종말론인『오시는 하나님』이다. 몰트만의 저술은 종말론으로 시작하여 일단 종말론으로 끝을 내었다. 앞으로 몇 권의 책을 더 쓰리라고 짐작되기는 하지만 우선은 종말론으로 일단락 짓고 있는 것이다.

몰트만은 이 책에서 대표적인 학자들의 종말론에 대하여 논한다. 알버트 슈바이처, 오스카 쿨만, 칼 바르트, 파울 알트하우스, 루돌프 불트만, 에른스트 블로흐 등의 종말에 관한 이론과 죽음의 문제, 영혼불멸의 문제, 천년왕국, 최후의 심판, 새 하늘과 새 땅의 문제, 하나님의 영광에 대한 주제를 다루고 있다. 그리고 종말론을 통합적인 방법으로 사용하고 있는데, 개인적 종말론, 우주적 종말론, 역사의 종말론, 자연의 종말론의 전망 등을 통합한다.

종말론은 "마지막 사물들에 대한 이론" 또는 "모든 사물의 마지막"에 대한 이론으로 알려져 있다. 예수 그리스도의 재림과 심판, 죽은 자의 부활, 세계심판과 하나님 나라의 완성, 모든 것의 새로운 창조 등을 다룬다.

기독교 종말론은 '종말'의 말이 뜻하는 바와 같이 묵시사상적 "마지막 해결"과는 아무런 관계가 없다고, 몰트만은 말한다. 왜냐하면 기독교 종말론의 주제는 종말이 아니라 모든 사물의 새로운 창조이기 때문이다. 몰트만은 다음과 같이 강조한다. "기독교의 종말론은 십자가에 달려 죽은 그리스도의 부활을 회상함에서 비롯된 희망이요, 그럼으로써 살인적인 종말 안에 있는 새로운 시작에 대하여 말한다. '그리스도의 종말' 그것은 언제나 참된 시작이었다." 그는 "기독교 종말론은 모든 인격적 역사적 우주적 차원에 있어서 마지막 안에 시작이 있다는 이 그리스도적 모델을 따르고 있다"고 하였다. 몰트만은 종말론이 하나님에 대한 희망의 네 가지 지평을 가진다고 하였는데, 하나님의 영광, 세계의 창조, 땅과 함께 가지는 인간의 역사, 인간적 인격들의 부활과 영원한 삶을 위한 하나님에 대한 희망이 그것이다.

한국교회는 혹세무민하는 시한부 종말론자들이 사회에 물의를 일으킨 바 있다. 잘못된 시한부 종말론은 사회에 반사회적 반인륜적 해악을 끼치는 "민중의 아편" 역할을 한다.

기독교는 종말론의 종교다. 그러나 시한부 종말론자들이 말하는 종말론의 종교는 아니다. 한국 기독교와 기독교인은 종말론을 올바르게 이해할 필요가 있다. 그것이 바른 신학과 기독교인을 만들기 때문이다.

한국의 기독교와 기독교인들에게 몰트만의『오시는 하나님』은 이단 종말사상에 현혹되지 않고 확실한 종말관과 종말의식을 가지고 사회적 책임을 수행하도록 하는 데 크게 기여할 것이다.

끝으로 몰트만의 주요 저서들을 번역하여 한국신학계에 소개하였고, 이 번역서도 훌륭하게 번역하는 데 수고한, 한국인으로서는 몰트만의 첫 제자인 김균진 박사의 노고에 감사한다.

# 3-10. 사랑과 저항의 혁명가 『예수와 묵자』

문익환, 기세춘, 홍근수 대화, 일월서각, 1994

이 책이 출간되기까지 시인 고은은 늦봄 문익환 목사의 묘비문을 이렇게 쓰고 있다.

"여기 분단과 독재의 시절에 맞선 한밤중의 횃불로 타올라 그 이름 늦봄 문익환 님이시여, 오로지 당신은 조국과 겨레가 하나 됨을 위하여 온몸의 세월을 다 바쳤으니 당신의 이름은 어느덧 겨레의 가슴이 되어 이윽고 먼동 트는 아침으로 열리고 있거니 어찌 나는 새인들 당신께서 누워 계신 이 곳을 지나치리오."

우리 시대의 예언자, 우리 모두의 스승이며 민족 통일의 선구자 늦봄 문익환 목사가 지난 1월 18일 별세하였다. 문익환 목사는 그 생애 중 12년 동안을 감옥에서 보냈다. 그 감옥의 마지막 생활 중 1992년 기세춘 씨가 번역하고 해설한 『묵자(墨子)-천하에 남이란 없다(天下無人)』라는 책을 읽게 되었다. 이 묵자를 감명 깊게 읽은 문익환 목사는 1992년 10월부터 1993년 2월까지 2~3일에 한 번씩 저자에게 토론의 편지를 보냈다. 또 향린교회 홍근수 목사는 KBS-TV의 심야토론과 신문, 잡지, 인터뷰 내용이 문제가 되어 1991년 2월 22일 국가보안법 위반 혐의로 수감, 1992년 8월 만기 출소하였다. 옥중에서 홍 목사 역시 묵자를 읽고 저자 기세춘 씨에게 편지를 보냈다. 두 목사가 편지를 보낸 이유는 묵자를 번역 해설한 기세춘 씨가 묵자와 예수를 비교하여 설명하였기 때문이다. 기세춘 씨는 이에 답신을 보내 토론이 시작되었다. 이 토론을 묶어 펴낸 것이 이 책이다. 따라서 이 책은 기세춘 씨의 묵자의 사상과 교리(묵자란 누구인가, 묵자의 철학사상, 종교사상, 평화사상, 평등사상 등), 문익환. 홍근수 목사의 편지, 기세춘 씨의 답장 그리고 홍근수 목사의 반론으로 구성되어 있다. 동양사상과 예수를 비교하여 토론한 이 책은 바른 토론 문화와 학문의 담론 문화의 길을 열어준 책이라고 평가된다.

### 묵자와 묵자의 사상

먼저 묵자(墨子)란 누구이며, 이 책은 어떤 책이며, 그의 사상은 무엇인가 주목할 필요가 있다. 묵자는 공자 이후 맹자 이전에 태어난 사람으로, 성은 묵(墨)이요, 이름은 적(翟)이다. 출생지와 생존연대에 대하여는 불분명하나, 대체로 기원전 479년에 태어나 기원전 381년에 죽은 것으로 추정되고 있다. 묵자는 공자만큼 명성이 드높았던 대사상가였고, 묵가(墨家)라는 학파의 창시자가 되었다. 한비자, 순자, 장자 같은 책에서도 공묵(孔墨) 또는 유묵(儒墨)이라고 칭하여 공자의 유학(儒學)에 대치되는 사상적 세력을 가졌다. 「여씨춘추(呂氏春秋)」에도 "공자와 묵자의 제자와 무리들이 천하에 가득 찼다(孔墨之弟子從屬滿天下)"고 기록되었듯이 묵자의 학문은 그 당시 유학과 함께 온 세상에 성행하였다. 묵자의 사상을 따르는 사람들은 집단을 이루고 살았는데, 이들은 말이 믿음직하고 용감하며, 약속을 성실히 지키고 몸을 아끼지 않고 위험에 뛰어들었다고 한다. 「회남자」(淮南子)에는 이렇게 기록되어 있다: "공자의 제자는 70명이 있었고, 묵자를 따르는 무리가 180명인데, 그들은 우두머리의 명령이 떨어지면 불 속에 들어가는 일이든 칼날을 밟고 서는 일이든 절대 주저하지 않을 사람들이다."

『묵자』라는 책은 본래 71편이었으나 18편이 없어져서 현재 53편만 남아있다. 묵자는 노동자(목수 또는 기술자) 출신으로 민중을 옹호한 사상가, 종교가, 혁명가, 평화 운동가, 철학자였다. 묵자는 피지배 계층의 입장에 서서 정치적 억압과 경제적 수탈을 자행하는 지배계층을 향해 겸애(兼愛)의 실천과 경험과 실용적인 것을 강조하였다. 묵자의 사상은 겸애(兼愛), 교리(交利), 비공(非攻), 절검(節儉), 비유(非儒)로 말할 수 있다.

겸애는 나와 너의 구별이 없는 절대적 사랑이다. 나와 너의 구별 없이 모든 사람을 똑같이 사랑하는 것이다. 여기서 겸(兼)이란 "자기와 남을 똑같이 생각하는 것", "자기와 남의 구별이 없는 것", "사람에게 차등을 두지 않고 똑같이 대해주는 것"을 의미한다., 묵자는 겸애의 반대가 되는 것을 별애(別愛)라고 하였다. 여기에서 별(別)이란 "자기와 남을 구별하고, 사람들에 대하여 자기를 중심으로 차등을 두어" 상대하는 것이다. 차별적 사랑이다.

묵자는 "남의 나라 보기를 자기 나라 보듯 하고, 남의 집안 보기를 자기 집 보듯 하며, 남의 몸 보기를 자기 몸 보듯 하라. … 제후들이 서로 사랑하게 되면 들판에서 전쟁하는 일이 없게 되고, 가장(家長) 들이 서로 사랑하게 되면 서로 뺏으려는 일이 없게 되며, 사람과 사람이 서로 사랑하면 곧 서로 해치지 않게 된다. 임금과 신하가 서로 사랑하면 곧 은혜롭고 충성스럽게 될 것이며, 형제들이 서로 사랑하면 곧 화목하고 조화를 이루게 될 것이다. 천하의 사람들이 모두가 서로 사랑한다면 강한 자가 약한 자를 잡아 누르지 않게 되고, 많은 사람들이 적은 사람들의 것을 겁탈하지 않게 되며, 귀한 사람들은 천한 사람들에게 오만하지 않게 되고, 간사한 자들이 어리석은 자들을 속이지 않게 될 것이다. … 겸애는 천하를 두루 평등하게 서로 사랑하되, 네 이웃을 네 몸같이 사랑하고 남의 집안을 제 집같이 사랑하고, 남의 나라를 제 나라같이 사랑하라. 남 보기에 제 몸같이 하라. 서로 평등하게 사랑하여 서로를 이롭게 하여야 한다"고 하였다. 묵자의 사랑은 이(利)를 바탕으로 하고 있는 것이다.

묵자는 사람들을 이롭게 해 주지 못하는 것 또는 사람들에게 이익을 주지 못하는 행위는 사랑이 아니라고 생각하였다. 여기에서 서로 이익을 나누어 가지는, 다 같이 서로 이롭게 하는 교리(郊利)사상이 나온다. 묵자는 모든 사람은 다 같이 서로 사랑하고 다 같이 서로 이롭게 한다(兼相愛, 交相利)고 말하였다. 사랑의 실천은 반드시 남에게 이익을 주는 것이기 때문이다. "겸애는 서로 사랑하자는 뜻으로 정치적 평등의 요구였고, 교리는 서로 이익을 나누어 가지는 의미로 경제적 평등의 요구였다. 이 두 가지는 서로 다른 것이 아니다. 겸애가 이루어지면 교리는 저절로 따라오는 것이다"(김교빈, 이선구, 『동양철학에세이』).

또한 묵자는 "한 나라가 다른 나라를 공격하고 침략해서는 안 된다"는 비공(非攻)을 말하였다. 묵자는 근검절약하는 절용,(節用) 장례를 간소화하는 절장,(節葬) 상벌을 내리는 귀신을 섬기는 명귀,(明鬼) 낭비적 활동인 음악에 대해 비난하는 비악,(非樂) 하늘의 뜻을 따르며 겸애의 사상을 실천하는 정치인 의정(義政)을 주장하였다. 묵자는 또 의정에 있어서 현명한 선비를 등용하는 상현,(尙賢) 숙명을 반대하는 비명,(非命) 유가(儒家)를 반대하는 비유(非儒)를 말하였다.

묵자의 가르침은 묵자가 죽은 후 묵가 집단의 총 우두머리인 거자(鉅子)의 지도하에 상당히 많은 신자를 거느린 체계적인 종교로 발전하였다. BC 2세기까지 유가와 함께 묵가는 쌍벽을 이루며 천하에 가득하였다. 오히려 천하인심이 묵가에 쏠렸다. 그러나 기원전 100년경 가혹한 탄압으로 사라졌다. 그로부터 200년 지난 후 다시 각광을 받게 되었다. 묵자는 사랑과 평화와 평등사상을 주장한 사상가였다. 기세춘 씨는 말하기를, 묵자는 인류 최초의 군주계약설을 발표하고, 인민주권사상을 주장하였고, 신분제도, 상속제도, 노예제도, 사석소유권을 반대하였다고 한다.

## 묵자와 예수

묵자는 순자와 달리 하나님을 인정하는 유신론자였다. 하늘의 뜻 (天志)을 찾았다. 묵가에서 말하는 하늘은 겸애의 실시 여부를 살피는 감독이다. 모든 사람들을 너와 나의 구별 없이 사랑해야 한다는 '겸애'는 500년 후에 이스라엘 땅에서 하나님의 아들이자 사람의 아들로 태어난 예수의 '사랑'의 정신과 너무나 일치한다. 우연의 일치인가 아니면 다른 추측을 해야 하는 것일까? 저자 기세춘 씨는 예수가 묵자의 사상을 전수받았다고 주장한다. "예수는 묵자의 하나님 사상을 전수받아 유대의 종족적 수호신을 인류적 평화의 하나님으로 혁명한 종교가"(88)라고 하였다. 이에 문익환 목사는 "묵자와 예수는 수렵 기마민족의 신관인 유일신 하나님을 가지고 있다는 점에서 같은 뿌리에서 나온 두 가지라고 볼 수 있다. 그러나 예수는 모세에게서 시작되고 천여 년 흘러내려온 이스라엘 전통에 서서 그 전통에 새로운 전통을 비추어 사람과 세계와 역사의 문제를 밝힌 분이라고 보는 것이 역사적으로 정확한 비판이라고 본다"고 하였다. 홍근수 목사도 두 가지 점에서 기세춘 씨를 비판한다. 첫째, 예수와 묵자의 사상의 유사성에서 예수가 묵자의 하나님 사상을 전수받았다는 것은 역사적 증거를 제시하여야 설득력이 있다는 점, 둘째, 기세춘 씨의 예수 이해가 바른 역사적 증거나 성서적 지식에 근거하고 있다기보다는 오히려 현실 기독교인들의 왜곡된 또는 상식적인 예수관에 더 의존하고 있다는 것이다. 기세춘 씨는 다음과 같이 역설한다.

"묵자와 예수는 모두 기층 민중 편에 서서 인간 해방을 설교하고 그것을 위해 투쟁하였으며, 그 사상적 기초는 하나님의 사랑이었다는 점에서 일치한다. 다만 두 성자는 각자가 처한 상황에 따라, 묵자는 현실 투쟁을 중시했으며 예수는 우선 위로와 희망을 중요시했던 것이다. 묵자에게는 목숨보다 귀중한 것이 의(義)였으나 예수에게는 목숨보다 귀중한 것은 없었다. 그래서 묵자에게는 투쟁이 중요했고 예수에게는 인내가 더 중요했는지도 모른다. 묵자와 예수는 모두 전쟁과 폭력을 반대했지만, 예수는 용서를 묵자는 저항을 외친 것이다. 묵자는 네 이웃을 네 몸같이 사랑하라는 하나님의 평화를 실현하기 위해서 전쟁을 거부하고, 전쟁 도발자를 찾아가서 그들을 중지시켰으며, 어디든 방어전에 참여하는 투쟁가였으나 예수는 침략자 로마제국을 위해 기도한다. 예수는 왼 뺨을 때리는 자에게 오른 뺨을 내밀었지만 묵자는 왼 뺨을 치려는 자의 손목을 잘라버렸던 것이다. 그러나 두 성자는 모두 민중을 위해 자기 목숨을 바치려 하였으며, 결국 예수는 자기 목숨을 바쳤던 것이다.(87)"

기세춘 씨는 묵자와 예수 사이에 유사점이 있음에도 불구하고 건널 수 없는 결정적 차이가 있다고 주장한다. 즉, 예수는 죽은 후에 하늘나라의 평등 사회를 약속하지만 지금 땅 위의 불평등을 용납한다. 예수는 아버지 나라(야훼가 지배하는 평등사회)가 다가왔다고 말하며 회개하라고 말할 뿐, 지금 이 땅 위의 평등사회를 말하지 않는다고 한다. 그러나 이에 대해 홍근수 목사는 이의를 제기하고, 예수가 이 세상에 온 목적은 이 지상의 해방과 정의와 평화의 실현이라고 주장하면서 예수와 묵자 사이에 평등사회를 실현한다는 점에서는 큰 차이가 없다고 말한다.

서평자의 견해로는 예수 사상의 핵심은 평화와 사랑이라고 생각한다. 평화는 정의를 내용으로 하는 평화이다. 예수가 말하는 사랑 중에서도 "네 원수를 사랑하라"는 '원수사랑'의 정신은 어느 종교 어느 사상가에서도 찾아볼 수 없는 녹특하고 탁월한 가르침이나. 이

원수사랑은 완전한 이웃사랑이요 완전한 정의의 모습이며, 이 땅 위에 평화를 실현하는 방법이다. 또 예수의 "보복하지 말라"는 가르침은 폭력의 포기가 아니라 폭력으로부터의 자유스러움을 말한다. 이 정신은 비폭력 무저항이 아니라 비폭력 저항이다. 따라서 차별 없는 사랑인 묵자의 '겸애'와 '원수사랑'을 이야기하는 예수의 '사랑' 사이에는 질적인 차이가 있다. 묵자보다 예수의 사랑의 정신이 더 깊고 높은 정신이 아니겠는가 하는 것이 서평자의 견해이다.

기세춘 씨는 이 시대에 묵자를 묵자답게 살려내었다. 땅 속에 묻혀 있는 보화를 캐내듯 묻혀져 잊혀졌던 사상가 묵자를 예수와 비교하여 볼 수 있는 계기를 마련하여 주었다. 그뿐 아니라 지배자의 논리와 시각으로 세상을 보지 않고 피지배자와 민중의 시각으로 사회와 역사를 볼 수 있도록 깨우쳐 주고 있다는 점에서 이 책의 출간 의의는 크다. 참다운 사회 개혁은 무엇이며, 어떻게 사는 것이 천륜(天倫)과 인륜(人倫)이 만나는 참된 생명의 길인가, 진정한 평화란 어떤 것이며 어떻게 하면 불평화의 근원인 남북 분단을 극복하고 한반도에 평화통일을 실현할 수 있겠는가에 관심하며 살아가는 이 시대의 사람들에게 이 책은 많은 가르침을 줄 것이다.

바다를 보지 않고 물을 말할 수 없듯이, 묵자를 읽지 않고 어떻게 사회 개혁을 말할 수 있으며, 예수의 사랑의 정신없이 어찌 실천하는 진리를 논할 수 있겠는가.

(『예수와 묵자』 문익환, 기세춘, 홍근수 논쟁 일월, 서각)

# 3-11. 『책임』은 하나님의 명령에 대한 복종이다

윌리엄 슈바이커 『책임』 문시영 옮김, 대한기독교서회, 2000

책임(responsibility/Verantwortung)은 현대 윤리학 논의에서 핵심적인 개념이다.

책임윤리는 오늘 우리 사회에서 긴급하게 필요하다. 새로운 세기를 맞아 이 땅 위의 사람과 사회가 바로 되기 위해서는 책임적 인간, 책임적 사회가 되어야 할 것이다. 이 글을 쓰고 있는 이 시간에도 4·13총선을 앞두고 망국병이라고 하는 지역감정을 부추기는 정치지도자의 발언이 난무하고 있다. 그뿐 아니라 지역감정의 책임을 상대당 지도자에게 떠넘기는 책임전가를 하고 있다. 김종필 자민련 명예총재의 발언으로 촉발된 지역감정의 책임공방은 급기야 민국당의 지역감정 괴수론, 영남정권 재창출론, 한나라당과 자민련의 충청도 결불론, 그것도 모자라서 색깔론까지 가세하고 있다. 심지어 민국당 김광일 씨는 "선거에서 지면 영도다리에서 빠져 죽자"는 말까지 하고 있다. 지역감정을 이용하여 정치적 생명을 연명해 가는 정치인들을 몰아내고 지역감정을 이용해 정치를 하고자 하는 풍토를 없애야겠다. 그렇게 하기 위해서는 책임의식 투철한 정치인이 필요하며 정치계에 책임윤리가 정립되어야겠다.

본래 책임윤리 문제가 제기된 것은 정치문제와 연관시켜 시작되었다. 20세기에 책임의 문제를 제일 먼저 제기한 사람은 독일의 막스 베버(Max Weber)였다. 그는 1919년 뮌헨에서 행한 강연 「직업으로서의 정치」(Politik als Beruf)에서 책임윤리문제를 말하였다. 베버는 심정윤리(Gesinnungsethik)와 책임윤리(Verantwortungsethik)를 구분하였다. 책임윤리는 행위의 결과에 대하여 책임을 지는 것을 의미한다. 그후 빌헬름 바이쉐델(Wilhelm Weischedel, 1933), 게오르크 피히트(Georg Picht, 1969), 한스 요나스(Hans jonas, 1979) 등이 책임윤리에 관한 저서를 내고 논의에 참여하였다. 신학적으로는 디트리히 본회퍼(Dietrich Bonhoeffer)가 처음으로 그의 『윤리학』(Ethik)에서 책임윤리의 문제를 거론하였다. 본회퍼가 말하는 책임윤리는 그리스도가 성육신한 이 세상의 현실에서 세상을 위한 책임적인 삶을 말한다. 본회퍼는 이 세상을 예수 그리스도 안에서 예수 그리스도를 통하여 우리에게 주어진 구체적인 책임의 영역이라고 말했다.

특히 1979년 한스 요나스의 『책임의 원리』(Das Prinzip Verantwortung)가 출간된 후 기술과학 시대에 생태학적 문제와 연관시켜 책임의 문제가 윤리적 논의에서 중요한 주제로 떠올랐다. 그 이전에 나온 에른스트 블로흐의 『희망의 원리』(Das Prinzip Hoffnung)를 대체하는 저서가 되었고 주제도 희망에서 책임으로 바뀌었다. 신학적으로도 본회퍼가 문제를 제기한 후 리처드 니버(Richard Niebuhr)가 『책임적 자아』(Responsible Self)를 내놓아 기독교 윤리에서 책임의 중요성을 부각 시켰다. 에큐메니칼 권에서는 1948년 세계교회협의회의 암스테르담 총회 때 제기된 책임사회(Responsible Society)가 있다. 이렇게 책임의 개념은 현대 윤리와 20세기 복음과 사회윤리를 이해하는데 핵심적인 개념이 되었다. 이렇게 중요하게 부각된 책임의 문제를 기독교 윤리학의 입장에서 서술한 책이 윌리암 슈바이커(William Schweiker)의 『책임윤리란 무엇인가: 책임의 개념, 역사, 그리고 과제』이다. (원제목: 책임과 기독교 윤리〈Responsibility and Christian Ethics〉이다.)

이 책은 도덕적 책임과 기독교 윤리에 관하여 다루고 있다. 책임의 문제를 현대 기술 사회에 있어서 가치와 힘의 연관 관계에 초점을 맞추어 서술하고 있다. 특히 기독교 신앙으로부터 유래하는 독특한 도덕적 책임이론을 말한다.(p.13) 저자는 책임윤리를 3부에 걸쳐서 「책임의 컨텍스트」(The Context of Responsibility), 「책임의 이론」(The Theory of Responsibility), 「책임의 원천」(The Source of Responsibility)으로 나누어 서술하고 있다.

저자는 이 책에서 도덕적 책임에 관한 사고방식을 다루고 있고 후기 현대 서구사회에서 발견되는 도덕성 및 도덕적 행위자에 관한 신념들을 중심으로 논하고 있다. 그 다음으로 전통적인 책임의 개념과 윤리학에서 책임개념의 중요성, 즉, 윤리학의 제1원리로서의 책임의 개념을 강조하고 있다. 그 다음 책임의 어원적이고 개념적인 복잡성을 분석하고 서양 윤리학에서 책임의 개념이 어떻게 발전 수용되었는가를 살피고, 책임의 이론들을 유형론(typology)적으로 접근하고 있다.

슈바이커는 도덕적 책임에 관한 기존의 이론들을 세 가지 유형으로 구분한다. (원저서 p.40, 번역서 p.73). 대리행위적 유형(agential type), 사회적 유형(social type), 대화적 유형(dialogical type)으로 나눈다. 대리행위적 유형은 행위하는 대리자의 책임을 근거로 하는 것이다. 사회적 유형은 칭찬과 비난의 사회적 시행에 중심을 둔다. 대화적 유형은 타자와의 만남이라는 사건에 관심을 가진다. 따라서 응답의 대상이 되는 존재에 초점을 맞춘다.

저자는 제4의 방법으로 통합적 책임론(integrated theory of responsibility)을 제시하고 있다. 슈바이커는 이 통합적 책임이론은 앞에서 말한 대리적 행위자 이론, 사회적 이론, 대화적 이론을 각각 원용하여 통합하는 이론이라고 하였다. 슈바이커는 책임문제를 개인적 책임으로 축소시켜서는 안 된다고 하고, 책임문제를 공동체적으로 이해하고 있다.

슈바이커는 강조한다. "통합적 책임이론의 초점은 행위자 혹은 그

공동체에게 기초적인 요소라고 할 수 있는 자기 위탁과 다른 사람들과 환경과의 관계에서 행위할 힘 사이의 연계성이다. 힘의 사용을 위한 규범은 책임적 행위자 혹은 공동체가 삶의 의미와 일관성에 대해 기초적인 것으로 용인한 계획에 대해 논한다. 그러므로 윤리학의 작업은 단지 행위자와 그 행위 간의 관계, 칭찬과 비난의 시행, 혹은 만남의 사건을 다루는 것이 아니다. 오히려 윤리학은 우리의 삶의 문제를 취급한다. 신학적 윤리에 있어서 이것은 기독교 신앙의 도적적 의미에 관한 질문이라 하겠다."(p.74)

또 통전적 책임윤리에 대해 이렇게 강조한다. "통전적 책임윤리는 존재할 만한 선이라고 하는 체험을 통하여 힘의 가치전환을 검토한다. 이것은 기초적인 도덕체험이며 기독교 신앙을 따라 설명하자면 우리가 살아가고 움직이며 존재한다는 것이 하나님 안에서만 가능하다는 점을 입증하는 것이라 하겠다. 책임윤리의 목적은 이러한 주장을 인정하는 것인 동시에 기독교 신앙의 도덕적 의미를 명료하게 설명하는 것이라 하겠다."

슈바이커는 신학적 책임윤리를 소명과 응답으로 설명한다. 바르트가 책임을 "하나님의 명령에 복종적으로 대답하는 것"이라고 한 말을 중요하게 받아들이고 신앙인의 삶을 소명 안에서 책임적으로 살아가는 도덕적인 존재라고 하였다.(p.172)

저자는 기독교 신앙을 책임과 연관시키고 책임의 이해를 통해 기독교 도덕철학의 개념을 재설정하려고 한다. 이러한 반성을 통해 신앙을 "도덕적 이해를 추구하는 신앙"(fides guaerens intellectum moralem)으로 규정한다.

그리스도인의 믿음으로 산다는 것은 두 가지 의미를 지닌다. 첫째는 하나님 앞에서의 삶의 통전성을 존중하고 함양하려는 특정한 계획에 자신을 내어 맡김으로서 살아가는 것을 말한다. 둘째는 이러한 자기 헌신이 인간의 선을 구성해 준다는 점을 신뢰하며 살아가는 것을 의미한다.(p.201).

칸트가 정언명법(kategorischer Imperativ)을 말했듯이 슈바이커는 책임의 명법을 제시하고 있다. "모든 행위와 관계에 있어서 우리는 하나님 앞에서의 삶의 통전성을 존중하고 함양해야 한다."(p.205)

책임의 명법은 모든 행위와 관계에 있어서 우리가 가치의 차원들을 존중하고 함양해야 한다는 것과 그 가치의 차원들을 삶의 정합적이고 참된 방식에로 통합하여야만 한다는 것을 의미한다.

현대 윤리학의 핵심적인 주제인 동시에 무엇보다도 깊이 인식해야 할 주제인 책임의 문제를 다룬 이 책은 기독교윤리학계와 교회에 큰 공헌을 할 것이다. 저자의 의도를 잘 나타내고자 수고한 역자의 노고를 높이 평가하고 싶다.

(기독교사상 2000. 4)

# 제2부
## 서울신학대학교와 총장시절

# 1장. 축사

## 1-1. 몰트만 명예박사 학위 수여사

Jürgen Moltmann 이름은 20세기 후반 세계 신학계의 신학자의 대명사라고 할 수 있습니다.

몰트만 교수님은 살아 있는 전설과도 같은 신학자입니다. 오늘 이 자리에 계신 것을 보는 우리는 '살아있는 전설'을 보고 있습니다.

제2차 세계대전 후 1964년 『희망의 신학』(Theologie der Hoffnung)을 발표하여 새로운 신학의 지평을 열고 그야말로 혜성처럼 세계신학계에 등장하여 이제 세계에서 가장 유명한 신학자의 한 분이라고 할 수 있다.

몰트만 교수님은 1926년 4월 8일 독일의 북부 항구도시 함부르크에서 출생하셨습니다. 동양에서는 음력 4월 8일 석가모니 부처가 태어났고 서양에서는 양력 4월 8일 위대한 신학자 몰트만 교수님이 태어났습니다.

제2차 세계대전에 징집되어 수많은 전우들이 곁에서 전쟁의 포탄를 맞고 찢겨 죽는 것을 보며 하나님께 물었습니다. "나의 하나님 어디에 계십니까? 무엇 때문에 나는 살았고 다른 사람들 때문에 죽지 않았습니까?

영국에서 전쟁의 포로 생활 중 하나님을 만났습니다. 그리고 그후 괴팅겐대학교에서 신학을 공부하여 신학박사를 받으시고, 목회도 하고, 부퍼탈신학대학, 본대학, 튀빙겐대학에서 교수로 계시다가 은퇴하시고 지금은 튀빙겐대학 명예교수로 계십니다.

특별히 금년 2013년 9월 1일부터 우리 학교 석좌교수를 맡고 계십니다.

몰트만 교수님은 『희망의 신학』을 위시하며, 『십자가에 달리신 하나님』, 『성령의 능력 안에 있는 교회』, 『희망의 윤리』 등의 저술이 있습니다. 몰트만 교수님의 신학은 한마디로 삼위일체론적 십자가 신학입니다.

우리 대학에서 몰트만 교수님에게 학위를 드리게 된 것을 세계신학계에 공헌과 한국을 사랑하시고 한국신학을 세계에 널리 알리시고 한국의 문제를 신학화하셨습니다. 무엇보다도 서울신학대학의 석좌교수 청빙을 흔쾌히 허락하셨습니다.

또한 서울신학대학교가 유럽과 독일로 나아갈 수 있는 교두보를 마련하도록 튀빙겐대학과 교류협력을 주선해 주셨습니다.

앞으로 우리 성결의 사회화와 성결신학의 세계화를 위해 학문적으로 공헌하실 것입니다.

몰트만 박사님이 자서전 제목을 시편 31편 8절을 따서 "더 넓은 곳", "더 넓은 장소, 더 넓은 공간"(Weiter Raum, The Broad Place)이라고 붙였습니다. 이제 오늘을 기점으로 우리 서울신학대학과 성결교회가 하나님의 사명과 시대적 과제와 학문의 세계가 더 넓은 곳으로 나아가게 되기를 바랍니다.

저는 저의 스승이신 몰트만 교수님께 총장으로서 명예신학박사

학위를 드리게 됨을 한없는 영광으로 생각합니다. 23년 전 저에게 신학박사학위를 주셨는데 이제 제가 저의 스승님께 명예신학박사 학위를 드리게 되었습니다.

우리대학은 기쁜 마음으로 몰트만 명예신학박사 학위를 드립니다. 감사합니다.

## 1-2. 김선도 감독·박관순 사모 명예박사 학위수여사

시대는 인물을 낳고 인물은 역사를 만듭니다.

존 웨슬리 이후 가장 큰 복음의 사역과 선교의 역사를 이룬 광림교회 김선도 감독님과, 박관순 사모님에게 100년의 역사를 지닌 서울신학대학교에서 개교100주년기념 명예박사학위를 수여하게 됨을 기쁨과 영광으로 생각합니다.

김선도 감독님과 박관순 사모님은 창조적 리더십을 발휘하시고 실천하신 내외분입니다.

김선도 감독님은 한국교회사뿐 아니라 감리교 역사에 길이 빛날 업적을 남기셨습니다. 세계에서 가장 큰 감리교회인 광림교회를 만드시고 신학교육과 세계감리교 운동, 웨슬리 정신의 세계화를 위해 헌신하셨습니다. 기독교대한감리회 감독회장, 세계감리교협의회 회장을 지내시고, 미국 에즈베리 신학대학원 국제이사 및 석좌교수로 계십니다.

박관순 사모님은 새 시대의 사모상을 정립하셨습니다. 박관순 사모님은 김선도 감독님의 이 모든 사역을 이루도록 돕고 공헌하신 분입니다. 박관순 사모님은 서울대학교 간호학과를 졸업하시고 천성적으로 돕는 성품을 지닌 분으로 김선도 감독님을 돕는 역할에서 모든 일을 창조적으로 가능케 하신 분입니다.

박관순 사모님은 김선도 감독님이 이룬 업적의 절반이 아니라 중첩적인 창조의 길인 100+100의 모든 일을 이루셨습니다.

김선도 감독님과 박관순 사모님은 "남편의 주장에 아내가 따르는 부창부수(夫唱婦隨)"를 넘어 함께 공동사역을 하셨습니다. 이 두 분에게 오늘 서울신학대학교는 학교 역사상 최초로 동시에 부부 명예박사 학위를 수여하여 한국교회사에 남을 영예로운 예식을 거행하게 되었습니다.

서울신학대학교의 입장에서 보면 이 두 박사님의 가장 큰 업적이 하나 더 있습니다. 세 자녀 중 두 자녀를 서울신학대학교에 보내 교육시킨 일입니다. 많은 업적 중에서 이 일이 가장 잘하신 일이라 굳게 믿는데 여러분은 어떻게 생각하십니까?

아드님, 김정석 목사님은 서울신학대학교 신학과를 졸업하였고 따님 김정신 선생님도 우리대학 대학원 교회음악과 합창지휘를 전공하였습니다. 이제 학부모이신 두 분 김선도 감독님과 박관순 사모님이 명예문학박사, 명예신학박사 학위를 받으시고 동문이 되어 서울신학대학교 가족이 되었습니다.

새로운 동문가족 탄생을 기뻐하면서 서울신학대학교의 동문으로서 세계 대학사와 신학교육사에 길이 남을 학교로 만드는 일에 공헌하실 것을 기대합니다.

김선도 박사님, 박관순 박사님 늘 건강하시고 그 경륜과 지혜를 하나님의 나라, 민족과 교회 그리고 세계평화를 위해 더 잘 발휘하시기를 빕니다.

오늘 명예박사 학위수여식을 축하하기 위해 이 자리에 참석하신 모든 분들에게 하나님의 크신 은총과 축복이 임하기를 기원합니다.

감사합니다.

# 1-3. 서울대 황경식 교수 정년퇴임식 축사

존경하는 내외귀빈 여러분! 존경하는 황경식 교수님 내외분! 사랑하는 황경식 교수님의 정년퇴임을 진심으로 축하드립니다.

어떻게 생각하면 정년은퇴는 학교를 떠난다는 것이 섭섭하고 아쉬운 일이기는 하지만, 그러나 65세 정년을 건강하게 맞을 수 있다는 것만으로도 감사하고 축하할 일이라고 생각합니다.

황교수님은 교수들이 해야할 교육 - 연구 - 봉사 세 가지의 일을 정말 성실하고 훌륭하게 완수하셨습니다.
지난 25년 동안 수많은 학사, 석사, 박사의 제자들을 길러내셨고, 저서 - 공저서 - 번역서 100여 권을 출판하셨고, 한국윤리학회 - 한국철학회 - 철학연구회 등등 학회활동과 로마가톨릭 교황청 생명윤리자문위원, 대통령직속 국가생명윤리심의위원, 명경의료재단이사장 등 대사회적 봉사활동까지 왕성하게 활동하셨습니다.

그리고 황 교수님은 다른 교수들이 부러워할 만한 가정적인 연구환경을 가지고 연구를 하셨습니다. 한국 최초의 여성 한의학박사인 강명자 원장님을 아내로 맞아, 의학계의 발전을 위하여 생체실험을 당하시는 임상적 봉사도 마다하지 않으셨다고 들었습니다.
한 분의 교수가 각 분야에서 모두 이런 훌륭한 업적을 이루는 일은 결코 쉽지 않았으리라고 봅니다.

제가 이 자리에 선 것은 좀 낯선 일 일 수 있습니다. 신학대학총장인 제가 축사를 하게 되어서 좀 의아하게 여길 수 있습니다. 요즈음 항간에 대학 중에서 가장 좋은 대학은 물론 서울대학교이고, 신학대학 중에 가장 좋은 최고의 신학대학은 서울신학대학교라는 말이 있다고 어느 신문기자에게 들었습니다. 최근 저의 대학에서 개교 100주년 기념으로 전교생을 대상으로 '인문학강좌'를 대대적으로 실시하고 조·중·동 1면에 광고한 이후에 이러한 이야기가 들리게 된 것 같습니다. 서울신학대학은 서울대학교의 자매학교인 줄 아는 사람도 있습니다. 불교의 종단이 30개도 넘습니다. 조계종, 천태종, 태고종 정토회 등 그러나 불교하면 조계종만 생각하는 것처럼 신학대학하면 과거에 한국신학대학을 떠올렸습니다. 과거에 민주화운동에 앞장서고 데모도 많이 하고, 교수님들이 삭발하였습니다. 그러나 이제 한국신학대학은 한신대학이라는 종합대학이 되었습니다.

저는 지난 20여 년 동안 황 교수님과 학회활동을 함께 했고, 학문적으로 관심분야가 비슷합니다. 저는 신학 쪽에서 기독교사회윤리학을 전공했고, 관심 주제도 정의와 평화문제이기에 황교수님으로부터 많은 가르침과 영향을 받았습니다.

또한 저 역시 동양사상과 한국사상에 관심을 가지고 공부하고 있는 것도 비슷합니다. 그러기에 황 교수님의 영향력이 철학계만이 아니라 신학계 및 사회 전반에 미친다는 증언을 하러 이 자리에 왔습니다,

무엇보다도 황교수님은 덕의 사람, 화목의 사람입니다. 논어에 덕은 외롭지 않다 반드시 이웃이 있다(德不孤라 必有鄰이라 이인 4-25)라는 말이 있습니다. 덕을 행하면 반드시 덕에 호응하고 함께 덕행을 하는 동류 같은 무리가 있나 하는 말입니다.

오는 이렇게 많은 분들이 정년을 축하하기 위하여 오신 것을 보면 황경식 교수님의 덕스러운 인관관계와 그간 덕 있는 삶을 사신 것을 여실히 보여 주는 것입니다.

그리고 황 교수님은 또한 화목의 사람입니다. 和而不同이란 말이 있듯이 늘 황 교수님이 화목하게 조직이 잘 이루어지고 인화가 넘치는 것을 보았습니다. 도산 안창호 선생님이 계신 곳에 조직이 잘 운영되다가 도산 선생님이 떠나면 조직이 흐지부지된 일이 있었습니다. 학회도 황 교수님이 주도적으로 운영할 때는 잘 되었는데, 잠시 다른 분이 책임을 맡았을 때는 잘 안 되는 것을 보았습니다. 이것은 황 교수님의 인화의 결과 때문이라고 생각합니다.

황 교수님은 덕스러운 인품을 지녔을 뿐만 아니라 덕에 관한 학문적 관심도 이미 대학시절부터 가졌습니다. 주역에 덕에 나아가 업을 닦는다는 進德修業이라는 말이 있듯이 덕에 나아가 학업을 이루신 것입니다. 대학시절에 사서삼경을 읽던 중 德자에 필이 꽂히어 황경식 교수님의 아호를 修德, 닦을 修 덕 德,이라 자칭하였습니다. 이러한 뜻이 정년 5년을 앞두고 국가석학으로 지정되어 『덕윤리의 현대적 의의』라는 책을 발간하게 되었습니다. 이것은 필생의 역작이라고 생각됩니다. 이렇듯 황 교수님에게 덕은 삶과 학문에 중요한 위치를 차지합니다.

저 역시 황 교수님의 덕에 이 자리에 서게 된 것입니다.

황 교수님의 연구분야의 주제는 윤리학 중에서 실천윤리-응용윤리입니다. 특히 관심 연구주제는 정의론과 덕윤리입니다.

황경식 하면 정의론, 롤즈의 정의론 하면 황경식이라고 한국사회에는 각인되어 있습니다.

1971년 출판된 존 롤즈의 정의론을 번역하였고, 하버드대에 가서 롤즈에게 직접 가르침을 받았습니다.『사회정의의 철학적 기초』를 비롯한 수많은 정의론에 관한 논문과 저서를 집필하여 이 땅에 정의론 논의에 기여하셨습니다.

단일 주제인 정의의 문제에 평생 천착한 롤즈와는 달리, 황교수님은 동서철학의 비교와 융합하는 윤리로 덕윤리를 연구하셨습니다.

어떤 의미에서 황교수님은 그의 스승인 롤즈를 넘어선다고도 평가할 수 있지 않나 생각합니다.

정의와 덕윤리의 특징은 정의는 객체적이고 구조적 윤리라면, 덕윤리는 주체적이고 성품의 윤리입니다.

정의의 문제는 제도적이고 구조적인 문제입니다.

존롤즈의 정의론 첫 페이지에서 '사상체계의 제1 덕목을 진리라고 한다면 정의는 사회제도의 제1 덕목이다'라고 말하였습니다.

사회문제를 거론한다고 다 사회윤리가 아니라 사회의 구조와 제도와 정책과 나아가서 체제와 연관시켜 이야기 할 때 사회윤리하고 할 수 있습니다. 사회윤리는 사회구조윤리입니다.

황 교수님은 롤즈를 넘어섰다고 할 수 있습니다. 롤즈는 공정으로서의 윤리인데, 황교수님은 공정에 더하여 공평으로서 윤리까지 말하고 있다는 점에서 정의론 논의에 크게 기여하고 공헌하였습니다.

스타트라인에서는 기회균등으로서 공정이지만, 피니쉬라인에서는 공평입니다. 정의는 공정과 공평이 충족된 사회입니다.

정의론은 사회구조문제를 다룬다면 덕윤리는 개인적 성품에 관한 것을 다룹니다. 이 둘은 선택의 문제가 아니라 상호보완의 문제라고 생각합니다. 황 교수님은 이러한 덕윤리를 통하여 동서양의 윤리적 문제를 융합하여, 이제 앞으로 한국적 윤리사상을 완성하여 세계윤리학계에 크게 기여하시기를 바랍니다.

1907년 노벨상을 받은 영국의 시인, 키플링(1865.12.30-1936.1.18)은 "오! 東은東, 西는西, 이 둘은 결코 만나지 않으리라. 땅과 하늘이 위대한 심판석상에 설 때까지"라고 하였습니다. 그러나 이제 東과 西, 서로 만나야 합니다.

각각의 좋은 점과 보완할 점을 조화시켜 새로운 지평과 방향을 세워야 합니다.

韓,中,日 三國은 서구사상과 과학기술이 들어 왔을 때 東西 문제를 東道西器, 中體西用, 和魂洋才로 대응하였습니다. 그러나 東西의 철학은 이와는 달리 보편과 특수, 균형과 조화, 통합과 융합으로 새로운 한국적 철학, 한국적 윤리사상을 만들어 내야 하겠습니다.

황 교수님이 인생의 지혜서 『덕: 바르고 즐거운 삶의 기술 - 도를 닦고 덕을 쌓자』잘 완성하시기 바랍니다.

도는 일반적으로 진리 자체를 의미하는데 비하여 덕은 이러한 진리를 인간이 사고를 통하여 인격으로 획득한 것을 의미한다.

공자가 "도에 뜻을 두며, 덕을 굳게 지키고, 인을 떠나지 않고 의지하며 藝에 노닐어야 한다 (志於道 하며, 據於德 하며, 依於仁 하며 遊於藝니라 - 述而篇 7-6) 六藝-禮樂(文 )射書御數(法)

황 교수님의 삶이 군자나 선비가 지녀야 할 기본강령인 道와 德과 仁과 藝의 삶을 사는 것이라고 봅니다.

도의 달성을 목적으로 삼고, 도를 따라 덕을 세운다, 덕을 세우기 위해서 인(仁: humanism)에 의지하고, 六藝를 통해서 인정과 덕치를 실현해야 한다(장기근 ,논어, p. 285)

황 교수님이 추구하시는 眞·善·美, 眞은 학문, 善은 윤리학. 美는 고서화와 골동품 수집으로 나타납니다. 그러나 이제 이에 더하여 거룩할 聖의 문제가 남아 있습니다. 이 문제는 종교의 문제입니다. 인생의 문제는 삶과 죽음의 문제라면 이 문제를 해결할 수 있는 것은 종교밖에는 없습니다. 철학은 문제제기만 하고 질문을 합니다. 지금까지는 삶의 문제만 생각하셨다면 이제는 삶 저편의 문제도 함께 생각하시기 바랍니다.

황 교수님의 정의와 덕윤리 문제는 사랑과 평화의 문제와 밀접하게 연관되어 있다고 생각합니다. 저의 주제는 사랑과 정의와 평화입니다. 사랑과 정의, 정의와 평화 주제로 나누어집니다. 사랑과 정의 관계입니다. 정의는 사랑의 상대적 구체화입니다. 정의 없는 사랑은 감상주의이고 사랑 없는 정의는 부정의입니다. 정의와 평화의 관계는 정의로운 평화(just peace)입니다. 평화가 형식이라면 정의는 내용입니다. 저는 이렇게 정리합니다. '사랑은 정의로서 구체화되고 정의가 행해짐으로써 평화가 이루어진다.'
　　정의와 덕윤리의 만남은 평화윤리에서 이루어지지 않을까 생각합니다.

우리나라 문학계에 피천득 선생님이 계십니다. 그분이 문학계를 통하여 남겨주신 따뜻한 감성과 사랑이 영원한 청년으로 우리에게 기억되며 살아계시듯이, 우리나라 철학계에는 황경식 선생님이 계십니다. 오늘 정년을 맞이하지만, 영원한 철학계의 청년으로, 사회에서는 덕윤리를 수립하고 실천하신 평화를 만들어 가는 Peacemaker로 영원히 이어가기 기원합니다.

새로운 삶의 시작을 진심으로 축하드리며, 축사에 대신합니다.

감사합니다.

## 1-4. 전 국회부의장 백우 김녹영 선생 추도사 (2015.7.10.)

　시대는 인물을 낳고 인물은 역사를 만듭니다.

　일제 강점기로부터 해방된 후 우리 역사는 분단의 역사, 민족상잔의 전쟁의 역사, 독재와 부정부패의 역사였습니다.

　우리는 오늘 이 고난의 역사에서 독재와 부정부패에 용감하게 항거하고 이 땅의 민주화의 제단에 목숨을 바친 전 국회부의장 백우(白愚) 김녹영 선생의 30주기를 맞아 그 숭고한 삶과 뜻을 기리게 되었습니다.

　김녹영 선생은 평생 민주화와 평화통일을 위해 일평생을 올곧게 사시고 자기 몸을 불사른 숭고한 뜻을 기리고, 살아남은 자들이 조국을 위해 어떻게 살며 무엇을 위해 목숨을 바칠 것인가를 함께 찾아야 하겠습니다.

　우리 근현대사에서 네 번의 대표적인 민중항쟁이 있었습니다. 1894년 동학농민 운동, 1919년 3·1운동, 1960년 4·19혁명, 1980년 5·18광주민주화 운동입니다.

　김녹영 선생은 네 번의 민중항쟁 중 4·19혁명과 5,18광주민주화 운동의 현장에 계셨습니다. 4월혁명 때 부상을 입어 건국훈장을 받았고 5·18광주민주화운동 당시에는 김대중 내란 음모사건에 연루되어 혹독한 고문을 받고 옥고를 치렀습니다.

　1974년 반생의 삶을 되돌아 본 회상기『형극의 길』, 즉 "가시나무의 길"로 명명했듯이 그의 삶은 가시밭길의 삶이었습니다.

　김녹영 선생이 자서전『형극의 길』에서 밝힌 것처럼 그의 투쟁적 삶의 복표는 두 가지입니다. 그것은 민주화와 통일입니다. 김녹영 선생이 가신지 30년이 지났습니다. 그러나 그의 목표와 투쟁은 현재 진행형입니다.

두 가지 목표 중에서 피를 흘려 민주화는 어느 정도 이루었지만 평화통일은 민족적 과제로 남아있습니다. 민족의 염원이자 김녹영 선생의 유훈과 같은 평화통일은 우리가 "심장의 더운 피가 식을 때까지" 목숨 바쳐 이루어야 할 사명입니다.

수유리 국립 4·19민주묘지에는 "부정과 불의에 항쟁하고 역사의 수레바퀴를 바로 세우고 민주제단에 피를 뿌린 185위의 젊은 혼들"이 잠들어 있습니다.

4월혁명 기념탑에는 이렇게 기록되어 있습니다.

"해마다 4월이 오면 접동새 울음 속에 그들의 피 묻은 하소연이 들릴 것이요, 해마다 4월이 오면 봄을 선구하는 진달래처럼 민족의 꽃들은 사람들의 가슴마다 되살아 피어나리라"

이 비문의 말씀처럼 김녹영 선생이 차마 가기 힘든 길을 가신 청포도가 익어가는 7월이 오면, 우리는 한민족을 자유와 평등과 사랑과 정의와 평화의 나라로 만들라는 김 선생의 당부의 말씀이 들리는 듯합니다. 그리고 세계강대국이 되어 잘 살 수 있고 세계 평화에 기여할 수 있는 길인 평화통일을 시키라는 김 선생의 혼의 하소연이 들립니다.

김녹영 선생이 목숨 바쳐 사랑한 우리조국과 유가족과 이 자리에 참석한 모든 분들에게 하나님의 크신 은총과 축복을 기원합니다. 감사합니다.

# 1-5. 광림교회 사회봉사관 봉헌예배 축사

아름다운 결실의 계절 가을이 시작되는 때에 광림교회 사회봉사관 봉헌예배를 드리게 됨을 하나님께 영광 돌리며 기쁜 마음으로 진심으로 축하드립니다.

광림교회 사회봉사관 준공은 한국 기독교역사뿐만 아니라 세계 기독교계에 새로운 사회선교의 시대를 열어갈 새로운 출발점이자 새로운 선교모델의 이정표가 될 것입니다.

이 사회봉사관 건립은 존 웨슬리 이후 가장 큰 사역을 이루신 김선도 감독님과 박관순 사모님, 새로운 비전을 가지고 새 시대를 열어갈 김정석 목사님 그리고 광림교회 모든 교우님들이 기도와 정성을 다하여 이루어낸 기념비적 대역사입니다.

광림교회 사회봉사관은 "요람에서 무덤까지"(From the cradle to the Grave) 사용할 시설이 다 들어 있습니다. 무덤 이후에 갈 영원한 세상인 하나님나라에 대한 소망도 줍니다.(1942 비버리지 보고서 William Beveridge(1879-1963))

광림교회 성장의 역사는 한국기독교 성장의 역사였습니다. 세계 감리교에서 가장 큰 교회인 광림교회가 이 사회봉사관을 건립한 의미는 사회봉사를 통하여 하나님나라에 대한 희망의 씨앗을 뿌리는 것입니다. 몰트만 교수 말대로 이 세상은 하나님 나라를 실험하는 장소입니다.(Die Welt ist das Experimentierfelt des Reiches Gottes)

예수님의 가르침은 하나님을 사랑하고 이웃을 네 몸처럼 사랑하라는 사랑의 이중계명 속에 모두 담겨있습니다. 사회봉사는 이웃사랑을 구체적으로 실천하는 것입니다. 또한 사회봉사는 행동하는 신앙의 꽃이며 열매입니다.

교회의 본질을 표현하는 세 가지가 있습니다. 첫째, 복음 선포인 케리그마, 둘째, 사랑의 친교인 코이노니아, 셋째, 이웃에 대한 책임 있는 사회봉사인 디아코니아입니다.

디아코니아, 즉 사회봉사는 그리스도인들과 교회의 의무이자 책임이며 하나님의 계명입니다. 사회봉사는 하나님께 받은 사랑을 이웃에게 실천하고 되돌려주는 일입니다.

예수님의 삶은 가난하고, 병들고, 굶주리고, 억눌리고, 갇히고, 버림받고 소외된 사회적 약자를 우선적으로 돌보는 삶이었습니다. "인자가 온 것은 섬김을 받으려 한 것이 아니라 도리어 섬기려 왔다"(막 10:45)고 말씀처럼 섬김의 삶이었습니다.

광림교회 사회봉사관 건립을 계기로 예수님과 웨슬리의 가르침과 나눔과 섬김의 정신으로 병들고 잘못된 세상을 치유하고, 사회적 약자를 잘 돌보아 이 사회에 사랑과 정의와 평화의 계명을 잘 실천하여 웨슬리가 말한 사회적 성화를 실현하기를 기원합니다.

세계교회 사회선교사에 길이 남을 새로운 항해를 시작하는 광림교회와 광림교회 교우들과 이 자리에 참석하신 모든 분들에게 하나님의 크신 은총과 축복을 기원합니다.

감사합니다.

( 2013. 9. 7)

# 1-6. KBS 열린음악회 총장인사말

안녕하십니까? 서울신학대학교 총장 유석성입니다.

존경하는 부천시민 여러분! 전국 각처에서 오신 여러분 !,

가을 단풍이 곱게 물들고 오곡백과가 익어가는 아름다운 가을밤입니다. 이 아름다운 가을밤에 아름다운 노래의 향연을 마련했습니다.

개교 100주년을 맞이한 서울신학대학교가 부천시민과 함께하는 KBS 열린음악회를 개최하게 되었습니다. 개교 100주년 기념잔치를 마련한 것입니다.

하늘도 우리를 축복하는 듯 날씨가 맑고 포근합니다.

아마 신학대학교에서 한다니까 하나님께서 특별히 은혜를 베푸시는 것 같습니다.

한국대학의 역사에서 100년의 역사는 큰 의미를 지닙니다.

1885년 연세대학을 필두로 시작된 대학은 현재 전국에서 200개 4년제 대학이 있습니다. 그 200개 중에서 100년의 역사를 지닌 대학은 10개가 채 안됩니다. 제가 조사한 바로는 서울신학대학이 9번째입니다.

개교 100주년을 맞은 서울 신학대학교는 100주년의 해를 계기로 획기적으로 발전시켜 새로운 역사를 창조하려 합니다. 역사에는 창업기와 수성기, 융성기와 쇠퇴기가 있습니다. 100주년을 맞아 서울신학대학을 융성기로 만들고자 합니다.

마치 아침 해가 하늘로 떠오르는 기상과 같은 旭日昇天하는 학교로 만들고자 합니다.

서울신학대학교는 개교 100주년을 맞아 "개교 100년, 새사람, 새역사"라는 표어를 정했습니다.

교육은 사람다운 사람을 키우는 것입니다. 개교 100년을 맞아 지성, 영성, 덕성이 조화된 교육을 하여 새로운 사람을 키워 새역사를 창조하자는 것입니다.

오늘 이 자리에 참석하여 주신 시민 여러분께 다시 한 번 진심으로 감사드립니다. KBS와 진행을 맡아주신 열린음악회 담당하신 선생님들께 감사드립니다.

부천시 김만수 시장님과 시청 직원 여러분!

부천시 의회 김관수 의장님, 한나라당 황우여 원내대표님, 차명진, 이사철, 김상희, 임해규 의원님 그리고 일일이 성함을 말씀드리지 못하는 여러 귀빈 여러분께 충심으로 감사드립니다.

우리가 사는 부천시! 서울신학대학을 품고 있는 부천시가 최우수 도시로 선정되어 대통령상까지 받았습니다. 한국에서 가장 살기 좋은 품격 높은 부천시가 되길 바랍니다.

오늘 참석하신 시민 여러분!

건강하시고 평안하시고 모든 일 만사형통하시길 빕니다.

존경하고 사랑하는 여러분!

모두 하나님의 축복을 받으시기를 기원합니다.

감사합니다.

# 2장. 축사

## 2-1. 제자의 길을 따라 사는 기쁨과 축복의 삶

나의 나 된 것, 내가 그리스도인이 된 것은 하나님의 사랑과 그리스도의 은혜이다. "생명의 원천이 주께 있사오니 주의 빛 안에서 우리가 빛을 보리이다"(시편 36:9)는 말씀처럼 오늘도 나는 주의 빛 안에서 나의 빛을 보며 그리스도인으로서 삶의 발걸음을 옮긴다.

나는 1950년 한국전쟁이 발발하던 해에 기독교 가정에서 3대 성결교인으로 태어났다. 나는 선택과 결단의 기회도 갖지 못한 채 기독교인이 되었다. 나의 고향은 '안성맞춤'의 고장 경기도 안성이며 삼죽성결교회에서 자라났다. 삼죽성결교회는 돌아가신 나의 조모님(이정덕 권사)과 다른 두 분이 세운 교회이다. 나의 삶에 있어서 내가 태어나고 자라난 가정이 있듯이 교회는 내 삶의 한 터전이 되었다.

일곱 살 때 이명직 목사님이 삼죽성결교회에 오셔서 부흥회를 인도하셨다. 그때 나는 목사님의 두루마기를 붙잡고 따라다녔다. 이명직 목사님께서는 "이 아이는 이 다음에 신학교로 보내 목사가 되게 하라"고 하셨다고 한다. 내가 신학을 공부하기로 한 것은 1966년 고교 1년 여름방학 부흥회 때였다. 이 세상에 가장 소중한 삶과 가치 있는 일은 하나님의 일을 하는 것이라고 생각하였다.

인생의 문제는 종교밖에 해결해주지 않는다고 생각한다. 무엇이 삶과 죽음의 문제를 해결해 줄 것인가. 돈도 권력도 명예도 삶의 문제, 특히 죽음의 문제를 해결해 주지 못한다. 오직 종교만이 이 문제를 해결해 줄 수 있다. 인생은 한 번밖에 살지 못하는 유일회적인 삶이다. 한 번밖에 살지 않는 유일회적인 삶을 가치 있게 살아야 하겠고 가치 있게 사는 것은 하나님의 일을 하는 일이다. 이것이 또한 본회퍼의 말대로 '타자(他者)를 위한 존재'로서의 삶이다. 이러한 이유에서 목사가 되기로 결심한 것이다.

그러나 고교 3학년 때 마음에 회의가 생겼다. 고등학교 다닐 때 학생회장을 하였던 나는 법과대학에 진학하여 변호사도 되고 정치도 하고 싶었다. 나의 방황은 시작되었다. "내가 꼭 신학대학을 가야 하는가"라는 회의를 가지고 있던 어느 날 꿈인지 생시인지 모르게 하나님의 음성을 들었다. 하나님이라고 하는 분이 내 앞에 나타나서 "내 양을 먹이라"는 말씀을 하셨고 나는 "예"라고 대답을 하고 나서 꿈에서 깨었다. 그때 "내 양을 먹이라"라는 말씀을 하시는 그 분은 바로 예수 그리스도일 텐데. 왜 하나님이 나타났을까 하는 생각을 하였다. 그러나 나는 이것을 삼위일체적으로 그리고 하나님의 명령으로 받아들였다. 나는 꿈속에서 대답을 하였지만 그것을 하나님의 뜻으로 알고 신학대학에 가기로 하고 서울신학대학으로 진학하게 되었다.

나에게 신학 하는 의미를 심어준 것은 미국의 신학자 라인홀드 니버와 독일의 신학자 디트리히 본회퍼였다. 나는 석사학위 논문을 니버로 썼고, 박사학위는 본회퍼 연구로 받았다. 니버는 예수 그리스도 복음의 핵심은 사랑이요, 이 사랑은 정의를 통해 구체화된다고 하였다. 기독교의 사랑은 추상적이나 감상적이 아님을 알려주었다.

니버는 나에게 신학을 계속할 수 있도록 신학함의 의미와 가치를 심어주었다.

대학 1학년 때 YMCA캠프장 다락원에서 신앙수련회가 있었다. 그때 조종남 학장님께서 나의 어깨에 손을 얹고 기도해 주시는 장면을 박장균 교수님께서 스냅사진으로 찍으셨다. 이 사진은 우리 학교 소개하는 영문책자에도 실렸었다. 조종남 학장님께서 이 기도하는 사진을 좋아하셔서 학장실에 걸어 놓으셨다. 오늘도 이 사진을 총장실에 걸어놓고 있다.

조종남 명예총장님이 대학시절 학장님이셨는데 학생회장인 나를 불러 이런 말씀을 하여 주셨다. "무릎 꿇고 기도하는 시간과 책상 앞에 공부하는 시간이 균형을 맞추어야 한다." 기도와 공부하는 것의 조화와 균형의 말씀은 오늘도 나에게 지침과 교훈이 되는 말씀이다.

나는 독일 튀빙겐대학으로 유학을 가서 몰트만 교수의 지도로 디트리히 본회퍼에 관하여 연구하였다. 튀빙겐대학교는 1477년 설립되어 500년이 넘는 역사를 가진 대학이다. 철학자 헤겔, 쉘링, 시인 횔덜린이, 신학자로는 칼바르트, 루돌프 불트만, 폴틸리히, 디트리히 본회퍼가 공부한 대학이다.

몰트만(1926.4.8.~)교수는 제2차 세계대전 때 징집되어 영국전선에 투입되어 전쟁 중 영국군의 포로가 되어 전쟁 후 3년 동안 포로생활하던 중 하나님을 만나서 신학을 하게 되었다. 1964년 38세 때 『희망의 신학』(Theologie der Hoffnung)을 세상에 내놓아 세계적으로 유명한 학자가 되었다. 그는 현대 신학의 최고의 학자이며, 살아있는 전설이라고 할 수 있다.

본회퍼는 행동하는 신앙인이었고, 고백한 신앙을 실천하는 신앙고백적 삶을 살았다. 본회퍼는 그리스도를 따라 사는 제자의 길, 정의와 평화를 위한 그리스도인의 책임과 의무를 상소하였다. 본회퍼는 그리스도인으로 어떻게 살 것이며 교회가 무엇을 하여야 하는지를 예수 그리스도의 십자가와 고난을 가지고 잘 밝혀준 신학자였다.

그리스도인으로 산다는 것은 그리스도의 부름에 순종하는 것이다. 그리스도를 믿는 것은 그리스도에게 순종하는 삶이다. 본회퍼는 "믿는 자만이 순종하고 순종하는 자만이 믿는다"고 말했다. 그리스도에게 순종하는 것은 자기 십자가를 지는 것이요, 자기 십자가를 지는 것은 주를 위하여 고난을 당함으로 그리스도 고난에 참여하는 것이다. 예수 그리스도의 제자의 길은 그리스도의 고난에 동참하는 일이다. 고난은 고난으로 끝나는 것이 아니라 그리스도 안에서의 고난이기 때문에 그것은 기쁨이 된다. 그리스도인의 삶은 예수 그리스도가 죽음을 이기고 부활하심으로 승리하셨듯이 승리가 보장된 것이다. 그렇기 때문에 주님의 고난에 동참하는 일은 기쁨이 되며 고난은 축복이 된다.

본회퍼는 십자가의 의미를 바르게 가르쳐주었다. 20세기에 최초로 고난의 의미를 신학화한 것이 본회퍼이다. 십자가는 기독교를 밝혀주는 시금석이다. 십자가는 기독교가 기복주의적인 것만 추구하는 샤머니즘적 종교가 되지 않게 한다. 이것이 한국교회가 본회퍼로부터 배워야 하는 메시지이다. 본회퍼의 가르침은 나침반이다. 그리스도인이 어떻게 살아야 하며 그리스도 교회가 무엇을 해야 할 것인지 가르쳐주는 방향타이다.

나는 튀빙겐대학에서 박사논문을 쓰고 마지막 시험을 준비하면서 과연 신학한다는 것이 무엇인가를 나 스스로에게 물었고, 신학한다는 것에 답을 얻었다. 오늘도 이것은 나의 신념이다. 신학은 무엇인가. 첫째, 신학은 신앙을 가지고 하는 학문이다. 둘째, 신학은 교회를 위한 학문이다. 셋째, 성서와 교회적 전통의 바탕 위에서 오늘의 문제를 신학화하는 것이다. 넷째, 신학하는 것의 실천적 의미는 사랑과 정의와 평화를 행하는 것이어야 한다. 사랑은 정의로서 구체화되고 정의가 행해짐으로 평화가 실현된다. 복음은 사랑과 정의와 평화를 행하는 것이다. 오늘 나에게 신학을 한다는 것은 즐거운 작업이요, 기독교인으로 산다는 것은 너무나 행복한 일이다.

2010년 9월 서울신학대학교 총장으로 취임하여 6년간 총장직을 수행하였다. 서울신학대학교는 최근 전국신학대학 중 최고 최상으로 부상하고 있다. 최고의 입학경쟁률을 기록하였고 최고의 대학평가를 받았다. 신학생들이 신앙의 바탕위에 인격을 인격의 바탕위에 학문을 하는 곳으로 만들려고 하고 있다. 독신호학(篤信好學)이라는 말이 있다. 독실한 신앙과 배우기를 좋아한다는 말인데 독신호학하는 곳으로 만들고자 하였다.

100주년 기념관을 건축하여 부족한 시설을 충족시켰다. 5,700평의 건물이며, 단일 건물로는 최대의 건물이다. 100주년 기념관에는 도서관, 강의실, 세미나실, 교수연구실, 주차장이 들어섰다.

개교 100주년을 맞아 "개교 100년, 새사람, 새역사"라는 표어를 정하였다. 교육은 사람다운 사람을 만드는 것이기 때문에 새사람을 만들어 새역사를 창조하자는 것이다. 새사람을 만들면 새역사가 창조된다는 것을 의미한다. 지성과 영성과 덕성이 조화된 교육을 하고자 하였다. 풀어 말하면 공부하자, 기도하자, 봉사하자이다. 공부와 기도, 봉사를 위한 것이다. 열심히 공부하는 학문공동체, 두손 모아 기도하는 영성공동체, 정성을 다해 봉사하는 사랑의 공동체이다.

나는 학생들에게 몇 가지 캠페인을 하였다.

첫째, 인성교육을 강조하고 인성교육의 예절운동을 펼쳤다. 「안·감·미」운동이다. 「안녕하십니까? 감사합니다. 미안합니다」 강의실에서도 학생은 감사하는 마음으로, 교수는 사랑하는 마음으로 교육이 이루어져야 하기 때문에 교수가 교탁 앞에 서면 학생은 일제히 "안녕하세요. 감사합니다." 교수는 학생들에게 "안녕하세요. 사랑합니다." 답례를 한다. 그리고 기도하고 공부를 시작한다. 학생들은 인사할 때, 상냥하고 친절하고 정중하게 인사를 한다. 나는 학생들에게 강조한다. 예절은 빨리 나타나고, 실력은 천천히 발휘된다. 예절 바르지 못하면 실력 발휘할 기회를 박탈당할 수도 있다.

둘째, 신앙의 생활화 운동인 3·3·3(삼·삼·삼)운동이다. "하루에 세 번 삼 분 이상 기도하자, 하루에 성경 석 장 이상 읽자, 하루 세 번 이상 사랑을 실천하자"이다.

셋째, 평화통일을 위한 피스메이커(peacemaker) 만드는 교육이며, 예수님이 마태복음 5장 9절에 평화를 만드는 자들(peacemakers)이 되라고 말씀하셨다. 우리 민족에게 평화 만드는 일 중에 가장 시급하고 하여야만 하는 일이 평화통일이다. 「평화와 통일」이라는 과목을 필수교양과목으로 가르치고 있다.

넷째, 하나님사랑, 나라사랑, 이웃사랑이다.

예수님은 구약 모세 5경의 613개의 율법을 하나님사랑(신명기 6:5), 이웃사랑(레위기 19:18로) 요약하셨다.(마태복음 22:34-40) 하나님사랑과 이웃사랑에 나라사랑을 추가한 것이다. 애국심을 가지고 하나님사랑과 이웃사랑을 하자는 것이다. 나라가 없으면 하나님사랑과 이웃사랑도 제대로 할 수가 없다. 일제 강점기나 북한을 보면 잘 알 수 있다.

다섯째, 신학대학원생들의 기초적 영성적 소양을 기르기 위해서 기도훈련과 성경에 통달한 신학대학원생을 만드는 것이다. 기초체력이 필요하듯이 신학대학원 학생들이 꼭 갖추어야 할 것이 바로 기도를 몸에 배게 하는 것, 성경의 지식과 주석과 오늘에 적용할 수 있는 능력을 키우는 것이다. 이밖에 고전읽기, 논리적 글쓰기, 화법과 예절, 영어회화, 한자 등을 교육시키고 있다.

총장 재직 시에 나는 2014년 자랑스런 한국인 대상(창의교육부문)을 받았고, 2013년 연세경영자상을 받았다. 또한 대학교는 대한민국 참교육대상을 3년 연속 받았고 대한민국 나눔봉사대상을 받았다.

총장임기를 시작하며 새롭게 시작한 강좌가 인문학(人文學)강좌와 영성강좌이다. 인문학은 사람을 사람답게 만드는 교육으로 인성과 교양과 학문의 기초가 된다. 인문학은 창조적 상상력, 올바른 판단력, 합리적인 사고력을 길러준다. 6년의 기간 중 인문학강좌 12회 영성강좌 7회를 개최하였다. 인문학강좌를 시작하며 "서울신학대학교 새로운 역사가 시작될 것을 선언하였다." 2010년 9월 인문학강좌 이전과 이후가 달라졌다고 역사가는 기록할 것이다.

서울신학대학교에는 11개학과 6개 대학원이 있다. 서울신학대학교는 두 가지 목표가 있다. 신학과와 신학대학원 학생들을 훌륭한 사역자로 키우는 일이요, 일반학과 학생들은 사회 속에서 기독교정신을 가지고 일할 수 있는 인재를 만드는 일이다. 명칭은 신학대학이지만 내용은 일반 기독교대학이 되었다.

서울신학대학교는 그동안 세계적인 명문대학과 교류 협정을 맺고 활발하게 학술교류를 하고 있다. 일본의 도시샤(同志社)대학, 중국의 길림사범대학, 독일의 하이델베르크대학, 튀빙겐대학, 예나대학, 미국 GTU 등이다.

서울신학대학교에서 교육하는데 지침이 되는 말씀이 있다.

"진실로 생명의 원천이 주께 있사오니 주의 빛 안에서 우리가 빛을 보리이다."(시편 36:9)

임마누엘 칸트는 "내 위에 별이 빛나는 하늘과 내 안의 도덕법칙"이라는 말을 했다. 나는 예수님의 가르침대로 내 위에 계신 하나님을 공경하고 이웃을 사랑하는 경천애인(敬天愛人)의 삶을 지향하며 살아가고 있다.

## 2-2. 연세 경영자상 수상 인사 (2013.12.5)

　　인생은 경영입니다. 사람이 하는 모든 일에 경영이 필요합니다. 저의 당면한 문제는 인생경영과 학교경영입니다. 이러한 관심을 가지고 살며 일하고 있는 제가 분에 넘치는 제33회 연세 경영자상을 수상하게 됨을 영광으로 생각합니다. 연세대 경영대 총동문회에 깊이 감사드립니다. 앞으로 잘 하라는 격려의 말씀으로 알고 더욱 '경영'을 잘 하도록 정진하겠습니다.

　　그동안 비전경영, 가치경영, 신뢰경영, 변혁적 경영이 되도록 최선의 노력을 다하였습니다.

　　여기 기업하시는 동문들이 많이 계십니다. 제가 총장으로 취임한 후 학교에 노동조합이 자진 해산하였습니다. 대학사회에 역사적 사건이라고 생각합니다. 비결을 아시고자 하는 동문이 계시면 서울신학대학을 방문하시면 따뜻한 식사 대접과 함께 설명하여 드리겠습니다.

　　저의 경영의 원칙은 믿을 신(信) 자와 옳을 의(義) 자입니다.

　　백성이 믿지 않으면 설 수 없다는 민무신불립(民無信不立) 이익을 보거든 의를 생각하라는 견리사의(見利思義)를 생각합니다.

　　이밖에 예수님이 말씀하신 황금률인 "무엇이든지 대접을 받고자 하는 대로 먼저 대접하라"는 원칙하에 학교를 운영하고 있습니다.

　　주고받는 일 give and take 기브 앤드 테이크 중에서 주는 일이 먼저입니다. 주고 나서 받을 수 있는 것이지 받고 나서 줄 수 없는 일입니다.

　　우리는 세상을 다스려 백성을 구하는 경세제민(經世濟民), 나라를 다스리고 세상을 구제하는 경국제세(經國濟世)의 경영을 하여야 하겠습니다. 부디 동문 여러분에게 하나님의 크신 은총과 축복을 기원합니다.

감사합니다.

## 2-3. 독일 튀빙겐대학교 신학부

신학의 메카 - 자유케 하는 진리를 위한 전당 튀빙겐대학교 신학부

### 1. 튀빙겐과 튀빙겐대학교

독일 남부 아름다운 네카 강가의 낭만적인 모습의 대학도시 튀빙겐. 독일의 전형적인 대학도시 튀빙겐은 인구 7만, 그 중에도 학생 3만 명이 학문을 연구하는 도시이다. 이 도시는 500년 역사를 지닌 세계적인 명문대학 튀빙겐대학교를 위해 있는 도시이다. 그래서 이 도시의 명칭을 '대학도시 튀빙겐'(Universitätsstadt Tübingen)이라고 한다. 이 대학도시를 일컫는 다른 이름은 '작지만 큰 도시'이다. 이 대학도시는 작지만 세계의 정신사를 움직이는 헤겔과 같은 지성을 배출하였고, 오늘도 세계적 명성을 자랑하는 교수들인 몰트만, 한스 큉 등의 저명한 교수들이 강의하며 학문적 조류를 이끌어가는 새로운 정신과 학문의 산실이기 때문이다.

튀빙겐은 역사적으로 6-7세기경부터 사람들이 살기 시작하였고 1078년 왕 하인리히 4세가 성(成)을 건축하면서 도시의 모습을 갖추기 시작하였다. 튀빙겐 주변에 고원지대인 슈베비쉬알프가 병풍처럼 둘러 있고 네카강이 도시의 중심부를 지나고 있다. 멀지 않은 곳에 독일의 통일 제국의 활제 빌헬름 1세와 2세를 배출시킨 '호엔졸런'성(成)이 있고 동화 속에 나오는 것 같은 아름다운 모습의 '베벤하우젠'에는 900년의 역사를 지닌 수도원도 있다.

요한 볼프강 폰 괴테는 스위스에 가는 길에 튀빙겐에 들려 머물게 되었는데 너무 아름다워서 돌아가기를 주저했다는 곳이다. 튀빙겐에서는 우리와 친근한 작가의 발자취와 만나게 된다.『데미안』을 쓴 헤르만 헤세가 '마울부론' 신학교를 뛰쳐나와 1894년부터 1899년까지 서점 점원으로 일한 '헤켄하우워' 서점이 아직도 대학교회 건너편에 있다. 헤세는 여기에서 점원으로 일하면서 시와 소설을 써 후에 노벨문학상을 수상하는 작가가 되었다. 이곳의 생활을 토대로 헤세는 후에 자기의 반자서전적인 소설『수레바퀴 밑에서』를 쓰기도 하였다. 튀빙겐대학교는 1477년에 에버하르트(Eber-hard) 백작에 의해서 세워졌다. 1977년 500주년 축제행사가 성대하게 거행되기도 하였다.

## 2. 튀빙겐대학교 신학부

유럽의 중세대학들은 전통적으로 신학, 철학, 법학, 의학의 4학부로 구성되어 대학교가 되었다. 독일의 신학대학은 이러한 전통 안에서 우리와는 달리 종합대학 안에 있다. 현재 독일에는 짧은 역사를 가진 몇몇의 단과대학으로서 신학대학이 있기는 하지만, 대부분의 오랜 역사를 가진 대학은 종합대학의 중추적 학부로서 신학부가 있다.

튀빙겐대학교는 학생수가 3만 명이다. 그런데 신학부 학생수는 개신교 신학부 2,000명 포함, 약 3,000명이 신학생들로 전체 대학생의 10분의 1을 구성한다. 튀빙겐대학교는 독일대학생들이 가장 공부하고 싶어 하는 대학교이다. 독일학생들에게 앙케이트 조사를 하였는데 가상 공부하고 싶은 대학이 첫 번째가 튀빙겐대학교와 프라

이부르크대학교라는 것이 독일에서 발간되는 신문에 크게 보도된 바 있다.

　튀빙겐대학교 신학부 출신은 누가 있는가.

　먼저 서양철학사에 큰 위치를 차지한 헤겔(Hegel 1770-1831)이 있다. 그리고 함께 공부했던 쉘링이 있고, 시인 횔더린도 있다. 이들은 프랑스혁명(1789년)이 일어난 당시 신학부 학생들이었다. '자유'의 사상에 열중해서 대학생활을 하던 이들은 '자유, 평등, 박애'의 표어 아래 일어난 프랑스혁명이 일어났다는 소식을 듣고 튀빙겐 교외에 나가 '자유의 나무'(Freiheitsbaum)를 심어놓고 "자유만세!"를 외쳤다고 한다. 괴테도 '자유도 생명도 날마다 싸워서 차지하는 자만이 그것을 누릴 만한 값이 있는 것이다'라고 말하지 않았던가. 이 자유정신이 오늘도 면면이 이어져 내려오고 있다.

　튀빙겐대학 신학부 출신 중에는 『예수전』을 쓴 슈트라우스, 망원경을 발명한 케플러도 있다. 현대신학사를 빛내는 칼 바르트, 루돌프 불트만, 폴 틸리히, 디트리히 본회퍼 등이 이 학교를 거쳐간 사람들이다. 오늘날에는 기독교 사회윤리학 교수로 유명한 하이델베르크대학교의 볼프강 후버, 오는 10월에 한국을 방문하는 본대학 기독교 사회윤리학 교수 마르틴 호네커도 튀빙겐대학교에서 박사학위를 받았다. 그뿐 아니라 칼 하임, 슐라터 헬무트 틸리케, 케제만이이 학교에서 교수로 있었다. 현재 현대신학자 중 세계적 명성을 자랑하는 위르켄 몰트만, 윙엘, 헹엘 교수와 카톨릭신학부에 한스큉, 발터 카스퍼 교수가 있다. 『희망의 신학』 저자 몰트만 교수는 신학계와 세계교회 운동에 새로운 신학으로 이끌어 가고 있다. 매학기 새롭게 제공되는 강의와 세미나, 얼마든지 자기역량에 따라 타학부

강의와 세미나에 참여할 수 있다. 독일학생들의 성실한 학문에 대한 태도, 진지한 강의와 세미나의 분위기 등은 유학생을 감탄하게 한다. 신학부 도서관에 개신교 신학에 관한 책만도 36만 항목의 책들을 보유하고 있다. 각 연구소에는 각기 필요한 도서들이 구비되어 있다. 물론 중앙도서관에는 수많은 도서가 잘 갖추어져 있다. 독일의 대학강의와 세미나는 아침 8시부터 밤 10시까지 14시간동안 전일제로 진행된다. 한국처럼 주간 야간이 있는 것이 아니라 하루 종일 강의가 계속되는 것이다. 대개 오전에는 강의(Vorlesung), 오후나 밤에는 세미나가 진행된다.

튀빙겐대학교 안에서 신학부의 위치는 가장 중심적인 학부이다. 매학기 발간되는 강의안내(Vorlesungsverzeichnis)에 보면 제일 먼저 개신교신학부, 가톨릭신학부, 그다음 법학부, 경제학부, 의학부, 철학부 순으로 되어있다. 독일에서는 정교수(Ordinarius Professor)와 일반 교수들로 나누인다. 철학부, 정치학부, 사회학부에는 정교수 자리가 단 3자리 밖에 없지만 신학부에는 각 전공분야, 즉 조직 신학, 교회사, 구약신학, 신약신학, 실천신학 각각 3명씩의 정교수가 있다. 이것을 보아도 신학부가 전통적으로 얼마나 중요한 자리를 차지하고 있는가 하는 것을 알 수 있다.

튀빙겐대학의 정신은 단적으로 말한다면 성서의 말씀대로 '자유케하는 진리(요 8:32)'라고 할 수 있을 것이다. 튀빙겐대학교 본관의 현관에 들어서면 오른쪽 벽에는 나치 하에서 히틀러정권에 저항하다 처형된 날짜와 함께 대리석에 새겨져있다. 이 명단 속에는 신학자 디트리히 본회퍼(1945. 4. 9 처형), 그의 형 클라우스 본회퍼(1945. 4. 23 처형) 형제 이름도 늘어있다. 이 명단 위에 디트리히 본회퍼가 옥중에서 쓴 「자유로 이르는 도상의 정거장」 속에 나오는 구절이 새겨져 있다.

"자유여, 훈련과 행위와 고난 속에서 오랫동안 너를 찾았다. 죽어가면서 우리는 하나님의 얼굴에서 너 자신을 본다."

독일의 신학에 대하여 일부 교회와 사람들은 잘못 인식하여 오해하고 있는 듯하다. 독일신학은 자유주의신학이고 독일신학자들은 자유주의 신학자라는 생각이다. 자유주의신학은 19세기부터 20세기 초에 있었던 신학이고 현재 약간의 학자들에게 계승되고 있지만 독일의 대부분의 대학과 신학자들은 자유주의신학이나 자유주의 신학자가 아니다. 튀빙겐대학교는 학문적 자유는 있으나 자유주의 신학은 아니다. 오히려 성서에 충실하게 근거해서 개혁적 전통을 존중하며 온전한 학문성을 추구하고 있다. 튀빙겐대학교는 독일 내에서 오히려 보수적 경향을 띤 신학부이다. 그러나 세계 최고의 학문성을 추구하고 유지하고 있다.

튀빙겐대학교 신학부 없는 현대신학을 생각할 수 있을까? 오늘 세계의 정신사와 신학을 창조하고 이끌어가는 학문과 학자가 있는 곳이 바로 튀빙겐대학교이다. 어느 누가 말했듯이 튀빙겐대학교 신학부는 신학의 메카와 같다고 해도 과언이 아니다.

### 3. 나와 튀빙겐 대학교

내가 튀빙겐에서 공부한 것은 1983년 8월부터 1990년 7월까지만 7년 기간 동안이다. 나는 1983년 8월, 세계교회협의회와 독일교회의 장학생으로 선발되어 튀빙겐대학교로 갔다. 한국에서 석사과정까지 마쳤기 때문에 바로 박사과정에 들어갈 수 있었다. 지도교수는 세계적으로 저명한 교수인 위르켄 몰트만(Jürgen Moltmann)이었다.

플라톤이 소크라테스 같은 스승을 만난 것을 신에게 감사하였다고 하듯이 나는 몰트만 교수님 같은 훌륭한 선생님을 스승으로 모시고 7년 동안 그분에게서 가르침을 받을 수 있었던 것을 하나님께 감사드린다. 그분은 세계적 명성에 어울리는 탁월한 학문성으로 엄격하게 지도하여 주셨고 훌륭한 인품으로 보살펴 주셨다.

나의 박사학위 논문은 디트리히 본회퍼(Dietrich Bonhoeffer)의 '기독론과 윤리' 문제를 십자가신학과 책임윤리적 관점에서 조명하여 보는 것이었다. 그리스도의 증인으로서 신앙고백적 삶을 살았던 본회퍼는 그리스도를 따르는 자의 참된 제자의 길과 세상 속에서 기독자의 바른 삶의 모습을 가르쳐 준 신앙인이요 신학자였다. 본회퍼가 '예수 그리스도는 오늘 우리에게 있어서 누구인가'라고 물었던 그 질문을 물으면서 논문을 썼다. 논문이 완성된 후 몰트만 교수님께서는 이례적으로 세미나 시간에 나의 논문에 대해서 좋게 평가도 하여 주었다. 이 논문은 독일의 학술지 「Theologische Literaturzeitung」 1991년 6월호에 요약되어 실리기도 하였다. 자세한 유학기는 지면관계상 다른 기회에 쓰고자 한다.

이 글을 마치면서 튀빙겐을 다시 생각한다. 아름다운 낭만적인 도시 튀빙겐은 오늘도 내 가슴속에 있다. 삶과 죽음 그리고 그 너머의 영원을 깊이 생각하며 연구하던 신학부 안에 있는 작은 나의 연구실, 시인이 아니더라노 시를 읊게 하는 아름다운 네카 강가, 여름날

비온 뒤 쌍무지개 뜨던 '외스터베르크'의 양치는 언덕, 석양에 늘 향수에 젖어 내 가슴을 메이게 하던 '반네' 위로 떨어지던 저녁놀을 어찌 잊을 수 있겠는가.!

그뿐 아니라 내가 즐겨듣던 그 아침의 비발디의 '사계'와 저녁의 모차르트의 감미로운 선율도 아울러 … .

# 2-4. 인문학의 의미와 가치

### 1. 호학(好學)의 즐거움

배우는 일은 즐거운 일이다. 배우기를 좋아하는 호학(好學)의 즐거움보다 더한 기쁨이 어디 있겠는가. 공자는 "나같이(공자같이) 배우기를 좋아하는 사람은 없다"(不如丘之好學. 『論語』「公冶長」28.)고 하였다. 공자는 배우기를 좋아하는 호학에 대하여 누구에게도 뒤떨어지지 않는 자부심이 있었다. 공자가 호학을 강조한 것처럼 서울대학교 인문대학 최고지도자 인문학과정( AFP Ad Fontes Program)은 호학의 기쁨을 맛볼 수 있는 좋은 기회였다.

### 2. 인문학의 가치와 유용성

인문학은 인간에 관한 학문이며, 인간의 문화적 소산, 특히 문자문화의 결정체인 문장과 문헌들이 담고 있는 지식과 지혜, 정신적 가치를 다루는 학문 또는 배움의 체계라고 할 수 있다.[1]

서울대 인문대학 최고지도자 인문학과정의 명칭으로 삼고 있는 AFP의 AF는 라틴어 ad fontes로서 '원천으로' '근원으로'라는 말이다. 이 말을 사용하고 강조한 에라스무스(Desiderius Erasmus, 1466- 1536)는 '인문주의(人文主義)'라는 말을 최초로 사용하여 인문주의의 왕자

---

[1] 김우창,「새로운 세기를 위한 인문과학: 인문과학의 코기토」, 전국대학 인문학연구소협의회, 『21세기 대학교육과 인문학의 전망』, 두서출판 역락, 1999, 5. 유재민,「인문학과 동아시아의 인문전통」, 2006인문주간학술제 『열림과 소통의 인문학』발표논문, 8.

라고 불리는 16세기 북유럽 르네상스의 대표적인 인물이다. 에라스무스는 고전적 의미의 인문주의를 표방하였다. 그는 중세주의(中世主義)의 권위와 하나님 중심의 세계관으로부터 벗어나 보다 원천적인 철학적 물음과 예수 그리스도의 가르침으로 돌아가는 것이 인간의 존엄성을 확인하고 옹호하는 것이라고 주장하였다.

에라스무스는 인문주의(Humanismus)에 보편적 유산을 합치시킴으로써 신앙과 이성, 신학과 철학의 조화를 통한 참된 자유의 세계를 추구하였다.

동·서양(東西洋)에서 사용한 인문(人文), 인문학(humanities)의 유래를 찾아 그 의미를 밝혀보자.

동양에서 인문(人文)의 용어는 『주역』(周易)의 22번째의 괘인 산화비(山火賁)괘(卦)의 단사(彖辭)에 처음으로 보인다. "천문을 관찰하여 시대의 변화를 알고, 인문을 관찰하여 천하의 교화를 이룬다."(觀乎天文 以察時變, 觀乎人文 以化成天下) 우주의 자연현상인 천문(天文)으로 때가 변함을 살피며, 문화요 윤리인 인문(人文)으로 사람노릇을 하도록 하라는 뜻이다.[2]

동양에서는 인문학적 훈련을 통하여 수기치인(修己治人) 내성외왕(內聖外王)의 도덕적 자기완성을 목표로 인격도야를 하였다.

서양에서 인문학(humanities)이란 말은 라틴어 humanitas에서 유래하였다. 이 '후마니타스'(humanitas)는 로마사회에서 이상적 인간형의 양성을 위한 하나의 교육과정으로 제시되었다. 서양 인문학의 개념은 인간의 '말하는 능력'인 수사학을 중핵으로 한 전인적(全人的) 교양교육을 지칭하는 것이었다.

후마니타스(humanitas)의 개념을 처음 사용한 것은 키케로( Cicero)

---

2) 김석진,『대산주역강의 1』, 한길사, 1999, 542.『周易』, 최완식 역해, 혜원출판사, 1997, 113. 참조.

였다. 키케로는 이 '후마니타스'의 개념을 인간의 말하는 능력, 수사학(rhetoric)의 의미로 사용하되, 이 수사학은 단순한 웅변술이나 여러 개별 학문 중의 하나의 학문이 아니라 학문 전체를 포괄하는 차원 높은 지적 행위로 보았다. 후마니타스(humanitas)는 수사학을 핵으로 하여 문법에 대한 연구, 고전에 대한 강독 및 해석 등의 어문학적 수련으로부터 시작하여, 음악, 기하학, 천문학, 논리학, 윤리학, 물리학, 법률, 행정 등을 포괄하는 광범위하고 포괄적인 교육과정이다.[3]

나는 인문학의 가치와 유용성에 대하여 세 가지를 강조하고자 한다.

인문학은 인성교육과 인격훈련, 모든 학문의 기초, 인간다운 삶을 영위하기 위한 기본이 되는 학문이다.

첫째, 인문학적 교양은 사람다운 사람, 인간다운 인간을 만드는 인성교육과 인격훈련에 기본이다.

인문학은 흔히 문(文)·사(史)·철(哲), 즉 문학, 역사, 철학을 말한다. 우리 선비들의 전공필수는 문·사·철이었고, 교양필수는 시(詩)·서(書)·화(畵)였다. 문·사·철은 과거시험 과목이기도 하였다. 문·사·철의 전공과목을 체득하고 시·서·화의 교양필수과목을 체질화함으로써 이성과 감성이 조화된 중용적 인간이 되는 것이 이상적인 선비의 모습이었다.[4]

문학은 창조적 상상력을 키워주며, 경험의 보고인 역사는 올바른 판단력을 길러주고, 철학은 사유(思惟)할 수 있는 합리적 사고력을 할 수 있게 만든다. 교양 있고, 더불어 살 수 있는 인간이 되려면 인

---

3) 「Humanitas」, Historisches Wörterbuch der Philosophie 3. Basel/Stuttgart, 1974, 1231. 김여수, 「인문과학의 이념 - 과학적 설명을 중심하여 -」, 서울대학교 인문과학연구소편, 『인문과학의 새로운 방향』, 서울대학교 출판부, 1984, 1-2. 황수영, 『철학과 인문학의 대화』, 철학과 현실사, 2005. 34. R. J. Crane, The Idea of Humanities and Other Essays, Univ. of Chicago Press, 1967, 25 26.

4) 정옥자, 『우리가 정말 알아야 할 우리 선비』, 현암사, 2002, 23-24.

문학적 교양이 필요하다.

둘째, 인문학은 모든 학문의 기초가 된다.

사회과학이나, 자연과학을 잘 하려면 인문학적 기초가 되어 있지 않으면 성공적인 학문을 할 수 없다. 예를 들면 자연과학을 하더라도 인문학의 기초가 되어 있지 않으면 개념 하나도 제대로 만들어낼 수가 없다. 오늘날 과학문명의 이기는 모두 인문학적 상상력의 산물이다. 인문학의 한 분야인 문학의 기능이 창조적 상상력을 키워주는 것인데, 창조적 상상력이 없다면, 오늘날 우리가 사용하는 컴퓨터, 휴대전화, 인공위성, 전기 등의 발명이 가능하였겠는가?

셋째, 인문학적 교양과 지식은 지도자의 필수요건이다.

우리가 살아가는데 정치, 경제, 사회, 문화 각 분야에서 품위 있고, 교양 있고, 성공적인 삶을 살기 위해서는 인문학적 지식과 교양이 필요하다. 경영과 최고경영자(CEO)들에게 인문학적 지식이 필요함이 사회적 관심거리가 되고 있다.[5] AFP의 개설이 각 언론의 주목을 받아 보도된 것도 이 때문이라고 생각된다. 외국 정상들, 케네디, 처칠, 폰 바이제커(독일대통령), 슈미트(독일수상), 클린턴, 강택민 등의 교양 있는 태도와 품위 있는 말은 인문학적 지식과 교양에서 나온 것이다. 국제간의 외교와 무역에서도 인문학적 지식과 교양이 필수적임은 말할 필요도 없다.

이러한 의미에서 서울대 인문대학의 최고지도자 인문학과정(AFP)의 개설은 한국사회에 인문학적 풍토개선을 하는 계기가 되기를 바란다.

인문학은 인간다운 인간을 만들기 위한 인성교육과 인격훈련, 학

---

5) 유필화,『CEO, 고전에서 답을 찾다』, 흐름출판, 2007. 정진홍,『인문의 숲에서 경영을 만나다』, 21세기북스, 2007.

문을 하기위한 토대, 지도자들의 삶과 경영을 위한 필수지식, 품위 있고 격조 높은 삶을 위해 필수교양이다. 인문학적 정신은 앎에 그치는 것이 아니라 실천에 있다. '후마니타스'라는 말을 만든 키케로가 강조한 것처럼 인문학의 정신은 규범적 성격과 아울러 실천적 지향의 특성이 함께 포함되어 있다. 인문학적 정신은 지행합일의 정신이다.

인문학적 정신이 구현되어 품위 있고, 교양 있고, 다른 사람을 배려하면서 더불어 살아가는 인간이 되고, 사랑과 평화가 실현되는 사회가 되었으면 좋겠다.

다음의 말로써 끝맺고자 한다.

1885년 2월 12일 당시 69세였던 독일의 수상이었던 비스마르크는 제국의회에서 말했다. "나는 사는 한 배운다. 나는 오늘도 배우고 있다."

# 2-5. 서애 유성룡의 리더십과 퇴계 이황의 선비정신

- 안동서원 문화 탐방기 -

## 1. 안동을 찾아서

9월15-16일 양일간 서울대 인문대학 최고지도자 인문학과정 (AFP)에서 첫 번째 워크숍으로 유교문화의 전통을 잘 간직하고 있는 안동지역으로 가게 되었다. 9월 4일 입학식을 하고 학우들이 아직 서로 얼굴도 다 익히지 못한 상태에서 떠나는 여행이라, 서로 간에 사귈 수 있는 좋은 기회가 되었다. 이 워크숍 기간 동안 원우회 조직을 하고 새롭게 출발하게 되었다.

이번 기간 동안에 우리의 일정은 퇴계 이황의 도산서원, 서애 유성룡의 병산서원, 한국진흥원의 장판각 및 유교박물관을 돌아보고, 하회별신굿 탈춤을 관람하였다.

탈춤공연은 매주 토요일 오후에 있는데 마침 우리가 도착한 날이 토요일이라 운 좋게 공연을 관람할 수 있었다. 중요무형문화재 제69 호인 '하회별신굿탈놀이'는 풍자와 해학의 미학이었다. 공연 중에 우리나라 사람뿐만 아니라 여행 온 외국인들을 불러내어 함께 춤을 추는 흥겨운 일도 있었다.

도산서원과 병산서원을 방문하였다. 한국서원의 대표적인 서원들이다. 우리나라 서원(書院)은 조선 중기 이후 학문연구와 선현제향(先賢祭享)을 위하여 사림에 의해 설립된 사설교육기관인 동시에 향촌 자치운영기구였다.

우리나라에서 서원은 1543년(중종38) 풍기군수 주세붕이 고려말 학자 안향(安珦)을 배향하고 유생을 가르치기 위하여 경상도 순흥에 백운동서원(白雲洞書院)을 창건한 것이 그 효시이다.

도산서원은 퇴계 이황의 학문과 덕행을 추모하기 위해 1574년(선조7) 지은 것으로 1969년에 사적 제 170호로 지정되었다.

병산서원은 고려 때부터 풍산 읍내에 있던 풍산 유씨 문중의 교육기관인 풍악서당(豊岳書堂)을, 서애 유성룡이 1572년에 현재 위치한 풍천면 병산리로 옮겨지은 것이다. 병산서원의 명칭은 유성룡이 세상을 떠난 뒤인 1613년 정경세를 비롯한 유성룡의 제자들이 그의 위패를 모신 사당을 짓고 병산서원이라 이름 지었고, 1978년 사적 제 260호로 지정되었다.

서애 유성룡은 퇴계 이황의 제자이다. 멀지 않은 곳에 스승과 제자를 모시는 서원이 있는 것을 볼 때 위대한 스승과 훌륭한 제자를 생각하게 된다.

## 2. 서애의 리더십과 퇴계의 선비정신

서애 유성룡(1542-1607)은 임진왜란 당시 영의정 및 4도의 도체찰사를 겸임하여 국난을 극복하게 한 "하늘이 내린 재상"이라는 명칭이 붙은 명재상이다. 유성룡은 왜란이 있을 것을 대비하여 이순신 장군과 권율 장군을 발탁하여 나라를 살려낸 혜안을 지니고 있었다. 그가 쓴 임지왜란기록인『징비록』은 명저로 유명하다.

서애는 극단에 치우치지 않는 절충의 리더십을 발휘하였다. 서애는 민심수습과 정권안정을 구국의 요체로 파악한 식견, "조선으로 조선을 방위할 수 있다"는 자주국방의 의지, "배고픈 백성들에게서는 충성심을 기대할 수 없다"는 민생 중시의 실용주의적 국가경영철학 리더십을 갖추고 있었다.

우리 최고지도자 인문학과정(AFP) 학우들이 유성룡의 리더쉽을 본받으면 좋겠다고 생각한다. AFP의 원우인 유희수 감사님은 서애의 직계후손으로서 우리 원우들에게 병산서원과 풍산 유씨 종택으로 안내하여 서애의 유물을 보여주고, 종손으로부터 설명을 들을 수 있게 하였다.

퇴계 이황(1501-1570)은 율곡 이이와 더불어 우리나라 대표적인 성리학자이다. 예조판서 대제학, 대사성을 지냈다.『성학십도』,『자성록』등의 저서가 있고, 이기이원론, 기대승과의 사단칠정론 논쟁이 유명하다. 퇴계는 평생학문에 전념하고자 했고 많은 제자들을 길러냈다. 도산서원을 방문하면서 느낀 것은 퇴계 이황은 선비정신을 실천한 선비의 전형이라는 것이다.

선비정신은 고결한 인격을 바탕으로 행동과 예절을 올바르게 실천하며, 강인한 의지를 갖고 불의에 타협하지 않고 사회에 정도를 구현하는 것이다.

퇴계는 아는 것을 실천하는 지행병진(知行竝進)을 목표로 인격을 함양하여 실천하고자 하였다. 퇴계는 참된 선비가 되기 위하여 항상 삼가는 경건한 태도인 경(敬)을 자기수련의 덕목으로 삼고, 평생 수기치인(修己治人)의 정신을 실천하고자 했다. 공부하는 사람은 모름지기 퇴계의 이런 선비정신을 배워야 할 것이다.

이번 탐방에서 이태진 학장님의 '안동문화와 사림과 서원'에 대한 강의는 안동을 이해하고 서원을 이해하는데 크게 도움을 주었다. 이강재 교수님의 '논어의 리더십'에 관한 강의는 학우들에게 큰 감명을 주었다.

퇴계 선생이 52세 때 지은 시를 읽어본다.

옛글을 읽으니 성현을 마주한 듯하고(黃券中間對聖賢),
밝고 빈 방에 초연히 앉아있네.(虛明一室坐超然).
매화 핀 창가에 다시 보는 봄소식에(梅窓又見春消息),
거문고 줄 끊어졌다 탄식하지 않으리.(莫向瑤琴嘆絶絃)

## 2-6. 文·武·藝가 調和된 선비의 典型

- 정민공 죽당 유진동 -

  죽당(竹堂) 유진동(柳辰仝 1497-1561)은 문·무·예를 두루 갖춘 선비의 전형이었다. 요즈음 말로 인문학적 교양을 갖춘 선비였다. 조선시대의 선비의 전공필수는 文·史·哲( 문학·역사·철학)이요, 교양필수는 詩·書·畵(시·글씨·그림)였다. 전공필수인 文·史·哲은 과거 과목이기도 하였다.

  유진동은 경연(經筵)에서 임금(명종)에게 주역을 강의할 정도로 학식을 갖추었고 대사헌, 한성판윤, 공조판서 등 문관의 길을 갔지만 병법(兵法)에도 조예가 깊어 병조참판, 평안 병수사, 오위도총부를 맡을 정도로 武에도 탁월한 능력을 지니었다. 유진동은 문무 겸전의 인물, 身言書判의 인물이었다.

  글씨와 그림에도 유명하다. 유진동은 당대의 명필이었다. 최근 화재로 남대문으로 불리는 숭례문(崇禮門)이 거의 다 타버렸다. 다행히 편액(扁額 현판)은 구출할 수 있었다. 그 편액을 썼다고 논의되는 4명은 세종대왕의 아들 양녕대군, 신숙주 아버지 신장(申檣 1439-1504), 한성판윤을 지낸 정난종(鄭蘭宗 1433-1489)과 공조판서 유진동(1497-1561)이다. 논의되는 네 사람 중 시대적으로 가장 후대의 사람인 유진동이 편액을 썼을 가능성이 가장 높다. 유진동은 그림에도 뛰어났다. 유진동의 호 죽당(竹堂)이 말해주듯이 대나무 그림을 잘 그렸다. 그는 회화사에서 신잠, 신사임당과 더불어 조선전기 3대 묵죽화가로 알려져 있다. 조선의 대표적 묵죽화가인 수운 유덕장은 그의 후손이다.

죽당 유진동은 퇴계 이황으로부터 극찬을 받은 일이 있다. 당시 조광조의 도학정치가 실패로 돌아가자 그들이 강조했던 『小學』 읽기를 꺼려하였다. 조광조의 스승 김굉필은 자신을 소학동자라 자칭한 바 있으며, 조광조는 도의정치와 인륜의 기본서인 『小學』을 강조하였다. 조광조가 사약을 받은 후 소학을 멀리하는 경향이 있었다. 이에 당시 홍문관 부제학이었던 유진동은 중종 38년(1543년) 『小學』 읽기를 장려하는 상소를 올린다. "장군이 패전하는 경우가 있더라도 어찌 兵書를 거행하기 어려운 것이라고 의심할 수 있으며, 의사가 사람을 죽이는 경우가 있더라도 醫書를 사용하기 어렵다고 의심할 수 있겠습니까? 『小學』에서 익히지 아니하면 흐트러진 마음을 거두거나 그 덕성을 배양할 수 없다는 주희의 말이 어찌 우리를 속인 것이겠습니까? 돌아 보건대 그것을 어떻게 사용하는가에 달려있습니다." 이 상소문을 보고 퇴계 이황은 "한줄기 햇빛과도 같은 상소문(一陽疏)"이라고 칭찬하였다. 오늘처럼 인성교육이 강조되는 때 유진동의 가르침은 큰 의미를 지닌다.

유진동은 조선시대 부자(父子) 청백리인 유구(柳珣), 유겸(柳謙)의 후손이다. 그가 후손들에게 남긴 유훈은 "충효전가 청백유업(忠孝傳家淸白遺業)"이었다. 진주 유씨 문중이 文·武에 빛난 집안이 된 것도 유진동으로부터 시작된 것이다. 그의 시호 정민(貞敏)의 '정(貞)'은 '청백함으로 스스로를 지켰다(淸白自守)'는 뜻이며 '민(敏)'은 '큰일을 당하여 공을 세웠다(應事有功)'의 뜻으로 정조가 내린 것이다.

유진동에 대하여 그간 『인명사전』이나 『晋州柳氏歷代人物傳』에나 소개될 정도였다. 이에 유진동에 대하여 후손이나 일반인들을 위해 그에 관한 저서가 꼭 필요하다고 느끼고 있었다. 금번에 필자가 유근창 회장님께 건의하였고 그의 결단에 의해 이 책의 줄간이 가능하게 되었다.

유근영 선생님과 유동희 선생님께 정민공 죽당 유진동의 평전과 실록의 저술을 부탁드렸고 나의 제안에 흔쾌히 집필을 허락하여 주셨다. 이 책의 저서를 집필하신 유근영·유동희 선생님 부자(父子)분께 깊이 감사드린다. 두 분은 이미 평전『忠壯公 柳琳將軍』과『晋州柳氏歷代人物傳』을 집필한 바 있다. 이 두 분의 노력으로 우리 문중의 인물들의 면모가 세상에 밝혀지게 되었다. 이러한 작업이 귀중함은 말할 필요도 없거니와 이런 저술이 얼마나 어려운 가는 글을 써 본 사람들은 잘 아는 사실이다. 우리 문중에 두 분이 계신 것은 진주 유씨 문중의 축복이라고 생각한다.

책의 출판을 위해 유근창 회장님, 유성호 회장님, 유방희 회장님, 유석용 충장공파 지회장님이 후원하여 주심에 감사드린다.

우리 문중뿐만 아니라 우리 사회에 널리 읽힐 이 책의 출간을 기뻐하며 책 뒤에 몇 자 적어 출간의 기쁨을 함께 나누고자 한다.

2008. 4. 9.

정민공 13대손 柳 錫 成

# 2-7. 발문 (跋文)

『충장공 유림장군 실록』 출판에 부쳐

우리 역사에서 대표적인 외세 침략은 임진왜란과 병자호란이 있다. 이 두 전쟁에서 영웅이 있는데 임진왜란에는 충무공 이순신 장군이 있다면, 병자호란에는 충장공 유림 장군이 있다. 역사에서 호란은 정묘호란(정묘(丁卯胡亂, 1627, 인조 5년)과 병자호란(丙子胡亂 1636, 인조 14년)을 말한다. 정묘호란은 후금의 태종이 3만여 명의 군대를 이끌고 평안도를 거쳐 황해도까지 침략한 전쟁이었다. 이때 조선은 수세에 몰려「형제의 맹약」이 담긴 강화조약을 맺었다. 그러나 병자호란 때에는 청태종이 1636년 12월 10만 명(청인·몽고인·중국인)의 군대를 이끌고 질풍같이 파죽지세(破竹之勢)로 쳐내려와 압록강을 넘은 지 5일 만에 서울을 유린하고, 7일 만에 왕과 대신들이 피해있던 남한산성을 포위하였다. 45일 만에 인조는 견디지 못해 남한산성에서 나와 1637년 1월 3일 지금의 송파인 삼전도(三田渡)에서 청 태종에게 항복하고 청과「군신관계」(君臣關係)를 맺은 치욕적인 전쟁이었다. 이 병자호란에 거의 유일하게 청나라 군대와 싸워 완승한 것이 김화대첩(金化大捷)이었다. 당시 평안병마절도사였던 충장공 유림장군(후에 좌의정으로 추증됨)이 이끄는 김화전투에서 청나라 군대를 무찔렀다. 이 김화대첩은 수치스러운 병자호란 때 이 민족에게 위안이 되고 자존심을 세워준 전투였다. 그러나 병자호란은 기억하고 싶지 않은 수치스런 전쟁 때문인지는 몰라도 이 김화대첩과 충장공 유림 장군은 잊혀졌다. 병자호란사(丙子胡亂史)에는 자세히 기록되어 있지만 국사책이나 국민에게는 잘 알려지지 않았다. 충장공 유림 장군은 "병자호란의 잊힌 영웅"이라고 할 수 있다. 이러한 사실을 늘 안타깝게 생각하던 중, 이 문제에 관심을 가지고 있던 고려대학교 유승주 교수님이 학술적으로 훌륭한 연구서인 『忠壯公 柳琳將軍 實錄』을 출간하였다. 문중과 충장공의 후손으로서 참으로 기쁜 일이며 이 나라 역사학계와 국민 모두에게 다행스러운 일이라 생각한다.

충장공 유림장군의 선대에는 부자(父子) 청백리로 유명한 조선 태조 때 정평공(靖平公) 유구(柳拘) 선생과 세종조에 유겸(柳謙) 선생이 있다. 또한 충장공의 조부는 조선전기 서예와 묵죽으로 유명한 공조판서를 지낸 정민공(貞敏公) 유진동(柳辰仝) 선생이다.

이 귀중한 연구를 하신 유승주 교수님께 감사드리며, 출판을 위하여 후원하여 주신 「晋州柳氏大宗曾」와 柳根昌 회장님께 감사드린다. 충장공 유림장군의 후손으로서 그리고 학계에 있는 사람으로서 이 귀중한 학술적 가치가 있는 책의 출간에 부쳐 널리 읽히기를 바라는 마음에서 책의 말미에 감사의 인사와 추천의 말씀을 적는다.

2006년 8월 15일
충장공 11대손　柳 錫 成

# 3장. 서울신학대학교 총장시절

## 3-1. 스승을 기리며

나와 몰트만: 정의와 평화를 위한 삶

　몰트만은 살아있는 전설이다. 몰트만은 20세기의 최대의 신학자의 한사람으로 평가될 것이다. 그는 세기를 넘어 21세기에도 생존하여 있다. 몰트만은 1926년 4월 8일생이니까 2011년 금년에 85세이다. 지난번 몰트만이 한국을 방문하였을 때, 내가 그를 소개하면서 동양에서는 음력으로 4월 8일에 석가모니 부처가 태어났고, 서양에서는 양력 4월 8일에 독일에서 위르겐 몰트만이 태어났다고 소개한 일이 있다. 그때 몰트만 교수님이 서양사람 특유의 어깨를 추켜올리는 제스처를 하며 놀라워하면서 기뻐하였던 모습을 기억한다.

　몰트만은 비극적 역사의 증인이다. 그는 제2차 세계대전의 죽음의 상황에서 살아남아 절망 속에서 희망과 생명의 하나님을 발견하였다. 전쟁이 끝난 후 신학을 공부하여 고난을 강조하는 십자가 신학과 희망의 정치신학을 정립시킨 신학자가 되었다.

인생은 만남이다. 산다는 것은 만남의 연속이다. 나는 내 생애(生涯)에 몰트만 교수님을 만나 스승으로 모신 것을 하나님의 축복으로 생각한다. 인간은 교육의 산물이요, 교육은 스승과 제자의 만남에서 이루어지는 것이라면, 배우는 사람에게 스승을 만나는 일처럼 중요한 것이 어디 있겠는가. 플라톤이 소크라테스를 만난 것을 감사하였듯이 나는 몰트만 교수님을 만난 것을 하나님께 깊이 감사한다. 정신과 혼이 살아있는 튀빙겐대학에서 몰트만 교수님의 가르침을 받으며 7년간 공부하였다.

몰트만 교수님을 처음 뵌 것은 1975년 3월 그가 한국을 처음 방문하였을 때이다. 그때 나는 한신대 대학원에 재학 중이었다. 그때 그는 「민중의 투쟁 속에 있는 희망」에 관한 강연을 하였다. 이 강연은 나에게 새로운 안목을 열어 주었다. 이글을 쓰면서 글쓰기를 잠시 멈추고 그 강연문을 다시 한 번 읽어보니 그때의 감동이 새롭게 다시 떠오른다.

몰트만 교수님은 자신의 전쟁포로의 경험을 이야기하며 마태복음 25장 '세계심판' 이야기와 '식탁공동체'의 이야기를 통해 예수의 가르침과 그의 정신, 하나님나라와 참된 교회의 모습이 민중 속에서 실현됨을 강조하였다. 민중들이 자신의 주체성과 가치를 발견하도록 하는 것이 예수의 정신이라 하였다. "민중의 투쟁 속에 있는 희망은 민중이 자신의 역사적 주체가 될 때 나타난다. 예수의 공동체에 참여하고 민중과 함께 기뻐한다는 것을 의미한다."

몰트만 교수님이 다녀간 뒤에 한국사회에 나타난 민중신학에서 오클로스(민중)에 대한 이야기를 강조하는데 이미 몰트만은 1975년 3월 강연에서 이 문제를 언급하였다. 이러한 사실은 강연문에 잘 나타나 있다.

대학원 때 지도교수는 박봉랑 교수님이었는데 박 교수님의 지도로 몰트만의『십자가에 달리신 하나님』(Der gekreuzigte Gott)을 독일어로 읽었다. 이 책은 나의 신학을 공부하는데 새로운 신학적 안목의 지평을 열어주었다.

몰트만 교수님께 나를 김균진 박사님과 서광선 박사님이 추천해 주었다. 몰트만 교수님으로부터 흔쾌히 제자로 받아주겠다는 답신이 왔다.

대학원을 졸업하고 목회도 하고 대학에서 강의를 하다가 1983년 8월 장학생으로 선발되어 독일로 유학을 갔다. 장학처에서 주선하여 준 '괴테 인스티튜트'에서 독일어를 공부하는 동안 박종화 박사님의 안내로 튀빙겐 몰트만 교수님 댁으로 방문하였다. 그날은 1983년 8월 18일 여름 햇볕이 그리 뜨겁지 않고 기분 좋을 만큼 비치는 오후였다. 그날 몰트만 교수님이 책에 "1983년 8월 튀빙겐 도착을 기념하여, 행운을 빌며"라고 서명을 하여 선물로 주셨다. 그 책은 "십자가에 달리신 하나님"과 "성령의 능력 안에 있는 교회"(Kirche in der Kraft des Geistes)였다.

어학과정을 마치고 학위논문 주제에 관하여 논의할 때 '한국에 있어서 교회와 국가의 문제'를 쓰겠다고 하니까. 몰트만 교수님이 한국의 문제는 교수님이 잘 모르기 때문에 논문의 형식은 지도할 수 있으나 내용지도가 어려우니 주제를 독일 것으로 하라고 하셨다. 나는 기독교인의 사회적 참여에 관심이 많아 본회퍼 신학을 다루겠다고 제안하니까 몰트만 교수님이 좋다고 하면서 주제를 정하여 주셨다. 디트리히 본회퍼의 그리스도론적 윤리 문제였다. 주제는「디트리히 본회퍼의 그리스도론적 기본결단들」( Christologishe Grundentscheidungen bei Dietrich Bonhoeffer)이었다. 본회퍼의 전 저작을 통해 그리스도와 윤리의 문제가 어떻게 전개되고 발전되었는지 추적해보는 것이다. 제1장 성도의 교제(Sanctorum Communio) 편을 완성하여 드렸더니 좋다고 하시면서 계속하여 진행하라고 하셨다. 여러 가지 과정을 거쳐 논문이 완성되어 마치게 되었다.

내 논문의 요약이 하르낙이 창간한 「Theologische Literaturzeitung」 (116. Jahrgang 1991 Nr. 6)에 실렸다. 몰트만 교수님은 나의 논문을 에 버하르트 베트게에게 보내주라고 하여 그분에게 보내드렸다. 베트 게는 본회퍼의 제자로서 1,000페이지가 넘는 본회퍼 전기를 쓴 사 람이요, 본회퍼를 살려낸 사람이다. 베트게는 답장에서 나의 논문에 대하여 좋은 평가를 하여 주었다.

몰트만 교수님의 학문성은 물론 그의 인품이 훌륭하다. 전쟁터에 서 사선(死線)을 넘어 포로가 되었고, 고난을 겪은 분이라 그런지 몰 라도 어려운 학생들 특히 제3세계에서 온 사람들을 사랑으로 잘 보 살펴 주신다. 그러나 학문에 있어서는 상당히 엄격하시다.

칸트는 『실천이성 비판』에서 말했다. "그에 대하여 자주 그리고 계속해서 숙고하면 할수록, 점점 더 큰 경탄과 외경(畏敬)으로 마음 을 채우는 두 가지 것이 있다. 그것은 내 위의 별이 빛나는 하늘과 내 안의 도덕법칙이다"

그러나 나는 몰트만의 저술을 볼 때 그리고 그의 말씀을 들을 때 큰 경탄과 외경을 느낀다. 어떻게 저렇게 현실의 문제를 신학화할 수 있으며 어려운 신학의 문제를 명쾌하게 정리할 수 있을까? 하고 생각한다. 몰트만이 관심을 가지고 만들어낸 희망의 신학과 희망의 윤리, 정치신학과 정치윤리, 평화신학, 신학적 인권론, 삼위일체론적 십자가의 신학, 생태학적 창조론 등은 그 누구도 따라가기 힘든 신 학의 작업이다.

몰트만은 본회퍼로부터 많은 영향을 받았다. 그의 십자가신학은 바울, 루터 그리고 본회퍼의 사상에 근거하여 있다. 본회퍼는 "고난 받는 약한 하나님만이 우리를 도울 수 있다", "예수의 수난 선포는 고난(Leiden)과 수난받음(Verworfenwerden)"이라고 말했다.

몰트만은 이렇게 말한다. "기독교인이 혁신적으로 되는 것은 하나님의 수난으로부터 출발하는 자유하게 하는 영을 발견함으로써 가능하여진다."

몰트만의 사상 중에서 정의와 평화를 위한 기독교와 그리스도인의 책임이 가장 중요하다고 생각한다. 나는 40년 동안 신학 공부를 하며 예수님의 가르침은 실천적 의미에서 사랑과 정의와 평화를 실천하는 것이라는 결론에 도달하였다. "사랑은 정의를 통하여 구체화되고 정의가 행해짐으로써 평화가 이루어진다." 몰트만 교수님의 가르침은 정의와 평화를 위한 삶을 살 것을 강조하는 것으로 요약된다.

몰트만 교수님이 나의 총장 취임에 즈음하여 축하의 편지를 보내왔다. 총장 취임을 축하하면서 감상적인 표현을 하였다. " 나이가 들면 미래에 대한 시간이 점점 불확실하다"고 하면서 "우리 다시 만날 수 있을까?"라고 하였다.

나는 이글을 읽는 순간 가슴이 철렁하며 미어지는 것 같았다. 몰트만 교수님도 돌아가실 수 있다는 것을 새삼스럽게 생각하였기 때문이다. 인생은 어차피 한 번 태어났다가 죽는 것이 아닌가? 그렇다 하더라도 몰트만 교수님만이라도 오래 사셨으면 좋겠다. 나를 가르쳐주신 박봉랑 교수님, 고범서 교수님 다 돌아가셨다.

부디 몰트만 교수님 건강하고 평안하게 오래 사시기를 빈다. 몰트만 교수님이 돌아가시기 전에 곧 찾아뵈어야겠다고 생각하며 몰트만 교수님의 그 포근하고 넉넉한 미소를 떠올린다.

## 3-2. 나와 조종남 박사

조종남 박사님 : 독실한 신앙과 성실한 삶

인생은 만남이다. 인간이 산다는 것은 사람을 만나 관계를 맺고 살아가는 것이다. 조종남 박사님과의 만남은 내 인생에 새로운 길을 가게 하였다.

나의 일생에서 오늘의 나를 있게 해준 스승 가운데 조종남 박사님은 튀빙겐대학의 몰트만 교수님과 더불어 큰 영향을 주었고 가르치는 교수의 길을 열어 주셨다.

지금도 총장실에 걸려 있는 기도하는 사진 한 장은 조종남 명예총장님과 관계를 형성할 수 있도록 해준 사진이다. 이 사진은 조종남 박사님이 나의 어깨에 손을 얹으시고 기도하는 사진이다. 1970년 봄 전체 학생이 신앙수련회를 의정부에 있는 한국YMCA 다락원으로 갔었다. 그때 나는 서울신학대학에 온 것에 대한 갈등을 하고 있었고 당시 학장님께 기도 부탁을 드렸다. 조 박사님이 나의 어깨에 손을 얹고 기도해 주시고 나서 나에게 기도하라고 하셔서 기도하는 모습의 장면이다. 이 모습이 좋았던지 박장균 교수님이 스냅사진으로 찍은 것이다.

이 사진은 우리 학교를 소개하는 영문 책자에도 실렸었고 미국에서 모금할 때 활용하였다고 한다. 그런데 조종남 학장님께서 이 사진을 좋아하셔서 1970년대부터 상당기간 지금 총장실에 걸어 놓으셨다. 나는 지금도 이 사진을 보며 나는 1970년대부터 사진이 먼저 총장실에 들어온 사람이라고 말하곤 한다.

조종남 명예총장님은 88세인 미수(米壽)를 맞이하셨다. 건강하게 미수를 맞게 되신 것을 축하하며 감사하게 생각한다. 요즘 장수 시대를 맞이하여 전보다 오래 살지만 누구나 다 미수를 맞이하는 것도 아니다. 더구나 조 박사님은 건강하게 지금도 저술활동을 하신다.

오늘의 서울신학대학은 조종남 박사님이 18년간 학장으로 계시면서 크게 발전시킨 결과이다. 오늘의 이렇게 발전된 모습은 조종남 박사님이 없는 서울신학대학의 모습은 생각할 수 없다. 서울 서대문 충정로 3가 35번지에서 부천으로 이전할 때 여러 가지 재정적인 어려움을 극복하고 모금하여 부천의 현재 캠퍼스를 마련하셨다. 이때 조학장님이 모금 때문에 겪은 어려움은 자서전『하늘 연어』(165-183, 두란노, 2006)에 잘 기록되어 있다.

1973년 학교 이전을 위한 모금을 할 때, 예상만큼 모금이 잘 안 되는 것 같았다. 그때 나는 학생회장이었는데 학생 전체를 강당에 모아놓고 기도회를 하였고 이때 비록 학생들이지만 우리도 참여하자고 호소했다. 우리가 공부할 강의실 책상은 우리가 마련하자고 제안하여 많은 학생들이 이에 호응하였다. 나는 교수님들이 강의하는 교탁 값을 내었다. 지금도 그때 교탁을 바쳐 하나님이 교수하게 하셨나보다고 주위 사람들에게 말하면 사람들은 웃음으로 이를 받아들이기도 한다.

졸업식 날 학위수여식 후에 학장실로 찾아뵈었다. 대학원 진학에 관해 의논드리기 위함이었다. 대학원 진학에 관한 말씀이 끝난 후 당부의 말씀이 있으셨다. 무릎 꿇고 기도하는 시간과 의자에 앉아 공부하는 시간을 함께하여 조화를 이루라는 말씀이었다. 그후 독일 튀빙겐대학 유학 시에도 총장이 된 지금도 이 말씀은 늘 가르침이 되고 있다. 지금도 무릎 꿇고 기도하는 총장이 되려고 노력하고 있다.

조종남 명예총장님은 베드로전서 3장 15절을 바탕으로 신앙생활원칙으로 삼고 있는 세 가지를 말씀하셨다.

첫째, 끝까지 공부를 해야 한다. 둘째, 도덕적인 훈련을 계속해야 한다. 셋째, 하나님을 향한 경건의 시간을 가져야 한다. 이 세 가지는 제자들과 후학들이 교훈을 삼아야 하리라고 생각한다. 계속하여 이렇게 말씀하신다.

"죽는 순간까지 배워야 할 것이며, 도덕적인 기술을 배우는 것도 좋지만 진실로 도덕적인 마음을 가져야 할 것이며, 가장 중요한 것은 예수님을 주님으로 모시고 늘 주님과 교통해야 할 것이다."

조종남 명예총장님에게서 진실한 신앙인의 모습, 끊임없이 공부하고 연구하며 글을 쓰는 학구적인 자세, 어떤 경우든 하나님의 말씀을 전하는 복음전파자의 삶을 발견할 수 있다. 이렇게 조종남 명예총장님의 일생은 학문, 교육, 선교라는 말로 요약할 수 있다. 평생을 공부하고 가르치고 복음말씀을 전하는 일을 하시면서 사셨다.

이번 문집 발간을 계기로 아호를 정하자고 권해드렸다. 조 박사님께 가장 좋아 하는 글자가 무엇인가를 여쭈어 보았더니 정성 성(誠)자라고 하셨다. 그래서 나는 조 박사님께 아호(雅號)를 성암(誠巖)이라고 하자고 제안하여 그렇게 정하였다.

성(誠)자가 얼마나 중요한가? 성(誠)은 정성스러움과 성실이다. 중용에 보면 성(誠)을 강조하여 말한다. "성(誠 성실)은 하늘의 도(道)요, 성(誠 성실)해지려고 하는 것은 사람의 도(道)다.(誠者 天之道也, 誠之者 人之道也)

성(誠)은 물(物) 의 끝과 시작이요 성(誠)하지 못하면 물도 없다."(誠者 物之終始, 不誠無物) 성실함은 만물의 시작과 끝이며 성실하게 하지 않으면, 만물이 존재하지 않는다는 것이다. 이렇게 성(誠)은 중요한 것인데 조 박사님은 성(誠)자를 가장 귀한 글자로 생각하고 성실한 삶을 실천하고 계신다.

조 박사님의 삶을 나타내주는 것은 독신호학(篤信好學) 넉 자라고 생각한다.

조 총장님은 독실한 신앙인의 길과 성실한 삶의 자세로 끊임없이 연구하고 배우는 호학(好學)의 정신을 가지고 학문을 탐구한다. 이러한 삶과 신앙의 자세는 늘 제자들에게 말없는 가르침이 된다.

글을 마치며 정음전 사모님이 살아 계시다면 문집발간을 얼마나 기뻐하실까 생각하며 하늘나라에서도 환하게 웃으시며 기뻐하시리라 믿는다.

## 3-3. 박봉랑 교수님 : 독신호학(篤信好學)의 삶

박봉랑 교수님의 일생은 독실하게 믿으면서 배우기를 좋아하는 "독신호학(篤信好學)"의 삶이었습니다.

신앙과 학문이 박사님의 평생에 추구하고 실천한 삶의 주제였고, 공부하는 신앙인이 어떻게 살아가야 하는가를 보여주셨습니다.

나는 박봉랑 박사님의 가르침을 받고 지도를 받아 라인홀드 니버의 정의론에 관한 석사논문을 썼습니다. 그후 나는 독일 튀빙겐대학에 가서 몰트만 교수님 지도로 본회퍼에 관한 논문으로 신학박사 학위를 받았습니다.

박봉랑 교수님 하면 본회퍼 연구가로 알려져 있고 한국신학계에 계속하여 본회퍼와 함께 기억될 것입니다. 그러나 박봉랑 교수님은 원래 미국 하바드 대학교에서 칼 바르트(Karl Barth 1886-1968) 연구로 박사학위를 받으셨습니다. 한국에서는 군사독재정권에 저항하고 투쟁해야 하는 교회와 그리스도인들을 위해 본회퍼 연구를 시작하시게 되었습니다. 오늘도 나는 이 책을 보며 추억과 회상 속에서 박봉랑 교수님을 생각합니다. 나의 삶의 길목에 박봉랑 박사님이 계셨기에 본회퍼를 연구한 교수가 된 것이 아닌가 생각합니다.

박 교수님은 온화한 성품을 지니셨고 공자가 말한 배우기를 좋아하는 호학정신(好學精神)으로 사신 분입니다. 박봉랑 교수님은 1975년 가을 10년 동안 연구한 끝에 본회퍼 연구서인『기독교의 비종교화』를 저술하여 출판하셨습니다. 이 책은 한국 최초로 한국인이 쓴 본격적인 본회퍼 연구서입니다. 본회퍼의 저서와 본회퍼에 관하여 연구된 책들을 참고하여 700페이지에 달하는 방대한 책을 쓰셨습니다.

디트리히 본회퍼(Dietrich Bonhoeffer 1906-1945)는 행동하는 신앙인으로서 히틀러 암살계획에 가담하여 2년간의 감옥생활 후 종전되기 직전 1945년 4월 9일 교수형에 처형되었습니다. 본회퍼는 제2차 세계대전 후 20세기 후반 새로운 신학 형성에 큰 영향을 준 신학자이지만 본회퍼는 그의 신학적 체계와 내용보다는 그의 순교자적 죽음으로 인하여 그의 삶과 신학이 빛나게 되었습니다. 본회퍼의 신학적인 공헌은 그리스도 중심적인 사고와 신학, 제자직의 고귀한 가치, 기독교 신앙에서 세상성의 강조를 통하여 기독교인의 책임적인 삶을 일깨워 준 것에 있습니다. 본회퍼는 이 사회 속에서 기독교인의 사회적 책임은 사회정의를 실천하는 것이며, 평화를 실천하는 것이 그리스도의 명령이라고 하였습니다.

1970년대 유신독재정권에 항거하다가 감옥에 간 학생들에게 본회퍼의 옥중서간을 비롯한 여러 책들은 큰 위안과 용기를 주었습니다. 이러한 때 박봉랑 교수님의『기독교의 비종교화』는 주목받는 책이 되어 여러 판을 거듭하여 인쇄하게 되었습니다.

박봉랑 박사님의 신학 속에서 발견할 수 있는 것은 교회와 사회에 대한 관심 속에 이 사회 속에 사회정의를 실현해야 한다는 강한 신념입니다. 이것이 본회퍼에 관심을 갖고 본회퍼 연구를 하신 것으로 판단됩니다.

본회퍼는 "기독교인 된다는 것은 기도하는 것과 사람들 사이의 정의를 행하는 것"이라고 하였습니다.

박 교수님의 부드러운 성품이지만 당시 박정희 독재정권에 대하여 준열한 비판을 하셨습니다. 나는 한신대 대학원 시절을 그리워합니다. 학문에 대한 열정으로 가득 찼고 학문적 우정으로 맺어진 시대였습니다.

그 시대는 독일 히틀러의 나치시대의 고백교회처럼 유신독재정권에 저항하며 민주화를 위해 투쟁하던 시대였습니다. 1975년 한신대는 고려대와 함께 휴업령이 내려지기도 하였습니다. 학생들과 교수님들은 감옥으로 가고 강의실에 남은 자들은 고난 받는 자들과 함께 고난 받지 못함을 괴로워하던 시절이었습니다. 1975년 3월 한국을 처음으로 방문한 위르겐 몰트만 교수님은 한국의 상황을 "민중의 투쟁 속에 있는 교회"라고 말하였습니다.

1975년 가을 학기 몰트만의 『십자가에 달린 하나님』(Der gekreuzigte Gott)을 박봉랑 교수님과 독일어 원서로 강독도 하였습니다. 특히 이 책은 20세기 들어 고난(Leiden)의 문제를 신학화한 본회퍼의 "고난의 신학"과 루터의 "십자가신학"을 계승하고 발전시킨 책입니다. 이 책은 나의 사상 형성에 큰 영향을 미친 책들 중에 한권으로 늘 곁에 두고 있습니다. 특히 제8장 「인간의 정치적 해방에로의 길」은 나에게 새로운 정치신학을 이해하는 안목을 열어 주었습니다.

본회퍼 사상을 요약하면 "예수를 따르는 제자의 길은 예수의 부름에 순종하는 것이고, 그 순종하는 길은 자기 십자가를 지는 길이고, 자기 십자가를 지는 길은 고난을 당하는 일이고, 그 고난은 그리스도와 함께 하기 때문에 기쁨이 된다"고 정리할 수 있습니다.

본회퍼는 "고난 받는 하나님만이 우리를 도울 수 있다"고 하였습니다.

독일에서 학위를 마치고 돌아와 서울신학대학교에서 교수로 일하게 되었습니다. 박봉랑 교수님은 말년에 두통으로 고생하셨고 외부 출입을 잘못하셨습니다. 전화를 드리면 전화에 대고 기도해 달라고 하셨습니다. "유 박사가 기도하면 내 머리가 시원해지고 낫는 것 같다"고 하셔서, 나는 박 박사님을 위해 기도해 드리곤 했습니다.

나의 학문의 고향인 수유리 캠퍼스에 계시던 박봉랑 교수님이 그립습니다. 존경하는 박봉랑 박사님! 편히 쉬십시오. 이 세상 삶이 끝나는 날 반갑게 뵙겠습니다.

# 3-4. 나와 함석헌

## 시대의 예언자 함석헌 선생님

나의 대학시절부터 스승으로 생각한 두 분의 선생님이 계셨다. 그두 분은 장공 김재준 목사님과 함석헌 선생님이다. 두 분으로부터학교 강의실에서 학점 받은 일은 없지만 언제나 나의 가슴속에 스승으로 남아있다. 1970년 이 두 선생님이 「제3일」과 「씨울의 소리」를 창간하셨다. 이 두 잡지는 나에게 교과서 아닌 교과서였다. 이 월간지를 통해 강의실에서 배우지 못한 시대정신, 역사의식, 사회의식을키울 수 있었다.

내가 함석헌 선생님의 성함 석자를 처음으로 본 것은 중학교 1학년 때 어느 서점에서 한복입고 수염 기른 모습의 사진이 담긴 책에서였는데, 19세기 분 같은 특이한 모습이 인상적이었다. 그분의 책을 보니 어문일치 구어체의 낯선 문체가 특이하게 느껴졌다. 그후한일회담 반대시위 때 신문에서 그분의 사진과 기사를 읽었다. 그후대학에 입학하여 70년 4월 흥사단이 있던 대성빌딩에서 4월혁명기념강연회가 열렸는데, 그날 함석헌 선생님이 강연회 연사로 나오셨고 그 강연회장에서 함석헌 선생님을 처음으로 뵈었다. 그날 청중들에게 큰 감동을 주시는 말씀을 하셨고, 강연회가 끝난 후 「씨울의 소리」 창간호를 강연회장에서 구입하였다. 그날부터 함석헌 선생님이강연하시는 곳에 열심히 찾아 다녔고 「씨울의 소리」는 나의 70년대애독하는 잡지가 되었다. 그때 매달 「씨울의 소리」를 기다리며 지냈고, 「씨울의 소리」는 세상 보는 눈과 신리를 남구하며 사는 길을 안내하여 주었다. 그 당시 열심히 읽었던 잡지는 「씨올의 소리」 외에 장공 김재준 박사님의 「제3일」, 안병무 박사님의 「현존」 그리고 「기독교사상」, 「신학사상」, 「창작과 비평」, 「문학과 지성」 그리고 중간에 폐간된 「다리」, 「창조」 등이 있다. 「사상계」는 이미 폐간된 상태였다.

함석헌 선생님께서 매주 강의하시는 고전강좌에도 나갔었다. 『장자』, 『노자의 도덕경』 등을 강의하셨는데, 어느날 굴원(屈原)의 어부사(漁夫辭)를 강의하셨다. "온 세상이 다 흐렸는데 나 혼자 맑았고 뭇 사람이 다 취했는데 나 홀로 깨어있다"(擧世皆濁이어늘 我獨淸하고 衆人이 皆醉어늘 我獨醒이라)는 말씀을 풀어주신 기억이 난다. 굴원의 모습 속에서 역사에 대답하고, 죽음으로 항의하는 자의 모습을 강조하셨다. 함 선생님이 강의하셨던 고전강의가 삼민사에서 『하늘땅에 바른 숨 있어』라는 책으로 나왔는데 한승헌 변호사님의 권고로 내가 서평을 쓰기도 하였다. 함 선생님이 번역하신 칼릴 지브란의 『예언자』는 내 정신의 양식이 되었다.

내 일생 참으로 감명 깊게 읽고 오늘도 학생들에게 강의시간에 추천하는 『뜻으로 본 한국역사』를 읽게 하였다. 이 책은 주지하다시피 본래 성서적 입장에서 본 조선역사로서 일제 강점기에 강의한 것이다. 성서적 관점에서 독특한 사관으로 한국역사를 기술한 역사책이다. 이 책은 신학도인 나에게 한국의 역사를 어떻게 볼 것인가 하는 새로운 관점을 열어 주었다. 한국역사를 고난으로 해석한 고난사관의 독특한 관점이었다. 구약성경 이사야 53장의 고난의 장(章)의 정신을 한국역사에 응용한 것이라 느껴진다. 이 고난의 문제는 신학적으로 중요한 문제이다. 고난은 예수의 십자가 사건을 이해하는 핵심 개념이다. 예수를 따른다는 것은 자기 십자가를 지고 따르는 것이요 그것은 곧 고난의 길을 의미한다. 고난 없이는 신을 인식할 수 없다.

이러한 사상은 "십자가신학"(theologia crucis)으로서 종교개혁자 루터가 주장하였고, 현대 20세기에는 디트리히 본회퍼가 고난의 문제를 신학화하여 전개하였으며, 튀빙겐대학교의 위르겐 몰트만 교수가 그의 저서 『십자가의 달린 하나님』을 통하여 심화시켰다. 나는 독일 튀빙겐대학교로 유학가서 몰트만 교수님의 지도로 본회퍼에 관한 학위논문을 쓰면서 이 고난의 문제를 깊이 생각할 기회가 있었다. 20세기에 고난의 문제를 처음으로 신학화한 학자는 본회퍼라고 평가받는다. 그것은 1930년대 제자직과 십자가의 문제를 다루면서 예수를 따라가는 길은 십자가를 지는 길이고 그것은 고난의 길이라고 한 것이다.

일본의 기타모리 가죠는 제2차 세계대전 중에 『하나님의 아픔의 신학』을 펴낸 일이 있다. 그러나 함석헌 선생님이 1932년부터 쓰시기 시작한 성서적 입장에서 본 조선역사에서 고난의 사관으로 한국 역사를 본 것은 함 선생님의 혜안과 탁월함을 볼 수 있다. 1956년 1월 사상계에 「한국기독교는 무엇을 하고 있는가」를 시작으로 이 기독교와 사회에 던진 말씀은 아모스와 미가, 이사야와 같은 예언자의 음성이요, 빈들에서 외치던 세례요한과 같은 들사람의 음성이었다. 물질주의, 기복주의, 현실도피주의에 빠져있고, 소금과 빛의 역할인 사회정의 실현에 빈곤한 한국교회에 함 선생님의 말씀은 아직도 유효하다. 함 선생님은 "재목은 숲에서 나고 인물은 종교의 원시림에서 얻을 수 있다"(전집 14권 116쪽)고 한 것처럼 이 시대를 위한 인물을 기독교는 얼마나 기를 수 있을까?

함 선생님은 생각하는 백성이라야 산다고 말씀하셨다. 우리 민족에게 부족한 것이 깊이 생각하고 우물 파듯이 생각을 깊이 파는 "사고팜"이 부족하다고 하였다. 이 민족에게 필요한 말씀이다.

녹일에서 꿈을 꾸었다. 함 선생님이 놀아가시는 꿈이었다. 그때가 아마 1986년이라고 생각된다. 나의 무의식 속에 함 선생님이 오래 사시기를 바라고 있었던 것 같다. 꿈을 깨고 나서 그것이 현실이 아니고 꿈이었다는 사실을 얼마나 다행스럽게 생각했는지 모른다. 적어도 내가 공부를 끝내고 돌아 갈 때까지 만이라도 살아 계셔서 한 번 뵙고 싶었고 말씀도 듣고 싶었다. 그러나 함 선생님은 88올림픽이 끝난 후 1989년 2월 4일 돌아가셨다.

이제 더 이상 그 준엄한 예언자적 말씀도 동양고전 풀이도, 길게 말씀하시는 강연의 말씀도 듣지 못하게 되었다. 나는 1990년 귀국하여 벌써 10년이 지났다. 그렇지만 지금도 어디선가 흰 두루마기를 입으시고 흰 수염을 날리며 함 선생님이 걸어오실 것 같고, 나는 함 선생님이 말씀을 하시는 곳을 부지런히 찾아다닐 것 같은 착각에 빠진다.

함석헌 선생님이 나에게 가르쳐 주신 것은 역사에 대한 관심과 동양사상에 귀중함 그리고 비폭력에 대한 평화사상, 끝없는 저항의 정신, 민중을 향한 애정과 역할 그리고 진지한 자세로 진리를 탐구하고 신을 찾아가는 구도자적 자세이다. 파스칼은 신음하면서 신을 탐구하는 자만을 시인할 수 있다고 하였다. 오늘도 신음하면서 신을 탐구하는 사람들에게 함석헌 선생님은 부활하리라 믿는다.

2000. 10. 15.

## 4-1. 서울신학대학교 제16대 총장 (2010. 8.31)

총장 취임사

존경하는 내외 귀빈 여러분!
총회장님을 비롯한 성결교회 가족 여러분!
이사장님과 이사 여러분! 동문회와 교직원 여러분.
그리고 사랑하는 학생 여러분!

저는 성결교가정에서 성결교 3대로서 태어났습니다.
서울신학대학 신학과 출신으로서 모교를 위한 큰 소명감과 사명
감, 헌신의 자세를 가지고 총장직을 수행하고자 합니다.

오늘 우리는 역사적 변혁기와 문명사적 전환기에 처해 있습니다.
서울신학대학교는 내년 2011년, 개교 100주년을 맞이하게 됩니다.
이 역사적 시점에 우리는 서울신학대학교를 세계적 기독교 명문대
학으로 만들어야 하는 시대적 소명과 역사적 사명을 가지고 있습
니다.

하나님이 함께 하시고, 우리 성결교회가 도와주시고, 우리 대학의 이사회, 학생, 교수, 직원, 구성원들이 혼연일체가 되어 온 힘을 기울여 기도하고 노력하면 명문대학을 만들 수 있으리라 확신합니다!

저는 시편 36편 9절 "진실로 생명의 원천이 주께 있사오니 주의 빛 안에서 우리가 빛을 보리이다" 하는 말씀을 교육 표어로 삼겠습니다.

제가 추구할 교육 목표는 세 가지입니다.

첫째, 창조적 기독교 지도자 양성. 둘째, 지성·영성·덕성이 조화된 교육. 셋째, 21세기가 요구하는 세계 기독교 명문대학입니다.

이러한 교육목표를 이루기 위해서는 교육의 내실화, 연구의 활성화, 행정의 효율화, 대학기반시설의 확충이라는 4가지 실천전략을 수행하고자 합니다.

서울신학대학을 세 가지 사항들에 중점을 두어 개혁하여 새롭게 만들고자 합니다.

첫째, 서울신학대학을 복음적인 기독교 명문대학으로 만들겠습니다. 100주년을 맞아 새롭게 개교하는 각오로 새로운 학교로 만들고자 합니다. 환골탈태(換骨奪胎)하는 변화를 시키겠습니다. 기독교적 복음적 정체성을 확립하고 학교의 위상을 높이겠습니다.

둘째, 대학의 본연의 임무인 바른 교육을 실시하겠습니다. 우수한 교수를 영입하고 현재 있는 교수들의 수준을 높이고 세계화 시대, 지식정보화 시대에 맞는 인물을 키우겠습니다.

특히, 지성·영성·덕성이 조화된 전인적 인간으로 만들겠습니다.

그래서 학교를 학문공동체, 영성공동체, 훌륭한 인격과 성품을 지닌 인물공동체로 만들겠습니다. 아리스토텔레스가 말한 실천적 지혜를 가지고 바른 판단력과 통찰력. 옳은 일을 위하여 목숨이라도 바칠 수 있는 용기 있는 실천력을 기르도록 하겠습니다.

특히 한국 성결교회의 트레이드 마크(trade mark)인 영성을 강화하겠습니다. 영성을 커리큘럼에서, 교육내용에서, 예배와 기숙사 생활에서, 일상적인 삶에서 깊은 영성이 나타나서 삶이 변화되도록 하겠습니다.

한국교회와 신학계에 새 시대에 맞는 새로운 복음적 영성의 모형을 제시하겠습니다. 이 복음적 영성은 성경과 삼위일체와 웨슬리신학과 성결교회의 중생, 성결, 신유, 재림의 사중복음이 구현되는 영성입니다. 이 복음적 영성의 사회적·시대적 의미를 찾아서 이 사회 속에, 민족 앞에, 세계 속에 실현되도록 하겠습니다. 제가 먼저 무릎 꿇고 기도하는 총장이 되겠습니다!

존 웨슬리가 강조한 사회적 성결인 사랑과 사회정의와 평화에 대한 교육을 실시하겠습니다. 예수님의 가르침의 요체는 사랑과 정의와 평화입니다. 사랑은 정의로써 구체화되고 정의가 행해짐으로 평화가 이루어집니다. 기독교의 사랑의 복음은 사회 속에서 사회정의를 통하여 실현됩니다. 정의 없는 사랑은 감상적 도덕주의가 되고 사랑 없는 정의는 부정의(不正義)가 됩니다.

이사야 32장 17절 말씀대로 정의의 결과가 평화이기 때문에 정의가 평화를 창조하는 것입니다. 기독교의 평화는 정의로운 평화입니다. 오늘 세계 속에서 평화를 실현하는 길은 기아, 빈곤, 의료시설 부족, 인종차별, 무질서, 환경오염, 여성 불평등, 국제난민, 생명경시, 종교 갈등, 인종 분규 등의 구조적 폭력이나 전쟁의 원인들을 제거하는 일입니다.

우리의 과제는 이 사회 속의 사랑을 실천하고, 지금 우리 사회 속에 화두가 되어있는 정의롭고 공정한 사회를 만들어가고, 예수님의 명령인 평화를 만드는 사람들인 피스메이커(peacemaker)가 되도록 교육시키는 것입니다.

죽음의 문화를 생명의 문화로 만들어야 하겠습니다.

교육은 교양교육과 전공교육을 강화하겠습니다.

교과내용, 방법 등을 혁신하겠습니다.

특별히 교양교육은 문학, 역사, 철학 등. 문·사·철( 文·史·哲)의 인문학적 교육과 교양을 강화해 제대로 된 사람을 만드는 교육을 하겠습니다.

대학은 진리탐구, 학문연구와 더불어 인격도야, 가치관 확립이 대학의 기능입니다. 전공교육은 신학교육을 교회현장의 요구에 부응하는 목회자들을 만드는 교육을 할 것이고 비(非)신학계열은 교육을 잘 시켜 훌륭한 사회인이 되도록 하겠습니다.

국제화 시대를 맞아 전교생에게 영어 교육을 강화하겠습니다. 서울신학대학을 졸업하면 자유로운 영어회화를 말할 수 있도록 만들겠습니다.

셋째, 무엇보다 화합과 소통의 학교로 만들겠습니다. 모든 사람을 포용하고 함께 더불어 서울신학대학의 발전을 위하여 기쁜 마음으로 헌신과 봉사하는 사랑의 공동체로 만들겠습니다. 분파의 역사를 넘어서서 "화합하나 부화뇌동(附和雷同)하지 않는" 화이부동(和而不同)의 정신으로 화합하는 학교가 되도록 하겠습니다.

이뿐 아니라 "번쩍거리는 빛을 누그러뜨리며 티끌과 함께하는" 화광동진(和光同塵)의 정신으로 낮은 자들과 사회의 소외된 자들, 사회의 약자를 돌보는 사람들이 되도록 하겠습니다.

학교는, 인사는 공정하게, 재정은 투명하게, 행정은 책임 행정이 될 수 있도록 하겠습니다.

　오늘의 시대정신은 세계화, 정보화이며 변화와 개혁을 요청받고 있습니다. 대학도 시대적인 흐름에 맞추어 교육해야 하고 변화와 개혁을 추구하지 못하면 퇴보하고 말 것입니다.

　한 나라의 미래와 교회의 미래는 대학에 달려 있습니다. 오늘 서울신학대학의 모습은 내일의 성결교회와 한국사회의 모습이 될 것입니다.

　하늘의 무지개를 만들기 위해서 천둥과 번개와 비가 필요하듯이 서울신학대학은 학교를 폐쇄시킨 일제 강점기의 잔혹함과 순교자를 배출한 한국전쟁의 가시밭길을 헤치고 온 100년의 역사가 있었습니다. 이제 새 시대의 희망과 비전의 무지개를 바라보며 이 무지개가 일곱 가지 아름다운 영롱한 색깔로 빛나듯이 서울신학대학을 아름답고 조화롭게 만들고자 합니다.

　100년 된 서울신학대학에 다시 100년의 초석과 기반을 놓고 새로운 역사의 장을 펼쳐가야 할 사명이 우리 모두에게 있습니다. 우리 모두 새 역사를 만들어 가야 하겠습니다.

　서울신학대학을 비전이 있는 학교, 바른 신앙과 신학이 있는 학교, 철학이 있는 학교, 혼과 얼과 바른 정신이 있는 학교, 분명한 교육목표가 있는 학교를 만들겠습니다.

　서울신학대학을 세계적인 기독교 명문대학으로 만들어 갈 역사적 사명과 시대적 소명이 우리에게 있습니다.

　서울신학대학이 이 시대 속에서 복음전파와 예언자적 사명과 선교적 사명을 다 하는 공동체를 만들어 갈 것을 기도하면서 여러분께 서울신학대학에 대한 관심과 기도를 간절히 부탁드리며 저의 취임사를 마치겠습니다.

대단히 감사합니다.

# 4-2. 17대 총장 취임사 (2013.9)

존경하는 내외귀빈 여러분! 총회장님을 비롯한 총회임원 여러분! 이사장님과 이사 여러분, 동문회와 교직원 여러분 그리고 사랑하는 학생 여러분!

오늘 우리는 100년의 역사를 자랑하는 서울신학대학교가 새로운 100년을 향하여 새 역사를 창조하기 위해 새로운 행진곡이 울리는 위대한 출발점에 서 있습니다. 이 시간은 새로운 희망, 새로운 꿈, 새로운 도전, 새로운 결단 앞에 서 있습니다.

이 중차대한 시기에 제16대 총장에 이어 다시 제17대 총장으로 취임하게 됨을 먼저 하나님께 감사드리며 이 총장직을 맡겨주신 이 사회와 기도로 후원해주신 여러 신앙의 동지들에게 감사의 인사를 드립니다.

고린도 전서 13장 10절 "내가 나 된 것은 하나님의 은혜로 된 것이다"라는 말씀으로 신앙고백을 합니다. 제가 오늘에 이른 것은 오직 하나님의 은혜입니다.

저는 성결교 3대로서 성결교가정에서 태어나고 성장하고 뜨거운 영성체험을 하고 서울신학대학에 진학하였습니다. 독일 튀빙겐대학에서 몰트만 교수님 아래서 학위를 받고 돌아와 교수로 봉직하였습니다. 그후 총장직을 맡아 지난 3년간 부족하고 또 부족하지만 최선을 다하여 학교발전을 위해 혼신의 힘을 다 하였습니다. 이제 3년간의 총장직을 경험을 바탕으로 서울신학대학교를 하나님의 사역자인 목회자 양성과 기독교 인재를 양성하여, 내 한민국과 나아가서 세계적인 기독교 명문대학으로 성장시키고자 하는 높은 비전을 가지고 이 엄중한 총장직의 임무를 수행하고자 합니다.

서울신학대학의 가족 여러분! 지난 3년간이 그러했듯이 우리에게는 "함께 걷는 길"과 "책임 있게 하는 일", 즉 연대의식(solidarity)과 책임의식(responsibility)을 가지고 서울신학대학교를 위하여 일합시다.

지난 3년간 서울신학대학교 가족 여러분들은 하나님의 은총과 성결가족들의 후원 속에 땀 흘리며 수고하여 학교를 발전시켰습니다. 조용한 은둔의 학교가 한국사회가 주목하는 학교가 되었습니다. 최선을 다하고 하나님의 뜻을 기다리는 "진인사 대천명(盡人事 待天命)"하는 우리에게 기대를 넘어선 결과를 가져오기도 하였습니다.

전국신학대학 중 최고의 입시 경쟁률, 우수한 대학평가, 2013년 대한민국 참교육대상 수상을 하게 되었습니다.

사람을 만드는 교육이 인문학입니다. 인문학은 사람다운 사람을 만드는 교육으로서 창조적 상상력, 올바른 판단력, 합리적 사고력을 길러줍니다. 우리 학교의 인문학강좌는 한국사회와 대학사회에 큰 반향을 일으키고 있습니다. 인성과 학문과 교양의 기초인 인문학의 중요성을 한국대학사회와 일반사회에 그 가치와 의미를 일깨우고, 서울신학대학교의 사회적 인지도를 높이고 위상을 높이는 기회가 되었습니다.

여기서 꼭 언급할 것이 있습니다. 개교 이래 최대의 건물인 100주년 기념관을 건축하여 준공하였습니다. 작은 시내가 모여 큰 강을 이루고 작은 모래가 모여 큰 산이 되듯이 작은 정성들이 모이고 쌓인 결과입니다. 다시 한 번 하나님의 은혜와 그 참여하신 여러분들의 정성에 진심으로 감사드립니다.

100주년 건축을 계기로 앞으로 서울신학대학의 양적 성장의 기틀을 마련하고자 합니다. 지금보다 두세 배 더 키워 명실 공히 한국을 대표하는 세계적 수준의 기독교 명문대학을 만들고자 하는 꿈을 가지고 있습니다.

우리가 교육표어로 삼고 있는 "진실로 생명의 원천이 주께 있사오니 주의 빛 안에서 우리가 빛을 보리이다"(시편 36:9)라는 말씀처럼 주의 빛 안에서 성결과 진리를 탐구하는 명문 기독교대학을 만들고자 합니다. 지금까지 추진하여 왔던 것을 계속 추진하겠습니다.

첫째, 창조적 기독교 지도자 양성. 둘째, 지성·영성·덕성이 조화된 교육. 셋째, 21세기가 요구하는 세계 명문 기독교대학의 목표를 계속하여 추진하겠습니다.

이러한 교육목표를 이루기 위해서는 교육의 내실화, 연구의 활성화, 행정의 효율화, 대학 기반시설의 확충이라는 4가지 실천전략을 수행하고자 합니다.

서울신학대학을 세 가지 사항들에 중점을 두어 새롭게 만들고자 합니다.

첫째, 서울신학대학을 세계적 기독교 명문대학으로 만들겠습니다. 기독교적 복음적 정체성을 확립하고 학교의 위상을 높이겠습니다.

성경과 삼위일체와 웨슬리 신학과 성결교회의 중생, 성결, 신유, 재림의 사중 복음이 구현되는 영이 복음적 영성을 추구하겠습니다. 이 복음적 영성의 사회적·시대적 의미를 찾아서 이 사회 속에, 민족 앞에, 세계 속에 실현되도록 하겠습니다.

제가 먼저 하나님 앞에 겸허한 자세로 무릎 꿇고 기도하면서 하나님의 뜻을 먼저 묻는 총장이 되겠습니다!

학문적 수준을 높이고 위상과 품격을 높이겠습니다. 세계적 명문대학들과 교류 협정을 하겠습니다. 그 명문대의 학문적 수준을 우리 학교에 접맥시키겠습니다. 그동안 일본의 동지사대학, 중국의 길림사범대와 교류협정을 맺었고, 500년이 넘는 역사를 지닌 독일 튀빙겐대학과 교류협정 맺기로 합의하였습니다. 또 미국의 최고 수준의 대학과도 교류협정을 추진 중에 있습니다.

서울신학대학을 기독교적 가치관을 가르치는 기독교대학, 민족의 평화통일에 기여하는 겨레의 대학이 되겠습니다. 기독교는 국경이 없지만 기독교인에게는 조국이 있습니다. 지구촌시대의 글로벌 인재를 기르는 글로벌 대학이 되도록 만들겠습니다.

둘째, 개교 100년의 표어 "개교 100년 새사람 새역사"를 실현하겠습니다. 우리는 개교 100년을 맞아 새사람을 만들어 새역사를 창조하자는 표어를 정한 바 있습니다.

교육은 사람다운 사람을 만드는 것입니다. 우리 학교는 예수 그리스도의 형상을 닮은 새로운 사람을 만드는 것입니다.

교육을 할 때 인격함양과 학문연마를 하여 국가를 위해 봉사하는 것이었습니다. 우리는 이것에 더하여 신앙훈련을 하여 이웃과 사회를 위하여 봉사하는 사람을 만드는 것입니다. 하늘을 공경하고 사람을 사랑하다는 경천애인(敬天愛人). 남을 사랑하기를 제 몸같이 사랑하라 애인여기(愛人如己)라는 말이 있듯이 하나님을 사랑하고 이웃을 사랑하는 사람을 만드는 것입니다. 이것은 예수님이 구약 율법서 613개의 법을 요약한 말이기도 합니다.(마 22:34-40) 하나님사랑과 이웃사랑의 실천하는 사람을 만들겠습니다. 남을 먼저 배려하는 인간 또 봉사하는 삶을 사는 사람을 키워내겠습니다.

특히, 지성·영성 ·덕성이 조화된 전인적 인간으로 만들겠습니다.

그래서 학교를 학문공동체, 영성공동체, 훌륭한 인격과 성품을 지닌 인물공동체로 만들겠습니다. 아리스토텔레스가 말한 실천적 지혜를 가지고 바른 판단력과 통찰력. 옳은 일을 위하여 목숨이라도 바칠 수 있는 용기 있는 실천력을 기르도록 하겠습니다.

셋째, 실천적 지성 실천하는 신앙인을 기르겠습니다. 사랑과 정의와 평화를 실천하는 인물을 기르겠습니다.

존 웨슬리가 강조한 사회적 성결인 사랑과 사회정의와 평화에 대한 교육을 실시하겠습니다.

예수님의 가르침의 요체는 사랑과 정의 그리고 평화입니다. 사랑은 정의로써 구체화되고 정의가 행해짐으로 평화가 이루어집니다. 기독교의 사랑의 복음은 사회 속에서 사회정의를 통하여 실현됩니다. 정의 없는 사랑은 감상적 도덕주의가 되고 사랑 없는 정의는 부정의(不正義)가 됩니다.

우리의 과제는 이 사회 속의 사랑을 실천하고, 정의롭고 공정한 사회를 만들어가고, 예수님의 명령인 평화를 만드는 사람들인 피스메이커(peacemaker)가 되도록 교육시키는 것입니다. 기독교의 평화는 정의로운 평화입니다. 그래서 정의가 강물처럼 흐르고 평화의 종소리가 울리게 하여야겠습니다.

대학은 진리탐구, 학문연구와 더불어 인격도야, 가치관 확립이 대학의 기능입니다. 전공교육은 신학교육을 교회현장의 요구에 부응하는 목회자들을 만드는 교육을 할 것이고 비(非)신학계열은 교육을 잘 시켜 훌륭한 사회인이 되도록 하겠습니다.

모든 사람을 포용하고 함께 더불어 서울신학대학의 발전을 위하여 기쁜 마음으로 헌신과 봉사하는 사랑의 공동체로 만들겠습니다. 학교는, 인사는 공정하게, 재정은 투명하게, 행정은 책임 행정이 될 수 있도록 하겠습니다.

지금 한국의 대학 환경은 날로 어려워지고 있습니다. 급격한 학령인구 감소, 대학평가 강화 등 변하는 대학환경에 잘 대처하겠습니다. 학령인구 감소, 대학평가 강화, 반값 등록금 정책, 열악한 대학의 재정상태 등 어려워지는 미래가 다가오고 있을 뿐입니다. 그러나 이것은 우리에게 도전과 시련입니다. 우리와 함께 하시는 임마누엘 되시는 하나님과 길이요 진리요 생명이 되시는 예수님을 의지하고 격랑의 파도와 쓰나미를 헤쳐 나가고자 합니다. 주의 말씀은 내 발에 등이요, 내 길의 빛입니다.

우리에게 필요한 것은 믿음 안에서 가지는 희망입니다.

기독교는 절망의 언덕에 희망의 성을 쌓는 것입니다.

모든 사람을 포용하고 함께 더불어 서울신학대학의 발전을 위하여 기쁜 마음으로 헌신과 봉사하는 사랑의 공동체로 만들겠습니다. "화합하나 부화뇌동(附和雷同)하지 않는" 화이부동(和而不同)의 정신으로 화합하는 학교가 되도록 하겠습니다.

이뿐 아니라 "번쩍거리는 빛을 누그러뜨리며 티끌과 함께하는" 화광동진(和光同塵)의 정신으로 낮은 자들과 사회의 소외된 자들, 사회의 약자를 돌보는 사람들이 되도록 하겠습니다.

학교는, 인사는 공정하게, 재정은 투명하게, 행정은 책임 행정이 될 수 있도록 하겠습니다.

이제 새시대의 희망과 비전의 무지개를 바라보며 이 무지개가 일곱 가지 아름다운 영롱한 색깔로 빛나듯이 서울신학대학을 아름답고 조화롭게 만들고자 합니다.

동료교수 여러분!

우리가 모든 전 존재를 걸고 심장의 더운 피가 식을 때까지 충성을 바칠 곳은 지금 여기 서울신학대학입니다. 우리는 예수님께 하듯이 하십시다. 사고의 중심, 삶의 중심에 서울신학대학을 놓고 온몸을 바쳐 일합시다.

민족의 스승 도산 안창호 선생은 옥중에서 일본 검사가 독립운동을 할 수 없느냐는 물음에 이렇게 답했습니다. "나는 밥을 먹어도 대한의 독립을 위해, 잠을 자도 대한의 독립을 위해 해왔다. 이것은 내 목숨이 없어질 때까지 변함이 없을 것이다." 우리도 이와 같이 주에게 충성하는 마음으로 이러한 마음가짐과 의지로 학생들을 가르쳐야 하겠습니다.


사랑하는 학생 여러분!

희망과 용기 그리고 비전을 가지고 미래를 향해 나아가십시오. 여러분이 공부하고 기도하는 만큼 학교는 좋아집니다.

여러분들은 지금 벌이고 있는 운동이 있습니다.

우리 학교를 기도하는 학교, 진리를 탐구하는 학교, 예절바른 학교를 만들어가고 있습니다. 두 손 모아 기도하는 영성공동체, 열심히 공부하는 학문공동체, 정성을 다하여 봉사하는 사랑의 공동체를 이루어가고 있습니다.

학생들은 인사 잘하는 학생들이 되고, 매일 기도와 성경읽기, 사랑을 실천하고 있습니다. 여러분들은 우리의 희망이요 우리의 미래입니다.

100년 된 서울신학대학에 다시 100년의 초석과 기반을 놓고 새로운 역사의 장을 펼쳐가야 할 사명이 우리 모두에게 있습니다. 우리 모두 새 역사를 만들어가야 하겠습니다.

서울신학대학을 비전이 있는 학교, 바른 신앙과 신학이 있는 학교, 철학이 있는 학교, 혼과 얼과 바른 정신이 있는 학교, 분명한 교육목표가 있는 학교를 만들겠습니다.

서울신학대학을 세계적인 기독교 명문대학으로 만들어갈 역사적 사명과 시대적 소명이 우리에게 있습니다.

서울신학대학이 이 시대 속에서 복음전파와 예언자적 사명과 선교적 사명을 다하는 공동체를 만들어갈 것을 기도하면서 여러분께 서울신학대학에 대한 관심과 기도를 간절히 부탁드립니다.

우리는 서울신학대학교를 진리와 복음의 정신, 사랑과 봉사의 정신, 정의와 평화의 정신으로 건설을 합시다.

대단히 감사합니다.

인도의 시성 타골은 동방의 등불이라는 시를 통하여 일제 강점기 하에 절망하던 우리 국민에게 큰 희망과 용기를 주었습니다.

일찍이 아시아의 황금시기에
빛나던 등불의 하나인 코리아,
그 등불 다시 한 번 켜지는 날에
너는 동방의 밝은 빛이 되리라.

서울신학대학교가 아시아의 등불만이 아니라
세계의 등불이 되어 복음의 깃발을 들고
사랑과 정의와 평화의 종소리를 울리게 합시다.

서울신학대학교와 여러분에게
하나님의 은총과 축복을 기원합니다.
대단히 감사합니다.

# 4-3. 서울신학대학교 개교 100주년 기념사

개교 100주년 기념식에 참석하신 존경하는 내빈 여러분! 그리고 사랑하는 동문과 재학생 여러분!

우리가 기다리던 감격스런 개교 100주년을 맞이하였습니다.

이제 서울신학대학이 한국의 200개 대학 중에서 개교 100년의 역사를 가진 10개 내외의 대학 중 하나가 된 것입니다.

100개의 나이테 연륜을 가능케하신 하나님께 마음을 다해 감사드립니다. 100년의 역사를 이어오도록 수고하신 분들과 이 자리에 참석하신 모든 분들께 진심으로 감사드립니다.

오늘 축사를 맡아주신 김영길 한국대학교육협의회 회장님과 장영일 총장님, 정상운 총장님, 축하영상을 보내주신 이주호 교육과학기술부 장관님과 김문수 경기도지사님, 데비드 롱 OMS 총재님께 깊이 감사드립니다. 축하의 뜻을 표해주신 이명박 대통령님을 비롯한 모든 분들께 충심으로 감사드립니다.

서울신학대의 100년의 역사는 민족의 수난과 함께한 고난의 역사였습니다. 일제 강점기가 시작된 이듬해인 1911년 3월13일 개교하여 교단해산과 함께 1943년 폐교되었습니다. 1945년 해방의 감격 속에서 다시 학교 문을 열었으나, 1950년 6·25전쟁 중 학교 대다수의 교수님들의 납북으로 지도력의 공백을 가져온 어려움을 겪었습니다. 우리의 동문 중 일제 강점기 하에서 박봉진 목사님과 그리고 6·25전쟁 중 문준경 전도사님이 순교의 피를 흘리기도 했습니다.

우리는 「개교 100년, 새사람 새역사」라는 표어를 내걸었습니다.

개교 100년을 맞아 사람다운 사람, 새로운 인재, 훌륭한 인물을 키우면 그것이 곧 새로운 역사를 창조할 수 있다는 신념 때문입니다.

우리는 시편 36편 9절의 말씀 "진실로 생명의 원천이 주께 있사오니 주의 빛 안에서 우리가 빛을 보리이다"는 말씀을 기본으로 지식의 근본인 하나님을 경외하고 참된 진리의 빛을 찾아가고자 합니다.

이 말씀을 바탕으로 지난해 2010년 10월 14일「서울신학대학교 비전 선포식」에서 밝힌 대로「지성, 영성, 덕성이 조화된 교육을 하여, 창조적 그리스도인 지도자를 양성해, 세계적 기독교 명문대학으로 발전시키는 비전」을 가지고 있습니다.

역사는 우리에게 심판인 동시에 교훈입니다. 역사는 새로운 미래에 대한 희망과 비전입니다. 지난날 잘못하고 부족한 것을 깨닫고 이것을 새로운 미래를 향한 밑거름과 디딤돌로 삼고자 합니다. 지난 100년의 역사는 우리가 달려갈 길의 나침반과 도약을 향한 발판이 될 것입니다.

우리 학교의 역사 속에서 기록된 최초의 일과 자랑스러운 일들을 소중하게 기억하며, 찬란히 빛나는 영광된 최고의 일들을 만들어 내고자 합니다. 100년의 역사가 자랑스러운 것은 우리에게 다시 100년을 향해 달려갈 의지와 희망이 있기 때문입니다.

우리는 처음 선배들이 내세웠던 전도표제인 중생, 성결, 신유, 재림 사중복음의 정신을 이 시대에 맞게 현재화시키고 사회적으로 구체화시켜 하나님의 뜻과 예수 그리스도의 사랑의 정신을 이 세상 속에서 구현시키고자 합니다. 예수 그리스도 십자가의 정신으로 순교하고 순국한 동문들의 숭고한 정신과 얼을 가지고 사회 속에서 소금과 빛의 역할을 하고자 합니다. 사랑은 실천입니다. 실천하지 않는 사랑은 사랑이 아닙니다. 사랑은 정의로써 구체화되고 정의가 행해짐으로써 평화가 실현됩니다.

여기에 모인 존경하는 내빈 여러분! 그리고 동문과 재학생 여러분! 우리 앞에 다시 새로운 100년의 날이 밝아오고 있습니다. 우리 앞에는 하늘의 태양과 같이 하나님의 사랑과 은총의 빛이 하늘의 태양처럼 비쳐주고 학교의 갈 길을 인도할 것입니다. 성령의 바람은 순풍이 되어 우리가 항해하는 배를 등 뒤에서 밀어 도울 것입니다. 예수 그리스도께서 우리와 동행하시어 우리의 손을 잡고 함께 걸어가실 것입니다.

우리 함께 진리와 성결과 신앙으로 연대합시다. 하나님 앞에서 시대적 소명감과 역사적 사명감을 가집시다. 예수님의 계명인 사랑을 실천합시다. 사회 속에 정의를 구현하며, 세계평화를 만들어 새 역사의 탑을 세워 나갑시다. 세계는 복음과 선교의 영역이자 하나님의 뜻을 이 땅에 이루는 무대입니다.

사랑하는 서울신학대학교 재학생 여러분!

명문대학은 어느 누가 가져다 주는 선물이 아닙니다. 우리가 만들어 가야할 과업입니다. 여러분이 기도하고 공부한 만큼 서울신학대학은 좋아집니다.

사랑하는 동문과 성결 가족 여러분! 존경하는 내빈 여러분!

오늘의 서울신학대학의 모습은 내일의 성결교회의 모습입니다! 오늘의 서울신학대학의 모습은 내일의 한국 사회와 세계의 모습입니다!

오늘 서울신학대학에서 인재를 바로 키워야 내일의 성결교회가 좋아집니다. 여러분이 서울신학대학을 위해 기도하고 후원하신 만큼 성결교회의 미래가 결정되고 미래의 한국사회가 밝아질 것입니다. 기도와 후원으로 새로운 역사의 탑을 세워주십시오!

우리가 100년 후 우리의 후배와 후손들에게 자랑스러운 선배와 선조로 기억되고 기록되기를 바랍니다.

하나님나라의 소망을 가슴에 품고 오늘도 예수그리스도의 가르침대로 사는 서울신학대학교가 진리의 공동체, 사랑의 공동체, 평화의 공동체가 되기를 기도드리며 100주년 기념사를 마치겠습니다.

대단히 감사합니다.

2011년 3월 15일
서울신학대학교 총장 유 석 성

# 4-4. 기독교대한성결교회 창립 90주년 성결인 선언문

한국성결교회가 이 땅에 복음의 씨를 뿌린지 90주년이 되었다. 이는 오직 하나님의 은혜요, 선진들의 헌신에 의한 속사도행전이라 하겠다.

일찍이 성결교회는 김상준, 정빈 두 선구자가 동양선교회의 도움을 받아 1907년 복음 전도관을 개설하고 중생, 성결, 신유, 재림의 은혜로운 복음을 선포함으로 시작되었다. 초대 창립자들이 성결교회를 창립하였음은 하나의 교파를 만들려고 한 것이 아니라 성결의 신앙체험을 통하여 복음의 도리를 세상에 한 층 더 높이 드리내려는 열의에 있었다. 곧 요한 웨슬리가 주장하던 성결의 도리를 그대로 전하려는 사명 하에서 중생, 성결, 신유, 재림의 사중복음을 더욱 힘 있게 전하여, 모든 사람을 중생하게 하며 성도들을 성결한 신앙생활로 인도하여 주의 재림의 날에 티나 주름 잡힘 없이 영화로운 교회로 서게 하려는 것이었다. 성결교회는 그 출발부터 신앙과 신학에서 복음적이었으며 구원의 확신과 성결의 체험을 종말론적 긴장 속에서 강조하는 특색 있는 교회였다.

지난 90년을 회고할 때 망국의 한과 일제의 탄압, 민족분단과 동족상잔의 와중에서도 고비마다 성령의 도우심으로 교회는 세워지고 보존되었다. 민족의 수난과 함께 교회가 폐쇄되기도 했고, 지도자들이 감옥에 갇히고, 납북되고, 순교당하는 수난을 겪기도 하였다. 이러한 고난 속에서도 하나님의 축복으로 우리는 경제발전과 함께 세계가 놀라는 교회성장을 이룩했다. 한국성결교회는 이제 한국교회를 대표하는 주류 교파로서 전 세계에 선교사를 파송하는 세계성결교회의 종주교회가 되었다.

그러나 이러한 성장의 이면에는 어두운 그림자도 있었다. 그것은 교회의 외적 성장이 교회의 순결성을 동반하지 못하여 초래한 괴리이며 또한 복음주의의 명분을 걸고 사회적 책임을 외면한 성결인의 아픔이다.

성결인으로서 사랑으로 살지 못했으며, 진실하게 말하지 못했고, 지혜롭게 생각하지 못하였으며, 힘 있게 행하지 못했고, 빛 가운데 행동하지 못했던 것을 고백한다. 칭찬보다는 비판하였고, 이해하기보다는 정죄하였으며, 격려보다는 낙심케 하였고, 일으키기보다는 넘어지게 한 바를 솔직히 인정한다. 가난한 자들과 나누지 못했고, 슬픈 자를 위로하지 못하였으며 곤란에 처한 자들의 도움이 되지 못했다. 우리는 인류와 민족과 지역사회를 위하여 성결인의 사회적 책임을 다하지 못한 허물을 뼈아프게 뉘우친다.

이제 교단 창립 90주년을 맞이하여 우리는 한 번 더 성령 충만한 성결인이 되어 성령께서 이 민족에게 주시는 통일선교와 성결복음의 세계화를 향한 기회와 환상을 본다. 그것은 화해와 일치요 부흥과 성장이며 성결한 삶의 회복이다.

첫째로 한국성결교회는 대립과 갈등구조에 있는 한국교회를 화해케 하는 교회 일치의 비전이 있다. 때마침 보혁의 양극으로 치닫던 세계 교회는 양측이 다 반성하고 그리스도 안에서 화해와 일치를 지향하고 있는 징후가 뚜렷하다. 우리가 만일 사회적 관심을 가진 복음주의 교회의 입장을 분명히 한다면 교회 일치의 중요한 역할을 해야 한다.

둘째로 한국성결교회는 영적 각성과 성결운동으로 진정한 부흥을 선포하여 세계복음화에 기폭제가 되어야 할 것이며, 서울신학대학교는 하나님이 쓰시는 인재양성을 위하여 영성훈련과 탁월한 지성을 계발하는 중심이 되어야 한다. 성결인의 세상을 변화시키는 능력으로 인류를 구원하는 성결복음의 부흥이 우리의 비전이다.

셋째로 성결성의 회복으로 타락한 시대를 구원하는 것이다. 요한 웨슬리는 기독자의 완전은 사랑의 완전이라고 했거니와 성결성의 사회적 측면은 이웃사랑의 실천에서 찾음이 마땅하다. 그러므로 우리 성결인은 생명의 존엄성, 경제정의 실현, 한반도의 평화통일과 민족의 동질성 회복, 가난하고 소외되고 굶주리고 차별받는 자들을 돌보고 사랑하는 공동체적 삶, 오염으로 신음하고 있는 자연환경의 위기를 하나님의 창조 질서로 회복시키는 생태학적인 정의, 인종과 남녀의 차별이 없는 평등한 사회 구현을 위해 일할 것이다.

이같은 우리의 선언을 구체화하기 위하여 우리는 다음과 같은 윤리적 실천 강령을 채택한다.

1. 성결인은 성령 충만한 신자가 되어 성결한 삶을 살도록 최선을 경주한다.
2. 성결인은 사회적 성결을 실천하여 정의와 사랑과 화해의 공동체를 실현한다.
3. 성결인은 신앙의 가정이 되도록 하나님이 주신 가정에 충실한다.
4. 성결인은 사치와 낭비를 추방하고 이웃을 위한 선교와 봉사에 최선을 다한다.
5. 성결인은 모든 교회가 하나가 되는 일에 힘쓴다.
6. 성결인은 한반도 평화통일 실현을 위하여 기도하며 민족 동질성 회복과 민족음화에 힘쓴다.
7. 성결인은 하나님이 주신 자연환경을 보존하며 창조질서를 지켜나간다.

1997. 5. 23

기독교대한성결교회

# 4-5-a. 2011 세계성결연맹대회  주제 강연

## 성결한 삶과 사회적 성결
### - 정의롭고 평화로운 세계를 위하여 -

오늘의 세계와 인류의 문제는 정의와 평화의 문제다. 세계는 위기 속에서 함께 더불어 잘 살 수 있는 세상, 정의와 평화로운 세계를 갈망한다.

오늘의 세계는 위기 속에 직면해 있다. 테러와 전쟁, 9·11테러, 아프가니스탄전쟁. 한반도의 연평도 북한공격. 리비아내전, 핵문제, 기근과 질병, 생태계의 위기, 성차별, 빈부격차, 문명충돌과 인종, 종교 간의 갈등, 인구폭발과 식량부족. 일본의 후쿠시마의 지진과 쓰나미 등 여러 가지 문제를 안고 있다. 오늘도 세계 금융의 심장부인 미국 뉴욕 월가(街), 월 스트리트(Wall Street)에서 청년실업의 위기 속에 있는 젊은이들이 "월가를 점령하라(Occupy Wall Street)"라는 이름으로 800명이 시위를 하고 있다.

이러한 세계의 문제 앞에 세계의 위기를 해결하기 위하여 성결인들은 사회적 성결의 구체적인 의미인 정의와 평화의 문제를 찾아보는 일은 필요한 일이다. 성결한 삶은 사랑과 정의를 행하고 평화를 만들어 가는 삶이기 때문이다.

성결은 구원의 과정에 중요한 단계이다. 구원에는 의인(義認 또는 칭의(稱義)라고도 함. justification)과 성화 또는 성결이 있다. 예수님이 구세주, 즉 그리스도라고 하는 믿음으로 의와 지는 의인(義認) 나음 단계가 성화(聖化 sanctification) 또는 성결이다. 의인을 초기 성화라고 하고 성화를 온전한 성화라고 한다.

감리교에서는 성화라 하고, 성결교에서는 성결이라는 표현을 주로 사용한다. 성결을 강조한 것은 존 웨슬리이다. 회개하고 의롭다 함을 받은 사람이 거듭난 중생 이후에도 행위로 죄를 짓는 자범죄(自犯罪)의 원인이 되는 부패성이 아직도 남아 있는데 이 부패성을 해결하는 것이 성결이다.

종교개혁자들 가운데 루터는 믿음으로 의로워지는 의인론(칭의론)을 강조했지만 성결론은 강조하지 못했고, 칼빈은 성화를 말하기는 하였지만 인간의 육체적인 한계를 가지고 있어서 이 세상에서는 완전한 성화가 이루어질 수 없다고 하였으나, 존 웨슬리는 이 세상에서 성결이 이루어질 수 있음을 강조하였다. 웨슬리는 절대적위 의미가 아닌 상대적이며 동기적인 기독자 완전이 이 세상에서 가능함을 역설하였다. 여기에서 그리스도인의 사랑의 삶과 이 세상에서의 소금과 빛의 역할이 가능하다.

성결에는 내적 성결과 외적 성결, 개인적 성결과 사회적 성결이 있다. 성결은 히브리어로 '카도쉬'(kadosh)와 희랍어로 '하기오스'(hagios)로서 그 낱말의 의미는 "세상으로부터 구별되어 거룩하게 되는 것"을 뜻한다. 이것은 소극적 의미의 성결의 의미이고 성결의 적극적 의미는 예수님이 이 세상을 사랑하여 이 세상 속으로 찾아 오셨듯이 세상으로 찾아가서 사랑으로 세상을 변화시키는 사회적 성결이다.

웨슬리는 개인적 성결과 아울러 사회적 성결을 강조하였다. 웨슬리는 기독교는 사회적 종교이며 성결도 사회적 성결이라고 하였다. "기독교는 기본적으로 사회적 종교이다. 기독교를 고독한 종교로 바꾸는 것은 참으로 기독교를 파괴시키는 것이다."

웨슬리는 개인적 종교(personnal religion)와 사회적 성결(social holiness) 사이의 지극히 중요한 균형을 강조한다.

"고독한 종교"는 (복음 안에서) 찾아볼 수 없다. "거룩한 간부"(姦夫 holy adulterers)라는 말이 복음과 양립할 수 없는 것과 같이 "거룩한 은자"라는 말도 복음과 양립할 수 없다. 그리스도의 복음은 사회적이 아닌 종교를 알지 못한다. 사회적 성결 이외에 다른 성결은 없다. "사랑으로써 역사하는 믿음이 크리스천의 완전의 길이와 넓이와 깊이와 높이이다. (The gospel of Christ knows of no religion but social; no holiness but social holiness. "Faith working by love" is length and breadth and depth and height of Christan perfection(Repert Davies&Gordon Rupp, " Preface of Hymn and Sacred Poems", 1739, 33.)

성결교회는 개인적인 체험을 강조하여 성결을 "그리스도로 말미암아 성령의 세례를 받음이니 곧 거듭난 후에 믿음으로 순간적으로 받는 경험"이라고 하였다. 이 성결의 은혜를 받은 사람은 원죄의 부패성에서 정결케 되고 하나님의 사역을 할 수 있는 능력을 받는 것이다. 이러한 성결은 죄를 없애는 소극적이요 내면적이며 개인적인 이해이다. 성결은 적극적이며 점진적이며 사회적 요소가 있다. 그것은 하나님을 사랑하고 이웃을 사랑하는 사랑의 성결이다.

적극적이며 사회적 성결은 몇 가지 특징을 갖는다.

첫째. 성결은 십자가의 삶이다. 성결은 자기 자신의 십자가를 지고 그리스도의 제자로서 그리스도의 고난에 동참하는 십자가의 윤리이다. 성결은 희생과 봉사요 십자가의 삶이다.

둘째, 성결은 사랑의 삶이다. 성결의 적극적 의미인 사랑은 하나님사랑, 이웃사랑, 원수사랑이다. 세상 속에서 소금과 빛의 역할을 하는 사회적 성결은 사랑을 실천하는 것이다.

성결은 타종교(他宗敎)에서 하는 것처럼, 외우는 수문(呪文)이 아니라 실전이요 윤리다, 성결, 성결, 주문 외우듯이 말한다고 구원받거나 하나님의 나라에 가는 것이 아니라 성결을 실천할 때 가치와 의미가 있는 것이다.

셋째, 성결은 정의를 실천하고, 정의의 사회를 만들어가는 것이다. 사랑과 정의는 동전의 양면처럼 불가분리의 관계이다. 정의 없는 사랑은 감상주의가 되고, 사랑 없는 정의는 부정이나 정의 이하가 된다. 사랑은 정의를 통하여 사회 속에 구체화된다. 성결의 삶은 정의를 실천하는 삶이다.

넷째, 성결은 평화를 만들어가는 삶이다. 평화는 정의의 결과이며 열매이다.(이사야 32:17) 기독교의 평화는 정의를 행하는 정의로운 평화이며, 주어진 상태가 아니라 실현되어 가는 과정이며, 소유가 아니라 함께 만들어 가는 공동의 길이다.

성결은 평화를 만들어 가는 평화의 삶이다. 성결의 삶은 십자가의 정신과 믿음으로 사랑과 정의와 평화를 실천하는 것이다.

그동안 성결교회에서는 정의와 평화실천에 소홀하거나 등한시하여 왔다. 정의와 평화를 실천하는 것은 그리스도의 명령이다.(마태복음 5:9-10) 사랑의 복음으로 변화시키는 구체적인 사회의 모습은 정의롭고 평화로운 사회이다.

한국가톨릭 교회는 지난 10년간 신도수가 2배나 늘어났다. 그 주요 요인이 사회복지와 정의, 평화에 관심을 갖는 것이 교회의 모습이 좋은 이미지를 주어 그렇게 되었다는 연구결과가 발표된 바 있다.

성결의 삶을 사는 성결의 윤리는 십자가의 정신과 믿음으로 사랑과 정의와 평화를 실천하는 것이며 성령의 열매(갈 5:22)를 행하는 것이다. "오직 성령의 열매는 사랑과 희락과 화평과 오래 참음과 자비와 양선과 충성과 온유와 절제니 이같은 것을 금지할 법이 없느니라."(갈라디아서 5: 22)

오늘 위기의 세계를 맞아 세계의 문제를 해결하는 것은 예수님의 정신인 타자(他者)를 위한 존재(Being for others)의 정신으로 사는 것이다. 이웃과 세계를 위한 연대(連帶 solidarity)와 책임(責任 responsibility)의 정신이 필요하다. 이것은 사회적 성결을 실천하는 것이다.

사회적 성결의 구체적인 정신인 사랑과 정의와 평화를 손에 손을 잡고 서로 협력하여 실천하는 것이다. 구체적으로 한반도의 평화실현, 세계 기아와 빈곤문제, 인종차별, 환경오염 및 생태적 위기, 국제난민, 종교적 갈등 등의 해결을 위한 협력이 필요하다.

이렇게 하는 것이 세계화 시대에 위기를 맞은 세계현실에 사회적 성결의 실현을 위해 시대적 책임과 의무를 행하는 것이다.

# 4-5-b. 2011 세계성결연맹대회 주제강연 (2011. 10. 4)

The Holy Life and Social Holiness
Towards a Just and Peaceful World

The problem in today's world and humanity is the issue of justice and peace. The world seeks justice and peace in a world where we can live together in the midst of crisis.

Today the world is in the midst of crisis.

Terrorism and war, 9/11, the war in Afghanistan, North Korea's attack on YeonPyungdo in the Korean peninsula, the civil war in Libya, nuclear issues, famine and disease, ecological crises, gender discrimination, the gap between haves and have-nots, cultural, racial, and religious conflicts, the population explosion and lack of food, and the earthquake and tsunami in Japan and the subsequent meltdown of the nuclear power plants at Fukushima, are among the various problems that we face.

In light of these issues facing the world, Evangelical Holiness Christians must look at issues of justice and peace as the specific meaning of social holiness for the sake of resolving the world's crises.

The life of holiness is a life of practicing love and justice, and making peace.

Holiness is an important step in the process of salvation.
In salvation there are righteousness or justification, and sanctification or holiness.

After justification by faith in Jesus as Savior and Lord, that is, Christ, the next step is sanctification or holiness.

Justification is initial sanctification and sanctification is called entire sanctification.

In the Methodist Church this is called sanctification, and in the Evangelical Holiness Church it is commonly expressed as holiness.

John Wesley was one who emphasized sanctification.

Sanctification is the solution to depravity even after one has repented and has been declared righteous and has been born again, because of committing sins due to the depravity still remaining.

Among the Protestant reformers Luther emphasized justification by faith but did not emphasize sanctification. Calvin spoke of sanctification but said it is impossible to have perfect sanctification in this world due to the physical limits of man. John Wesley, however, emphasized the realization of sanctification in this world.

Wesley paradoxically spoke of the relative perfection of motives and not the absolute possibility of Christian perfection in this world.

Here the Christian's life of love and role as salt and light in this world is made possible.

There is inner holiness and outer holiness, as well as personal holiness and social holiness.

Holiness in Hebrew is kadosh and in the Greek it is hagios. It denotes "being separated from the world and made holy."

This is the passive meaning of holiness, and in a positive sense social holiness means going out into the world and changing it through love as Jesus loved this world and entered it.

Wesley emphasized personal holiness as well as social holiness. Wesley spoke of Christianity as a social religion and holiness as social holiness.

"Christianity basically is a social religion. Turning Christianity into a solitary religion is really destroying Christianity."

Wesley strongly emphasized the important balance between personal religion and social holiness.

A solitary religion cannot be found (within the gospel).

Just as the phrase holy adulterers cannot be reconciled with the gospel, a holy recluse also cannot be reconciled with the gospel.

(The gospel of Christ knows of no religion but social; no holiness but social holiness. "Faith working by love" is the length and breadth and depth and height of Christian perfection (Repert Davies & Gordon Rupp, "Preface of Hymn and Sacred Poems", 1739, 33.)

The Evangelical Holiness Church emphasizes personal experience and calls holiness receiving the baptism of the Holy Spirit through faith in Christ as a sudden experience just after being born again through faith.

The person who has received the grace of holiness is purified from the depravity of original sin and receives power to do the work of God.

This holiness is an understanding of the negative or passive aspect of getting rid of sin in an inward and personal way.

Holiness, however, is positive and progressive and has a social element.

That is the holiness of loving God and loving one's neighbor.

Positive and social holiness has some special features.

First, holiness is the life of the cross.

Holiness is taking up one's cross and as a disciple of Christ participating in the sufferings of Christ. This is the ethic of the cross.

Holiness means sacrifice, service, and the life of the cross.

Second, holiness is a life of love.

The positive meaning of love in regard to holiness is love for God, love for one's neighbor and love for one's enemies.

Social holiness as salt and light in the world is the practice of love.

Holiness is not repeating a magic formula as in other religions but practice and ethics. One cannot be saved or enter God's Kingdom by repeating the words, "holiness", "holiness", but holiness has value and meaning when it is practiced.

Third, holiness practices justice and seeks to make a just society.

Love and justice, like two sides of a coin, have an inseparable relationship.

Love without justice becomes sentimentalism, and justice without love becomes unjust and less than justice.

Love is embodied in society through justice.

A life of holiness is a life which practices justice.

Fourth, holiness makes peace possible.

Peace is the fruit of justice (Isaiah 32:17).

Christian peace is a just peace which enacts justice; it is not a given state but an on-going process, not a possession but a common and communal way.

Holiness is a life of peace which makes peace.

A life of holiness puts into practice love, justice and peace through the spirit of the cross and faith.

Until now the Evangelical Holiness Church has neglected or disregarded the practice of justice and peace.

The practice of justice and peace is the command of Christ (Matthew 5:9-10).

A society transformed by the gospel of love is a just and peaceful society.

The number of Catholic believers in the Catholic Church in Korea has doubled in the last ten years.

Research has reported that the main cause of this is that the Catholic Church's concern for social welfare and for justice and peace has given people a good image of the church.

The ethics of a life of holiness is the practice of love, justice and peace through faith and the spirit of the cross, and producing the fruit of the Spirit (Ga. 5:22).

"But the fruit of the Spirit is love, joy, peace, patience, kindness, goodness, faithfulness, gentleness and self-control. Against such things there is no law" (Galatians 5:22).

In light of the crisis in the world today, the way to resolve these problems is to live with the spirit of Jesus, the spirit of "being for others."

What is necessary is a spirit of solidarity and responsibility for one's neighbor and the world.

This is the true practice of social holiness.

The spirit of social holiness, which is love, justice and peace, is holding hands and cooperating together to put it into practice.

In specific terms, we need to cooperate to resolve the issues of realizing peace on the Korean peninsula, world hunger and poverty, racial discrimination, environmental pollution and the ecological crisis, international refugees, and religious conflicts, amongst others.

In this way we can fulfill our responsibility and duty to bring about social holiness in the face of the crises in the world in this global era.

제3부
인터뷰와 신문기사 그리고 대담

신앙세계 (2012년 1월)
대담:최재분 발행인

## 3-1-a. 진리와 성결의 빛으로 걸어온 100년

– '새사람 새역사' 미래 100년으로의 출발' –

인문학과의 통섭, '타자(他者)를 위한 존재'로서의 삶, 사회적 책임, 사회적 정의 … 유구한 101년의 역사를 지닌 대표적인 복음주의 신학대학에서 그가 사용하는 언어는 그가 걸어온 길뿐만 아닌 그가 지향하는 세계를 상징적으로 표현해준다. 미국의 신학자 라인홀드 니버와 독일의 '행동하는 신학자' 디트리히 본회퍼의 연구로 석·박사 학위를 받은 유 총장의 학문적 바탕은 신학자로서 뿐만 아니라 한 대학의 수장으로서 신학교의 존재가치에 대한 새로운 접근을 제시해주고 있다.

서울신학대학의 신학은 성서적이고, 복음적인 것이 특징이다. 웨슬리안 전통의 복음주의를 추구하면서 한국교회의 부흥과 복음 및 '성령오동에 앞장서 왔다. 진보와 보수의 극단을 피하고 중도적 위치에서 건강한 한국교회를 만드는 데 크게 기여해왔다. 서울신학대학교는 성결교단의 신학과 학문의 수원지(水源池)로서, 장로교신학대학, 감신교신학대학과 함께 신학교의 3각축을 이루며 한국기독교를 이끌어왔다. '진리와 성결'을 모토로 끊임없이 새로운 패러다임을 창출하며 한국교회에 수많은 목회자를 배출하는 못자리 역할을 해온 서울신학대학은 100년의 역사를 넘어 새로운 100년 역사의 장정에 나서고 있다. 그 변화와 개혁의 출발지를 인문학과의 통섭에서 찾은 유 총장은 "메마르고 각박해져 가는 사회를 풍요롭게 하는 인문학적 소양이야말로 사랑과 봉사를 가르치는 신학대학에 필수입니다. 기초 학문이 탄탄해야 깊은 학문과 실천적인 영성을 동시에 추구할 수 있기 때문"이라고 강조한다. 3대째 내려오는 성결교 집안의 모태신앙인인 유 총장은 새로운 100년을 향한 서울신학대학의 비전을 지성과 영성, 덕성의 조화된 교육을 통해 세계적인 기독교명문대학으로 도약하는 것에 두고 있다.

신년 특집호의 커버스토리로 올해로 개교 101주년을 맞는 '강소(强小)대학' 서울신학대학교의 역사와 비전 그리고 유석성 총장의 학문과 문화 그리고 신학 이야기를 싣는다.


## 학문과 교양, 인성의 기초로서의 인문학 강화

### 꽃을 든 총장의 첫 출근길

태풍 곤파스의 영향으로 세찬 비바람이 몰아치던 2010년 9월 2일, 서울신학대학교 유석성 총장은 아침 일찍 교문에서 학생들을 맞았다. 두 손에는 한 아름 장미꽃을 든 채였다. 극심한 교통 혼잡과 비바람 속에 힘겨운 등교를 하던 학생들은 예상치 못한 총장의 등장에 깜짝 놀랐다. 유 총장은 태풍이 몰아치는 등굣길의 학생들과 일일이 악수를 하고 격려하며 이야기를 나눴고, 장미꽃을 건네주었다. 꽃을 든 총장. 그날은 학생들이 새학기를 시작하는 날이자 유 총장의 첫 출근길이기도 했다. 요즘도 그는 학생들의 시험기간이나 학기 말엔 사비로 학생들에게 간식을 나눠 주며 따뜻한 대화의 시간을 갖는다.

지성, 영성, 덕성이 조화된 전인적 인재 양성을 추구하는 유 총장의 교육철학과 휴머니티는 신앙과 함께 인문학적 소양에서 비롯된 것이기도 하다.

최근 교양으로서의 인문학은 전성기를 맞고 있는 듯하다. 인문학이 학자들의 전유물이었던 시대를 넘어 학문과 계층을 넘나들며 삶에 활력소 역할을 하고 있다. 문사철(文史哲), 즉 문학, 역사, 철학을 아우르는 인문학은 인간 역사의 과거와 현재 그리고 미래를 창조할 수 있는 힘까지도 지닌다. 따라서 인문학을 섭렵하면 과거를 오늘에 적용하고, 내일을 대비하는 통찰력을 얻을 수 있다는 분석이 설득력을 얻고 있는 오늘이다.

유석성 총장은 그 선봉에 서있다.

모든 재학생들에게 인문학 강좌를 필수과목으로 수강하게 하고, 인문학 포럼을 열어 재학생은 물론, 지역 주민과 목회자들에게도 개방했다. 대부분 최고 수준의 강사들인 점도 눈에 띈다. 이어령 초대 문화부장관, 정운찬 전 국무총리, 한승헌 전 감사원장, 김동길 전 연세대교수, 유홍준 전 문화재청장, 이배용 국가브랜드위원회 위원장, 임혁백 고려대 정책대학원장, 이수성 전 국무총리 등 우리 사회 저명인사들이 강사로 초빙됐다.

개교 100주년을 맞은 유서 깊은 서울신학대학교의 제16대 총장으로 취임한 유 총장은 개교 100년을 넘어 새로운 세기의 역사를 향해 비상하는 서울신학대학에 학문과 교양, 인성의 기초인 인문학 향연을 펼침으로 보다 심도 깊은 전공교육의 기반을 닦는다는 것이다.

## 스마트사회 원동력은 인문학적 상상력

애플의 스티브 잡스는 "애플을 애플답게 하는 것은 기술과 인문학의 결합"이라고 강조했다. 페이스북의 마크 저커버그도 어린 시절부터 그리스 로마신화를 탐독하는 등 인문학 분야에 조예가 깊었다고 한다. 또 구글이 지난해 신규 채용자 6천 명 가운데 5천 명을 인문학 전공자로 채우는 등 인문학적 소양을 갖춘 인재를 중요한 요소로 판단하고 있다. 서울신학대학교는 지난해 입학생부터 학부와 신대원 모두 인문학 강좌를 필수학점으로 이수하도록 한다.

인문학 강좌는 유 총장이 20여 년 전부터 구상했던 것이다. 그는 인문학적 교양과 지식의 중요성을 느껴 대학시절부터 관련 강좌를 많이 들었다. 교수로 학생들을 가르치면서 더더욱 인문학의 필요성을 느껴오던 중, 총장이 되면서 전격적으로 인문학 교육을 실시한 것이다. 보다 심도 깊은 학문적 소양과 교양을 갖춘 인재를 양성하기 위해서는 인문학 교육이 기초가 되어야 한다고 본 것이다. 1920년대부터 인문학을 강조함으로써 세계적인 대학으로 발전한 시카고대학이 서울신학대학의 벤치마킹 대상이다.

"1900년대 초까지 시카고대학은 삼류 대학에 불과했습니다. 1929년 취임한 로버트 허친스 시카고대학 총장은 '인류의 위대한 유산인 인문 고전 100권을 외울 정도로 읽지 않은 학생은 졸업시키지 않는다'는 '시카고 플랜'을 도입했지요. 이후 시카고대학은 하버드대보다 더 많은 노벨상수상자를 배출하는 세계적 명문대로 발돋움했습니다. 역대 노벨상 수상자가 80명이 넘습니다. 현재 미국 내 160개 대학은 인문고전 100권 읽기 프로그램을 활발히 전개하고 있습니다.

서울신학대학 재학생들은 인문학 강좌를 듣고 감상문을 쓴다. 우수 감상문은 시상을 하는데, 일등 상금은 한 학기 등록금을 장학금으로 시상한다. 인문학 강좌를 통해서 상상력을 불어넣고, 나아가 책읽기를 통해 그 상상력을 강화한다는 것이 유 총장의 방침이다. '교양과 독서'라는 필수과목을 강화시키는 단계를 넘어 책읽기, 말하기, 글쓰기, 화법, 예절 교육 등을 실시하고 있다.

## 인문학은 신학을 더 풍성하게 하는 도구

"창조적 상상력과 올바른 판단력, 깊은 사고력이 없으면 깊이 있는 학문연구를 할 수 없습니다. 인문학은 학문적 깊이 뿐 아니라 학생들을 인간적으로 성장시키기 위한 교육으로도 필요합니다. 예로부터 동양에서는 문학, 역사, 철학을 인문학으로 통칭했고, 인문학적 훈련을 통해 학문 연마와 인격 수양을 했습니다. 서양에서는 인간이 갖춰야 할 교양의 전부가 인문학이지요. 인문학이라는 말도 '인간다움'이라는 뜻의 '후마니타스'(humanitas)에서 나왔고, 본래 '수사학'이라는 의미입니다. 이것은 단순한 웅변술이 아니라 학문 전체를 포괄하는 차원 높은 지적 행위를 말합니다. 본래 인문학은 문법에 대한 연구, 고전 강독 및 해석, 음악, 기하학, 천문학, 논리학, 윤리학, 물리학, 법률, 행정 등을 포괄하는 광범위한 교육 과정이었습니다."

일각에서는 신학과 인문학이 상호 배치될 수 있다는 주장도 제기됩니다. 이에 대해 유 총장은 도구로서의 인문학을 강조한다.

"신학과 인문학의 관계는 성경을 읽기 위해 한글을 배우는 것에 비유할 수 있습니다. 인문학은 신학을 하는 사람들에게 기초가 됩니다. 좋은 목회자가 되고, 좋은 설교를 하려면 인문학적 과성을 거치는 것이 큰 힘이 됩니다. 훌륭한 인품을 지니고, 판단하고, 교양 있게 사람을 대하는 것도 인문학적 교양입니다."

학문 연구의 목표는 예수의 정신을 어떻게 사회 속에 실현하는가에 있으며 어떻게 예수님을 닮은 제자가 돼야 할지를 고민하며 인문학 강좌를 연다고 그는 말한다.


## 3-1-b. 서울신학대학 100년 역사와 비전

"서울신학대학 100주년은 세 가지 측면에서 그 의미를 생각해볼 수 있겠습니다. 교육을 백년지대계라고 합니다. 교육에 있어서 기반과 뿌리를 내리고 가지를 뻗어 잎을 내고 열매를 맺는 과정을 백년 단위로 본 것입니다. 그만큼 100년의 의미는 크다고 볼 수 있습니다. 우리나라에서 100년 역사를 가진 대학이 많지 않습니다. 또한 한국교회에 수많은 목회자와 지도자, 한국 사회의 인재를 배출했고, 성결교회에 신학을 제공했을 뿐만 아니라 새로운 신학들을 가르쳤습니다. 신학과 학문의 수원지(水源池) 역할을 해왔습니다. 이제 문명사적 전환기인 21세기에 지성과 영성, 덕성이 조화된 인재를 양성해 하나님의 진리와 성결이 세계 속에 이루어지도록 하는데 공헌해야 한다고 보고 있습니다."

자생교단 성결교의 교단 신학교로 출발

일본 도쿄에 있던 동양선교회 성서학원을 졸업한 김상준·정빈 두 사람이 1907년 동양선교회 선교사 C.E. 카우만 부부와 E.A. 킬보른의 도움으로 서울 종로에 '동양선교회 복음전도관'을 설립한 것이 한국 자생교단 성결교의 시초다. 또한 1911년 서울 무교동 전도관 내 설립된 경성성서학원이 오늘날 서울신학대학의 효시다. 1907년 교단이 설립된 이후 교역자 및 전도자 양성과 인재 양성을 위해 교단 신학교를 설립한 것이 시작이 되어 오늘의 서울신학대학으로 성장해왔다.

성서교육과 체험적인 신앙을 강조해 온 경성성서학원은 중생(重生)·성결·신유·재림 등 4중복음을 전도 표제로 삼고 이론과 실습의 조화된 실천적인 교육을 강조했다. 이를테면 오전에는 공부하고, 오후에는 전도실습, 저녁에는 전도집회를 갖는 식이다. 이런 경성성서학원의 교육은 오늘날 높은 학문성과 깊은 영성, 현장중심의 교육을 추구하는 서울신학대학의 전통으로 자리 잡았다.

유 총장은 "서울신학대학의 신학은 성서적이고, 복음적인 것이 특징"이라며 "특히 체험적인 신앙을 신학화하고, 웨슬리 신학과 만국성결운동의 체험적인 신앙을 잘 조화해서 발전시켰다"고 강조한다. 성서적인 것과 체험적인 것을 균형 있게 발전시켜 신학화한 것이 경성성서학원에서 서울신학대학으로 이어지는 신학적인 강점이라는 것이다.

경성성서학원은 1921년 아현동에 5층 쌍둥이 교사를 신축해 동양선교 인재 양성의 요람으로 자리매김 했다. 이후 학교는 1940년 당시 사립학교령에 따라 경성신학교라는 이름으로 국내 최초의 신학교로 인가받아 신학교육 기관으로 발전하게 된다. '남녀칠세부동석'의 전 근대적 사고를 깬 것도 서울신학대학이 개교할 때부터 남녀공학제를 실시했다, 우리나라 여성 근대 교육에 한 획을 그었다는 평가를 받고 있다. 실제로 서울신학대학 100년사에서 남녀공학제, 부부공학제는 파격적인 교육제도로 꼽힌다. 남녀가 유별하고 남녀

차별도 심했던 시대였지만 개교 당시에 남녀 신입생을 모집했다는 기록이 눈에 띈다. 당시로서는 한 교실에서 남녀가 함께 공부한 것은 사회통념에 벗어난 획기적인 일이었다. 1913년 '최재은'이라는 첫 여성 졸업생을 배출했다. 이는 신학교를 졸업한 한국 최초의 여성 전도사로 기록되고 있다. 성서학원의 역사와 함께한 여성교육은 순교자 문준경 전도사, 항일독립운동가인 백신영 전도사 등 걸출한 여성 지도자를 배출했다.

서울신학대학은 일제 강점기의 민족의 고난과 함께하면서 민족 정신과 신앙의 지조를 지켜왔다. 1919년 3·1운동에 경성성서학원 학생들도 동참했다. 남대문 역에 모여서 일제히 태극기를 들고, 파고다공원을 향해 돌진했다. 이로 인해 학생들은 체포, 구금돼 옥고를 치렀다. 또 서울신학대학은 1940년대 일제의 신학교 강제 병합에 끝까지 반대했다. 1943년 재림신앙 고수 등 신앙의 양심을 지키다가 폐교됐다. 당시 박봉진, 김하석 목사 등 많은 동문들이 재림신앙과 신사참배를 반대하다가 순교했다. 여성 졸업생인 백신영 전도사는 대한애국부인회의 주요 인물로 활동했으며, 강경에서 최초 신사참배 거부 운동을 주도했다. 한국전쟁 당시 교장 이건 목사와 교수였던 김유연, 박현명, 최석모, 목사 등이 학교를 지키다가 납북됐다. 문준경 전도사도 신앙의 지조를 지키다가 순교의 피를 흘렸다.

### 비전 발전 영역 최우수 대학 선정

그럼에도 서울신학대학의 맥은 꺾이지 않았다. 6·25전쟁 중 피난 신학교를 운영하면서 배움의 끈을 놓지 않았던 서울신학대학은 마침내 1959년 신학교에서 신학대학으로 정식 인가를 받았다. 이명직 학장 시대를 거치면서 4년제 대학의 기틀을 다진 서울신학대학은 조종남 박사가 3대 학장으로 취임하면서 기독교종합대학의 발판을 마련했다. 또 1960년 '서울 신학대학 신조' 등 성경과 체험을 강조하는 웨슬리안 복음주의라는 대학의 정체성은 보다 분명히 했다는 평가다. 해외파 교수진이 늘어나면서 학문과 교육의 수준도 보다 높아졌다.

1971년 대학원 개설, 1974년 아현동에서 부천으로 교사를 신축, 이전해 대학발전의 새로운 전기를 마련했다. 신학과 중심에서 교회음악과, 기독교교육과, 사회복지학과 등 학과증설이 이뤄져 목회자뿐만 아니라 교육, 복지, 음악 등 다방면에서의 기독교 지도자를 양성하기 시작했다. 1980년에는 신학대학원을 개설해 전문성과 현장성을 더욱 높였으며, 4개 대학 공동으로 박사학위 과정도 인가돼 학문성도 인정받는 쾌거를 이뤘다.

이후 보육학과, 유아교육과, 중국어과, 일본어과 등 잇따라 학과를 증설하면서 100년 전 신학과 10명으로 출범한 대학은 현재 9개학과 5개 대학원을 갖춘 기독교대학으로 크게 발전했다. 정규 교과정 이외에도 다양한 현장실습과 각종 성경공부 모임, 기도모임, 전도훈련 모임, 사회봉사 모임 등 다양한 소그룹 활동이 왕성하게 이루어져 이론교육과 생활 속의 영성훈련이 어우러지는 것이 서울신학대학의 장점이라는 평가다. 이런 눈부신 발전으로 지난 2005년 대학종합평가에서 비전 발전영역 최우수 대학으로 선정돼 미래가치와 경쟁력을 인정받았다.


새 100년을 향해 도약하는 서울신학대학의 비전

서울신학대학교는 개교 100년을 맞아 제2 창학의 꿈을 펼치며 세계 최고의 기독교 명문대학으로 비상을 꿈꾸고 있다. 이런 꿈을 구체화하기 위해 교육의 내실화, 연구의 활성화, 행정의 효율화, 대학 기반시설의 확충이라는 4대 실천 전략을 세워 새로운 백년대계를 설계하고 있다. 또한 인문학 강좌, 영성훈련 등 영성과 지성, 덕성이 조화된 교육을 강조하고 있으며, 창조적 기독교 지도자 양성을 위한 100주년 기념관, 영성센터, 건립 등 새로운 교육환경 조성에 힘을 기울이고 있다. 또한 100주년 기념대회 등 각종 기념행사와 사업을 토대로 새로운 100주년의 꿈을 가꾸고 있다.

"새로운 100년을 향한 서울신학대학의 비전은 지성과 영성, 덕성의 조화된 교육을 통해 세계적인 기독교명문대학으로 도약하는 것입니다. 구체적으로 창조적 기독교 지도자 양성, 학문과 영성, 인격이 조화된 공동체를 만드는 일, 바로 21세기 시대가 요구하는 기독교 명문대학을 만들자는 것입니다."


### 3-1-c. '멘토' 본회퍼 그리고 유 총장의 신앙이야기


유 총장은 1950년 경기도 안성, 기독교 가정에서 3대째 성결교인으로 태어났다. 그의 신앙은 할머니 이정덕 권사님이 세운 '삼죽성결교회'에서 자라났다. 이 교회는 가정과 함께 유 총장에게 삶의 한 터전이 됐다. 그가 하나님의 종이 되겠다고 결심한 것도 이 교회에서다.

그의 나이 일곱 살 때 이명직 목사님이 삼죽성결교회에 오셔서 부흥회를 인도하셨다. 어린 유 총장은 이 목사님의 두루마기를 붙잡고 따라다녔다. 당시 이명직 목사님께서는 "이 아이는 이 다음에 신학교로 보내 목사가 되게 하라"고 하셨다고 한다. 그가 신학을 공부하기로 결심한 것은 고교 1년(1966년) 여름방학 부흥회 때였다. 가장 소중한 삶과 가치 있는 일은 하나님의 일을 하는 것이란 깨달음이 왔다.

"인생의 문제는 종교밖에 해결해주지 않는다고 생각합니다. 무엇이 삶과 죽음의 문제를 해결해주겠습니까? 돈도 권력도 명예도 삶의 문제, 특히 죽음의 문제를 해결해주지 못합니다. 오직 종교만이 이 문제를 해결해 줄 수 있습니다. 한 번밖에 살지 못하는 유일회적인 삶을 가치 있게 살아야 하겠고 가치 있게 사는 것은 하나님의 일을 하는 것이란 걸 절감한 것이죠. 이것이 또한 본회퍼의 말대로 '타자(他者)를 위한 존재'로서의 삶입니다."

그러나 고교 3학년 때 마음에 회의가 생겼다. 학교에서 학생회장을 했던 그는 법과대학에 진학하여 변호사가 되고도 싶었고 정치인의 길을 가고도 싶었다고 한다. 진로를 놓고 그의 방황은 계속됐다. 그런데 얼마 뒤, 꿈속에서 "내 양을 먹이라"는 하나님의 음성을 들었다. 유 총장은 "예"라고 대답을 하고 나서 꿈에서 깨었다. '내가 꼭 신학대학을 가야 하나'라는 회의감은 이 음성 하나로 깨끗이 사라졌다. 그는 꿈속의 음성을 하나님의 뜻으로 알고 신학대학에 가기로 하고 서울신학대학으로 진학하게 된다.

'타자(他者)를 위한 존재'로서의 삶과 유 총장의 신앙 여정

미국의 신학자 라인홀드 니버와 독일의 신학자 디트리히 본회퍼. 이들은 유 총장에게 신학 하는 의미를 심어준 멘토였다. 유 총장은 석사학위 논문을 라인홀드 니버로 썼고, 박사학위는 디트리히 본회퍼 연구로 받았다. 라인홀드 니버는 예수 그리스도 복음의 핵심은

사랑이요, 이 사랑은 정의를 통해 구체화된다고 했다. 기독교의 사랑은 추상적이나 감상적이 아님을 알려주었다. 니버는 유 총장이 신학을 계속할 수 있도록 신학함의 의미와 가치를 심어주었다. 유 총장은 독일 튀빙겐대학에서 몰트만 교수의 지도로 디트리히 본회퍼에 관해 연구했다. 본회퍼는 행동하는 신앙인이었다. 특히 고백한 신앙을 실천하는 신앙고백적 삶을 살았다. 본회퍼는 그리스도를 따라 사는 제자의 길, 정의와 평화를 위한 그리스도인의 책임과 의무를 강조했다. 유 총장은 "본회퍼는 그리스도인으로 어떻게 살 것이며, 교회가 무엇을 하여야 하는지를 예수 그리스도의 십자가와 고난을 가지고 잘 밝혀준 신학자"라고 말한다.

"그리스도인으로 산다는 것은 그리스도의 부름에 순종하는 것입니다. 그리스도를 믿는 것은 순종하는 삶입니다. 본회퍼는 '믿는 자만이 순종하고 순종하는 자만이 믿는다'고 말했습니다. 그리스도에게 순종하는 것은 자기 십자가를 지는 것이요, 자기 십자가를 지는 것은 주를 위하여 고난을 당함으로 그리스도 고난에 참여하는 것입니다. 예수 그리스도의 제자의 길은 그리스도의 고난에 동참하는 일입니다. 고난은 고난으로 끝나는 것이 아니라 그리스도 안에서의 고난이기 때문에 그것은 기쁨이 됩니다. 그리스도인의 삶은 예수 그리스도가 죽음을 이기고 부활하심으로 승리하셨듯이 승리가 보장된 것입니다. 때문에 주님의 고난에 동참하는 일은 기쁨이 되며 고난은 축복이 됩니다."

이처럼 유 총장은 본회퍼를 통해 십자가의 의미를 더욱 깊이 깨달았다. 유 총장은 한국교회가 본회퍼의 말에 귀를 기울여야 한다고 강조한다.

"20세기 최초로 고난의 문제를 신학화한 것이 본회퍼입니다. 십자가는 기독교를 밝혀주는 시금석입니다. 십자가는 기독교가 기복주의적인 것만 추구하는 샤머니즘적 종교가 되지 않게 합니다. 이것이 바로 한국교회가 본회퍼로부터 배워야 하는 메시지입니다. 본회퍼의 가르침은 나침반입니다. 그리스도인이 어떻게 살아야 하며 그리스도 교회가 무엇을 해야 할 것인지 가르쳐주는 방향타입니다."

유 총장은 튀빙겐대학에서 박사논문을 쓰고 마지막 시험을 준비하면서 과연 신학한다는 것이 무엇인가를 스스로에게 물었고 신학한다는 것에 답을 얻는다. 오늘도 이것은 그의 신념이다. '신학은 신앙을 가지고 하는 학문이며 교회를 위한 학문이라는 것 그리고 성경과 교회적 전통의 바탕 위에서 오늘의 문제를 신학화한 것이다. 신학하는 것의 실천적 의미는 사랑과 정의와 평화를 행하는 것이어야 한다'는 것이 요지이다.


## 3-1-d. 신학자 총장과의 대화 "십자가신학과 사회적 성결"


올해로 개교 101주년을 맞습니다. 한국교회에서 서울신학대학의 역할과 자리매김에 대해 짚어주시지요.

서울신학대학의 모교단인 성결교회는 장로교, 감리교와 함께 국내 3대 기독교단을 형성했습니다. 성결교의 상징화가 백합입니다. '가시밭의 백합화'란 말이 있듯, 민족사와 더불어 고난의 가시밭길을 헤쳐 왔습니다. 일제 하인 1943년에는 교단과 더불어 학교가 폐쇄되기도 했습니다. 한국전쟁을 전후해 순교자들도 나왔습니다. 서울신학대학은 웨슬리안 전통의 복음주의를 추구하면서 한국교회의 부흥과 복음 및 성령운동에 앞장선 목회자들을 배출했습니다. 진보와 보수의 극단을 피하고 중도적 위치에서 건강한 한국교회를 만드는데 크게 기여했다고 할 수 있겠습니다.

총장님의 신학적 기반과 신학관을 듣고 싶습니다.

저는 성결교회 3대째 신앙가문 출신이지요. 학부를 서울신학대학에서 했고 대학원은 한신대에서 했습니다. 신앙적으로 열린 복음적 신앙인이라고 할 수 있습니다. 한신대 대학원 때 박봉랑 교수님 지도로 학위를 했는데, 그분의 신학적 풍토는 성결교회와 그다지 다르지 않았습니다. 성육신과 십자가, 부활, 삼위일체적 신학의 기반위에 있습니다. 몰트만 교수와 본회퍼의 신학도 그리스도 중심의 십자가 신학입니다. 앞으로도 성결교회의 사중복음적 전통을 잘 지키고, 시대에 맞는 신학을 하는데 온 힘을 기울일 것입니다.

본회퍼학회 회장 등으로 활동하며 본회퍼의 신학과 사상을 전파하는 역할도 해왔습니다.
본회퍼의 신학이 오늘날 한국교회에 어떤 의미가 있는지요.

본회퍼신학은 예수 그리스도 중심의 신학이라고 할 수 있습니다. 그리스도인의 사회적 책임, 빛과 소금, 정의와 평화를 위한 기독교의 책임을 말한 것입니다. 제자로 살려면 그리스도의 고난에 동참해야 한다는 이런 그의 외침은 예수를 따르는 사람으로 가져야 할 자세라고 생각합니다. '기독교의 비종교화'라는 말이 오해가 되고 있는 것이 사실입니다. '기독교를 기독교 되지 못하게 하는 것이 비종교화'의 의미입니다. 본회퍼의 비종교화론은 기독교를 그리스도 중심,

십자가 중심으로 기독교를 참된 기독교로 만들자는 것입니다. 우리는 '예수가 오늘날 나에게 누구인가'를 되물은 본회퍼의 질문을 오늘날 한국교회가 되짚어 봐야 할 때라고 봅니다.

신학교로 출발했지만 지금은 일반학과도 개설하고 있습니다.
대학교육의 중점을 어디에 두고 계신지요.

감리교회의 창시자인 존 웨슬리는 '고독한 종교는 없다'는 말로 종교의 사회적 실천을 강조했습니다. 기독인은 이웃과 더불어 연대하고 사회적 책임을 다해야 합니다. 물을 독사가 마시면 독이 되고, 젖소가 마시면 우유가 됩니다. 학생들에게 단순히 학문을 전달하는 것이 아니라 지성·영성·덕성이 조화된 교육을 통해 전인적 교양을 갖춘 지도자로 키워내고 싶습니다.

독서와 글쓰기 교육을 심화하고 영어교육을 강화하고 있습니다. 그 일환으로 영어로 자신의 소개문과 기도문을 작성해 언제라도 발표할 수 있도록 하고 있습니다. 신앙 정체성과 함께 글로벌 시대의 인재로서 준비를 하도록 하려는 시작입니다.

신학과 목회 현장의 괴리가 크다는 지적이 나오고 있는데요.
신학자로서 이런 지적을 어떻게 보시는지요.

신학은 삶의 문제를 다루는 학문입니다. 인생의 문제를 해결할 수 있는 분야는 종교밖에 없습니다. 종교 가운데서도 죽음 이후를 해결할 수 있는 것은 기독교 외에는 없다고 봅니다. 철학이 질문하는 학문이라면 신학은 대답하는 학문입니다. 인생의 문제를 답하는 것이 신학입니다. 신학에서 중요한 것은 사랑과 정의와 평화를 행하는 것입니다. 예수님의 말씀의 총체적 요약은 사랑입니다. 그 사랑은 정의를 통해서 구체화됩니다. 사랑에 기반을 둔 정의가 행해짐으로써 평화가 이뤄집니다. 신학교는 이것을 교육시키는 것입니다. 개인적 성결은 물론 사회적 성결도 이루는 정의와 평화의 사람이 되도록 학생들을 가르치는 것이지요. 이 세상에서 빛과 소금의 역할을 하도록 키우는 것입니다. 역사의식, 사회의식, 민족의식이 분명하고 기독교적 정체성과 주체성이 분명한 학생들이 되도록 교육하고자 합니다. 그뿐 아니라 목회현장에서 필요한 교육을 적극적으로 시켜야 한다고 생각합니다. 시대가 요청하는 헌신과 소명을 감당할 수 있는 목회적 소명자들을 길러내기 위해 교육과 훈련을 커리큘럼 화하고 있습니다.

올바른 신학에서 바른 신앙이 나올 뿐 아니라 교회를 바로 세울 수 있다고 봅니다.
**서울신학대학에서 오랫동안 후학을 양성해오셨는데, 신학 교육의 지향점은?**

신학 교육은 주체성과 개방성을 동시에 갖고 있어야 합니다. 서구의 근본주의적 영향 아래 있는 신학 교육을 탈피하고 학문적 개방성을 허용하면서도 깊이 있는 신학을 해야 합니다. 특히 교단의 주체성과 전통을 잘 살려야 한다고 봅니다. 그리고 인문학적 교양과 사회과학적 지식을 갖춘 기본 교육에 충실해야 합니다. 또한 동양과 한국의 사상을 잘 이해하는 신학 교육도 폭 넓게 이뤄져야 합니다. 서구신학을 그대로 받아들이기 보단 이를 수용하여 우리의 신학을 만들어내야 합니다.

**1세기 역사를 넘어 새로운 세기로의 출발을 하셨습니다.**

## 서울신학대학의 미래비전에 대해

제가 추구하는 교육의 목표는 지성과 영성, 덕성이 조화된 창조적인 기독교 지도자를 양성하는 것입니다. 여기에 국제적인 감각을 갖춘다면 더 할 나위 없겠지요. 서울신학대학은 신학대학의 차원을 이미 넘어섰습니다. 교육은 결국 인재를 양성하는 것입니다. 기독교적인 확실한 정체성을 갖고 변화하는 시대에 적응해 나가야 합니다. 앞으로도 바른 신학과 신앙을 가지고 하나님께 온전히 헌신하고 사회적으로 봉사하는 기독교 인재를 배출하는데 저의 모든 것을 바치고자 합니다.

"진실로 생명의 원천이 주께 있사오니 주의 빛 안에서 우리가 빛을 보리이다."(시 36:9)

서울신학대학이 교육 표어로 삼고 있는 말씀이다.

아득한 100년 전. 이미 백년대계를 세우고 프론티어 정신으로 달려온 서울신학대학. 이 역사는 성결인의 사랑과 헌신이 오롯이 담겨있는 한국교회 믿음의 역사이기도 하다. 중국 송나라 때의 저작『경행록』(景行錄)에는 "나무를 잘 기르면 동량(棟梁)의 재목을 이루고 사람을 잘 기르면 뜻과 기상이 커지고 식견이 밝아져 충의(忠義)의 선비가 배출된다"고 했다. '최초'의 정신으로 '최고'의 신학대학을 이룬 서울신학대학교는 이제 21세기 인류의 미래를 고민하고 기독교 복음을 사회 정의와 평화, 성결로 구현하는 21세기형 상아탑으로 서서 "새 사람, 새 역사"의 미래를 펼쳐가고자 한다. 그 중심에 선 유석성 총장의 복음주의 신학과 열정적 신앙, 원대한 비전이 빛나는 신년이다.

(신앙세계 2012년 1월)

성은숙부장 기록정리

대담:최재분 발행인

정경뉴스 (2014년 9월)

대담:최재영 발행인

## 3-1-e. 개교 103주년 맞아 참교육 신화를 이룩한 서울신학대학교

"100년 대학을 넘어 새 100년을 향해 세계 일류 기독교대학으로
성장시킬 터"

"안녕하십니까. 감사합니다.""반갑습니다. 사랑합니다." 특별한
행사에서나 들어볼 것 같은 인사말이지만 서울신학대학에서는 강
의 시작 전, 학생과 교수가 주고받는 이 대학만의 독특한 인사말이
다. 서울신학대학 유석성 총장은 학생·교수와 함께 '안·감·미' 운동
을 시작했다. '안녕하십니까.' '감사합니다.' '미안합니다'라는 세 인
사말을 생활화하고, 마주치는 누구에게라도 먼저 인사하는 캠페인
이다. 유 총장은 "예절교육·인문학·사회봉사를 통해 바른 인성을

갖춘 인재를 기르는 게 우리 대학의 목표"라며 "취업위주의 가르침을 넘어 인성과 영성을 채우는 차별화 교육을 통해 참교육을 지향한 사학의 전당을 만들려고 한다"고 말했다. 100년의 역사를 자랑하는 서울신학대학 유석성 총장을 만나 참교육의 진가를 알아봤다.

지난해 12월 제33회 연세경영자상을 수상한 서울신학대학교 유석성 총장은 재임기간 동안 서울신학대학교를 최고 최상의 학교로 발돋움시켰다. 서울신학대학교는 신학대학 중 최고의 입시 경쟁률 최상의 대학평가를 받았다. 유 총장은 1950년 경기도 안성, 기독교 가정에서 3대째 성결교인으로 태어났다. 그가 신학을 공부하기로 결심한 것은 고교 1학년 여름방학 부흥회 때였다. 가장 소중한 삶과 가치 있는 일은 하나님의 일을 하는 것이란 깨달음이 있었기 때문이다.

하지만 고교 3학년 때 학생회장을 맡아 열심히 활동했던 그는 진로 선택의 기로에서 법과대학에 진학해 변호사가 되고도 싶었고 정치인의 길을 가고도 싶었다고 한다. 진로를 놓고 그의 방황은 계속됐지만 꿈속에서 "내 양을 먹이라"는 하나님의 음성을 듣고 모든 회의감은 사라졌다. 그는 이 꿈속의 음성을 하나님의 뜻으로 알고 신학대학으로 진학하게 된다.

유 총장은 독일 튀빙겐대학에서 박사학위를 받고 귀국한 뒤 서울신학대학교 교수로 임용돼 교무처장과 대학원장을 지낸 신학자이지만 신학만 강조한 것이 아니라 인문학도 중시하였다.

이는 그가 총장으로 취임한 2010년 9월부터 시작됐다. 지금까지 8학기 동안 인문학 교육을 지속하여 학교와 사회에 인문학의 필요성과 당위성을 각인시켰다. 이 강좌에는 재학생과 시민 3,000여 명을 상대로 철학·역사·경제·문화를 아우르는 인문학 강좌를 개설한다. 정운찬 전 국무총리, 한승헌 전 감사원장, 이배용 한국학중앙연구원장 등 우리나라 최고 석학들을 강사로 초빙해 매 학기 10여 차례 영광적인 분위기 속에 진행한다.

유 총장은 '인문학의 위기'라는 학회의 평가에 "인문학은 학문과 교양, 인성의 기초가 된다. 인문학의 핵심 과목인 '문·사·철'(문학·사학·철학)의 효용만 따져 봐도 그렇다. 문학은 창조적 상상력을, 역사는 올바른 판단력을, 철학은 논리적 사고력을 키워준다.

전공이 무엇이든 그 기초는 인문학이다. 자연과학자도 문학을 통해 상상력을 기르지 못한다면 개념을 만들어낼 수 없다"라는 입장을 밝혔다. 인문학이 바로 사람다운 사람을 만드는 일이라는 그의 생각을 읽어볼 수 있는 부분이다.

또한 유 총장은 학생들에게 늘 사회봉사의 중요성을 강조한다. '사회봉사실천'을 교양필수 과목으로 지정해 반드시 수강해야 졸업할 수 있도록 했다. 이 과목 수강생은 국내 사회복지시설 등에서 58시간 이상 땀방울을 흘려야 학점을 받는다. 유 총장이 이끄는 '사랑나눔청년사업단'의 학생들은 부천 지역 저소득층 자녀들에게 방과 후 외국어를 가르치며 돌봐주는 멘토로 활약하고 있다. 개교 100주년을 맞은 2011년에는 재학생과 교수 450명이 함께 작성한 장기기증 서약서를 '사랑의 장기기증운동본부'에 전달하기도 했다.

또 1997년 캠퍼스에 설치한 사회봉사센터는 국내외에서 재난사고가 발생하면 현장을 찾아가 봉사활동에 나서고 있다.

이런 공로를 인정받아 유 총장은 올해 (사)한국언론인연합회 선정한 대한민국 참교육대상(인재교육 부문) 수상한 데 이어 지난 8월 5일 대한민국한빛회가 선정한 제3회 대한민국나눔봉사대상(나눔교육 부문) 종합대상을 수상한 쾌거를 이룩하였다. 이와 같은 발자취를 통해 유 총장은 "재학생들에게 사회봉사의 중요성을 참교육을 통해 도덕성과 전문성을 갖춘 기독교 인재를 양성하는 한국의 대표적인 신학대학이 될 것"이라고 말했다. 정경뉴스는 한국언론인연합회, 대한민국한빛회와 함께 공동 주최·주관한 대한민국참교육대상, 대한민국나눔봉사대상을 연이어 수상한 서울신학대학교 유석성 총장을 만나 그의 인문학 교육과 나눔철학에 대한 이야기를 통해 대한민국 참교육의 깊이 있는 내용을 담았다.

다음은 유 총장과 일문일답

Q 지난 8월 5일 대한민국한빛회가 선정한 대한민국나눔봉사대상(나눔교육 부문 종합대상)을 수상한 소감은?

A 봉사교육과 봉사의 삶을 강조하는 서울 신학대학교에 대한민국나눔봉사대상을 주신 한빛회에 감사드립니다. 인간의 가치 있고 보람 있는 삶은 봉사의 삶입니다. 이것은 예수님이 말씀하신 사랑의 실천이기도 합니다. 이번을 계기로 대한민국 대학에서 봉사교육과 나눔의 실천이 확대되기를 바랍니다.

Q 서울신학대학교가 절대주권자이신 하나님의 보호하심 가운데 올해 개교 103주년을 맞이하였습니다. 개교 100년이 넘어 1세기를 관통하는 사학의 전당으로서 오늘이 있기까지 우여곡절도 많았을 것인데 귀 대학의 역사적인 발자취를 소개바랍니다.

A 서울신학대학교는 일제 강점기가 시작된 1911년 3월 13일 개교하였습니다. 1943년 12월 일제 강점기에서 성결교회에서 주장하는 재림의 교리가 일본 국체에 위반된다고 하여 성결교회의 교단이 해산되고 성결교단학교로서 학교 문을 닫는 일도 있었습니다.

하지만 해방 후 다시 학교 문을 열었고 지금의 모습까지 이르게 된 것입니다.

Q 귀 대학이 100주년을 넘기면서 국내에서 100주년의 역사를 지닌 10대 대학으로 발돋움하고 있는 가운데 기독교 세계 명문대학으로 성장해 가고 있습니다. 그 비결은 어디에 있다고 보는지요?

A 기독교 정신으로 똘똘 뭉쳐 작지만 강한 대학인 '강소대학'이기 때문입니다. 인성교육강화, 봉사교육과 실천 강조, 인문학 강좌를 잘하는 학교로 인정받으며 성장했고 앞으로도 더욱 발전해나갈 것이라 믿습니다.

Q 인문학 강좌가 화제가 되어 학교가 더욱 유명해졌는데, 어떻게 강좌를 개설하게 되었으며 강의는 어떤 방식으로 운영되는지요?

A 인문학은 사람을 만드는 학문으로 교양과 인성과 학문의 기초입니다. 인문학 강좌는 제가 2010년, 총장 취임을 하고 개교 100주년 기념으로 대대적으로 실시하게 되었습니다.

인문학 강좌가 한국 사회에 주목을 받고 화젯거리가 된 것은 세 가지 이유에서라고 생각합니다. 첫 번째로는 대학의 전교생을 대상으로 강좌를 실시한다는 것, 둘째로 한국 최고로 평가받는 화려한 강사진들을 모시고 강의를 진행한다는 것. 마지막으로 주요 일간지의 1면과 전면광고 등 홍보매체를 활용해 널리 알린다는 것입니다.

인문학 강의의 인기를 통해 한국 예수 그리스도와 기독교계에 인문학의 중요성과 필요성을 불러일으켰고 학교의 인지도와 위상도 높아지는 결과를 가져왔습니다.

Q 인문학 강좌의 강사로 지금까지 어떤 분들이 다녀가셨습니까?

A 우리 대학의 인문학 강좌는 학생들의 필수과목으로 매주 목요일 오전에 진행되며, 지금까지 8학기를 실시하였습니다.

강사로는 이어령 전 문화부장관, 정운찬 전 국무총리, 이수성 전 국무총리, 이배용 전 이화여대 총장, 이기수 전 고려대 총장, 성낙인 서울대 총장, 한승헌 전 감사원장, 김동길 전 연세대 부총장, 조국 서울 법대교수, 고려대 임혁백 교수, 서울대 황경식 교수, 백종현 교수 등 한국의 최고의 명사들로 구성하였습니다.

Q 한국 사회에 인문학 강의 열풍이 불고 있습니다. 그러나 다른 한편에서는 인문학의 위기를 언급하는데요.

A 학문적 전공으로서의 인문학은 위기지만 교양으로서의 인문학은 호황입니다. 국문학, 독문학, 사학, 철학 등 인문학 전공자들은 졸업 후 취업의 어려움을 겪고 있고, 법학, 의학 등 실용적인 학문은 인기입니다. 인문학 계통의 학과들은 인기가 없고 과 이름을 바꾸거나 심지어 폐과되는 경우가 있습니다.

반면에 교양으로서의 인문학은 폭발적인 인기를 누리고 있습니다. 여러 곳에서 인문학 강좌가 개설되었고, 인문학 서적이 베스트셀러가 되기도 합니다. 서울대 인문대 최고지도자 인문학 과정이 개설되어 사회적 관심을 불러 일으켰고, 하버드대 마이클 샌델 교수의 『정의란 무엇인가』는 100만 부 이상 팔리기도 하였습니다.

지도자들에게 필요한 것은 인문학입니다. 인문학은 창조적 상상력, 올바른 판단력, 합리적 사고력을 길러줍니다. 세계적, 정치적 지도자들은 인문학적 지식과 교양이 풍부한 분들입니다.

Q 기독교 명문대학으로 평가받고 있는 서울신학대학교는 참 교육자와 기독교 지도자를 배출하는 교육 기관으로서 명맥을 유지하고 있습니다. 국내외적으로 귀 대학이 배출한 훌륭한 목회자를 소개한다면?

A 서울신학대학이 배출한 대표적인 분은 1940년대부터 활동한 한국의 대표적 부흥사인 이성봉 목사님이 계십니다. 문준경 전도사님, 박봉진 목사님 등 순교자들도 있습니다. 그리고 미국 오레곤 주(州) 전 상원의원 임용근 동문도 있습니다.

Q 최근 500년의 넘은 역사를 지닌 세계적 명문대학인 독일의 튀빙겐대학과 교류협정을 맺었다는 보도를 보았습니다. 서울신학대학이 세계를 향해 날개를 펼치고 있는데, 각 나라와 어떠한 교류를 맺고 있는지요?

A 일본 교토의 도시샤(同志社)대학, 갓스이(活水)여자대학, 중국의 길림사범대학, 미국의 에즈베리신학대학 등과 교류하고 있고 지난 여름에는 독일의 명문대학인 튀빙겐대학과 학술교류협정을 체결했습니다.

Q 서울신학대학은 목회자 양성 교육기관이라고 알고 있는데, 학과를 보면 사회복지, 유아교육, 영어, 중국어, 일본어과 등이 있습니다. 이러한 교육 방침은 어디에 있으며 앞으로 타 학과를 더 도입할 계획도 있는지요?

A 이번에 관광경영학과를 신설하였습니다. 서울신학대학교는 신학대학이지만 내용적으로는 기독교대학입니다. 우리 학교에 11학

과 5과 대학원 4,000여 명의 학생이 있습니다. 기회가 되면 더 늘릴 생각입니다.

Q 유석성 총장님 취임 이후 가장 역점을 둔 교육 방침은 무엇이며 학교 발전 모델로 변화와 성과가 있었다면 무엇인가요?

A 2010년 9월 취임했을 때 2011년 개교 100주년을 앞두고 있었습니다. 학교 슬로건을 "개교 100년, 새사람, 새역사"로 정하였습니다. 개교 100년을 맞아 새로운 사람을 만들어 새역사를 창조한다는 뜻입니다. 교육 표어로 시편 36편 9절의 말씀으로 정했습니다. "진실로 생명의 원천이 주께 있사오니 주의 빛 안에서 우리가 빛을 보리이다"이며, 교육 목표는 3가지로 정하였습니다. 첫째, 창조적 기독교 지도자 양성, 둘째, 지성·영성·덕성이 조화된 교육, 셋째, 21세기가 요구하는 세계 기독교 명문대학입니다. 이러한 교육목표를 이루기 위해서는 교육의 내실화, 연구의 활성화, 행정의 효율화, 대학기반 시설의 확충이라는 4가지 실천전략을 수행하고자 하였습니다.

Q 유 총장님께서 총장 재임 동안 꼭 이루고 싶은 목표는 무엇이며, 서울신학대학교의 앞날의 비전을 밝혀 줄 프로그램으로 어떤 것이 있을까요?

A 교육은 사람다운 사람을 만드는 것입니다.
서울신학대학은 3가지 사항에 중점을 두어 새롭게 만들고자 합니다.
첫째, 서울신학대학을 세계적 기독교 명문대학으로 만들겠습니다. 기독교적·복음적 정체성을 확립하고 학교의 위상을 높이겠으며, 학문적 수준을 높이고 위상과 품격을 높이겠습니다. 또한 세계적 명문대학들과 교류 협정을 통해 그 명문대의 학문적 수준을 우리

학교에 접맥시키겠습니다.

그동안 일본의 동지사대학, 갓스이여자대학, 중국의 길림사범대와 교류협정을 맺었고, 500년이 넘는 역사를 지닌 독일 튀빙겐대학과 교류협정을 맺었습니다. 또 미국의 최고 수준의 대학과도 교류협정을 추진 중에 있습니다. 서울신학대학을 기독교적 가치관을 가르치는 기독교대학, 민족의 평화통일에 기여하는 겨레의 대학이 되겠습니다. 기독교는 국경이 없지만 기독교인에게는 조국이 있습니다. 지구촌 시대의 글로벌 인재를 기르는 글로벌 대학이 되도록 만들겠습니다.

둘째, 개교 100년의 표어 "개교 100년 새사람 새역사"를 실현하겠습니다. 우리는 개교 100년을 맞아 새사람을 만들어 새역사를 창조하자는 표어를 정한 바 있습니다. 교육은 사람다운 사람을 만드는 것입니다. 우리 학교의 목표는 예수 그리스도의 형상을 닮은 새로운 사람을 만드는 것입니다. 교육을 할 때 인격 함양과 학문 연마를 하여 국가를 위해 봉사하는 것이었습니다. 우리는 이것과 더불어 신앙훈련을 하여 이웃과 사회를 위하여 봉사하는 사람을 만드는 것입니다.

하늘을 공경하고 사람을 사랑한다는 경천애인(敬天愛人), 남을 사랑하기를 제 몸같이 사랑하라는 애인여기(愛人如己)이라는 말이 있듯이 하나님을 사랑하고 이웃을 사랑하는 사람을 만드는 것입니다. 이것은 예수님이 구약 율법서 613개의 법을 요약한 말이기도 합니다(마 22:34-40). 하나님사랑과 이웃사랑을 실천하는 사람을 만들겠습니다.

남을 먼저 배려하는 인간, 봉사하는 삶을 사는 사람을 키워내겠습니다. 아리스토텔레스가 말한 실천적 지혜를 가지고 바른 판단력과 통찰력. 옳은 일을 위하여 목숨이라도 바칠 수 있는 용기 있는 실천력을 기르도록 하겠습니다.

셋째, 실천적 지성을 겸비한 실천하는 신앙인을 길러내겠습니다. 사랑과 정의와 평화를 실천하는 인물을 기르겠습니다. 존 웨슬리가 강조한 사회적 성결인을 양성하고 사랑과 사회정의와 평화에 대한 교육을 실시하겠습니다. 예수님의 가르침의 요체는 사랑과 정의와 평화입니다. 사랑은 정의로써 구체화되고 정의가 행해지므로 평화가 이루어집니다. 기독교의 사랑의 복음은 사회 속에서 사회정의를 통해 실현됩니다.

정의 없는 사랑은 감상적 도덕주의가 되고 사랑 없는 정의는 부정의(不正義)가 됩니다. 우리의 과제는 이 사회 속의 사랑을 실천하고, 정의롭고 공정한 사회를 만들어가며, 예수님의 명령인 평화를 만드는 사람들인 피스메이커(peacemaker)가 되도록 교육시키는 것입니다. 기독교의 평화는 정의로운 평화입니다. 그래서 정의가 강물처럼 흐르고 평화의 종소리가 온 세상에 울리도록 하겠습니다.

Q 서두에도 질문했지만 유 총장님이 취임하신 후 한국언론인연합회가 선정한 권위 있는 대한민국 참교육대상의 수상과 대한민국한빛회가 선정한 대한민국나눔봉사대상(나눔교육 부문 종합대상)을 수상하신 저력을 다시 한 번 설명해 주시기 바랍니다.

A 우리 학교는 지성, 영성, 덕성이 조화된 교육을 하자는 데 있습니다. 이것을 풀어 이야기하자면 열심히 공부하는 학문공동체, 두 손 모아 기도하는 영성공동체, 정성을 다해 봉사하는 사랑의 공동체를 만드는 것입니다. 즉, '공부하자.', '기도하자.', '봉사하자'입니다. 공부와 기도는 봉사를 위한 것이며, 봉사는 사랑을 실천하는 삶입니다. 우리 학교는 봉사를 교육하고 봉사를 실천하는 사회봉사를 강조하고 있으며, 사회봉사 교육과 실천을 의무화하는 봉사형 인재를 키

워 왔습니다.

Q 유 총장께서 기독교의 근본정신과 나눔봉사활동을 몸소 실천하지 않
 으면 신학 대학생으로서 자격이 없다고 강조하신 것으로 알고 있습니
 다. 그 이유는 무엇인지요?

A 기독교인은 예수의 정신을 실천하는 예수 그리스도의 제자가
되어야 합니다. 예수 그리스도의 제자가 되는 길은 자기 십자가를
지고 예수를 따르라고 한 말씀을 실천하는 것입니다. 십자가를 지는
길은 고난에 동참하는 길이며, 고난에 동참한다는 것은 사회적 봉사
로 나타나야 합니다. 독일의 신학자 디트리히 본회퍼는 예수 그리스
도를 가르켜 '타자(他者)를 위한 존재'라고 하였습니다. 타자를 위한
존재이신 예수 그리스도를 본받아 사는 것이 곧 봉사의 삶이라고 생
각합니다.

Q 서울신학대학은 안·감·미 운동과 3·3·3 운동으로 유명한데 학생들과
 학부형의 반응은 어떠한가요?

A 예절바른 학생들과 신앙의 생활화 운동을 위해 고안되어 실천
하는 운동입니다. 안·감·미는 '안녕하십니까?, 감사합니다, 미안합
니다.'를 생활화하는 예절운동입니다. 3·3·3운동은 기도와 성경읽
기. 사랑을 실천하는 신앙을 생활화하는 운동입니다. 하루 세 번 3
분 이상 기도하자, 하루 성경 3장 이상 읽자, 하루 3번 이상 사랑을
실천하자는 운동입니다. 이 운동을 한 후 학교가 달라졌습니다. 대
학의 문화가 새롭게 형성 중이며, 학부모와 학교를 찾은 외부인들도
학생들이 인사하는 것을 보고 놀라고 있습니다. 강의 시작 전에 교

수님이 교탁 앞에 서시면 학생들은 일제히 "안녕하세요, 감사합니다"라고 인사하면 교수님은 "안녕하세요, 사랑합니다"라고 답례 인사를 합니다.

Q 교육자로서 박근혜 정부의 교육정책에 대해 바람이 있다면 무엇인지 우리나라 교육발전을 위해 진언해 주시기 바랍니다.

A 지금 대학은 학령인구 감소, 등록금 동결에 따른 재정난과 날로 강화되는 평가로 인해 큰 시련과 도전의 시기에 있습니다. 정원 감축은 대학에 그 자율성을 부여하고, 소규모 대학의 경우 별도의 기준을 적용해야 한다고 생각합니다. 또한 고등교육을 위한 국가재정 투입, 기초학문 육성, 인성교육 강화와 대학입시제도의 변경도 절실하다고 생각합니다.

Q 최근 한국을 방문했던 교황에 대하여 왜 사람들이 열광하고 존경하는지 의견을 내주시기 바랍니다.

A 프란치스코 교황은 가난한 자, 소외된 자, 낮은 자들에 대한 우선적 관심과 사랑을 베풀기 때문에 전 세계 사람들에게 널리 사랑과 존경을 받고 있습니다. 이것은 이번 한국 방문 시에도 위안부 할머니, 세월호 유가족, 장애인들에 대한 특별한 관심을 가지고 진심으로 그들의 고통을 이해하려고 하여 많은 사람들에게 감동을 주었습니다. 이러한 것은 예수님이 말씀하신 마태복음 25장 40절의 "여기 내 형제 중에 지극히 작은 자 하나에게 한 것이 곧 내게 한 것이니라" 하는 것이라는 말씀을 실천한 것입니다. 교황이 사회적 약자에 내한 우선적 관심을 두고 실천한 것은 사랑과 평화를 실천하는 길이

기도 합니다.

Q 교황 방문을 계기로 오늘날 개신교는 어떠한 방향으로 나아가야 합니까?

A 130년의 역사를 가진 개신교가 그동안 한국 역사 속에서 국가 건설과 정의로운 사회를 만드는데 큰 기여를 하였습니다. 반식민, 반독재 투쟁을 하여 종교의 사회적 역할을 한 것도 사실입니다. 교회 역사상 유래가 없는 큰 양적 성장을 이루었습니다. 그러나 최근 들어 신자들이 감소하고 사회적 신뢰도가 떨어지고 있습니다. 한국 기독교가 예수 그리스도의 정신에 맞는 교회가 될 때, 현재의 문제점을 극복하고 새로워지리라고 봅니다. 그것은 사랑과 정의와 평화를 실천하는 것이 해결책이라고 봅니다. 교황 방문은 우리를 비추는 하나의 거울이 되었고 예수 그리스도를 따르는 사람들과 교회가 무엇을 해야 하며, 사랑의 실천을 어떻게 구체화하는지를 보여주었습니다. 사회정의에 무관심한 교회는 죽은 교회이고, 교회는 정의의 결과인 평화를 실천하는 교회가 되어야 합니다. 민족의 숙원인 평화통일과 정의로운 사회건설을 통한 평화의 실현, 이것이 오늘날 개신교가 나아갈 방향이라고 생각합니다.

(정경뉴스 2014년 9월호)
대담·최재영 본지 발행인 정리
사진·한승아 기획팀 기자〈hansa86@mjknews.com〉

## 3-1-2. 인문학적 소양으로 예수의 정신을 실천합니다

올해로 개교 100주년을 맞은 서울신학대학교는 지난해 총장 취임과 함께 인문학 강좌를 개설하여 운영하고 있다. 현재 제3기를 진행 중인 인문학 강좌는 김동길 박사, 이어령 전 장관 등 저명인사들로 구성된 강사진으로도 언론에 화제가 되었는데, 최근 인문학에 대한 관심이 높아지면서 지역 주민들도 찾는 대규모 공개강좌로 자리를 잡아가고 있다. 이에 서울신학대학교 유석성 총장을 만나 인문학 교육과 기독교 신앙의 조화에 대한 그의 생각을 들어보았다.

**서울신학대학교 인문학 강좌는 각계의 저명인사들을 초빙한 강사진이 인상적입니다.**

인문학 강좌의 강사는 각계에서 최고의 전문가를 모시고 있습니다. 서울신학대학교의 인문학 강좌가 한국사회에서 주목을 받고 화젯거리가 된 몇 가지 이유가 있습니다. 첫째, 대학사회에서 전교생을 모아 놓고 인문학 강좌를 한다는 것이고, 둘째, 그 어느 곳보다도 화려한 강사진을 모시고 강좌를 연다는 것과, 셋째, 이 강좌를 계기로 한국 대학사회와 기독교계에 인문학의 중요성과 필요성에 대한 인식을 새삼 불러일으키는 계기가 되었고, 중요 일간지 1면 혹은 전면에 걸친 인문학 개최 광고를 통해 학교의 인지도와 위상을 높이는 결과를 가져왔다는 것입니다. 강사 섭외는 제가 직접 하기도 합니다. 금년 입학생부터는 학부와 신대원 모두 필수학점으로 만들었고 이 강좌는 적어도 제 임기 동안에는 계속할 것입니다.

지난해 총장님께서 취임하신 후 곧바로 전교생을 대상으로 인문학 강좌를 실시하셨는데, 주력 프로젝트라고 할 만큼 인문학을 강조하시는 이유는 무엇입니까?

2011년은 서울신학대학교가 100주년을 맞는 해입니다. 개교 100주년 기념행사를 여러 가지 하는데 그 중 하나로 인문학 강좌를 하게 됐습니다. 개교 100주년을 맞아 "개교 100년, 새사람, 새역사" 로 표어를 정했습니다. 개교 100년을 맞아 새로운 인물, 새사람을 만들어 새 역사를 창조하자는 의미입니다. 교육은 사람다운 사람을 만드는 것입니다. 인문학은 바로 사람다운 사람을 만드는 일입니다. 따라서 훌륭한 인물을 만들기 위해 인문학 강좌를 개설하게 되었습니다.

사실 인문학 강좌는 제가 20여 년 전부터 구상했던 것입니다. 인문학적 교양과 지식을 위해 노력하면서 대학 시절부터 관련 강좌를 많이 들었습니다. 교수를 하면서 인문학의 필요성을 느껴오던 중에 총장이 되자마자 전격적으로 실시한 것입니다. '학문과 교양과 인성의 기초로서의 인문학'을 강조하는데 제대로 학문을 하고 제대로 교양 있는 인간이 되려면 인문학적 지식이 기초가 돼야 한다는 것입니다.

인문학은 기초와도 같습니다. 우리가 집을 지을 때에도 땅을 준비하고, 토대를 넓게 하고 건축을 합니다. 전공을 무시하거나 신학을 반대한다는 것이 아니라 훌륭한 목사가 되려면 인문학적 교양을 쌓고 훈련되어야 합니다. 저는 총장이 되자마자 여기에 대한 확신을 가지고 인문학 강좌를 시작했습니다.

전통적으로도 인문학은 모든 것의 기초가 되기 때문에 반드시 필요하다고 생각하고 이것은 전 세계적으로도 공통된 사실입니다.

학문의 가장 기본이 되는 인문학이 그동안 학교 현장에서 많이 침체됐었다는 생각이 듭니다.

인문학은 교양으로서의 인문학과 전공으로서의 인문학이 있습니다. 인문학의 위기나 인문학이 침체됐다는 것은 전공으로서의 인문학을 말합니다. 국문학, 불문학, 독문학 등 어학 계열과 사학, 철학 등은 졸업 후 취업의 어려움을 겪고 실용적 학문인 법학, 의학을 전공한 변호사나 의사들보다 낮은 임금을 받기 때문에 인문학 계통의 학과들이 인기가 없고 심지어 과 이름을 바꾸거나 폐과되는 등 인문학이 위기를 맞았다고 하는 것입니다.

교양으로서의 인문학은 오히려 호황입니다. 인문학은 대학사회뿐만 아니라 일반사회에서도 강조되고 있습니다. 사회적 최고 지도자(CEO)들에게나 일반인들에게 폭발적 관심을 불러일으키고 있습니다. 최근에 서울대학교에 최고 지도자 인문학 과정이 개설되어 사회적 관심을 불러 일으켰고 하버드대학의 마이클 샌델 교수의 책『정의란 무엇인가』는 100만 부 이상 팔렸습니다. 지도자에게 필요한 것은 인문학입니다. 세계적으로도 훌륭한 지도자들은 모두 인문학적 지식과 교양이 출중한 사람들입니다.

신학대학임에도 일반대학에서 찾아보기 힘들 만큼 대대적으로 인문학을 강조하시는 것을 보면 인문학에 대한 총장님의 생각이 남다를 것 같습니다.

　신학대학에서 인문학을 한다고 하면 사람들은 신과 인간이 대치되는 학문이 아닌가 생각합니다. 하지만 인문학이 신학을 침해하거나 경시한다는 생각은 잘못된 것입니다. 인문학은 인간다운 인간을 위한 교양과 인품과 인성을 키워주는 학문입니다. 또한 모든 학문의 기초가 되는 배움의 체계입니다. 인문학을 통해 창조적 상상력, 바른 생각, 올바른 판단력을 갖추고 삶의 지혜를 기르게 됩니다.
　동양에서는 문학, 역사, 철학을 인문학으로 통칭했고, 인문학적 훈련을 통해 학문 연마와 인격 수양을 했습니다. 서양에서는 인간이 갖춰야 할 교양의 전부가 인문학입니다. 인문학이라는 말은 라틴어의 '후마니타스(humanitas)'에서 나왔고, 본래 '수사학'이라는 의미입니다. 이것은 단순한 웅변술이 아니라 학문 전체를 포괄하는 차원 높은 지적 행위를 말합니다. 인문학은 문법에 대한 연구, 고전 강독 및 해석, 음악·기하학·천문학·논리학·윤리학·물리학·법률·행정 등을 포괄하는 광범위한 교육과정이었습니다.

시카고 대학의 로버트 허친스 총장은 학생들에게 인문교양 교육을 장려하며 '시카고 플랜'을 세웠습니다. 인문학 도서 100권을 졸업하기 전까지 반드시 읽도록 했습니다. '인문학 강좌'가 학생들에게 인문학 공부에 대한 동기는 부여할 수 있겠지만, 인문학적 소양을 쌓기 위해서는 결코 만만치 않는 인문학서적을 붙들고 늘어지는 끈기와 정독과 다독이 필요합니다. 총장님께도 이와 같은 구체적인 계획이 있다면 소개해 주십시오

　지금은 먼저 인문학 강좌를 듣고 감상문을 쓰게 합니다. 우수 감상문은 선별해서 일등 상금으로 한 학기 장학금을 시상하는데 학생들이 잘 경청합니다. 과제는 이것을 어떻게 읽고, 쓰는 데까지 연결시키는가 하는 일일 것입니다. 시카고대학은 록펠러가 설립한 대학인데 처음부터 명문은 아니었습니다. 1929년에 5대 총장으로 로버트 허친스가 와서 인문학과 100권의 책읽기를 강조해서 학교 자체가 변화했습니다. 올해도 세계 대학 순위 8위에 오를 정도로 명문이 되었는데, 그 중에서도 노벨상을 가장 많이 받은 학교입니다. 이것은 창조적 상상력을 키워준 결과입니다. 학생들에게 인문학 강좌를 통해서 상상력을 불러 넣어 주는 것이 우리의 과제인데 책읽기를 강조해 나가려고 합니다. 우리 학교에서는 '교양과 독서'라는 필수과목으로 강화시켜 나아가는 단계이고 책읽기, 말하기, 글쓰기, 화법, 예절 교육 등으로 점차 보완해가고 있습니다.

　그러나 저는 무엇보다 삶이 달라지고 예수의 삶을 따르려는 복음적 자세가 중요하다고 생각합니다. 그래서 학생들에게도 세 가지, "공부하자, 기도하자, 봉사하자"라고 말합니다. 공부도 하고 기도도 해야 하지만 결국 마지막은 봉사를 위한 삶을 살아야 하는데, 그것을 위해 인문학 강좌가 있는 것입니다. 사랑은 진공 속에서 이루어지는 게 아니라 사회 속에서 실천되는 것입니다. 사랑은 정의로써 구체화되고, 정의가 행해짐으로 평화가 이루어집니다. 그래서 우리 학교에서는 '사랑과 정의와 평화'를 실천하는 삶을 학생들에게 강조합니다.

실천에 대해 말씀하셨는데 미국의 얼 쇼리스가 도입한 노숙인 인문학 강좌인 '클레멘트 코스'와 같이 최근 우리나라에서도 소외된 사람들에게 인문학을 도입하고 있습니다. 그렇다면 인문학이 가진 사회 변화적 요소와 실천적인 차원은 무엇이라고 생각하십니까?

우리로 말하면 사랑의 실천을 불러일으켜 주는 것입니다. 옛날에는 인문학 공부를 통해서 배운 것을 학문으로 옮기는 '학행일치(學行一致)'를 하고자 했습니다. 학문하는 것이 무엇인가? 중용에 보면 '널리 배우고, 자세히 묻고, 신중하게 생각하고 밝게 판단하고, 독실이 행하는 것(博學之, 審問之, 愼思之, 明辨之, 篤行之)'을 말하고 있습니다.

이 다섯 가지 행함, 즉 '지행일치(知行一致)'가 되어야 학문의 완성이라고 했습니다. 이런 것을 통해서 공적인 일을 우선하고 개인적인 일을 뒤고 하는 '선공후사(先公後私), 강한 자를 누르고 약한 자를 도와주는 '억강부약(抑强扶弱)'을 실천하고자 했습니다.

옛날부터 그들이 추구한 것은 마지막에 얼마나 사욕을 억누르고 이웃에게 도움이 되는 일을 하는가를 강조했습니다. 이기심과 사욕을 누르고 예로 돌아가는 '극기복례(克己復禮)'를 추구했는데, 기독교적으로 생각하면 예수님의 십자가의 정신, 희생의 정신과 일맥상통합니다.

자기 욕심을 누르는 것이 십자가를 지는 것이지요. 십자가는 기독교를 상징하며, 이것은 예수님의 정신의 핵심이고 잘못된 교회의 치유책입니다. 그래서 결국 학생들에게 예수의 제자로 살아가기 위한 토대를 키워주자는 것인데 이를 위해서는 성경만 읽으라고 해서는 안 됩니다. 그래서 인문학 위에 사명감과 전공을 키우자는 것입니다. 이것은 양자택일의 문제가 아니라 상호보완의 문제입니다. 성경을 읽으려면 한글을 공부해야 하듯이 훌륭한 기독인이 되려면 인문학을 공부해야 하는 것이지요.

일각에서는 인문학적 소양이 어떻게 기독교적인 성경관과 진리에 의해 다듬어져서 적절하게 받아들일 수 있겠는가 하는 문제를 제기하는데, 어떻게 생각하십니까?

신학과 인문학의 관계는 성경을 읽기 위해 한글을 배우는 것에 비유할 수 있습니다. 인문학은 신학을 하는 사람들에게 기초가 됩니다. 좋은 목회자가 되고, 좋은 설교를 쓰려면 인문학적 과정을 거쳐야 합니다. 훌륭한 인품을 지니고, 판단하고, 교양 있게 사람을 대하는 것도 인문학적 교양이죠. 쉽게 이야기해 대학에서 국어, 철학을 공부하는 것을 신학과 연관해 우려하는 사람이 없는 것과 같습니다. 인문이라는 말 자체를 이해 못하는 것이지요. 인문학은 도구입니다.

인문학의 도구적 역할을 부인하는 사람은 없을 것입니다. 그러나 인문학을 개설하는 교회 가운데 칼 마르크스의 자본론, 다윈의 진화론, 니체의 글도 읽게 하는 경우처럼 문제는 거기에 담긴 모든 세계관이 성경적 세계관과 충돌한다는 것이지요. 그렇기에 보수적 시각에서는 인문학 열풍을 반드시 호의적으로만 생각하지 않습니다.

우리학교 인문학 강좌의 경우 잘 선별해서 부정적인 영향을 줄 수 있는 것은 배제합니다. 논란이 되면 인문학 강좌 자체가 훼손될 수 있으니까요. 강사도 가능하면 거부감이 없는 분을 모시려고 합니다. 반드시 기독교인일 순 없지만 지금까지는 제가 직접 구상하면서 제가 아는 분들 가운데 비교적 검증된 분들을 모십니다. 인문학 열풍을 우려하는 분들은 기독교 세계관만을 가르쳐야 하지 않느냐고 이야기합니다.

하지만 학교의 인문학 강좌에서 신앙적인 설교만을 말할 수는 없지요. 모든 것에는 가능성과 한계성, 장점과 약점이 있고, 약도 되고 독도 되는 요소도 있기 때문에 약이 되도록 잘 써야 합니다. 인문학도 잘 운영하는 게 중요합니다. 인문학 자체가 갖는 한계와 우려 때문에 안할 수는 없을 것입니다. 음식을 먹을 때 체할 수도 있지만 안먹을 수는 없는 것처럼 '학문과 교양과 인성의 기초'인 인문학을 하되 한계가 있다면 면밀히 보면서 운영해야 한다고 생각합니다.

저는 한국교회의 문제점도 인문학적 교양과 지식을 겸비하면 극복할 수 있다고 봅니다. 이것이 교회를 넘어서 한국사회와 인류에 공헌할 일이라고 생각합니다. 인문학을 공부한 학생 중에 인물이 한둘만 나와도 공헌을 하겠지요. 도산 안창호 선생이 "인물이 없다고 한탄하는 그 사람 자신이 왜 인물이 될 공부를 아니하는가"라고 말씀한 것처럼 인문학을 통해 인물 되는 공부를 하자는 것입니다. 인문학의 바탕 위에 전공을 공부하고 궁극적으로는 이웃에게 봉사하는 사람을 만드는 것입니다.

궁극적인 것은 기독교적이어야 합니다. 어느 곳을 갈 때 나무가 있어서 길을 갈 수가 없다면, 먼저 궁극적인 목적지를 향해 길을 내야 합니다. 나무를 베고 길을 내는 것은 목표가 아닙니다. 길을 내는 그 행위가 인문학입니다. 성경을 읽으려면 한글을 배워야 하는 것처럼 목표점으로 가는 길을 내는 것이 인문학입니다. 공부의 목표는 예수의 정신을 어떻게 사회 속에 실현하는가 하는 것입니다. 예수님을 닮고 예수님의 가르침을 실천하려는 것입니다. 어떻게 예수님을 닮은 제자가 되어야 할지를 고민하며 인문학 강좌를 하는 것입니다.

오늘날 성서학은 다양한 인문학적 접근으로 성경을 연구하는 추세입니다. 그로 인해 얻은 것도 많지만, 성경을 하나의 인간 문헌으로 전락시키고 마는, 결국 좌시할 수 없는 폐해도 있는 것이 사실입니다.

성경을 연구하기 위한 학문적 방법을 두려워할 필요는 없다고 생각합니다. 연구하는 사람에 따라 다른 것이겠지요. 성경은 학문을 가지고 읽는 것이지 과학과 대결하는 것이 아닙니다. 성경에 대해 학문적으로 무지한 것이 신앙에 좋은 것만은 아닙니다. 제가 독일에서 박사논문을 쓸 때 이 부분에 대해 정리한 네 가지가 있습니다. 첫째, '신학은 신앙을 가지고 하는 학문'이다. 둘째, '신학은 교회를 위한 학문'이다. 셋째, '신학은 성경과 교회의 교리적 전통, 이 두 기둥 사이에서 두 개를 붙잡고 오늘의 문제를 신학화하는 것'이다. 넷째, 오늘날 실천적 의미에서 '신학은 사랑과 정의와 평화를 행하는 것'이다.

신학은 신앙을 가지고 하는 것입니다. 그러면 학문이 신앙인가 하면 그것은 아닙니다. 이 부분을 한국교회가 오해하고 있는 것입니다. 학문을 하면 신앙이 떨어진다는 것은 사람에 따라 달라지는 문제입니다. 학문적 결과를 두려워해서는 안 됩니다. 하나님이 창조주 되시고 부활하신 예수가 나의 구세주라고 믿는 것은 변함없지만, 그것을 연구하는 다양한 학문적 연구를 두려워해서는 안 된다고 생각합니다. 중요한 것은 신앙과 신학은 성경으로 돌아가야 하고 성경은 해석되어야 합니다. 해석의 역사가 교리와 전통인데 여기에 머무르면 또 다른 모순을 범합니다. 성경이 해석되는 것을 인정한다면 현재의 일을 신학화해야 합니다. 성경과 교회의 여러 전통을 가지고 오늘의 문제를 신학화해야 합니다. 신학은 신앙이 뒷받침이 돼야 하는 학문이라는 것이 저의 고백입니다. 신앙적인 토대 없이 신학 하는 사람들은 성공할 수 없습니다. 그러므로 확실한 신앙관이 없는 것을 두려워해야지 학문 연구를 두려워할 필요는 없다고 생각합니다.

(목회와 신학 2011년 10월)

정경뉴스 (2015년 6월)

## 3-1-3. 유석성 서울신학대학교 총장, 남북통일 대박의 견해

통일은 거래가 아닌 투자 … 통일을 위한 교육이 우선

6·25전쟁 65주년을 맞이할 날이 이제 한 달도 채 남지 않았다. 전후(戰後)세대가 분단의 아픔을 제대로 느낄 수는 없지만, 세계 유일의 분단국가라는 비극적인 사실을 알고 언론에 노출되는 이산가족의 모습을 보는 것만으로도 6월은 고개가 절로 숙여지는 달이다. 국내외를 막론하고 많은 전문가들이 통일 적기라고 말하는 지금, '대한민국 기독교의 사명은 곧 평화통일'이라고 밝힌 유석성 서울신학대학교 총장을 만나 통일이 필요한 이유와 통일의 해법이 어떤 것들이 있는지 6·25 65주년을 맞아 유 총장과 인터뷰를 통해 짚어봤다.

유석성 총장의 통일대박론

지난 2014년 1월 6일 신년기자회견에서 박근혜 대통령이 '통일은 대박'이라는 발언을 했다. 이 발언의 근거로, 북한의 지하자원, 남한의 노동력 부족 문제 해결, 아시아와 유럽 철도 건설로 인한 경제 발전, 북한 핵무기 포기와 군대에 쓰이는 일부 비용을 경제 발전에 활동 등 크게 네 가지를 들었다. 박대통령의 표현대로 통일은 우리 민족이 대박으로 가는 길이다. 통일이 이뤄진다면 강대국이 되고 선진국이 되겠지만, 통일이 되지 않는다면 언제나 전쟁의 위협 속에서 살 수밖에 없는 3류 분단국가에 불과할 뿐이다.

많은 사람이 막대한 통일 비용을 염려하지만, 통일이 되면 남북한에는 경제적으로 큰 시너지효과가 나타나게 된다. 투자은행과 증권회사를 겸하며 국제금융시장을 주도하는 대표적 기업인 골드만삭스에서는 "한국이 통일되면 1인당 국민 소득이 2050년에 미국 다음으로 세계 2위를 차지할 것"이라는 보고서를 낸 적이 있다. 또한 통일을 이룬 뒤 다시 우리에게 돌아올 자금이기도 하다.

평화통일이 성공하려면 북한과 경쟁해서 도박처럼 한 번에 따내는 것이 아니라 한 단계씩 과정을 밟아가야 한다. 따라서 통일을 하려면 통일을 위한 정책을 펴고 북한과 교류 협력을 하는 등 남북 간의 신뢰를 먼저 쌓아야 할 것이다. 유 총장은 "금강산 관광 등 문호를 개방하고 상호 교류할 수 있도록 지금 북한보다 형편이 나은 우리가 북한을 도와 상호 협력을 통한 윈-윈(win-win)이 될 수 있도록 대북 정책을 펼쳐야 한다"며 "이를 위해 첫 번째로 5·24 조치를 푸는 등 우리가 먼저 아량을 베풀어 북한이 대화의 장으로 나올 수 있도록 유도해야 한다"고 강조했다. 이어 "북한과의 교류에 전제조건을 달지 말고 우리가 과감하게 북한과의 화해에 앞장선다면 상호 신뢰 속에서 통일의 싹이 피어날 것"이라고 했다. 여기서 5·24 조치라함은 지난 2010년 천안함 사건 이후 북한 선박의 남측 해역 운항 불허, 개성공단을 제외한 남북 교역 중단, 민간 방북 불허, 대북 신규투자 금지, 대북 지원사업 보류 등 정부의 대북 제재 조치를 말한다.

## 평화통일의 선봉대 양성

대한민국 기독교는 130년 역사 동안 개화기 문명 운동, 일제 강점기 항일 독립운동, 해방 이후 민주화 운동에 기여해 왔다. 현재 서울신학대학교는 기독교 민족운동의 선봉대로, 올해 광복 70주년을 맞아 교육 목표를 '평화통일을 위한 피스메이커 만드는 교육'을 통해 통일의 인재를 길러 내는 것으로 정했다. 전교생을 대상으로 '평화와 통일'과목을 교양 필수로 지정하는 등 남북의 평화통일을 위한 피스메이커(peacemakers)를 양성하기 위한 프로젝트를 진행 중이다. 유 총장은 성경의 마태복음 5장 9절에 "평화를 만드는 피스메이커가 되라"는 예수님의 말씀처럼 "이 민족에게 피스메이커가 되는 가장 시급한 일은 통일로 보고, 통일 중에서도 평화통일을 이뤄야 하기 때문에 시대정신과 역사의식, 사회의식, 민족의식을 가진 피스메이커 양성을 시작했다"고 말했다.

서울신학대학교는 지난 2011년 개교 100주년을 맞아 '개교 100년 새 사람 새 역사'를 실현하기 위해서 예절교육인 '안·감·미(안녕하세요·감사합니다·미안합니다)운동', 신앙의 생활화 운동, 지성, 인성, 덕성이 조화된 교육을 통해 혼과 얼과 가치와 신앙을 가진 학생을 키우는 데 혼신을 바치고 있다.

학생들은 전후세대로 민족 분단의 아픔을 잘 알지 못하지만 우리 민족이 무려 천 년 이상을 하나의 국가로 지내왔다는 의미로 볼 때 통일의 당위성, 미래의 강대국인 한민족을 위한 필요성, 하루 빨리 이루어야 하는 긴급성을 가르치고 있는 유석성 총장은 "우리는 천 년이 넘는 통일의 역사를 가지고 있어 그 역사가 74년으로 짧은 독일과 비교했을 때 남북은 통일이 꼭 되어야 한다"며 "남북은 분단으로 인해 민족 역량을 낭비하는 대결을 피하고 민족번영을 위해 반드시 통일돼야 한다"고 재차 강조했다.

서울신학대학교는 통일도 이론이 아닌 실천이 중요하다면서 수업 외에도 헌금을 통해 백내장을 잃고 있는 탈북자를 위한 수술 기금 마련 등 실천에 옮길 수 있는 프로젝트를 준비 중이다. 또 평화통일연구원을 설립해 학술을 뛰어넘어 사회평화운동으로 뻗어나갈 수 있는 교육을 계획 중이다. 유 총장은 "학생들이 통일을 피부로 느낄 수 있도록, 올해 겨울방학을 이용해 독일 통일의 근원지인 라이프치히 니콜라이교회, 베를린 등을 탐방하려 한다"고 말했다.

이처럼 교육을 통해 통일에 대한 인식을 바꾸는 것은 효과적으로 평화통일을 이루기 위한 기반이 된다. 유 총장은 "우리 국민들이 북한을 바라보는 시각에는 '전쟁할 때는 적'이지만, 동시에 '통일을 함께 이루어야 할 파트너'라는 양면성이 있다"며 "미래를 위해 용서할 것은 용서하고 먼저 베푸는 마음가짐이 필요하다"고 말했다. 특히 국민의 인식을 바꾸기 위해 "국가적인 차원에서 학생은 물론이고 전 국민을 상대로 통일 교육을 실시해서 통일의 일꾼을 키워내야 한다"고 주장했다.

### 통일은 혼자 하는 것이 아니라 함께 하는 것

서울신학대학교는 4월 3일 '2015 춘계 국제학술대회'를 열어 유석성 서울신학대학교 총장, 임동원 전 통일부 장관, 마르틴 라이너 예나대학교 화해연구소 소장, 박종화 경동교회 목사, 사나다 요시야키 일본 주오대학 명예교수, 장연량 중국 길림대학교 중국 철학과 교수 등이 강연하고 통일을 위한 기독교의 역할에 대해 토론했다. 이날 학술대회에서는 동아시아 중에서도 극동아시아인 한·중·일의 평화문제를 다뤘다.

현재 동아시아의 평화를 방해하는 것은 일본의 신군국주의적 경향과 과거 침략의 역사를 부인하는 역사인식의 문제, 중국의 신중화주의와 팽창주의, 동북공정을 통한 과거역사 왜곡, 북한의 핵문제 등이다. 유 총장은 "핵무기는 첫 번째 쏜 자가 두 번째 죽는 공멸의

무기"라며 "한반도에 핵전쟁이 벌어지면 영원한 후진국으로 남을 수밖에 없기 때문에 반드시 평화통일이 돼야 한다"고 강조했다. 이어 유 총장은 "한반도의 평화 없이 동아시아의 평화 없고, 동아시아의 평화 없이 세계평화 없다"며 "남북통일 없이는 대한민국의 미래가 없다"고 강조했다.

1945년 제2차 세계대전이 끝난 후 분단된 국가는 4개국이다. 1945년 5월 8일 독일이 동독과 서독으로, 1945년 8월 15일 한반도가 남과 북으로, 1949년 10월 1일 중국이 중공과 대만으로, 1954년 7월 21일 베트남이 월맹과 월남으로 분단됐다. 그리고 50년의 시간을 두고 분리 독립되어 분단국가가 아니라 분열국가로 분류되는 예멘이 있다. 분단국가들은 차례로 통일을 실현했다. 1975년 4월 30일 베트남은 무력에 의한 적화통일을 했고, 1990년 5월 22일 예멘이 합의에 의한 평화통일을 이룩하였으나, 그후 남예멘이 통일체제에서 이탈을 시도해 남북이 무력충돌을 일으켜 1994년 7월 9일 북예멘에 의하여 무력 재통일됐다. 1990년 10월 3일 독일까지 통일되면서 분단된 국가는 중국과 대만, 한반도 남한과 북한이 남게 됐다.

하지만 오늘날 국제사회는 중국과 대만을 분단국 문제로 취급하지 않고 있다. 1971년 대만이 UN에서 추방된 후 세계의 여러 국가들은 중국을 유일한 합법 정부로 승인하고 대만을 중국 내 영토의 일부로 인정했기 때문이다. 따라서 이제 전 세계에 분단국가는 실제로 우리 한반도밖에 없다.

1945년 제2차 세계대전이 끝난 후 미국과 소련 등 강대국이 이해관계에 의해 강제적으로 38도선으로 갈라 한반도의 남북을 분단시켰다. 한반도 분단의 원인 중 가장 근본적인 것은 일본이 한반도를 식민지배 했다는 사실이다. 유 총장은 "독일이 전범국가로 분단된 것처럼 한반도가 아닌 일본이 분단됐어야 마땅한 데도 패망한 일본은 6·25전쟁 때문에 경제적으로 일어서게 되었고 또 다른 분단국인 베트남 전쟁으로 경제 대국이 되는 데 큰 도움을 받았다"며 "자신의 이해관계를 따지며 생긴 억울한 분단에 대한 책임을 져야한다"고 말했다.

대북 정책은 미래지향적 결단을 해야 …

유석성 총장은 "이명박 정권 내내 대북정책이 진전은커녕 도리어 후퇴했는데, 지금 적기가 온 만큼 과감하게 남과 북의 문호를 개방하고 화해와 협력의 시대로 가고 통일로 한 발 한 발 접근해 나가야 한다"며 "북한의 붕괴만을 기다리고 있는 것은 통일정책이라 할 수 없고, 명분에 치우치지 않은 채 경제력이 월등한 우리가 북한을 과감하게 돕는 등 남북한이 함께 협력하는 통일정책을 펴야 한다"고 말했다.

또 유 총장은 김정은 위원장에게 "통일은 한반도가 미래에 세계강대국으로 살 수 있는 유일한 길이기 때문에 미래지향적으로 생각해 불안해 하지 말고 과감하게 대화의 장으로 나오길 바란다"고 촉구하였다.

통일은 통일의 시점에서 생각해야 한다. 지금 당장은 손해처럼 보일 수 있지만, 통일의 시점에서 보면 그동안 쏟아 부은 국방비 등은 민족적 낭비가 된다. 군사대결로는 더 이상 이 나라에 미래가 없다는 것을 염두에 두고 베풂으로써 북한의 마음을 사는 한편 주변 4강인 미국, 중국, 러시아, 일본에게도 한반도의 통일이 그들에게 도움이 된다는 것을 알리고 설득해 도움을 받아내야만 평화통일이 이뤄질 수 있다.

마지막으로 박근혜 대통령이 말한 '통일대박론'과 박 대통령의 통일철학을 어떻게 보느냐는 질문에 유 총장은 "통일은 우리와 미래 후손들을 위한 투자이기 때문에 조건을 따지지 말고 갈등과 긴장의 벽을 허물기 위해 먼저 베풀 필요가 있다"며 "탈북자들의 마음이 떠나지 않도록 그들부터 잘 돌봐야 하고, 민족의 통일에 앞서 마음의 통일이 먼저 이뤄져야 한다"고 말해다. 이어 유 총장은 "통일이라는 결과만 바랄 것이 아니라 통일을 해야겠다는 굳건한 평화통일 실천 의지를 가지고 통일이 되기까지 지속적인 노력을 해야 한다"고 말하며 통일은 실현되어 가는 과정이 중요하다고 강조하며 인터뷰를 마쳤다. 유석성 총장은 인터뷰 내내 자신감 있는 말투로 통일에 대한 확고한 뜻을 내비치시며 통일 전문가 못지 않은 석학의 모습을 보여줬다.

정경뉴스 [2015/6월호] – 6·25 65주년 특집 –
글·장우호 기자koreana37@mjknews.com〉사진·뉴시스 제공

정경뉴스 (2016년 1월)

### 3-1-4. 서울신학대학교 유석성 총장

'YS 통합·화합 정신 후세가 따라 가야 할 것 …'

흩날리는 눈 속, 국회의사당에는 바리톤 고성현 한양대 교수와 구리시립소년소녀합창단의 '청산에 살리라'가 퍼져나가고 있었다. 11월 26일 그렇게 故 김영삼 전 대통령은 생전 가장 좋아했던 노래를 들으며 청산으로 떠났다. 김수한 전 국회의장의 추도사처럼 잠시 살기 위해 영원히 죽는 길을 택하기보다 잠시 죽지만 영원히 사는 길을 택하였던 김 전 대통령의 영원의 길을 4대 종교가 각각의 의식을 통해 명복을 빌어주었다. 영결식은 국가장이기 때문에 고인이 생전 믿으셨던 기독교를 시작으로 4대 종교인 기독교, 천주교, 불교, 원불교 순으로 진행됐다. 김영삼 전 대통령의 마지막 길을 배웅한 서울신학대학교 유석성 총장을 만나 영결식에 참여한 소감을 들어보았다.

서울신학대학의 유석성 총장은 독일 튀빙겐대학에서 신학박사 학위를 받고 귀국한 뒤 서울신학대학교 교수로 임용돼 학생처장, 교무처장과 대학원장을 역임하다 2010년 9월 총장에 취임하여 지금까지 서울신학대학교의 발전을 위해 고군분투 중이다. 덕분에 서울신학대학교는 신학대학 중 최고, 최상의 학교로 부상하고 있다. 또 높은 입학경쟁률과 최상의 대학평가를 받았다.

또 유 총장은 현재 한국기독교윤리학회 회장, 한국 기독교학회 회장, 한국신학대학총장협의회 회장을 맡아 한국의 기독교 발전과 기독교의 사회 공헌을 위해 노력하고 있다.

여러 가지 직책을 역임하며 한국 기독교를 위해 동분서주하던 유석성 총장은 바쁜 와중에도 밝은 웃음으로 정경뉴스와의 인터뷰에 응했다. 다음은 인터뷰 일문일답.

Q. 지난 故 김영삼 전 대통령 영결식 4대 종교 중 기독교 대표로 기독교 의식을 치른 유석성 총장님 일행의 역할에 대해 소개 바랍니다.

A. 우선 한 종교당 6분씩 의식을 치르도록 배당돼 그 시간 안에 의식을 마쳐야 했기 때문에 빠듯한 감이 없지 않았습니다. 기독교의식은 총 4명이 진행했습니다. 수원중앙침례교회 김장환 목사가 사회를 보고 사랑의 교회 오정현 목사가 기도, 제(서울신학대학교 유석성 총장)가 성경봉독, 광림교회 원로목사 김선도 감독이 축도를 하는 순으로 이어졌습니다. 김영삼 전 대통령이 기독교 장로이기 때문에 4대 종교 중 가장 먼저 의식을 지낸 것으로 보입니다.

Q. 영결식 당시 분위기와 집전하신 소감이 어땠는지 듣고 싶습니다.

A. 첫 번째 국가장이었는데 그날 날씨가 너무 추워서 조문객들이 고생을 많이 하셨습니다. 마침 영하의 날씨, 서설(瑞雪)이 내리는데 가시는 분의 인생과도 일맥상통하는 부분이 있지 않았나 생각합니다.

김 전 대통령은 많은 업적을 남겼음에도 임기 말 IMF로 인해 그

전에 한 큰 업적들도 빛이 많이 바랬는데 서거 후 다시 재조명 받아서 기쁘다는 생각이 들었습니다. 또 김 전 대통령의 가시는 길 배웅 나온 많은 일반 조문객이 망자에 대한 예의를 표하는 것을 보며 대한민국의 국민 수준이 높아졌다는 것을 느꼈습니다.

Q. 기독교의식은 어떤 식으로 진행됐나요? 구체적으로 말씀해 주시기 바랍니다.

　A. 앞서 말했듯 기독교의식은 저와 함께한 총 4명의 목사가 사회, 기도, 성경봉독, 축도를 하는 순으로 진행했습니다. 그중 하이라이트는 고인에 대한 메시지를 대신하는 성경봉독이었습니다.

　성경봉독은 생전 김영삼 전 대통령이 좋아하시던 성경 세 구절 디모데후서 4장 7-8절, 시편 133편 1절, 시편 23편 6절을 봉독하였습니다.

　　▲디모데후서 4장 7-8절 "나는 선한 싸움을 싸우고 나의 달려갈 길을 마치고 믿음을 지켰으니 이제 후로는 나를 위하여 의의 면류관이 예비되었으므로 주 곧 의로우신 재판장이 그 날에 내게 주실 것이며 내게만 아니라 주의 나타나심을 사모하는 모든 자에게도니라."

　　▲시편 133편 1절 "보라, 형제가 연합하여 동거함이 어찌 그리 선하고 아름다운고."

　　▲시편 23편 6절 "내 평생에 선하심과 인자하심이 반드시 나를 따르리니 내가 여호와의 집에 영원히 살리로다."

Q. 김영삼 전 대통령의 집권 시절 기억나는 일엔 어떤 것이 있는지요? 혹은 어떻게 평가하시는지.

　A. 김영삼 전 대통령은 국민 모두가 보았듯이 대통령으로서 민주

화를 위해 큰 공헌을 했고 집권당 임에도 여러 가지 혁명적인 정책을 통해서 나라를 위해 공헌했습니다. 김 전 대통령은 대한민국의 민주주의를 위해 평생을 바쳤다고 말해도 과언이 아니라고 생각합니다. 재물에 대한 욕심도 없으셨고 하나회 척결, 중앙청 등 일제잔재 청산, 재산 공개, 실명제 등 역사에 한 획을 그을 수 있는 큰일들을 한 것이 사실입니다.

김영삼 전 대통령이 항상 말하셨던 통합, 화합의 관점에서 현 정치상황을 바라보면 안타깝기 그지 없습니다. 우리나라 국민도 통합을 해야 하고 정당도 통합을 해야 하는데 모두 분열과 갈등 속에 있는 것 같습니다. 특히 요즘 분열과정 속에 있는 야당도 그렇습니다. 모두 김 전 대통령의 정신을 본받아 당리·당약의 개인적 당파 혹은 정당 자체를 넘어 국민과 나라를 먼저 생각하는 정치인들이 돼야한다고 생각합니다.

또 더 큰 통합 화합은 남북한 통일이라고 생각합니다. 그 분의 정신을 본받아 평화 통일해야 한다고 생각합니다. 이것이야말로 김 전 대통령이 남기고 간 후세의 의무이자 과제라고 생각합니다.

**Q. 통일 이슈에 집중하시는 이유는 무엇입니까.**

A. 현재 기독교가 130년 역사 속에서 위기를 맞았습니다. 지금까지 한국에서 기독교는 성장기로 있었고 사회적 기여를 많이 했는데 요즘 들어 사회적 신뢰가 많이 떨어지고 교회에 대한 비난하는 언론 또한 많이 나오고 있는 현실입니다.

기독교가 다시 사회적 신뢰를 얻고 민족적, 시대적 과제와 사명을 완수하려면 평화통일에 앞장서야 한다고 생각합니다. 마태복음 5장 9절에 의하면 예수님께서는 평화를 만드는 사람들이 되라고 했습니다. 바로 그 평화를 만드는 사람들이 피스메이커(Peacemakers)입니다.

그리고 피스메이킹(Peace making)을 하는 것 중 우리가 가장 시급히 해야 할 일이 바로 평화통일이라고 생각합니다. 이것이 민족의 정의와 평화를 위해 기독교가 하는 일이라 생각합니다.

기독교는 개화기엔 문명운동, 일제 강점기 때는 항일독립운동을, 또 해방 후에는 민주화운동에 앞장서 국가발전에 기여를 했습니다. 그리고 이제는 평화통일을 위해 기독교가 공헌을 해야 한다고 생각합니다.

그렇다면 통일을 위해 우리가 무엇을 해야 하는가 생각해보아야 합니다. 저는 늘 얘기했듯 과감하게 먼저 손해 보는 듯한 정책을 펴야 한다고 생각합니다. 북한과 주고받는 식으로 생각하는 것이 아니라 북한과 문화를 개방하고, 다른 여러 방면으로도 교류해야 한다고 생각합니다. 통일은 과정입니다. 한 번에 할 수 있는 것이 아닙니다. 당장은 손해 본다고 생각되더라도 남북통일이 되면 시너지 효과가 나서 세계 10대 강대국이 될 수 있습니다. 그것이 바로 결과로는 대박이 되는 정책이라고 생각합니다.

남북이 교류하고 화해와 협력을 통해서 단계별 통일 대책을 세워야 합니다. 우선 만나고, 과감하게 돕고 해야 합니다. 어차피 통일이 되면 다 우리 것이 되는 것입니다. 우선 만나야 합니다. 김영삼 전 대통령이 화합과 통합을 얘기했다면 그런 진정한 민족의 화합과 통합은 하나하나 나아가는 과정이라고 생각합니다. 천리 길도 한걸음부터라고 했듯이 한 걸음 한 걸음 문을 열고 과감하게 진취적이고 개방적인 자세로 적극적으로 베풀어야 합니다.

고 김영삼 전 대통령의 행적, 영결식과 그의 정치목표인 통합과 화합을 이어 우리 민족과 기독교가 나아가야 할 방향에 대한 이야기로 인터뷰는 끝이 났다.

유 총장은 마지막에 말한 통합과 화합의 역사적 과제인 통일에 대한 기독교의 사회적 기여와 그 인재 양성을 위해 노력하고 있다.

유 총장이 재임하고 있는 서울신학대학은 지성, 영성, 덕성이 조화된 교육을 통해 창조적 기독교 지도자를 육성하는 데 목표를 두고 있다. 유 총장은 일본의 도시샤(同志社)대학, 중국의 길림사범대학, 독일의 명문대 튀빙겐대학과 하이델베르크대학, 예나대학도 학술교류 협정을 체결했고 미국 예일대학과도 곧 협정이 체결될 예정이다.

또 실천적 지성을 겸비한 실천하는 신앙인을 길러내기 위해 대학교 최초로 피스메이커를 만드는 교육을 2015년부터 실시하고 있다. 유 총장은 기독교 피스메이커의 시대적 과제를 통일로 보고 이를 위해 전교생에게 「평화와 통일」 과목을 의무로 수강하도록 하고 있으며 튀빙겐대학, 하이델베르크대학 등과 평화문제 등에 관한 국제학술대회를 열고 있다.

서울신학대학은 '안·감·미 운동'과 '3·3·3 운동'으로도 유명하다. 안·감·미 운동이란 '안녕하십니까, 감사합니다, 미안합니다'를 생활화 하는 예절운동이다. 신앙의 생활화운동인 3·3·3 운동은 '하루 세 번 3분 이상 기도하자, 성경 3장 이상 읽자, 하루 3번 이상 사랑을 실천하자'는 운동이다. 지성, 영성과 함께 덕성을 키우려는 유 총장의 고심 끝에 고안된 운동이다. 두 운동은 새로운 교내 분위기 형성에 긍정적인 효과를 미쳤다.

유 총장은 현재도 기독교인으로서 평화롭고 더 나은 대한민국을 위해 어떻게 하면 더 봉사할 수 있는지 심사숙고 중이다.

YS 영결식 기독교인사 인터뷰 정경뉴스[2016/1월호]
글·사진 이채현 기자⟨redjoker@mjknews.com⟩

국민일보 대담
## 3-2-1. 한국교회 희망을 말하다

참석자 : 유석성(서울신학대학 교수) · 이원규(감신대 교수)


국민일보는 올해 초 '한국교회 희망을 말하다'는 장기 시리즈를 시작했다. 123년의 역사를 갖고 있는 한국교회가 우리나라의 근현대사 발전에 끼친 영향을 조명하고, 기독교에 대한 일반인들의 이해를 돕기 위해서였다. '사회에 빛과 소금이 된 교회'를 시작으로 18회에 걸쳐 교회의 활동과 공로를 조명했다. 본보는 시리즈 마지막회로 이완규 감신대 교수(종교사회학)와 유석성 서울신학대학 교수(기독교윤리학)를 초청해 지난 16일 본사 빌딩 5층 회의실에서 좌담회를 열었다. 이를 통해 한국교회의 업적을 역사적으로 평가하고, 향후 나아갈 방향을 모색했다.

대담 · 정리 : 이승한 선임기자

- 지난 1세기 동안 한국교회는 사회발전에 엄청난 영향을 끼쳤습니다. 그럼에도 불구하고 최근 안티기독교 세력의 공격이 날로 심해지고 있습

니다. 두 분은 한국교회의 역사를 어떻게 평가하시는지요?

△이원규 (감신대 교수) = 한국사회 발전에 지대한 공헌을 했습니다. 선교 초기에는 개화와 근대화에 중요한 역할을 감당했습니다. 무엇보다 교육, 복지, 의료 분야에서 많은 기여를 했고 계몽운동, 문맹퇴치운동에도 앞장섰으며, 계층갈등과 성차별의 문제, 자유, 평등, 정의라는 가치 구현에도 일조를 했습니다. 더 중요한 것은 복음을 통해 영혼구원의 길을 활짝 열어 놓았다는 점입니다. 한국사회가 본격적으로 근대화되기 시작했던 1960년대 이후에도 노동자운동, 농민운동, 도시빈민운동, 여성운동 그리고 무엇보다 민주화운동을 주도했습니다.

△유석성 (서울신학대학 교수) = 맞습니다. 한국교회는 구한말, 일본의 식민지시대, 해방 후 남북분단시대를 거치면서 큰 역할을 했어요. 독립운동과 인권 및 민주화 운동은 괄목할 만한 것이었습니다. 3·1운동 당시 선언문에 서명한 33인 중에 16명이 기독교인일 정도로 3·1운동을 주도했습니다. 또 민주화운동의 기폭제가 된 76년 3월1일 유신헌법 개정과 독소조항 폐지를 요구한 '명동 3·1사건'의 서명자 11명 중 가톨릭신자인 김대중 씨를 제외한 나머지가 모두 개신교도였습니다.

- 두 분의 말씀처럼 교회가 우리사회 발전에 절대적인 영향을 줬는데도 일반인들의 기독교에 대한 이해도는 매우 낮습니다. 그 이유는 무엇입니까?

△유 교수 = 민족운동, 사회운동, 민주화운동에 큰 역할을 했지만 90년대 이후 대다수 교회가 사회적 이슈에 책임을 다하지 못했기

때문이라고 봅니다. 한국교회는 '예수 믿고 천당 간다'는 영혼구원을 우선시해 사회적 문제에 다소 무관심하게 되었습니다. 예를 들어 경제정의 실현, 양극화 문제 등에 대한 적극적인 선교노력이 부족했다고 생각합니다. 이런 것들이 원인이 되어 기독교에 대한 무관심 내지는 비난의 화살을 받고 있습니다.

- 그 때문인지 최근 들어 반기독교 정서가 확산되고 있습니다.

△이 교수 = 반기독교 정서가 우려할 정도로 심각합니다. 개신교 교회에 대한 비판적인 시각은 오늘날 한국교회가 사회적인 공신력을 잃고 있다는 방증이기도 합니다. 여러 조사 결과를 보면 사람들이 교회의 문제점으로 지적하고 있는 것은 한국교회가 참 진리를 추구하기보다는 교세 확장에만 관심이 있고, 자기 교회 중심적이고, 세속적 가치에 물들어 있다는 것입니다. 여기에다 교파 분열, 배타적인 태도 등을 들 수 있습니다.

△유 교수 = 최근 반기독교 정서가 확산되는 직접적인 계기가 된 것은 지난해 7월 일어난 아프간 사태입니다. 여기에다가 일부 목회자들의 도덕적 해이도 가세했다고 생각합니다. 세습, 금전문제 등이 가끔 터질 때마다 우리 사회 속에 반(反)기독교적 정서가 확산되는 것입니다.

- 목회자들은 그래도 매우 높은 윤리·도덕적 수준을 갖고 있다고 생각합니다. 문제는 목회자들을 완벽한 사람으로 살아가도록 몰아가는 사회분위기가 아닙니까.

△이 교수 = 교회에 대한 부정적 평가에서 중요한 부분은 목회자의 자질에 관한 것입니다. 한국인은 일반적으로 성직자의 자질이 부족하다고 생각하는 경향이 강합니다. 특히 목사의 경우 그러합니다. 그래서 한 조사 결과를 보면 직업 청렴도에 있어서 1위는 신부, 승려는 3위이지만, 목사는 5위로 나타나고 있습니다. 물론 대부분의 목회자는 존경받을 만하고 훌륭한 자질을 가지고 있습니다. 다만 사회적으로 물의를 일으키고 있는 일부 목회자에 대한 부정적인 인상이 확대 재생산되고 있는 것입니다.

△유 교수 = 목회자의 윤리문제도 있지만 더 중요한 것은 한국교회가 일부 교회를 제외하고 대체로 사회정의에 무관심합니다. 교회는 마땅히 예수님이 말씀하신 세상의 소금과 빛의 역할을 다해야 합니다. 기독교의 사랑은 정의를 통해서 구체화됩니다. 정의 없는 사랑은 감상주의가 되지요. 사회정의에 힘쓰지 않는 교회는 짠맛을 잃은 소금이요, 빛을 잃은 태양입니다. 교회는 올바르게 사는 것이 무엇이며, 바른 사회가 무엇인지를 알려주고 사회 속에 실천되도록 해야 합니다.

- 한국교회 내에 대형 교회에 대한 이상한 반(反)기류가 있습니다. 대형 교회들이 우리 사회에 끼친 긍정적인 영향이 훨씬 더 많은데도 말입니다. 모든 목회자들이 한국교회의 큰 자산입니다. 그들이 무분별하게 비판받는 것은 한국교회의 큰 손실이라고 생각합니다.

△유 교수 = 대형 교회는 긍정적인 측면도 있고 부정적인 측면도 있습니다. 인력과 조직과 재정으로 효과적인 하나님나라 선교와 책임을 할 수 있는 능력을 갖추고 있습니다. 하지만 대형 교회 목회자

들이 갖는 고귀한 신분에 맞게 '노블레스 오블리제'의 책무를 다하고 있는지는 돌아봐야 합니다. 가난하고 고생하는 동역자와 인간적인 연대감을 가지고 그들의 고난에도 동참하고 있는지 생각해야 합니다.

△이 교수 = 대형 교회에 대한 반감이 교회 안팎에 있는 것이 사실입니다. 이것은 한국인의 일반적인 정서와 무관하지 않습니다. 예를 들면 한국인은 대기업, 부자, 힘 있는 사람에 대해서도 부정적으로 보는 경향이 있지 않습니까? 큰 교회 일수록 사회를 위해서도 크게 공헌해 주기를 기대하고 있습니다. 그런 의미에서 대형 교회들이 사회에 더 많이 기여해달라는 주문으로 보면 될 것으로 생각합니다.

- 기독교에 대한 사회의 반(反)기류를 치유할 수 있는 근본적인 방안이 있다면 말씀해 주시죠.

△이 교수 = 교회가 새로운 모습을 보여주어야 한다고 생각합니다. 지금도 잘하고 있지만 더 많이 교회가 돌봄과 나눔, 섬김의 공동체가 될 수 있어야 한다는 말입니다. 특히 사회에 대한 보다 적극적인 섬김이 있어야 할 것입니다. 그리고 교회가 보다 영적인 모습을 보여주어야 합니다. 교인들이 보다 도덕적인 삶을 살 수 있도록 해야 합니다.

△유 교수 = 목회자들이 자신들을 뒤돌아보는 '성찰적 계기'로 삼아야 할 것입니다. 잘못된 것은 회개를 하고 거듭나는 기회로 삼아야 합니다. 교회는 하나님의 교회이지 설립자나 담임목사의 교회가 아닙니다. 교회를 개인 것으로 만드는 사사화(私事化)는 죄악입니다. 교단의 총회장이나 감독, 연합기관의 단체장 선거에서 벌어지는 일들은 부패

된 사회의 정치세계와 비슷하다는 비난을 받습니다. 이러한 선거풍토를 개선해야 합니다. 최근엔 코미디언처럼 웃음을 자아내는 만담식 설교가 각광을 받고 있는데 잘못하면 복음적 설교의 본연의 임무를 벗어나는 일이 됩니다. 교회의 예언자적 전통을 살리는 교회가 돼야 하고 분열과 대립에서 벗어나 일치와 화합의 교회가 돼야 합니다.

- 하나님의 우주경영이라는 측면에서 한국교회의 세계선교는 앞으로 어떻게 전개돼야 한다고 생각하십니까?

△유 교수 = 정복적인 선교정책에서 탈피해야 합니다. 해외선교의 환상에서 벗어나야 합니다. 복음의 참된 의미와 인류에게 바른 가치 및 삶의 의미와 방향을 제시하는 선교가 돼야 할 것입니다. 선교의 방향을 사회봉사신학에 두고 섬김과 나눔의 선교를 해야 합니다. 그렇게 하기 위해서는 오늘 세계가 당면한 문제들을 해결하는 일을 선교적 과제로 받아들여야 합니다. 오늘날 세계와 생태계 위기, 경제적 불평등을 해소하고 교회는 정의와 평화와 사랑과 인권과 평등에 관심을 갖는 선교를 해야 합니다. 특히 이러한 일을 위해서 교회일치가 필요합니다. '교리는 교회를 분열시키지만 봉사는 연합시킨다'는 말과 같이 일치된 교회로서 사회적 봉사를 통해 선교를 해야 합니다. 민족의 통일문제도 선교적 차원에서 접근해야 합니다.

△이 교수 = 선교의 목적은 국내외에 복음을 전하는 것입니다. 그리고 이것은 지상명령입니다. 그러나 자세와 목적이 중요합니다. 사랑하는 마음으로, 섬기는 마음으로 낮은 자세로 선교에 임해야 합니다. 베풀어준다는 자세, 일깨워준다는 자세보다는 함께 나누고 함께 누리자고 하는 자세가 필요합니다. 그리고 전도는 말로 하는 것도

중요하지만 몸으로, 실천으로 보여주는 것이 더욱 중요합니다. 왜냐하면 사람들을 움직이는 것은 교인들의 말이 아니라, 모범적이고 감동적인 그들의 삶의 모습이기 때문입니다.

- 지난 세월 동안 한국교회가 사회의 희망이었듯이 앞으로도 민족과 사회의 희망이 될 것으로 봅니다. 어떻게 해야 합니까?

△이 교수 = 한국교회는 그동안 수많은 영혼을 구원했고, 사회적으로도 많은 일을 해왔습니다. 그럼에도 불구하고 아직 미흡합니다. 사람들은 교회가 보다 교회다워지기를 기대하고 있습니다. 교회가 사회의 빛과 소금의 역할을 더 잘해주기를 기대하고 있습니다. 교회가 신앙적으로 영성을 강화하고, 사회적으로는 도덕성을 함양할 수 있다면, 그래서 우리 사회에 사랑과 평화의 공동체 모델이 될 수 있다면, 한국교회에는 희망이 있다고 봅니다.

△유 교수 = 종교의 역할은 희망을 주는 것입니다. 희망을 주지 못하면 종교로서 존립하기가 어렵습니다. 한국의 기독교는 좌절하고 눈물 없이는 살기 힘든 이 백성에게 희망을 주어야 합니다. 삶의 용기와 희망을 주는 것이 이 시대 교회의 역할입니다. 한국교회는 민족과 세계를 위한 책임성, 즉 복음 전파와 정의와 평화를 위한 교회가 돼야 합니다. 인류에게 바른 가치와 의미를 주어야 합니다. 오늘날 생태학적 위기, 핵문제, 자원고갈, 식량문제, 빈부문제, 테러와 전쟁 등 모든 문제들을 바르게 해결하는 길을 교회가 제시해야 합니다. 그렇게 하기 위해서는 교회는 더불어 사는 상생(相生)의 윤리를 실천해야 합니다.

(국민일보 좌담회 2008. 05. 16)

조선일보 (2012년 5월 4일)

## 3-2-2. "예수님이 지금 한국교회에 뭐라 하실까요"

- 100주년 맞은 서울신학대학 유석성 총장의 '한국 개신교 쓴소리' -

"명예욕·권력욕·물욕 등을 신앙으로 포장해 정당화 …
'타자를 위한 존재' 예수 보며 한국교회는 부끄러워해야"

"한국교회는 권력과 부를 쥔 뒤 타락했던 중세 교회에서 교훈을 얻어
야 합니다. 예수의 십자가 정신으로, 초심으로 돌아가는 종교개혁의 바
람이 일어나야 합니다."

요즘 개신교계는 바람 잘 날 없다. 목회자들끼리 주먹을 휘둘렀
다, 교계의 연합단체는 '돈 선거'를 치렀다더라, 정치에 너무 개입한
다, 같은 얘기들 때문이다. 탄식하고 안타까워하는 목소리도 갈수록
높아간다. 기독교대한성결교회(기성) 소속으로, 지난 13일 개교 100
주년을 맞은 서울신학대학교의 유석성(柳錫成·60) 총장이 이런 세
태를 두고 쓴 소리를 쏟아냈다. 유 총장은 독일 뷔빙겐대학에서 공

부했으며, 히틀러 암살을 시도했던 독일의 신학자 디트리히 본회퍼(1906~1945)의 사상을 연구하는 한국본회퍼학회 회장도 맡고 있다. 신학적으로 중도적 입장을 유지해 온 서울신학대학교에서 드물게 나온 개혁적 신학자 총장이다.

- 한국교회는 왜 화합과 치유의 역할을 제대로 못한다는 비판을 받는가.

"경제 성장과 더불어 교회도 물질적으로 급속히 성장했다. 교회가 성장하면서 종교 권력이 생기고, 이를 통해 부를 축적한 사람도 생긴 것이다. 명예욕, 권력욕, 물욕을 신앙의 이름으로 포장해 정당화하려고 하니까 싸움이 일어난다. 그러다 보니 선거도 돈으로 치르고, 교회 키워서 세습하려 한다. 예수님은 그런 권력자를 무척 강하게 질책하고 비판했다. 한국교회에 특히 정통·비정통 따지는 사람이 많은데, 거기서 교회 분열의 모습이 나오는 거다. 회장 자리가 하나인데 맡고 싶은 사람이 둘이면 두 교파, 셋이면 세 교파로 갈리는 식으로 교회가 분열되어 왔다."

- 한국교회에 세속의 영향이 크게 미치고 있다는 뜻인데, 그밖에 교회 문화에 혼입된 외부 요인에는 어떤 것이 있는가.

"제대로 알 필요 없이 믿기만 하면 된다는 '맹목적 반지성주의', 자기희생과 사랑의 실천 없이 건강과 물질적 축복만을 바라는 '샤머니즘적 기복(祈福)주의' 같은 것들이다. 기독교의 축복은 지금 여기 이 세상 속에서 희생의 십자가를 질 수 있는 축복이다. 새벽기도는 한국교회를 성장시키는데 큰 역할을 했지만, 현세의 요행을 바라는 도교적인 '새벽 치성'처럼 변질되지 않도록 해야 한다."

- 이런 상황에서 예수의 십자가 정신, 초심으로 돌아간다는 것은 어떤 의미인가.

"예수 그리스도의 제자로서 신앙고백적 삶을 사는 것이다. 예수를 따른다는 것은 부름에 순종하고, 자기 십자가를 지고 예수를 따르는 것이다. 십자가는 고난을 의미한다. 예수의 고난에 동참하는 삶, 이것이 곧 제자의 길이다. 기독교인의 삶을 성립시키는 두 가지 존재방식은 '기도'와 '정의를 행함'이다. 기도만 강조하면 중세 수도원이 되어버리고, 정의만 강조하면 사회운동이 되어버린다."

- 교회는 어떻게 하면 '사랑'의 명령에 헌신할 수 있나.

"1970년대 이후 세계 신학계에서 주목받고 있는 기독교적 사랑, 정의, 평화의 관계 논의에 귀 기울여야 한다. 구약성경 이사야서에 '정의의 열매는 평화'라는 말이 있다. 예수의 복음을 한마디로 하면 사랑이다. 하나님사랑, 이웃사랑, 원수사랑. 사랑은 사회 속에서 사회정의로 실현되며, 정의가 행해짐으로써 평화가 이뤄진다. 기독교에서 사랑과 정의는 동전의 양면처럼 불가분의 관계다. 정의 없는 사랑은 감상주의로, 사랑 없는 정의는 부정으로 빠질 수밖에 없다. 예수의 삶은 '타자(他者)를 위한 존재'였다. 교회 역시 타자를 위한 교회일 때만 진정한 교회다. 한국교회는 오늘을 부끄러워하고 회개해야 한다. 예수님이 오늘 다시 오시면 뭐라 물으실 것인지 스스로에게 질문해야 한다."

- 취임 뒤 인문학 강좌를 열었다. 왜인가.

"저는 학생들에게 '이익을 보면 의로움을 먼저 생각하라'는 '견리사의(見利思義)'를 강조한다. 기독교적으로는 '예수의 정신으로 돌아가는 것'이다. 이익만 좇아 돌아가면 기업이지 교회가 아닌 것처럼 대학교육 역시 단순한 직업인이 아니라 사람다운 사람을 키워야 한다. 이어령 이화여대 명예석좌교수, 정운찬 전 총리, 한완상 전 부총리, 윤영관 전 외교장관 등을 강사로 초청하고, 강의는 일반시민에게도 완전 개방했다."

- 신학과 외에 여러 일반 전공이 있는데 총장으로서 교육에서 중점을 두고 있는 부분은.

"청년들이 관능적 쾌락주의, 출세 지향적 성공주의, 물질 만능의 가치관, 이런 것들에 지배당하도록 내버려둬선 안 된다. 감리교회의 창시자인 존 웨슬리(1703~1791)는 '고독한 종교는 없다'는 말로 종교의 사회적 실천을 강조했다. 기독인은 이웃과 더불어 연대하고 사회적 책임을 다해야 한다. 물을 독사가 마시면 독이 되고, 젖소가 마시면 우유가 된다. 학생들에게 단순히 학문을 전달하는 것이 아니라 지성·영성·덕성이 조화된 교육을 통해 전인적 교양을 갖춘 지도자로 키워내고 싶다."

〈2011년 3월 18일〉 조선일보 이태훈 기자 libra@chosun.com

### 3-2-3. <TV·라디오·인터넷 통한 안에서의 혁명>

"무한 경쟁, 성장제일주의, 물질만능주의 같은 세상의 방식을 좇을 때 교회는 본래의 향기와 역할을 잃어버립니다. 교회는 모범적 공동체로서 사회에 선한 영향을 끼칠 수 있어야 합니다."

'희망의 신학자' 몰트만 독일 튀빙겐대 명예교수는 "기독교가 로마의 국교가 된 것은 수도원과 초대 교회 공동체가 장애인·병자·고아·과부 같은 사회적 약자를 배려하고 돌보며 사회적 모범이 됐기 때문"이라며 "현대의 교회 역시 세상의 방식에 휩쓸리지 않는 대안적 공동체가 돼야 한다"고 했다. 왼쪽은 제자인 유석성 서울신학대학 총장.

"북한 內 마음의 혁명 … 교회가 나서면 군대보다 강하다"

– 석학 몰트만, 제자 유석성 서울신학대학 총장과 희망을 논하다

제2차 세계대전이 한창이던 1943년, 함부르크를 초토화한 영국군 공습으로 바로 곁 친구들의 사지가 찢겨나가는 모습을 지켜보며 '하나님, 당신은 어디에 계십니까' 하고 울부짖던 독일 소년은 이제 미수(米壽)를 앞둔 노(老) 신학자가 됐다. 위르겐 몰트만(86) 독일 튀빙겐대 명예교수. 그는 대표 저작 『희망의 신학』(1964)으로 한국 신학계와 교계에도 큰 영향을 끼친 세계적 석학이다. 최근 그의 저작

『희망의 윤리』(대한기독교서회)가 독일 밖에선 최초로 한국에서 번역 출간됐다. 한국교회의 뜨거운 관심 덕분이다. 지난 1일 몰트만 교수는 제자인 유석성 서울신학대학 총장과 철쭉 가득 핀 경기도 부천의 서울신학대학 캠퍼스를 함께 걸으며 희망, 정의, 평화, 사랑, 공동체에 대해 얘기를 나눴다.

- 왜 지금 '희망의 윤리'인가.

"전쟁, 테러, 재난, 종교 갈등, 빈부 격차 같은 현실이 절망스러워 보일수록 '희망'을 숙고해야 한다. '희망의 신학'이 기독교인의 희망 원리를 다뤘다면, '희망의 윤리'는 정의·평화·생명·의료·환경·생태·인권 등 사회의 실천적 영역에서 기독교인과 교회가 '희망이 실현되도록 해야 한다'는 윤리적 책임 문제를 다뤘다. 교회의 존재 이유는 미래의 희망을 현재에 가능하도록 하는 데 있기 때문이다. 이번 유럽 채무 위기에서도 독일교회는 독일정부가 그리스 부채 탕감 결정을 내리는 데 큰 역할을 했다. 재생과 부활의 '희년(7년이 7번 반복된 다음 해인 50번째 해에 노예를 풀어주고 빚을 탕감해준 구약 전통)' 정신에 따른 것이다."

'희망의 윤리'가 중요하다. 독일정부, 그리스 부채 탕감 구약 '희년' 정신에 따른 것

다종교 한국, 이게 필요하다. 종교 훼방 말고 존중을, 외국선교는 행동과 삶으로

- 희망을 말하기엔 북한 체제처럼 '조직화된 불의(不義)' 앞에 종교가 너무 무력하지 않은가.

　"독일 통일 과정에서 동독교회가 큰 역할을 한 데서 보듯, 교회는 불의한 시스템에 대해 절대 무력하지 않다. '아랍의 봄'이 인터넷 혁명을 통해 왔듯, 북한에도 TV·라디오·인터넷 등을 통해 안으로부터 '마음의 혁명'이 일어나야 한다. 그래야 변화가 시작된다. 이런 일에 한국교회가 나선다면 어떤 군사력보다 큰 힘을 발휘할 수 있다. 불의에 대한 저항은 마지막까지 비폭력적 방법이어야 한다."

- 현대는 오히려 무신론이 종교인 시대처럼 보인다.

　"신학을 제대로 공부한 사람만이 무신론을 얘기할 수 있다. 과학적 무신론은 일종의 이데올로기다. '세상에 의미 있는 것은 아무것도 없다'는 허무주의적 불가지론으로 몰아간다. 리처드 도킨스처럼 신(神)에 대해 모르면서 신(神)이 없다고 얘기하는 이들은 인간 마음의 허점을 파고드는 엔터테이너일 뿐이다. 20세기에 등장했던 과학적 무신론은 파시즘, 공산주의, 나치즘으로 귀결됐다."

- 한국과 같은 다종교 사회에서 종교는 어떻게 평화롭게 공존할 수 있나.

　"첫째, 다른 종교를 훼방해선 안 된다. 둘째, 국가는 개인의 종교적 신념을 보호해야 한다. 셋째, 모든 종교는 정체성을 지키면서 서로 존중해야 한다. 정말 비(非)기독교 국가에서 선교하고 싶다면, 그곳에 가서 함께 살면서 행실과 삶으로써 선교해야 한다. 한국교회가 몸집 부풀리기 경쟁에 휘말리지 말고, 어떻게 성서적 공동체를 세워 사회에 봉사하고 기여할지 더 많이 고민했으면 좋겠다. 또 한 가지 다종교 사회에서 종교에 기반을 둔 정당은 오히려 갈등의 원인이 될 뿐 제대로 기능할 수 없으며, 권력에 취해 타락하기 쉽다."

몰트만 교수는 "다음 연구 주제는 '자유'와 '기쁨'"이라고 했다. 정의·평화윤리, 생명·생태윤리 등 수많은 실천적 주제를 다양하게 전개해 온 노신학자는 마침내 행복하고 자유로운 삶에 관한 근원적 질문에 다다른 것이다. "저는 너무 오랫동안 고난과 고통 문제를 다뤘어요. 예수를 믿는다는 건 결국 믿는 사람을 자유하게 하고, 행복하게 하는 것입니다. 모두가 자유를 누리고, 모두가 행복해졌으면 좋겠습니다."

이태훈 기자 libra@chosun.com 조선일보(2012년 5월 4일)

### 3-2-4. 고난에 동참하는 삶, 그것이 예수의 삶이다

"값싼 은혜는 교회의 원수다. 떨이로 팔아버린 싸구려 상품이요, 참회 없는 사죄(赦罪·죄를 용서받음)이고, 죄의 고백이 없는 성만찬이다. 자신의 삶을 통해 세상과 구별되려는 노력을 포기하고 그저 세상 사람들과 똑같이 살라는 것이다."(저서『나를 따르라』중)

행동하는 신학자 본회퍼 선집 출간 … 한국 개신교 왜 주목하나

독일의 행동하는 신학자 디트리히 본회퍼(1906~1945)가 한국 개신교의 주목을 받고 있다. 본회퍼는 독일의 개신교 목사이자 평화신학자이며, 물질문명과 나치즘에 무기력했던 당시 독일 개신교계를 날카로운 비판으로 일깨우며 신앙 본질의 회복을 부르짖었다. 뿐만 아니라 "미친 운전사가 인도로 차를 몰아 사람들이 죽어갈 때는 그 미친 운전사를 먼저 끌어내려야 한다"며 히틀러 암살모의에 가담했다가 1943년 체포돼 나치가 패망하기 직전인 1945년 4월 9일 처형됐다.

대표적 저서『나를 따르라』는 1965년 국내 첫 출간 이후 45쇄, 『저항과 복종』(옥중서간)『윤리학』『신도의 공동생활』 등 그의 저작은 30~40쇄를 거듭하는 개신교계의 스테디셀러로 사리 잡았나. 1980

년대 이후 본회퍼의 신학을 재조명하고 삶을 정리한 평전 등이 10종이 넘게 출간됐다. 한국본회퍼학회는 최근 '본회퍼선집'(대한기독교서회)을 펴내고 10일 서울 종로 기독교회관에서 출판기념회를 연다. 21살 때 쓴 박사학위 논문 『성도의 교제』(1927)부터 히틀러 암살모의로 투옥돼 1945년 4월 9일 처형되기 직전까지 쓴 옥중서신집 『저항과 복종』(1943~45)에 이르기까지, 주요 저작 8권을 국내 본회퍼 연구자들이 직접 옮겼다.

- 값비싼 은혜란?

본회퍼는 "기독교인은 자신의 십자가를 지고 예수와 이웃의 고난에 동참하는 값비싼 은혜를 누려야 한다"고 했다. 그는 정치와 야합하고, 물질주의에 치우치고, 신앙의 본질을 외면했던 당시 독일 개신교의 병폐를 '진단'하고, 십자가 예수 중심의 참된 기독교를 회복해야 한다는 '처방'을 내놨다. 본회퍼에게 교회다움을 잃고 세상과 똑같이 명예, 권력, 물질을 추구하는 것은 죽은 교회다.

**부·명예·권력 가까이 했던 독일교회에 "죽었다" 비판**
**"십자가 지고 이웃을 봐야 값비싼 은혜 누릴 수 있어"**

- "하나님 없이 하나님 앞에"

본회퍼는 참된 기독교인은 "하나님 없이 하나님 앞에" 서야 한다고 했다. 17세기 이후 인간의 자율성·독자성을 강조한 계몽주의의 영향 아래 성인(成人)이 되어버린 세계는 더 이상 하나님을 필요로 하지 않았다. 사람들은 신이 존재하지 않는다고 여기고 살거나, 신을 형이상학의 틈을 메우는 미봉책으로 쓰거나, 필요할 때만 해결사처럼 신을 불러냈다. 본회퍼는 이를 비판하면서 하나님의 위치는 삶과 신앙의 중심이 되어야 한다는 점을 강조했다.

본회퍼는 또 "고난 받는 약한 하나님만이 우리를 도울 수 있다"고 했다. 예수는 신(神)이면서도 십자가의 고난을 당했고, 자기 안에서 하나님과 세계를 화해시켰다. 기독교인이 된다는 것은 형이상학적 교리나 이기적 개인주의를 넘어서 예수와 이웃의 고난에 동참하는 삶을 산다는 의미다. 본회퍼는 '예수는 타자(他者)를 위한 존재' '교회는 타자를 위한 교회'라고도 했다. 본회퍼에게 기독교인의 윤리는 오늘, 여기, 우리들 사이에서 어떻게 "기도하고 정의를 실현"할 것인가에 관한 책임윤리다.

- "정의는 평화를 가져온다"

1934년 본회퍼는 덴마크 파뇌에서 "시간이 촉박하다. 내일 아침 전쟁의 나팔소리가 들릴 수 있다"며 '평화를 위한 세계교회회의'를 열 것을 제안한다. 그후 5년 뒤 독일은 제2차 세계대전을 일으킨다. 당시 민족주의의 광풍(狂風)에 휩싸인 독일 루터교회는 군사적 행동이 요구될 때 적극적으로 참여하는 것을 당연하게 여겼다. 그는 "예수는 우리에게 평화를 만드는 자, 평화의 사도가 되라고 명령한다"고 했다. 구약성경 이사야서 구절대로 '정의는 평화를 가져온다'는 것이 그의 믿음이었다. 본회퍼의 '평화회의' 제안은 1990년 서울에서 열린 "정의, 평화, 창조 질서의 보전"(JPIC) 세계대회로 결실을 맺었다.

## - 현재진행형 신학자

제2차 세계대전 이후 세속화신학, 평화신학, 정치신학 등 여러 신학적 흐름이 직간접적으로 본회퍼의 영향을 받았다. 국내에도 1989년 한국본회퍼학회가 설립돼 손규태 성공회대 명예교수, 강성영 한신대 신학대학원장 등 현재 50여 명이 회원으로 활동하며 일본 본회퍼학회와 매년 봄·가을 학술대회도 연다. 유석성 한국본회퍼학회 회장(서울신학대학 총장)은 "그리스도인을 그리스도인 되게, 교회를 교회 되게 하길 원했던 본회퍼는 흙탕물에 빠진 오늘날 한국교회에도 정화제가 될 수 있는 현재진행형의 신학자"라고 했다.

이태훈 기자 libra@chosun.com 조선일보(2011년 6월 10일)

# 3-2-5. 서울신학대학, 독일 하이델베르크대학와 5년간 통일 연구

서울신학대학이 독일 명문 하이델베르크대학과 향후 5년간 매년 「평화·화해·통일」을 주제로 심포지엄을 열기로 했다. 올해 광복 70주년을 맞아 평화 통일을 위한 피스메이커(peacemaker) 양성'을 교육 목표로 삼은 데 이어, 교수진도 독일 대학 교수진과 평화 통일에 대한 깊이 있는 연구를 함께 하겠다는 것이다.

서울신학대학은 최근 하이델베르크대학에서 이런 내용을 담은 학술교류협정을 체결했다. 첫 심포지엄은 오는 11월 13일 열린다.

유석성 서울신학대학 총장은 "독일에서 교회가 통일의 불씨를 지폈듯, 대한민국이 평화 통일 하는 데도 기독교계가 큰 역할을 하기 위해 준비해 나가자는 취지"라며 "독일의 하이델베르크대학과 5년간 공동 연구를 통해 세계 신학계와 우리나라 통일에 도움이 되는 결과물을 도출해내겠다"고 밝혔다. 유 총장은 전국신학대학협의회, 한국신학대학총장협의회, 한국기독교학회의 회장을 맡고 있다.

서울신학대학은 독일의 명문대인 튀빙겐대, 예나대에 이어 이번에 하이델베르크대와도 학술교류협정을 체결했다.

서울신학대학은 올해 3월부터 신입생 모두 '평화와 통일'이라는 과목을 교양 필수로 이수하도록 했고, 4월에는 전교생을 대상으로 한반도 통일의 중요성을 알리는 강좌를 유 총장이 직접 진행했다.
지난 4월엔 독일 예나대학과 공동으로 국내외 석학들을 초청해 「한
반도의 통일과 동아시아의 평화」를 주제로 국제 학술대회를 열었다.

〈2011년 3월 14일〉 중앙일보 김연주 기자

## 3-2-6. 인문학 위기라니요, 강의 땐 3,000석 강당 꽉 찹니다

- '새바람' 인문학 강좌 3년째, 지방서 원정 오는 팬도, 신학 등 학문 기
  초는 인문학 -

"인문학의 위기라고요? 전공 차원의 인문학은 위기일지 모르지만 교
양으로서 인문학은 유례없는 호황을 누리고 있습니다. 우리 학교 인문
학 강좌만 봐도 그래요. 매시간 3,000석 강당이 모자라 통로에까지 앉
아야 할 정도인 걸요."

서울신학대학 유석성(61) 총장은 한껏 고무돼 있었다. 유 총장은
2010년 2학기부터 인문학 강좌 프로그램을 운영하고 있다. 이어령
전 문화부 장관, 정운찬 전 국무총리, 한승헌 전 감사원장, 이태진 국
사편찬위원장 등을 강사로 초빙해 매 학기 10여 차례씩 진행하는
강좌다. 경기도 부천 서울신학대학 학생들뿐 아니라 일반인에게도

개방했다. 유 총장은 "지방에서 기차 타고 와 강의를 듣는 사람도 있다"며 "학교 인터넷 홈페이지(www.stu.ac.kr)에 올려놓은 '다시보기 강좌'도 인기"라고 말했다.

유 총장을 만나 '인문학 전도사'로 나선 이유를 물었다. 서울신학대학을 졸업한 유 총장은 독일 튀빙겐대학에서 신학박사 학위를 받은 뒤 서울신학대학 교무처장·대학원장 등을 거쳐 2010년 9월 총장에 취임했다.

- 왜 인문학인가.

"인문학은 학문과 교양과 인성의 기초가 된다. 인문학의 핵심 과목 '문·사·철'의 효용만 따져 봐도 그렇다. 문학은 창조적 상상력을, 역사는 올바른 판단력을, 철학은 합리적 사고력을 키워준다. 전공이 무엇이든 그 기초는 인문학이다. 자연과학자도 문학을 통해 상상력을 기르지 못한다면, 개념을 만들어낼 수 없다. 특히 지도자에겐 인문학적 교양과 지식이 필수 요건이다. 전통적으로 동양에서는 인문학적 훈련을 통해 수기치인(修己治人)·내성외왕(內聖外王, 안으로는 성인 같은 인격을 갖추고 밖으로는 임금의 덕을 겸비함) 등 지도자적 자질을 키웠다."

- 신학대학에서 인문학을 강조하는 게 좀 특이한데.

"기독교의 정신은 사랑과 정의와 평화다. 그 가치를 실현할 수 있는 자질을 인문학으로 키우자는 것이다. '평화'를 막연하게 생각하면 '그냥 조용한 상태'라고 할지 모른다. 하지만 인문학 공부를 통해 '평화는 사회정의가 실현된 상태'라고 구체화시킬 수 있다. 정치적 민주화, 경제적 평등이 이뤄지고 소외·차별이 없는 상태가 바로 평화다. 또 목사가 좋은 설교를 하기 위해서도 인문학은 필요하다. 훌륭한 인품으로 교양 있게 사람을 대하는 것도 인문학적 교양이다. 인문학은 신학을 공부하고 실천하는 데 유용한 도구가 된다."

- 인문학 강좌를 통해 얻은 성과는.

"가깝게 보면 학교 발전에 도움이 됐다. 석학들의 강의가 3년째 이어지면서 학교 인지도가 높아져 해마다 신입생 경쟁률도 높아지고 있다. 1929년 미국 시카고대학의 로버트 허친스 총장은 학생들에게 인문학 책 100권을 졸업하기 전까지 반드시 읽도록 하는 '시카고 플랜'을 세웠다. 당시만 해도 명문이 아니었던 시카고대학이 오늘날 노벨상 수상자를 가장 많이 배출하는 대학으로 거듭났다. 우리 학교도 인문학 강좌뿐 아니라 '고전과 독서' '논리적 글쓰기' '한자' 등을 필수 과목으로 정했다. 이를 통해 세계적 명문대학으로 성장하리라 기대한다."

- 앞으로의 계획은.

"인문학 공부의 궁극적인 목표는 봉사를 실천하는 지성인을 키우는 것이다. 실천하는 인재를 기르는 데 교육의 초점을 맞출 계획이다. 사랑은 진공 속에서 이뤄지는 게 아니라 사회 속에서 실천되는 것이다. 학생들과 장기기증 서약, 헌혈 운동 등 다양한 봉사활동에 나서고 있다."

〈2012년 12월 18일〉 중앙일부 이지영 기자 jylee@joongang.co.kr

## 3-2-7. '안녕하세요. 감사합니다. 미안합니다.' 예절교육부터

중앙일보

'안녕하세요 감사합니다 미안합니다' 예절 교육부터

유석성 서울신학대 총장
"실천 없는 사랑은 감상주의"

- "실천 없는 사랑은 감상주의" -

지난 14일 경기도 부천에 있는 서울신학대학(STU) 캠퍼스. 봄비를 머금은 나무가 학교 주변에 빽빽하게 들어서 있다. 비 내리는 교정 곳곳에선 나무심기가 한창이다.

이 학교 유석성(64·사진) 총장은 "10년을 내다보고 나무를 심고, 100년 앞을 내다보고 인물을 키운다"며 "이 모두가 미래를 위한 준비"라고 했다. 서울신학대학의 브랜드는 인문학과 봉사다. 이 학교 학생 4,000명은 전공 불문하고 매주 한 번 인문학 강의를 듣는다. 인문학 강좌는 올해로 10회째다. 그동안 이어령 전 문화부 장관, 정운찬·이수성 전 국무총리, 김동길 전 연세대 부총장 등 명사들이 강사로 나섰다. 인문학 강좌는 일반인에게도 열려있어 강좌가 있는 날 학교엔 인파가 몰린다. 학생들은 봉사가 의무다. 졸업 전 누구나 총

58시간 이상의 자원봉사를 해야 한다. 서울신학대학 교내 산업협력단은 꿈나무 안심학교를 운영한다. 지역의 저소득층 자녀들에게 1대 1 맞춤 교육 봉사를 하기 위해서다.

유 총장은 광복 70주년인 올해 새로운 프로젝트를 시작했다. '평화를 실천하는 인재 양성'이 새 목표다. 그는 "세계화 시대에 맞는 글로벌 인재, 분단이라는 우리 현실에서 평화 통일을 지향하는 인재인 피스메이커(Peace Maker)를 키울 것"이라고 말했다.

- 왜 피스메이커인가.

"지금의 시대정신은 평화를 만드는 일이다. 평화를 위해 가장 시급하고 당위적인 것이 평화통일이다. 통일은 우리 민족의 살 길이다. 또 화해와 협력이다. 그 역할을 해낼 인재를 만들자는 것이다. 이를 위해 올해부터 전교생을 대상으로 '평화와 통일' 과목을 교양필수로 지정했다. 또 학교에서 평화통일을 위한 재단도 만들 예정이다."

- 학생들에게 예절을 많이 강조하는데.

"인성의 첫걸음은 예절이다. 예절이 바르지 못하면 실력을 펼칠 기회조차 박탈당할 수 있다. 예절은 빨리, 실력은 천천히 나타난다. 꿈을 이루고 비전을 현실로 만들려면 먼저 예절 바른 사람이 되라고 가르친다. 이 일환으로 '안녕하세요 감사합니다 미안합니다'라고 말하는 '안·감·미' 운동을 벌이고 있다."

- 100년 앞을 내다보고 추구하는 인재상은.

"지성과 영성을 바탕으로 한 실천적인 사회봉사형 인재다. 공부하고 기도해야 하는 이유는 봉사하기 위함이다. 봉사는 사랑의 실천이다. 실천 없는 사랑은 감상주의일 뿐이다."

- 해외 대학과 교류 협력이 활발하다.

"글로벌 인재 양성을 위한 노력이다. 최근 몇 년간 영어과·중국어과·일본어과와 관광경영학과도 신설했다. 우리는 신학대학이지만 내용적으로는 기독교대학이다. '고욤나무에 접붙이면 감나무 된다'는 말이 있다. 세계 명문대와 교류를 통해 그들의 역사와 노하우를 흡수할 수 있다. 독일 명문 예나대·튀빙겐대와 학술 교류 협정을 맺은 것도 그 때문이다. 또 학생들에게 글로벌 경험의 기회를 줄 STU 미래 인재 유학반, STU 미래 리더반도 모집하고 있다. 세계화 시대에 맞는, 더불어 사는 정신을 가진 인재 양성이 100년을 내다보는 교육이라고 믿는다."

서울신학대학을 졸업하고 독일 튀빙겐대에서 박사학위를 받은 유 총장은 올해 전국신학대학협의회 신임 회장으로 추대됐고, 한국기독교학회장으로도 활동하고 있다. 그는 기독교계에 대한 애정 어린 쓴소리도 던졌다. "자신만을 위한 교회가 아닌 타인의, 타인에 의한, 타인을 위한 교회가 돼야 합니다. 기독교 본질로 돌아갈 때 교회는 다시 생명력을 얻을 겁니다."

〈2015년 4월 24일〉 중앙일보   곽재민 기자

## 3-2-8. "이제 한국기독교의 사명은 평화통일"

### 東亞日報

A24 투데이 2015년 4월 17일 금요일 **동아일보**

"이제 한국기독교의 사명은 평화통일"

서울신학대 광복 70주년 맞아
전교생 상대로 통일강좌 시작

"한국 기독교는 개화기 문명운동, 일제강점
기 항일 독립운동, 광복 이후 민주화운동에
큰 역할을 했습니다. 이제 기독교의 역사적
사명은 평화통일을 이루는 것입니다."
15일 오후 경기 부천시 서울신학대 100주년

*- 서울신학대학 광복 70주년 맞아 전교생 상대로 통일강좌 시작 -*

"한국 기독교는 개화기 문명운동, 일제강점기 항일 독립운동, 광복 이후 민주화운동에 큰 역할을 했습니다. 이제 기독교의 역사적 사명은 평화통일을 이루는 것입니다."

15일 오후 경기 부천시 서울신학대학 100주년기념관 512호 강의실. 이 대학 유석성 총장(64)이 마이크를 잡고 강단에 올라 이렇게 말했다. 그는 150여 명에 이르는 수강생에게 2시간 동안 '한반도의 평화와 통일'을 주제로 강의했다. 이날 강의를 들은 류형우(20·신학과 1) 씨는 "통일의 당위성을 진지하게 고민해보는 기회가 됐다"고 말했다.

서울신학대학이 광복 70주년을 맞아 '한반도의 평화와 통일을 위한 피스메이커(peacemaker) 양성 프로젝트'를 시작해 관심을 끌고 있다. 3월부터 모든 신입생이 교양필수 과목으로 수강하는 '평화와 통일' 과목을 신설한 데 이어 전교생에게 평화통일의 중요성을 알리는 강좌를 진행하기로 한 것이다.

3일에는 세계적으로 발생하는 분쟁과 갈등에 대해 신학적 해결방안을 제시하는 것으로 유명한 마르틴 라이너 독일 예나대 부속 화해연구소장과 사나다 요시아키 일본 주오대 명예교수 같은 석학들을 초청해「한반도의 통일과 동아시아의 평화」를 주제로 국제 학술대회를 열었다. 7월에는 재학생 25명으로 구성된 '글로벌 미래 인재단'을 이끌고 1990년 10월 통일을 이룬 독일을 찾아 통일의 비결과 교회의 역할 등을 연구하기로 했다. 하반기에는 한반도의 평화통일을 연구하는 재단을 출범시킬 계획이다. 유 총장은 "지구상 유일한 분단국가인 한반도의 평화적 통일의 중요성을 학생들에게 알리기 위해 강좌를 시작했다"고 말했다.

서울신학대학은 2010년부터 매년 국내외 석학들이 강사로 나서는 인문학 강좌를 열고, 전교생이 사회복지시설에서 58시간 이상 봉사해야 학점을 주는 '사회봉사실천'을 교양필수 과목으로 운영해 10일 한국언론인연협회가 제정한 '대한민국 참교육대상'(사회봉사형 인재교육 부문)을 받았다.

〈2015년 4월 17일〉 동아일보  황금천 기자kchwang@donga.com

### 3-2-9. 서울신학대학 유석성 신임 총장의 비전

- "知 · 靈 · 德 조화된 리더 양성 힘쓸 것" -

　　유석성(60) 서울신학대학교 총장이 2일부터 16대 총장 업무를 공식 시작했다. 유 총장은 앞으로 3년 동안 교수 및 직원 120여 명, 학생 4,000여 명의 서울신학대학을 이끌게 된다. 1911년 경성성서학원으로 시작된 서울신학대학은 내년 학교설립 100주년을 앞두고 '제2 창학'의 각오로 도약의 기틀을 마련하겠다는 계획이다. 이런 중차대한 시기에 총장에 취임한 유 총장은 변화와 개혁을 통해 서울신학대학을 복음적 정신에 투철한 일류 대학으로 발전시켜 나가겠다고 포부를 밝혔다. 1일 서울신학대학 총장실에서 유 총장을 만나 학교 발전 방향 및 신학과 목회 전반에 대해 들어봤다.

- 총장 취임을 축하드립니다. 이번 총장 선거에는 여러 명의 후보가 나왔는데 막상 총장에 선출된 뒤에 어떤 생각이 드셨습니까.

　　△거룩한 부담감이 들었습니다. 창학 100주년을 맞는 뜻 깊은 시기에 총장이 됐으니만큼 시대적 소명과 사명감을 갖고 코람데오(하나님 앞에서)의 정신으로 학교 발전을 위해 헌신해야겠다고 생각했습니다. 서울신학대학이 창조적 비전을 갖춘 품격 높은 대학이 될 수 있도록 노력하겠습니다.

- 그동안 한국교회 내에서 서울신학대학이 차지했던 위상이랄까요,

역할은 어떤 것이었습니까.

△서울신학대학의 모교단인 성결교회는 장로교, 감리교와 함께 국내 3대 기독교단을 형성했습니다. 성결교의 상징화가 백합입니다. '가시밭의 백합화'란 말이 있듯, 민족사와 더불어 고난의 가시밭 길을 헤쳐 왔습니다. 일제 강점기 하인 1943년에는 학교가 폐쇄되기도 했습니다. 한국전쟁을 전후해 순교자들도 나왔습니다. 서울신학대학은 웨슬리안 전통의 복음주의를 추구하면서 한국교회의 부흥과 복음 및 성령운동에 앞장선 목회자들을 배출했습니다. 진보와 보수의 극단을 피하고 중도적 위치에서 건강한 한국교회를 만드는 데 크게 기여했습니다.

- 총장에 취임하면서 변화와 개혁을 주창하셨습니다.
 서울신학대학이라는 교명의 변경을 포함해 다양한 방안을 강구 중인
 것으로 알고 있습니다.

△제가 추구하는 교육의 목표는 지성과 영성, 덕성이 조화된 창조적인 기독교 지도자를 양성하는 것입니다. 여기에 국제적인 감각을 갖춘다면 더할 나위 없겠지요. 서울신학대학은 신학대학의 차원을 이미 넘어섰습니다. 8개 학과를 갖춘 기독교 대학이 되었습니다. 앞으로 일본어과 언론학과 전산정보과 간호학과 등 다양한 학과를 개설할 계획입니다. 그런 점에서 교명 변경도 생각해 볼 수 있습니다. 그러나 신학대라는 특수성과 일반 기독교 대학이라는 보편성을 동시에 생각하면서 신중하게 접근해 나갈 생각입니다. 교육은 결국 인재를 양성하는 것입니다. 기독교적인 확실한 정체성을 갖고 변화하는 시대에 적응해 나가야 합니다.

- 매주 한 차례씩 전교생들이 참여하는 인문학 강좌를 마련했다고 들었습니다.

△인문학은 모든 학문과 삶의 기초입니다. 1920년대부터 인문학을 강조함으로써 세계적인 대학으로 발전한 시카고대학이 우리의 벤치마킹 대상입니다. 오는 10일부터 매주 한 차례씩 채플시간에 90분의 인문학 강좌를 하게 됩니다. 이만열 전 역사편찬위원장을 시작으로 한완상 전 대한적십자사 총재, 김영길 한동대 총장, 이만열 국사편찬위원장, 이어령 전 문화부장관 등 각계를 대표하는 분들이 강사로 참여합니다. 서울신학대학을 졸업하는 학생들이 문사철(문학, 사학, 철학)에 능통한 창조적 지성으로 거듭날 수 있는 기틀을 마련하려 합니다.

- 신학자로서 신학은 과연 무엇인지 정의해 주시지요. 신학교를 졸업한 분들 가운데는 신학교육과 목회현장과의 괴리 현상을 지적하는 분이 많습니다.

△신학은 삶의 문제를 다루는 학문입니다. 인생의 문제를 해결할 수 있는 분야는 종교밖에 없습니다. 종교 가운데서도 죽음 이후를 해결할 수 있는 것은 기독교 외에는 없다고 봅니다. 철학이 질문하는 학문이라면 신학은 대답하는 학문입니다. 인생의 문제를 답하는 것이 신학입니다. 신학에서 중요한 것은 사랑과 정의와 평화를 이루는 것입니다. 예수님의 말씀은 사랑의 총화입니다. 그 사랑은 정의를 통해서 구체화됩니다. 정의에 기반을 둔 사랑이 행해짐으로써 평화가 이뤄집니다. 신학교는 이것을 교육시키는 깃입니다. 개인적 성

결은 물론 사회적 성결도 이루는 평화의 사람이 되도록 학생들을 가르치는 것이요. '목회 모드'와 '신학 모드'의 괴리가 분명히 있습니다. 괴리 현상을 타파하기 위해서는 기본적인 부분은 지키면서 목회 현장에서 필요한 교육을 적극적으로 시켜야 한다고 생각합니다.

- 학교의 커리큘럼 자체를 변경시킬 계획은 없습니까.

△그동안 교무처장 및 학생처장, 대학원장 등을 지내면서 커리큘럼의 조정에 대해서 연구했습니다. 혁신적인 커리큘럼을 만들 생각입니다.

- 변화와 개혁을 위해서 인적 구조조정을 하실 생각이 있습니까.

△나를 총장으로 시켜 준 것은 개혁을 하라는 뜻으로 알고 있습니다. 변하지 않으면 안 됩니다. 적응할 수 없습니다. 도태될 수밖에 없습니다. 인적인 구조조정은 하지 않겠습니다. 대신 기존 교직원들의 수준을 끌어 올리는 방안을 마련하겠습니다. 혁신의 바람이 캠퍼스 곳곳에 불도록 할 것입니다.

- 총장 선거에 여러 명의 후보들이 나왔습니다. 후유증을 걱정하며 총장님이 진보적인 신학자라고 지적하는 분들도 있습니다. 어떻게 다양한 분을 아울러 하나 된 서울신학대학호를 이끌 생각이십니까.

△저는 3대째 성결교 집안 출신이며 서울신학대학을 졸업했습니다. 학교 다닐 때 학생회장도 했습니다. 그만큼 서울신학대학에 대한 충성도가 강하다고 할 수 있지요. 제가 공부한 이력을 보면 진보

적이라고 말할 수 있습니다. 그러나 저는 복음적인 신앙을 갖고 있습니다. 이점은 분명합니다. 우려하실 필요가 없습니다. 성결교 4중 복음의 전통을 지킬 것입니다. 동시에 과거의 것을 답습하는 것이 아니라 오늘의 시대적 물음을 신학화하는 작업에도 적극 나설 것입니다. 저를 반대했던 분들과도 함께 손잡고 나가겠습니다. 서울신학대학이 초일류 대학으로 발전하는 데 헌신할 것입니다.

- 장래 퇴임 이후 어떤 총장으로 기억되길 원하십니까.

△예수님을 사랑했으며 바른 정신과 신학을 갖고 온 몸을 바쳐 학교를 위해 일한 총장으로 기억될 수 있다면 행복하겠습니다.

〈2010년 9월 2일〉 국민일보 김성원 기자 kerneli@kmib.co.kr

한겨레 (2011년 9월 1일)

## 3-2-10. 개교 100돌 서울신학대학 유석성 총장

"기독교 정당 창당 움직임은 예수 팔아 이기심 채우는 것"

"요즘은 천국에 목사들이 들어가도 예수님이 반기지 않고 자리에서 일어나지 않는다고 한다."

서울신학대학 유석성(61·사진) 총장이 31일 개교 100돌 기자회견을 연 자리에서 "목사들이 예수님의 자리까지 뺏으려 들까봐 예수님이 일어나지 않는다"는 세간의 유머를 전하며 목사들의 교권욕을 비판하고 나섰다. 유 총장은 "신앙인들이 분열과 불행의 주체가 되는 것은 교권에 대한 욕심을 갖기 때문"이라며 "교회는 그리스도의 섬김을 본받아 이웃에게 사랑을 실천해야 하지만 한국교회는 배타적이고 심지어 교회를 향한 교회 밖의 비판에 전투적"이라고 지적했다.

그는 '기독교 정당' 창당 움직임에 대해 "사회적으로 지탄받는 일부 인사들이 자기의 잘못을 지켜줄 안전판이나 도피처로 삼고자 하고, 예수 이름을 팔아서 이기심을 채우려 정치를 하는 것은 옳지 못하다"고 질타했다.

독일에서 히틀러를 암살하려다 사형당한 천재신학자 본회퍼 연구로 박사학위를 받은 유 총장은 "기독교인이 90% 이상인 독일에서 어떻게 600만 명 이상을 살육하는 데 기독교인들이 동참할 수 있었는지에 대해 사회윤리나 정치의식이 결여된 채 영혼구원만 받으면 된다는 내적 망명 상태였기 때문이라는 독일교회의 비판적 성찰 이후 신앙을 사적인 것으로 만들지 않고 공적 책임을 강조하는 정치신학이 등장했다"며 "한국교회는 '예수 믿고 천당 간다'고만 주장하지, 천당을 가기까지 어떻게 살아야 하는지를 가르치지 않아 사회윤리와 도덕을 망각하고 있다"고 비판했다.

그는 "신앙심이 좋다는 사람들일수록 자기중심적 이기주의에 빠지는 것을 무수히 봐왔다"며 "예수는 자기만을 위한 존재가 아니라 타자를 위한 존재였기에 자기희생과 봉사의 십자가 정신이야말로 한국교회를 살릴 방향"이라고 말했다.

유 총장은 무엇보다도 한국교회의 맹신적 반지성주의를 질타했다. 그는 "한국교회 선교 초기 주로 3류 선교사들이 왔고, 일제 강점기에 편승해 기독교의 사회적 책임과 역할을 거세시키는 반지성적이고, 신앙적 우민화를 시도한 영향으로 잘못된 풍토가 자리 잡았다"고 설명했다. 그는 "서울신학대학에서는 교회의 부흥과 성장의 기술과 방법론을 전수하는 편협한 교육을 봉사하고 실천하는 목회자 양성 교육으로 바꾸겠다"고 밝혔다.

그는 "인간이 갖춰야 할 교양을 갖추고 사람다운 사람이 되도록 이미 지난해 2학기부터 매주 금요일 인문학 강좌를 개설해 전교생이 필수 수강하게 했다"고 밝혔다.

유 총장은 "신학교육이 이론과 실제의 분리에서 문제가 파생되고 있어, 현장 중심의 교육으로 전환해 기독교농촌봉사단, 여성인권위원회, 외국인노동자단체 등 엔지오에서 경험도 하도록 하고, 신학대학 커리큘럼을 지성 중심에서 인격 형성 중심으로 대폭 수정 중"이라고 밝혔다.

조현 기자 한겨레(2011.09.01)

# 3-2-11. "영성 – 지성 – 덕성 갖춘 목회자 되려면 인문학 배워야"

본교 인문학 강좌마다 학생·시민 3,000여 명 몰려 큰 반향
지금까지 15만 명 참가해 학교 이미지 크게 업그레이드
진보–보수신학 각각 장점 … 교회는 정의·사회문제 관심을
종교의 탈을 쓰고 기독교 공격하는 종자연은 종교파괴자

유석성 서울신학대학 총장이 말하는 신학교육 방향과 기독인 윤리

유석성(61) 서울신학대학교 총장은 한국교회의 대표적인 기독교 윤리학자다. 그는 '지성과 영성, 덕성의 조화'를 외치며 대규모 인문학 강좌를 개최해 학교 이미지를 크게 업그레이드시켰다. 지난 8일 경기도 부천 서울신학대학에서 유 총장을 만나 신학대학교의 방향성과 크리스천이 지녀야 할 기독교 윤리의 필요성을 들어봤다.

- 4년제 일반대학도 시도하지 못한 인문학 강좌를 신학대에서 성공시켰다.

"올해로 4기 째를 맞은 개교 100주년기념 인문학 강좌는 지역사회는 물론 사회적으로 큰 반향을 불러 일으켰다. 지금까지 이어령, 김동길, 조국, 유홍준 교수, 한완상 조순 전 부총리, 이수성, 정운찬 전 총리 등 50여 명의 유명강사가 다녀갔다. 매 강좌마다 3,000명의 학생과 시민들이 참여했으니 연 인원 15만 명이 인문학강좌를 늘은

것이다. 주요 언론매체가 보도할 정도로 반응은 폭발적이었다. 학교의 위상과 사회적 인지도도 올라갔다. 이 강좌로 서울신학대학교가 한국 대학사회와 지식인층에게 잘 알려지게 되었다. 강사료는 전액 동문과 후원자들의 후원금으로 충당했다. 인문학 강좌의 영향 때문인지 학교 경쟁률도 높아졌다. 서울시내 상위권 대학에선 인문학 강좌의 노하우를 벤치마킹하기 위해 찾아올 정도다."

- 지성과 영성, 덕성이 조화된 신학교육이 중요한 이유는.

"목회자가 되려면 지성과 영성, 덕성의 조화는 필수다. 혹자는 인문학 교육이 신학을 침해할 수 있다고 우려한다. 큰 오해다. 인문학은 학문과 교양과 인성의 기초이며 인간다운 인간이 되기 위한 기본적인 필수과목이다. 인문학을 배워야 창조적 상상력, 올바른 판단력, 깊이 있고 합리적인 사고력을 가지게 되고 삶의 지혜를 배우게 된다. 인문학을 배워야 더 훌륭한 신앙인이 될 수 있다고 확신한다."

- 중대형 교회도 의지만 있다면 인문학 강좌가 가능할 것 같다.

"물론이다. 교회도 대사회적 봉사의 일환으로 충분히 해낼 수 있다. 교회는 사회를 향해 문호를 개방해야 한다. 신앙은 실천적인 것이다. 사회문제, 정의에 무관심한 교회는 죽은 교회라 해도 과언이 아니다."

- 기독교인의 사회적 실천, 실천적 신앙에 관심이 많은데.

"신앙의 사회적 실천에 관심이 높아 기독교사회윤리학을 전공했다. 지난 5월 초 한국을 방문해 서울신학대학 개교 100주년 기념강연을 해주신 독일 튀빙겐대학 몰트만 교수님 밑에서 본회퍼 연구로 박사학위 논문을 썼다."

- 서울신학대학 만의 장점은 무엇인가.

"잘 아시다시피 서울신학대학은 복음적인 학교다. 복음을 강조하면서도 폐쇄적이지 않다. 우리 학교는 훌륭한 목회자를 길러내는 풍토가 잘 돼 있다. 그래서 그런지 올해 신입생만 하더라도 기독교대한성결교회 출신은 24%에 불과하다. 나머지는 타 교단 출신으로 학부모와 전국교회가 서울신학대학의 장점을 인정해 주신 것이라고 본다. 안심하고 자녀를 학교에 보내셔도 된다."

- 교회와 사회문제로 들어가 보자. 자기 교회만 생각하는 교회가 여전히 존재한다.

"복음을 협소하게 이해했기 때문이다. 초기 선교사가 전해준 근본적이고 보수적인 교회의 분위기, 사회적 문제에 무관심한 교회 풍토가 전달된 것도 있을 것이다. 교회가 정치 경제 사회 문제에 관심을 갖지 못하게 했던 일제 강점기 정책의 영향이 크지 않았나 생각한다."

- 복음은 무엇인가.

"복음은 인류를 구원하는 말씀이며 사랑의 사회적 실천이다. 예수님이 성육신 하셨듯이 이 땅에서 예수의 사랑의 정신을 실천해야 한다. 사랑은 정의로서 구체화되고, 정의가 행해짐으로서 평화가 실현된다. 정의 없는 사랑은 감상주의가 되고, 사랑 없는 정의는 부정의니 정의 이하가 된다. 그래서 사랑과 정의, 평화는 하나로 연결돼 있다."

- 한국교회가 2005년부터 종교자유정책연구원을 앞세운 불교로부터 공격을 받았다.

"불교는 헌법에 명시된 종교의 자유를 잘못 이용했다. 종교자유정책연구원은 기독교를 훼손할 목적으로 종교의 탈을 쓴 종교파괴자다. 종교자유라는 이름 아래 계획적으로 준비한 그들의 의도, 숨겨진 야수의 얼굴을 정확하게 간파해야 한다. 모든 종교는 자기의 정체성을 지키며 존중받을 권리가 있다. 크리스천은 기독교 정체성을 분명히 지키며 인류를 위해 무엇을 해야 할 것인가 늘 고민해야 한다."

- 냉엄한 약육강식, 승자 독식의 논리가 횡행하는 무한경쟁의 세계화시대에 신학대의 역할은 무엇인가.

"예수님이 '타자(他者)를 위한 존재'이었듯이 인류를 위해 봉사하는 사람을 교육시키는 것이다. '남에게 대접받고자 하는 대로 남을 대접하라'는 황금률(마 7:12) 정신처럼 다른 사람을 배려하고 더불어 사는 사람을 길러야 한다. 오늘의 서울신학대학은 내일의 성결교회 모습이요, 미래 한국사회의 모습이다. 서울신학대학은 복음적 인재의 못자리와 같다. 여기서 인물을 잘 키워야 한국교회와 사회의 미래가 있다는 사실 아래 인재육성에 주력하겠다. 또 실천적 의미에서 사랑 정의 평화문제에 관심 갖고 실천하는 그리스도인을 길러내겠다. 교회를 위한 학문, 성서와 교회적 전통을 바탕으로 오늘의 문제를 신학화하는 데도 힘쓸 것이다."

〈2012년 6월 13일〉 국민일보 백상현 기자 100sh@kmib.co.kr

### 3-2-12. "사회정의 무관심한 교회는 죽은 교회"

교권 욕심·집단이기주의, 일부 목사 정치참여 비판

"요즘 '천국에 목사들이 들어가도 예수님이 절대 자리에서 일어나서 반기지 않는다'는 조크가 유행입니다. 왜냐하면 예수님의 자리를 목사들에게 빼앗길 것 같아서 자리에서 일어나시질 못한다는 것입니다."

개교 100주년을 맞은 서울신학대학 유석성(60) 총장은 31일 취임 1주년 기념 간담회에서 한국교회 일각의 교권에 대한 욕심과 집단이기주의, 일부 목사들의 정치 참여 등에 대해 작심하고 쓴소리를 쏟아냈다.

유 총장은 "오늘날 한국교회는 교권이 예수님의 자리를 차지해 예수님보다 더 높이 있다"며 "신앙인들이 분열과 불행의 주체가 되는 것은 교권에 대한 욕심을 갖기 때문"이라고 비판했다.

"교회는 하나님의 교회이지 설립자나 담임목사인 인간의 교회가 아님

니다. 공과 사를 구분해야 합니다. 교회를 개인 것으로 '사사화(私事化)'
시키는 일은 죄악입니다."

유 총장은 "현재의 위기를 극복하기 위해 물량화, 성장지상주의의
상업화, 비즈니스화 하는 교회보다는 그리스도 십자가 정신을 전하
고 실천하는 교회가 돼야 한다"며 "'개신교(改新敎)'의 용어가 뜻하는
대로 자기 변혁을 하지 못하면 에스겔 골짜기의 마른 뼈 같은 형해
화한 죽은 교회가 될 것"이라고 경고했다.

> "한국교회는 일부 교회를 제외하고는 대체로 사회정의에 무관심합니
> 다. 기독교의 사랑은 정의를 통해서 구체화됩니다. 정의 없는 사랑은
> 감상주의가 되지요. 사회정의에 힘쓰지 않는 교회는 짠맛을 잃은 소금
> 이요, 빛을 잃은 태양입니다. 사회정의를 행하는 것은 아모스나 미가
> 같은 성경 예언자들이 강조한 대로 교회의 예언적 전통을 지켜 가는
> 것입니다. 사회정의에 관심을 갖지 않는 교회는 죽은 교회입니다."

독일의 '행동하는 신학자' 디트리히 본회퍼 전문가로, 한국본회퍼
학회장인 유 총장은 "본회퍼가 말한 대로 '타자(他者)를 위한 존재인
예수'를 본받아 '타자를 위한 교회'가 돼야 한다"며 "이것이 교회적
이기주의를 극복하는 길이자, 그리스도의 십자가를 지고 그리스도
를 따라가는 십자가 아래 있는 교회가 되는 길"이라고 강조했다.

유 총장은 "정치 신학의 토대를 마련한 사람이 본회퍼"라며 "본회
퍼는 기도하는 것과 사람들 사이에서 정의를 행하는 것이 기독교인
이 되는 두 가지 조건이라고 했으며 '기도'와 '사회정의'가 균형을 이
뤄야 한다"고 강조했다.

최근 일부 목사들의 정치 참여에 대해서도 강하게 비판했다.

유 총장은 "기독교는 정치적, 사회적으로 존재할 수밖에 없으며 비(非)정치적으로 존재할 수 있는 교회, 목사, 신도, 신학자는 있을 수 없다"면서 "정치 참여를 하되 다종교 국가인 우리나라는 '정당 정치'가 아니라 사회적 예언자적 기능을 제대로 해야 한다"고 역설했다. 특히 내년 총선과 대선을 앞두고 정당 창당 등의 방법으로 정치적 목소리를 내고 있는 일부 목사들에 대해서는 "일부 사회적 지탄을 받는 분들이 선거철만 되면 예수의 이름을 팔아서 정당을 조직하는 것은 시의적절치 않고 방법도 올바르지 않다"면서 "철새처럼 나타났다가 선거철만 끝나면 사라지지 않겠느냐"고 직격탄을 날렸다.

유 총장은 "한국교회는 배타적이고 심지어 교회를 향한 교회 밖의 비판에 전투적"이라며 "교회가 화해의 매개자로 다가서지 못하고 점점 멀어지는 현실이 안타깝다"고 말했다. 올 3월13일 개교 100주년을 맞은 서울신학대학은 기독교대한성결교회(기성) 소속으로 한국의 전설적인 부흥사 이성봉 목사, 한국교회의 대표적 순교자 문준경 전도사, 여성 독립운동가 백신영 전도사 등 많은 개신교계 지도자들을 배출했다.

"종교의 역할은 희망을 주는 것입니다. 희망을 주지 못하면 종교로서 존립하기가 어렵습니다. 좌절하고 눈물 없이는 살기 힘든 이 백성에게 삶의 용기와 희망을 주는 것이 이 시대 교회의 역할입니다."

〈2011년 9월 1일〉 문화일보 정충신기자 csjung@munhwa.com

연합뉴스(2011 8월 31일)

## 3-2-13. "한국교회, 예수 앞에서 부끄러워해야"


서울신학대학 유석성 총장 기자간담회
(서울=연합뉴스) 개교 100주년을 맞은 서울신학대학의 유석성 총장이
31일 취임 1주년 기념 기자간담회를 갖고 "한국교회는 예수의 정신을
회복해야 한다"고 강조했다. 2011.8.31.〈서울신학대학〉


유석성 서울신학대학총장, "예수 이름 팔아 정당 조직" 직격탄

"정당 정치가 아니라 사회적 책임 실천해야"

(서울=연합뉴스) 황윤정 기자 = "한국교회가 기복주의, 물질만능주
의, 맹목적 반(反)지성주의에 빠져 인간의 욕심이 하나님의 자리를
차지해버렸습니다. 말로는 하나님을 섬긴다고 하지만 실제로는 물
질, 권력, 명예의 우상을 섬기고 있습니다. 예수님 앞에서 부끄러워
해야 합니다."

개교 100주년을 맞은 서울신학대학의 유석성 총장은 31일 취임
1주년 기념 기자간담회에서 한국교회의 현실과 최근 일부 목사들의
정치 참여에 대해 쓴소리를 쏟아냈다.

유 총장은 "예수님의 정신은 3가지 단어로 요약해 말할 수 있는데
사랑과 정의와 평화"라면서 "사랑은 정의로써 구체화되고 정의를

행함으로써 평화가 이뤄진다"고 말했다.

그는 그러나 "한국교회는 너무 풍성해지고 부자가 돼 중세 교회처럼 제도화되면서 병폐가 나타났다"면서 "물욕, 명예욕, 권세욕이 한국교회의 병폐이며 예수의 정신으로 돌아가야 한다"고 역설했다.

그러면서 "예수의 정신, 희생정신이 한국교회의 치유제이자 정화제이며 한국교회가 나아가야 할 방향"이라고 강조했다.

유 총장은 "한국교회가 시작할 때부터 잘못됐다"면서 "한국교회가 개화기부터 사회봉사, 의료 등 큰 역할을 해왔지만 개인의 영혼 구원만 강조하다 보니 천당 가기까지 어떻게 살아야 한다는 사회적 역할에 대해서는 말하지 않았다"고 지적했다.

또 "(70-80년대) 경제 성장과 맞물려 교회 성장이 이데올로기가 되면서 사람만 많이 모으면 성공한 목회자가 됐다"면서 "이러한 교회 성장주의가 극명하게 나타난 것이 '한기총(한국기독교총연합회) 사태', 교회 세습, 교회 내 목회자 간 알력"이라고 말했다.

최근 일부 목사들의 정치 참여에 대해서도 강하게 비판했다.

유 총장은 "기독교는 정치적, 사회적으로 존재할 수밖에 없으며 비(非)정치적으로 존재할 수 있는 교회, 목사, 신도, 신학자는 있을 수 없다"면서 "정치 참여를 하되 정당 정치가 아니라 사회적 예언자적 기능을 해야 한다"고 역설했다.

특히 내년 총선과 대선을 앞두고 정당 창당 등의 방법으로 정치적 목소리를 내고 있는 일부 목사들에 대해서는 "사회적 지탄을 받는 분들이 선거철만 되면 예수의 이름을 팔아서 정당을 조직하는 것은 시의적절치 않고 방법도 올바르지 않다"면서 "철새처럼 나타났다가 선거철만 끝나면 사라지지 않겠느냐"고 직격탄을 날렸다.

유 총장은 "(정당 창당은) 원론적으로 할 수 있으며 독일에도 기독교 민주당이 있지만 다종교 국가(한국) 안에서 (기독교 정당을 조직하는 것은) 지금으로는 성공하기 어렵지 않나 싶다"고 말했다.

유 총장은 그러면서 기독교의 사회적 책임과 실천을 강조했다.

그는 "사랑은 진공 속에서 이뤄지는 것이 아니며 실천하지 않는 사랑은 의미가 없다"면서 "독재정권 시절 자신은 비정치적이라고 말하는 사람들이 독재정권을 유지, 옹호, 확대, 강화하는 역할을 했다"고 지적했다.

또 "제2차 세계대전 당시 독일인의 90%가 기독교인이었는데 어떻게 600만 명에 달하는 유대인을 죽일 수 있었느냐는 반성에서 독일의 정치신학이 나왔다"면서 교회가 사회적, 공적인 책임을 다하자는 것이 정치신학의 핵심이라고 설명했다.

독일의 '행동하는 신학자' 디트리히 본회퍼 전문가로, 한국본회퍼학회장인 유 총장은 "정치신학의 토대를 마련한 사람이 본회퍼"라면서 "본회퍼는 기도하는 것과 사람들 사이에서 정의를 행하는 것이 기독교인이 되는 두 가지 조건이라고 했으며 '기도'와 '사회정의'가

균형을 이뤄야 한다"고 강조했다.

올 3월 13일 개교 100주년을 맞은 서울신학대학은 기독교대한성결교회(기성) 소속으로, 한국의 전설적인 부흥사 이성봉 목사, 한국교회의 대표적 순교자 문준경 전도사, 여성독립운동가 백신영 전도사 등 많은 개신교계 지도자들을 배출했다.

개교 100주년을 맞아 예수의 정신인 사랑과 정의, 평화를 실천하는 인물 양성을 목표로 신입생을 대상으로 인문학 강좌를 필수 과목으로 지정하는 등 인문 교육, 현장 중심 교육을 강화하고 있다.

유 총장은 "예수님의 정신으로 사랑을 사회적으로 실천하는 인물, 한국교회를 치유할 수 있는 인물을 키우는 것이 우리의 목표"라고 말했다.

〈2011년 8월 31일〉 연합뉴스  yunzhen@yna.co.kr

### 3-2-14. 신학대 틀 얽매이지 안고 전교생 대상 매주 인문학 강좌 열어

- 유석성 서울신학대학 총장 인터뷰 -

지난달 22일 부천에 있는 서울신학대학교의 교문을 들어서자 학생들이 처음 보는 기자를 향해 '안녕하세요'라고 인사를 했다. 이 일을 이야기하며 "좀 의아했다"고 하자 유석성 총장이 웃었다. "'안감미' 운동의 성과입니다. 처음에는 간혹 당황하는 분들도 계시죠. '안감미'란 '안녕하세요. 감사합니다. 미안합니다'의 첫 글자를 딴 말입니다. 우리가 공부하는 이유는 궁극적으로 '사람다운 사람'이 되기 위해서입니다. '사람다운 사람'이란 결국 좋은 인성과 품성을 갖추는 것이고, 이런 덕목들이 밖으로 표현되는 것이 바로 '예절'이라고 생각합니다." 이런 배경에서 유 총장은 2010년 총장에 선임된 이후 '안·감·미' 운동을 꾸준히 실천해오고 있다.

1911년 '성서학원'으로 시작한 서울신학대학교는 개교 100년을 넘어 현재 우리나라의 대표적인 신학대학 중 하나다.

학교 방문한 낯선 사람들에게도 인사 건네는 '안·감·미' 운동으로 이웃과 더불어 사는 법 가르치고 "기독교 신자만 다닐 것" 등 학교 이름서 비롯된 오해도 있지만 비종교 신입생 꾸준히 늘어

유석성 서울신학대학 총장은 '교육'을 '사람다운 사람'을 만드는 일이라 생각하기에 인문학을 강조한다. 그는 '사랑의 실천'이 '정의' 이며 '정의의 실현'이 '평화'라 강조했다.

유석성 서울신학대학 총장은 '교육'을 '사람다운 사람'을 만드는 일이라 생각하기에 인문학을 강조한다. 그는 '사랑의 실천'이 '정의' 이며 '정의의 실현'이 '평화'라 강조했다. (서울신학대학 제공)

- 2010년 총장 취임 후 연임을 하셨다. 지금까지 중점적으로 추진한 일 과 성과에 대해 듣고 싶다.

"취임 초기부터 인문학의 중요성에 대해 강조하고 학생들에게 인 문학 수업을 필수로 듣게 했다. 초기에는 '신학대학에서 무슨 인문 학'이냐고 의문을 품는 사람들도 있었다. 인문학이라는 단어에서 문 (文)이라는 글자는 본래 무늬(紋)라는 뜻을 가지고 있다. 인문이란 바 로 '사람의 무늬'이고, 이는 품성, 인성 등을 의미한다. 교육의 궁 극적인 목적은 '사람다운 사람을 만드는 것'이다. 사람다운 사람이 란, 올바른 품성과 인성을 갖추고, 타인들과 더불어 살 줄 아는 사람 이다."

- 인문학을 강조하는 특별한 이유가 있는지?

"흔히 인문학을 얘기할 때 문(文)·사(史)·철(哲)을 얘기한다. 문학은 창조적 상상력을, 역사는 올바른 판단력을, 철학은 사유할 수 있는 합리적 사고력을 뜻한다. 서양에서의 인문학이 인간이 갖춰야 할 '교양'을 의미한다면, 동양에서는 수기치인(修己治人)이라는 말처럼 사욕(己)을 넘어 '더불어 살 수 있는(治) 인간이 되는 것'이다. 인문학은 인성교육과 인격훈련의 가장 필수요소이며, 나아가 모든 학문의 기초가 된다."

- 대학들이 인문학 관련 학과를 없애는 등 인문학의 위기와 관련한 얘기들이 많이 들리는데 대세에 역행하는 것 아닌지?

　"비실용적이라고 인문학을 경시하는 건 잘못된 선택이다. 역대 80명이 넘는 노벨상 수상자를 배출한 시카고대학이 명문으로 도약할 수 있었던 계기는 1929년 취임한 로버트 허친스 총장의 '시카고 플랜' 덕이라는 게 정설이다. 그는 총장이 된 뒤 '인류의 위대한 유산인 인문 고전 100권을 외울 정도로 읽지 않은 학생은 졸업시키지 않는다'는 선언을 했다. 우리 대학에서는 매주 금요일 사회적으로 저명한 학자나 인사들을 모시고 전교생이 참여하는 인문학 강좌를 열고 있다. 지금까지 이어령 초대 문화부장관, 정운찬 전 국무총리, 한승헌 전 감사원장, 유홍준 전 문화재청장 등이 강의를 해주셨다."

- 학교가 추구하는 인재상이 무엇인지도 궁금하다.

　"'지성과 영성, 덕성을 바탕으로 한 실천적인 사회봉사형 인재', '국제 경쟁력을 갖춘 글로벌 인재'를 추구한다. 이를 위해 '사회복지 실천'을 교양필수 과목으로 지정했다. 학생들은 사회복지시설 등에서 연간 58시간 이상을 봉사활동에 의무적으로 참여해야 한다. 이와 함께 글로벌 인재 양성을 지원하기 위해 유럽, 미국, 중국 등 세계 5개 권역에 대해 유학반을 별도로 운영하고 있고, 지원도 많이 하는 편이다. 또 평화를 실천하는 피스메이커(peace maker) 양성을 위해 전교생이 「평화와 통일」이라는 과목도 수강한다."

- 「평화와 통일」 과목을 이야기했는데 이런 주제에 주목하는 이유가 뭔가?

"평화에는 '소극적 평화'와 '적극적 평화'가 있다. 소극적 평화란 단순히 '전쟁이 없는 상태'를 말한다. 적극적 평화란 전쟁만 없는 것이 아니라 '정의가 실천되는 평화'를 의미한다. 쉽게 얘기하면 가난하고 아픈 사람들이 국가나 주변의 도움을 받아 더 이상 가난하지 않은, 아픈 사람이 없는 사회가 되어야 한다. 우리나라는 세계에서 유일한 분단국가이다. 이러한 '휴전' 상태로는 진정한 평화를 기대할 수 없다. '평화'를 위해서는 반드시 '통일'을 해야 한다."

- 전반적으로 '실천하는 인재상'을 강조하고 있다. 총장께서 히틀러에 맞선 순교자로 알려진 '본회퍼'를 전공하고 학위를 받은 것으로 알고 있는데 이런 부분도 학교 철학에 영향을 줬나?

"올해는 본회퍼가 서거한 지 70주년이 되는 해다. 그는 성직자이지만, 나치정권 시대 히틀러의 암살계획에 참여했다가 죽음을 맞이했다. 올바른 삶과 더불어 참된 죽음이 있었기에 우리는 아직 그를 기억하는 것이다. 그는 '난폭한 운전자가 있다면 그로 인해 희생딩

한 사람을 위해 장례식을 치르거나 기도해주는 것이 다가 아니라 운전자의 운전대를 빼앗는 것이 참된 종교인의 자세'라고 했다. 본회퍼는 '타자를 위한 존재'를 강조했는데 이는 그가 감옥에서 '예수는 누구인가' '기독교는 무엇인가'라고 스스로에게 던졌던 질문에 대한 대답이다. 그는 '기도를 하는 것과 사람들 사이에서 정의를 행하는 것' 두 가지를 강조했다."

- 요즘 대학들이 외국 대학과 활발하게 교류하는 추세다. 서울신학대학교의 경우는 어떤가?

"독일 명문 튀빙겐대와 예나대, 일본의 도시샤대, 중국의 지린(길림)사범대와도 활발한 교류를 하고 있다. 올해엔 미국의 예일대, 독일의 하이델베르크대와 새롭게 교류를 시작할 예정이다. 교수 및 학생 연수, 공동연구 등을 통해 그들이 지닌 오랜 전통을 빠르게 접목할 수 있을 것으로 기대하고 있다."

- 서울신학대학만의 특별한 학풍이 있다면 소개해 달라.

"다른 대학과 차별되는 지점은 기독교 정신의 핵심인 사랑의 실천, 이웃사랑을 위한 '봉사형' 인재를 육성하는 것이다. 유아교육과, 보육학과, 사회복지학과 등이 모두 봉사와 관련한 학과이다. 우리 대학은 현장에서의 실천, 봉사를 염두에 두고 교육을 하고 있다. 그 덕분인지 유아교육과 졸업생들의 취업률은 90%를 넘는다. 그만큼 사회에서 우리의 교육과정에 대해 인정을 해주고 있다는 뜻이다."

- 종교 관련 대학이기 때문에 사람들이 갖는 편견이나 오해도 있을 텐데.

"'신학대학'이라는 이름 때문에 오해를 하는 사람들이 종종 있다. 총 11개 학과 중 9개 학과에 비종교인도 얼마든지 입학할 수 있다. 최근에는 비종교인 신입생 수도 꾸준히 늘고 있다. 현재 학교 교명 또한 변경을 진지하게 고민하고 있다. 종교대학으로 스스로 이름에 갇히기보다는 좀 더 열린 이름으로 사람들에게 다가가는 것이 여러모로 좋을 것이라는 의견들이 많이 나오고 있다."

- 서울신학대학교의 비전에 대해 듣고 싶다.

"개교 100주년을 맞은 2011년 우리 대학은 '창조적인 기독교 지도자 양성' '지성·영성·덕성이 조화된 교육' '세계적인 기독교 명문대학으로 도약'이라는 3대 비전을 선포했다. 이를 위해 앞으로도 봉사, 평화, 통일을 위한 교육을 변함없이 추구해 나갈 것이다. 기독교 사상의 핵심이라 할 수 있는 '사랑'은 '정의'를 통해 실천되며, '정의'는 결국 '평화'를 통해서만 실현될 수 있기 때문이다."

이은철 기자 lee@hanedui.com 〈2015년 6월 2일〉 한겨레

## 3-2-15. "동아시아 평화전제는 일의 침략사 사죄·보상"

서울신학대학 국제 학술대회
유석성 총장, 기조 강연서 안중근의 '동양평화론' 강조
벨커 하이델베르크대 명예교수 "칸트 평화론은 폭력·무기 아닌 법·정치가 평화 보장한다는 것"

유석성 서울신학대학 총장은 지난 13일 경기도 부천 서울신학대학에서 열린 '서울신학대학-하이델베르크대 국제학술대회'에서 "동아시아의 평화는 과거 침략에 대한 일본의 시인 반성 사죄 보상이 전제돼야 한다"고 주장했다. 유 총장은 '안중근 의사의 동양평화론'을 주제로 기조 강연했다.

안 의사는 1909년 10월 26일 중국 하얼빈 역에서 초대 조선 통감인 이토 히로부미를 권총으로 사살한 후 감옥에서 『동양평화론』을 집필했다. 안 의사는 이 책에서 일본의 잘못을 지적하고 반성을 촉구했다. 동양평화를 위해 '한·중·일 동양평화회의'를 조직하고 공동 군대, 공동 은행을 두고 공동 화폐를 사용하자고 제안했다.

유 총장은 "안 의사의 『동양평화론』은 100년이 지난 지금도 동아시아의 평화뿐 아니라 세계 평화에 기여할 수 있는 주장"이라고 평가했다. 또 "안 의사가 이토를 죽인 것은 단순한 살인이 아니라 '정당방위'와 '저항권'의 입장에서 이해해야 한다"고 강조했다. 안

의사는 당시 일본 법정이 '사람을 죽이는 것은 죄악이 아닌가'라고 묻자 "평화로운 남의 나라를 탈취하고 사람의 생명을 빼앗는 데도 수수방관하는 것은 죄악이다. 나는 이 죄악을 제거한 것이다"라고 대답했다.

독일 하이델베르크대 기조 강연자로 나선 미하엘 벨커 명예교수는 세계적인 독일 철학자 '임마누엘 칸트'에 대해 강의했다. 벨커 명예교수는 칸트의 저서『영원한 평화를 위하여』(1795년)를 토대로 칸트의 '평화론'을 설명했다.

칸트는 이 책에서 폭력과 무기가 아니라 법과 정치가 평화를 보장할 수 있다고 주창했다. 특히 칸트는 "평화와 휴전 상태는 분명히 다르다"며 "평화라고 불리는 단순한 휴전 상태를 금지시켜야 한다"고 말했다. 또 "한 국가의 주권파괴를 금지하고 상비군을 점차 철폐하며 다른 나라를 간섭하기 위한 폭력을 없애야 한다"고 밝혔다. 벨커 명예교수는 "칸트의 평화론은 평화를 위한 도덕·정치·법률적, 심지어 경제적 조건까지 다뤄 설득력이 있다"고 말했다.

최상용(고려대 명예교수) 전 주일대사는「동아시아 평화와 한·중·일 협력」이라는 주제로 강연했다. 그는 "일본은 너무나 보수적인 나라라는 점, 한국의 주장이 현실적으로나 논리적으로 설득력이 있으면 이를 이해할 만한 국민이 적지 않은 나라라는 점 등을 감안한다면 양국 간에 해결하지 못할 문제가 없다"고 강조했다.

「구약의 다윗 전통의 내부적 발전 논리에 대한 연구」를 주제로 강연한 만프레드 외밍 하이델베르크대 교수는 "하나님의 뜻에 맞는 제사 음악 노래 공동체에 유용한 도덕에만 관심이 있었던 다윗은 평화의 비전을 갖고 있었던 사람"이라고 설명했다.

〈2015년 11월 16일〉 국민일보  전병선 기자 junbs@kmib.co.kr

국민일보 (2016년 3월 23일)

## 3-2-16. "본회퍼처럼 그리스도 고난의 삶 동참해야"

– 몰트만 박사 서울신학대 강연

"우리가 자기 십자가를 질 때 주님과 함께하는 기쁨 누려
우리가 바라는 하나님 아닌 십자가의 하나님 바라봐야"

세계적인 석학 위르겐 몰트만(서울신학대학 석좌교수) 독일 튀빙겐대 명예교수는 22일 독일 신학자 디트리히 본회퍼의 신학을 돌아보며 예수 그리스도의 고난에 동참하는 삶을 강조했다. 그는 "그리스도인이 된다는 것은 그리스도의 고난에 동참하는 것"이라며 "우리가 자기 십자가를 질 때 주님과 함께하는 참된 기쁨을 누릴 수 있다"고 말했다.

몰트만 교수는 이날 경기도 부천 서울신학대학(총장 유석성) 성결의 집에서 열린 '제2회 하이델베르크대–서울신학대학 국제학술대회'에서 「디트리히 본회퍼의 하나님의 고난과 신학」이라는 주제로 강연했다. 학술대회 전체 주제는 '본회퍼의 평화사상과 동아시아의 평화'였다. 하지만 그는 국제 정세가 아니라 개인의 삶을 다뤘다.

몰트만 교수는 "본회퍼는 옥중서신에서 우리 그리스도인은 우리가 바라는 하나님이 아니라 십자가에서 고난당한 하나님을 봐야 한다고 강조했다"며 "하나님은 우리가 그 고난에 참여하길 원하신다"

고 말했다. 여기서 고난은 '메시아적 고난'이다. 몰트만 교수는 "하나님은 예수 그리스도의 부활을 통해 우리에게 메시아적 희망을 주시기 때문에 우리는 이 고난을 짊어질 수 있다"며 "하나님은 고난을 당하는 하나님인 동시에 부활과 희망의 하나님"이라고 말했다.

몰트만 교수는 또 그리스도인의 기도를 강조했다. 그는 "우리의 기도는 그리스도를 통해 아버지께 전달되고 예수는 우리를 위해 기도하시며 성령은 말할 수 없는 탄식과 함께 우리를 대변하신다"며 "하나님은 우리의 기도에 반응하시는 분"이라고 말했다.

서울신학대학 석좌교수인 미하엘 벨커 하이델베르크대 명예교수는 「본회퍼의 평화사상」이란 제목으로 강연했다. 그는 이 평화사상을 근거로 "국제적 평화는 하나님의 조건 없는 명령이며 평화 공동체는 거짓과 불의가 아니라 진리와 정의 위에 세워질 수 있다"고 강조했다.

유석성 총장은 「본회퍼의 평화사상과 동아시아의 평화」라는 제목의 기조강연에서 "아시아의 평화는 북핵 문제, 일본의 신군국주의, 중국의 팽창주의로 위협받고 있다"며 "한반도의 평화 없이 동아시아의 평화가 없고 동아시아의 평화 없이 세계 평화가 없다는 것을 인식해야 한다"고 말했다.

그는 "평화의 신학자로 불리는 본회퍼는 평화를 실현하기 위해 이웃과의 연대, 책임을 강조했다"며 "한국, 일본, 중국은 본회퍼의 사상을 토대로 상생과 평화 공존의 길을 모색해야 한다"고 말했다. 특히 "역사를 바르게 인식하고 평화, 인권, 자유, 평등, 민주주의 등 보편적인 가치를 추구해야 한다"고 강조했다.

하이델베르크대와 서울신학대학가 공동으로 주최한 이번 학술대회에는 요한네스 오이리히, 필립 슈튈거 하이델베르크대 교수도 참석해 각각 '본회퍼의 영성과 디아코니적 행위' '본회퍼에 의거한 저항권의 근거와 무근거에 대한 사유'를 주제로 강연했다.

〈2016년 3월 23일〉 국민일보 전병선 기자 junbs@

# 3-2-17. 『사회정의론 연구』 출판기념회

『사회정의론 연구』 저자의 변

유석성 서울신학대학교 총장의 퇴임을 앞두고 "사회
정의론 연구" 출판기념회가 8월 19일 오후 서울 프레
스클럽에서 개최됐다. 이날 출판기념회는 한승헌 전
감사원장, 장상 전 국무총리 서리, 이정의 서울신학대
학교 전 이사장, 이태식 전 주미대사, 최재명 (사)한국
언론인연합회 회장 등 각계 내빈 200여 명이 참석하
여 대성황을 이루었다. "사랑은 정의로써 구현되고 정
의가 행해짐으로써 평화가 이루어진다."이 말은 유석
성 총장이 추구하는 사랑. 정의. 평화의 관계를 잘 나

타내는 명제이다. 유 총장의 이임을 앞두고 그의 관심사를 반영하여 정의론에 대한 관
심사를 잘 반영하여 여러 전문 분야의 글들을 기고 받아 『사회정의론 연구』를 퇴임 기
념으로 출판하게 되었다고 인사말을 통해 밝혔다.

정의는 법의 이념이자 윤리적 이념이다. 서양에서 많은 어원적으
로 '정의'에서 유래한다. 그리스어 '디케(법)'는 '디카이온(정의)에서,
라틴어 ius(法,)는 iustitn(정의,正義)에서 유래하였다. 법은 정의와 형평
의 술(術)로 말하였으며, 법의 사명은 정의를 실현하는 것이다. 동양
에서는 정의보다 '의'(義)라고 하였으며, 법치주의보다 예치주의. 덕
치주의가 성행하여 법규범보다 도덕규범을 중요시하여 인의예지(仁
義禮智)를 도덕규범으로 인정하였다.

성서에서도 의에 대한 관심은 규약의 예언자들의 주요 관심이며, 신약에서도 예수는 "너희는 먼저 그의 나라와 그의 의를 구하라"(마 6:33)라고 하였고, 바울이 강조한 대로 그리스도인들은 믿음으로 의로워진다는 이신득의(以信得義) 교리는 기독교의 중요한 교리로서 의에 대한 관심이 강조되었고 다양하게 사용되었다.

서양철학에서 정의는 다음 두 가지 명제로부터 출발한다고 할 수 있다. 첫째는 "각자에게 그의 것을"(suum cuique), 둘째는 "같은 것은 같게, 같지 않은 것은 같지 않게 취급하라"또는 "눈에는 눈, 이에는 이"라는 의미의 동해(同害) 보복법(lex tahonis)이다. 첫째 명제는 분배적 정의로, 두 번째 명제는 교환적 정의와 서정적 정의 원리 형성에 사용되었다.

이러한 정의의 원칙하에 정의 원리를 처음으로 체계화한 아리스토텔레스(Aristotle)는 정의를 크게 두 가지로 구분한다. 즉, 넓은 의미의 일반적인 정의와 좁은 의미의 특수적인 정의로 구분하였다. 일반적 정의는 적법성에 근거한 법적 정의, 특수한 정의는 균등성에 근거하고 있는 비례적 정의를 말한다. 이 특수한 정의는 기하학적인 비례의 평등을 나타내는 분배적 정의와 산술적 비례의 평등을 나타내는 서정적 정의(평균적 정의)로 구분하였다. 오늘날까지도 이 분류는 그대로 통용된다.

현대의 대표적인 정의론 학자는 존 롤즈(John Rawls)로서 "공정으로써의 정의"(Justice as fairness)를 주장하고 절차를 중시하는 절차주의적 정의를 말하였다. 롤즈의 정의론은 사회정의론이며 자유와 평등의 조화를 추구하였다. 오늘날 사회적으로 정의의 문제는 사회정의가 강조되며, 사회정의의 문제는 분배정의를 의미한다.

성서에서 말하는 정의는 철학에서 말하고 있는 교환적 정의나 분배적 정의와는 다르다. 인간의 업적이나 가치에 따라 분배하는 것이 아니고 하나님의 법과 하나님의 뜻에 따라 획득하고 의로워진다. 이 것을 구속적 정의라고 하고, 폴 틸리(Paul Tilich)는 창조적 정의라고 하였다. 일하는 시간과 상관없이 품삯을 지불한 포도원의 일꾼에서 그 예를 찾아볼 수 있다.

성서의 정의는 하나님의 의(義)에 근거하고 있고, 인간은 하나님 의 의로부터 의로운 자가 된다. 인간은 공적에 의해서가 아니라 하 나님의 은총에 의해서 의로운 자가 된다. 의인은 믿음으로 산다.(롬 1:17) 하나님과 올바른 관계를 맺게 됨으로써 인간은 의로운 자가 된 다. "내가 가진 의는 율법에서 난 것이 아니요, 오직 그리스도를 믿 음으로 말미암은 것이니 곧 믿음으로 하나님께로서 난 의라."(빌 3:9) 하나님의 정의는 거룩한 사랑이다. 하나님은 어떤 것을 요구하기 전 에 사랑, 자비, 용서, 친절을 준다. 그의 친절은 무차별 속에 잘 나타 난다.(마 5:45)

기독교 윤리에서 정의는 사랑과의 연관 하에서만 그 의미가 밝혀 진다. 정의는 사랑의 도구이며 정의를 통하여 사랑은 실현된다. 이 러한 것을 라인홀드 니버(Reinhold Niebuhr)나 에밀 브루너(Emil Brun- ner)가 주장하였다. 정의는 사랑의 구체화한 모습이기 때문에 사랑 과 정의는 불가분리의 관계가 된다. 니버의 말대로 정의 없는 감상 주의이며 사랑 없는 정의는 부정의가 된다.

이뿐 아니라 정의는 평화와 밀접한 관계가 있다. 평화가 정의를 창조하는 것이 아니고 정의가 평화를 창조한다. 불의한 곳에는 평 화가 없기 때문이다. 시편기자는 "정의와 평화가 서로 입맞춘다"(시 85:10)는 표현으로 정의와 평화의 밀접한 관계를 말하고 있다.

하나님은 정의로운 분이다. 하나님의 정의는 올바름과 공정함을 창조하는 정의이다. 하나님은 빼앗긴 권리는 찾아주고 불의한 상황 속에 처한 사람에게 정의를 찾아 준다.(시 31:2, 146:7) 하나님은 인간들 사이에 불공평을 바로잡고, 가난한 사람들, 온유한 사람들, 굶주린 사람들 그리고 슬퍼하는 사람들의 권리를 찾아준다. 정의를 위한 책임에서 평화는 만들어진다.

정의는 공동체적이며 사회적이고 관계적이다. 이웃과 자연과의 관계 속에서 살아간다. 인간은 불의한 사회를 정의로운 사회로, 부정한 관계를 의로운 관계로 만들 의무와 책임이 있다. 따라서 기독교적 정의는 사회정의다.

이 책은 유석성 총장의 총장 이임과 교수 정년 기념으로 출간하게 되었다.

정의(正義)에 대하여 철학(서양철학, 동양철학, 한국철학)과 정치학 그리고 신학의 각 분야의 정의론을 기획하고 각 분야에서 전문가 교수님들에게 의뢰하여 출판하게 되었다. 교수님들에게 감사드린다.

이 책이 현대 사회정의론 논의에 크게 기여하기를 바란다.


황경식 서울대학교 명예교수,
『사회 정의론 연구』 출판기념회 부쳐 …


여러분! 정의, 특히 사회정의란 무엇을 말하는 건가요? 저는 정의를 이야기할 때 늘상 인생이라는 경기를 100m 경주에 빗대어 이야기한답니다. 인생이라는 경주는 우리 모두가 동일한 선상에서 출발하는 게 아니지 않습니까. 혹자는 금수저를 물고 태어나 95m 전방에서 출발한다면 혹자는 은수저로 태어나 75m 전방에서 출발하고 혹자는 동수저로 태어나 50m 전방에서 출발한답니다. 그러나 우리같이 흙수저로 태어난 대부분의 사람들은 원점에서, 즉 0 지점에서 인생이라는 경주를 시작하게 된답니다.

이같이 인생이라는 경주는 우리가 그럴 만한 아무런 이유도 없이, 우연히 공짜로 주어진 운명적인 출발 선상에서 시작한답니다. 우리는 그것을 운(運) 혹은 복(福)이라 부르며 주어진 운명으로 받아들인답니다. 결국 인생이란 타고난 재능과 관련된 천부적 운과 사회적 지위와 관련된 후천적 운이라는 두 가지 운명적 변수를 짊어지고 시작되는, 원천적으로 불평등한 게임이라고 할 수 있습니다.(original inequality)

그러나 여러분! 우리의 인생이 이같은 두 가지 운 혹은 두 가지 복이 그대로 방치되어 주어진 운명 그대로 진행될 뿐이라면 그 같은 사회는 그야말로 복불복(福不福)의 사회이고 운명이 지배하는 사회이며 그런 사회는 결국 부정의한 사회가 아닐까요? 그렇다면 우리의 인생은 억울한 사회이며 하느님이 원망스러운 사회가 되고 말았을 겁니다. 그러나 천만다행히도 하느님은 도덕과 윤리를 깨달을 수 있는, 정의란 무엇인지를 깨달을 수 있는 양심이라는 귀한 능력을 우리에게 심어 주셨습니다.

우리는 주어진 운명 그대로 타고난 운과 복 그대로 살지 않고 이것을 보다 인간적으로 시정하고 인간답게 수정하고자 노력하게 되고, 그래서 정의라는 중대한 덕목을 생각해낸 것이랍니다. 이같이 정의는 자연 그대로, 주어진 그대로, 타고난 그대로 사는 것이 아니라 그것이 보다 인간적인 질서로, 인간다운 질서로, 하느님 마음에 드시는 모습으로 바꾸는 노력 속에서 생겨나는, 윤리적이고 도덕적으로 아름다운 질서라고 할 수 있다는 생각입니다. 그것은 하느님이 인간의 양심에 각인해 주신 바로 그 질서를 추구하고 실천하고자 하는 데서 생겨난다고 생각듭니다.

그래서 정의의 뿌리는 우리들 가운데 보다 불운하고 박복한 사회적 약자들을 배려하는 인간 사랑이라 할 수 있습니다. 정의는 우리가 하느님 마음에 드실 질서, 하느님이 우리 심중에 새겨 주신 질서, 하느님이 우리를 사랑하듯 우리가 서로 사랑하는 가운데 지향해야 할 가치에 부합하는 질서입니다. 또한 인간 사랑이 없이 정의는 실천될 수도, 실현될 수도 없습니다. 그래서 사랑은 정의 실현의 동기이고 실천의 의지라 할 수 있습니다.

우리가 친구의 술잔에 넘치도록 술을 따르고자 하는 사랑이 없다면 우리는 결코 친구의 술잔을 채울 수가 없습니다. 그래서 '각자에게 그의 몫 이상을 주고자 하는 사랑이 없이는 '각자에게 그의 몫'을 제대로 주고자 하는 정의는 결코 지상에서 실현될 수 없습니다. 이런 이유로 정의와 사랑은 상호 보완의 관계에 있습니다.

세기의 정의론자 롤즈(John Rawls)에 따르면 프랑스 혁명의 캐치프레이즈인 자유, 평등, 박애 중 이미 자유와 평등은 정치학자와 사회철학자들이 수없이 많은 논의를 해온 주제입니다. 자신은 정의론을 통해 박애, 즉 인간 사랑의 사회적 함축을 논의하고자 한다고 분명히 밝히고 있습니다.

그런데 여기에서 동시에 잊어서는 안 될 중요한 한 가지 사실이 있습니다. 부드러운 덕목(soft virtue)인 사랑은 또한 딱딱한 덕목(hard virtue)인 정의를 요청한다는 점입니다. 그래서 사랑의 복음서인 성경의 별명은 '정의의 서'라고도 할 수 있습니다. 사랑은 여차하면 맹목적이 될 가능성을 내포합니다. 또한 내가 사랑하는 사람들이 둘 이상 서로 다툴 경우 사랑만으로는 무력할 수밖에 없는 일이 예상됩니다. 내가 사랑하는 두 사람이 서로 적대시 할 경우 나는 어찌해야 합니까? 속수무책으로 있을 수밖에 없나요?

이때 하느님인들 뾰족한 방도가 없습니다. 그때 나의 정답이자 하느님의 응답은 바로 "정의의 편을 들어라"라는 것입니다. 내가 정의의 편을 드는 것이 바로 하느님 마음에 드시는 길이라 생각됩니다.

결국 이같이 정의와 사랑은 대립적이기보다는 상호 보완적이고 상호 요청적인 덕목임을 깊이 깨달을 필요가 있는 것입니다. '정의는 최소한 사랑이고 사랑은 정의의 완성'임은 언제나 진리라 생각됩니다.

유석성 선생님은 항상 따뜻한 사랑으로 가득 차 계십니다. 그러나 선생님은 평생 사랑과 더불어 정의를 갈구하셨습니다. 그래서 선생님의 사랑은 결코 맹목적이지 않고 정의에 기반 한 사랑이라 확신합니다. 이같은 정의와 사랑의 상호 보완 관계에 기반 해서 그의 평화론이 전개되고 나아가 그의 평화 통일론이라는 강한 신념으로 뻗어 간 것이라 생각됩니다.

이상에서 말씀드린 바와 같이 유 선생님의 사상은 기본적으로 정의와 사랑의 상보 위에 이루어지는 평화로 요약됩니다. 이같은 기반이 없는 평화는 진정한 평화가 아니라 갈등과 전쟁이 잠시 쉬어가는 미봉적인 평화일 뿐입니다. 진정한 평화, 내면적으로 충실한 평화는 정의에 바탕한 평화요, 그런 평화만이 영원한 평화가 될 수 있습니다. 그래서 유 선생님은 자신의 사상을 '사랑은 정의로써 구체화되고 정의가 행해짐으로써 평화가 이루어진다'로 정리할 수 있다고 말씀하십니다.

## 3-2-18. 퇴임 앞둔 서울신대 유석성 총장에게 듣는다

"유시유종(有始有終), 시작이 있으면 마침도 있는 법"

지난 6년간 서울신학대학교를 이끌어 온 유석성 총장이 오는 9월 1일 퇴임한다. 개교 100주년을 앞두고 취임한 유 총장은 학교의 이름을 널리 알린 '개교 100주년 기념 인문학 강좌'를 비롯해 수많은 도전으로 학교를 국내 최고·최상의 신학대로 발전시켰다. 이임을 앞둔 유석성 총장과 만나 지난 6년을 돌아보고 앞으로의 계획을 들어봤다.

- 6년간 총장 활동을 평가한다면?

지난 6년간 서울신학대학교는 국내 주요 신학대학들 중 '최고'와 '최상'의 학교로 부상했다. 입학 경쟁률 부문에서 '최고'가 됐고, 대학 평가에 있어서도 우리 학교는 '최상' 그룹에 해당한다. 서울신대의 입학 경쟁률은 7대 1에 달했다. 개교 105년 역사상 최고의 경쟁률이다.

교육에 있어 '혁명적'이라 말할 정도의 변화를 일으켰기 때문으로 생각한다. 양적인 면과 질적인 면 그리고 하드웨어와 소프트웨어가 업그레이드 됐고, 여러 면이 종합적으로 상승했다.

- 무엇에 가장 치중했나?

먼저 3대 목표를 세웠다. '창조적 기독교 지도자 양성'과 '지성과 영성, 덕성이 조화된 교육', '21세기가 요구하는 기독교 명문대학' 등이다. 이를 위해 4대 실천전략을 추진했다. '교육의 내실화'와 '연구의 활성화', '행정의 효율화'와 '대학 기반시설 확충' 등인데, 지나고 보니 거의 다 이룬 것 같다.

'안녕하세요, 감사합니다, 미안합니다'를 뜻하는 안·감·미 예절 운동도 기억에 남는다. '예절은 빨리 나타나고, 실력은 천천히 발휘된다'고, 예절이 나쁘면 실력을 발휘할 기회조차 박탈당할 수 있어 예절운동을 벌였다.

그에 못지않게 강조했던 것이 '신앙의 생활화'였다. 신학생들이 기도하고, 성경 읽고, 실천하자는 것이다. 그래서 '하루 3분 이상 기도하자, 하루 3장 이상 성경을 읽자, 하루 3회 이상 사랑을 실천하자'는 3·3·3 운동을 벌였다. 신대원생들에게는 특히 기도 훈련과 성경 통달을 주문했다.

- 영성·지성·덕성의 조화를 제시한 점이 주효했던 것 같다.

지성과 영성, 덕성이 조화를 이루는 교육을 풀어보면 '공부하자,

기도하자, 봉사하자'는 이야기이다. 한 번 더 풀어 쓴다면 '열심히 공부하는 학문공동체, 두 손 모아 기도하는 영성공동체, 정성 다해 봉사하는 사랑의 공동체'가 된다.

최근에 두 개를 덧붙였다. '평화통일을 위한 피스메이커'가 되는 것과 예수님께서 강조하신 '하나님사랑과 이웃사랑'에 나라사랑을 더한 것이다. 나라사랑'을 포함시킨 것은 기독교에는 국경이 없지만 기독교인에게는 조국이 있기 때문이다. 전교생을 대상으로 '평화와 통일'을 국내 최초로 필수과목으로 도 지정했다. 한국기독교의 남은 사명은 '평화통일'이기 때문이다. '

- '인문학 강좌'도 대단했지 않는가?

인문학은 인성과 교양과 학문의 기초이다. 쉽게 말하면 '사람'을 만드는 학문이다. 6년간 각계 명사들을 초청해 인문학 강좌를 진행하면서 학교가 전국적으로 알려지는 계기가 됐다. 학교의 대표 브랜드화 시킨 것이다. 대학 사회와 기독교에 '인문학의 중요성'을 불러 일으키는 역할도 했다고 자평한다.

교육 자체가 '사람다운 사람'을 만드는 것인데, 인문학 강좌를 통해 이를 기독교 정신으로 하고자 했다. 옛날 우리나라에서는 '수기치인(修己治人)'을 강조했다. 자신의 몸을 갈고 닦아 다른 사람을 다스리라, 곧 섬기라는 것이었다. 저는 거기에 신앙을 더해 신앙의 바탕 위에 인격을, 인격의 바탕 위에 신학을 하라고 강조했다.

- 인문학 강좌로 오해 받기도 했는데.

인문학은 인본주의가 아닌데, 그 부분에서 오해가 있었다. 인문학은 신학의 반대가 아니다. 인(人)문학의 반대는 천(天)문학이다. 인문학은 신학을 완전하게 하는 역할을 하는 것이다. 초반에 오해했던 분들도 지금은 잘 이해하고 계신다. 목사님들도 '인문'이라는 말을 쓰진 않지만, 설교 한 편에서 인문학이 얼마나 필요한지 모른다.

- 국제적 학술교류도 활발했다.

지금은 국제화 시대인데 우리 학교가 튀빙겐대, 하이델베르크대, 예나대 등 독일 최고의 대학들과 학술교류를 체결하면서 세계적 명문대가 됐다. 튀빙겐대에서는 격년으로, 우리 학교에서는 매년 함께 국제학술대회를 열고 있다. 대학의 위상이 올라갔다.

- 100주년기념관 건립 어떻게 가능했는가? 모금에도 탁월했다.

100주년기념관 건물은 당초 2,400여 평으로 계획됐지만 5,700여 평으로 최종 완공됐다. 지금 100주년기념관이 학생들에게 큰 도움이 되고 있다.

모금은 우리 학교의 현실을 알리고, 학교와 저의 교육철학과 비전을 알려주면 자연스럽게 따라왔다. 물론 모금의 필요조건과 충분조건은 있다. 필요조건은 '시간'이다. 한 사람과 교제하는 데는 3년 이상 걸린다. 밥도 뜸을 들여야 하듯, 사귐에 있어서 기본적인 시간이 필요하다. 스스로 결단하게 해야 흘러넘칠 수 있다. 충분조건은 총장의 '역량'이다. 열정 하나로 살았다. 사심 없이 열심히 하다 보니 오해하던 분들도 이해하게 됐다.

- 학교가 교단·사회에 공헌하려면?

  사회정의와 평화에 관심을 가진 '일꾼'들을 키워야 한다. 그 동안 교회가 사회적 신뢰도 잃고 여러가지 비난도 받았는데, 이는 한국교회 130년 역사에 있어 구조적 문제들이 생긴 것이다. 사회적으로 신뢰를 얻고 민족적 과제에 기여하기 위해서는 우선 예수님의 사랑을 실천해야 한다. 그리하여 평화를 만들고 정의로운 사회를 일궈야 한다. 민족적으로는 평화통일에 앞장서야 한다.

  프랑스 혁명이 자유와 평등, 박애를 내세웠다. 여기서 기독교는 '박애'에 주목해야 한다. 박애는 기독교에서 말하는 '이웃 사랑'이다. 이처럼 기독교적 사랑의 정신을 정의와 평화를 통해 구체화할 수 있는 일꾼들, 인물들을 키워야 한다. 그것이 예수님의 정신이다. 사랑은 사회적 실천이기에, 기독교적 사랑은 정의와 평화로 만들어진다. 그렇지 않으면 이기주의자들의 구호에 그칠 수 있다.

- 아쉬움은 없는가?

  6년간 일군 여러 프로그램들을 공고히 하고 확장시킬 수 있었으면 좋겠다. 하지만 '유시유종(有始有終)'이라고, 시작이 있으면 마침도 있는 법 아닌가. 지금 물러나는 것이 개인적으로 좋다고 생각한다.

- 퇴임 후 계획은?

하나님께서 인도하시는 대로 가는 수밖에 없다. 우선 좀 쉬고, '평화'에 대한 연구를 계속해, 임마누엘 칸트처럼 '신 영구평화론'을 쓰고 싶다.

[1054호] 2016년 08월 24일 (수) 황숭영 기자 windvoic@hanmail.net

# 총장 이 임 사

서울 신학 대학교 제16대 17대 總長 柳 錫 成

존경하는 내외 귀빈 여러분!

존경하는 학교법인 이사장님과 이사 여러분! 존경하는 총회장님, 총동문 회장님 그리고 동문 여러분! 성결가족과 교직원 그리고 사랑하는 학생 여러분!

오늘 저는 서울신학대학교 제16대·제17대 6년간의 총장직을 수행하고 그 임기를 마치게 되었습니다.

유시필유종(有始必有終)이라는 말이 있습니다. 사물(事物)에는 한정이 있어 시작이 있으면 반드시 끝이 있음을 나타내는 표현입니다. 시작하는 취임식이 있었듯이 이제 마치는 마감의 종소리가 울리는 이임식의 시간이 되었습니다.

2010년 9월 개교 100주년을 앞두고 총장에 취임하여 100주년 기념행사와 100주년 기념관의 건립과 새로운 100년을 향하여 새로운 학교를 만들기 위해 온 힘과 정성을 다하여 달려온 길이었습니다. 저는 총장에 취임하며 하나님께 무릎 꿇고 기도하는 총장이 되겠다고 천명(闡明)한 바 있습니다. 기도의 힘으로 이 자리까지 왔습니다.

임기를 잘 마치도록 오늘까지 이끌어 주신 하나님께 "은혜가 한이 없다"는 '은총무한'(恩寵無限) 네 글자로 하나님께 감사드립니다.

저를 총장으로 선임해 주신 이정익 이사장님을 비롯한 제16대 총장 재임기간 이사진 그리고 박용규 이사장님을 비롯한 제17대 총장 재임기간 이사진께 감사의 말씀을 드립니다.

서울신학대학교를 좋은 대학으로 만들기 위해 최선을 다해 수고

하신 교수, 직원, 학생 여러분께 감사드립니다.

　그리고 서울신학대학을 도와주신 성결교회와 후원자 여러분께 깊이 감사드립니다. 이분들의 도움으로 100주년 기념관을 건축하고, 장학재단을 만들어 학교를 운영하는 데 큰 도움이 되었습니다. 많은 분이 계시지만 크게 후원하신 박용연 권사님, 이창구 장로님, 오동환 장로님, 황성국 장로님, 여주기 권사님, 김선도 감독님, 한우리교회에 특별히 감사의 인사를 드립니다. 또한 기독교대한성결교회총회와 전국 성결교회 그리고 백주년모금위원회 백장흠 위원장님, 김충룡 부위원장님, 이기수 총무님께 감사드립니다.

　우리가 교육 표어로 삼은 것은 시편 36편 9절 말씀 "진실로 생명의 원천이 주께 있사오니 주의 빛 안에서 우리가 빛을 보리이다"는 말씀이었습니다. 이 표어 아래 열심히 공부하는 학문공동체·두 손 모아 기도하는 영성공동체·정성을 다해 봉사하는 사랑의 공동체를 만들려고 했습니다.

　대학의 기능은 교육과 연구와 봉사라고 합니다. 교육은 사람다운 사람을 키우는 것입니다. 예로부터 교육은 "내 몸을 닦고 나서 다른 사람을 다스리고 성인 같은 훌륭한 인격과 덕을 갖추어 왕 같은 지도자가 된다"는 수기치인 내성외왕(修己治人 內聖外王)이었습니다. 이것은 교육이란 인격 수양과 학문 연마를 하여 국가와 사회에 봉사하는 인물을 키우는 것을 의미합니다. 그래서 인격의 바탕위에 학문을 하는 것입니다. 그러나 우리는 인격과 학문의 기초가 하나 더 있다고 생각합니다. 그것은 바로 신앙입니다. 따라서 우리 대학은 신앙의 바탕위에 인격을, 인격의 바탕위에 학문을 하는 대학으로 만들어 예수님의 형상을 닮은 인물을 키우는 것을 교육목적으로 하였습니다.

　총장 취임에 즈음하여 학교 교육을 위해 3대 목표를 세웠습니다.

1. 창조적 기독교 지도자 양성
2. 지성·영성·덕성이 조화된 교육
3. 21세기가 요구하는 세계 기독교 명문대학입니다.

그동안 세 가지 목표를 향해 학교가 매진한 결과 어느 정도 계획한 성과를 거두어 가고 있습니다. 서울신학대학교는 그동안 인지도가 넓어지고 위상이 높아져 신학대학 중 최고(最高), 최상(最上)의 학교로 부상하고 있습니다. 신학대학 중 최고의 입학경쟁률, 최상의 대학평가를 받았습니다.

국제적으로도 세계의 최고 명문대학인 독일의 하이델베르크대학, 튀빙겐대학, 예나대학 일본의 도시샤(同志社)대학, 중국의 길림사범대학 등과 학술교류와 학생교류를 하게 되었고, 곧 미국의 예일대학교와도 교류를 하게 됩니다.

그동안 교양과 인성과 학문의 기초이며 사람다운 사람을 만드는 인문학강좌를 통하여 인문학의 가치와 중요성을 대학사회와 우리 사회 속에 각인시켰고, 큰 반향을 일으켰고, 큰 영향을 주어 인문학 교육의 새로운 바람을 일으키고 인문학강좌를 확산 시키는데 큰 역할을 하였습니다.

우리 대학교에서는 5대 운동을 펼쳤습니다.
1. 예절운동인 "안녕하십니까, 감사합니다, 미안합니다"의 안·감·미 운동. 우리 학생들은 모두 인사 잘하는 학교를 만들었습니다. 외부인들이 오시면 다 깜짝깜짝 놀랍니다. 저는 학생들에게 말합니다. "예절은 빨리 나타나고, 실력은 천천히 발휘된다. 예절 바르지 못하면 실력 발휘할 기회를 박탈당할 수도 있다. 꿈을 이루려면 예절 바른 학생이 되라"고 강조합니다.

2. 신앙의 생활화운동인 3·3·3운동입니다.

　하루에 세 번 삼 분 이상 기도하자. 하루에 성경 석 장 이상 읽자. 하루에 세 번 이상 사랑을 실천하자

3. 신학과와 신대원생에게는 "기도훈련과 성경에 통달한 신학생이 되라"고 강조합니다..

4. 평화 통일을 위한 피스메이커 만드는 교육입니다.

　예수님께서는 평화를 만든 사람들(peacemakers)되라고 하셨는데(마 5:9) 우리 민족에게 평화를 만드는 일 중에 가장 시급한 일이 평화통일입니다. 따라서 우리 대학을 통일 선도 대학으로 만들기 위해 2015년 입학생부터 「평화와 통일」이라는 과목을 필수 과목으로 이수하도록 하고 있습니다.

5. 하나님사랑, 나라사랑, 이웃사랑을 실천하자.

　예수님께서 구약 모세 5경의 613개의 율법을 하나님사랑과 이웃사랑으로 요약하셨는데(마 22:34-40) 여기에 나라사랑을 더하여 애국하는 마음으로 공부하자는 것입니다.

　기독교는 국경이 없지만 기독교인에게는 조국이 있습니다. 나라가 없으면 하나님사랑 이웃사랑도 제대로 할 수 없습니다. 일제 강점기나 북한을 보십시오. 하나님사랑 이웃사랑도 제대로 할 수 없습니다.


이제 서울신학대학은 당면한 3대 과제가 있다고 생각합니다.

첫째, 학령인구감소와 대학구조개혁 그리고 대학평가라는 변화된 환경에 적절하게 대처하는 일.

둘째, 충분한 재정확보를 하는 일.

셋째, 지금까지 크게 발전된 학교를 잘 유지하고 새로운 비전과 과제를 제시하여 학교를 더욱 더 발전시키는 일입니다.

오늘의 서울신학대학교의 모습은 내일의 성결교회의 모습입니다. 오늘의 서울신학대학교의 모습은 내일의 한국사회와 세계의 모습이 될 것입니다.

우리 학교 교훈은 진리와 성결입니다.

성결은 예수님의 사랑을 사회 속에 실천하는 사회적 실천입니다. 이 성결과 우리 교단이 추구하는 중생 성결 신유 재림 4중복음의 정신을 담아 이 사회 속에, 민족 앞에, 세계를 향하여 예수님의 정신과 시대적 사명을 잘 실천하여야 하겠습니다.

서울신학대학교가 진리의 공동체, 사랑의 공동체, 평화의 공동체가 되어 사랑과 정의와 평화를 실천하는 하나님의 학교가 되기를 바랍니다.

하나님의 은총과 축복이 서울신학대학교, 성결교회, 우리를 후원해 주시는 후원자들 그리고 오늘 참석하신 여러분들과 새로 총장에 취임하는 노세영 총장님께 함께 하시기를 기원합니다.

감사합니다.

(2016. 9. 2.)

평화를 만드는 사람들 (Peacemakers)
유석성

2016년 8월 30일 초판발행

발행처: 서울신학대학교 출판부
발행인: 유석성

등　록 : 1988년 5월 9일 제388-2003-00049호
주　소 : 경기도 부천시 소사구 호현로 489번길 52(소사본동)서울신학대학교
전　화 : (032)340-9106
팩　스 : (032)349-9634
홈페이지 : http://www.stu.ac.kr
인쇄·홍보 : 종문화사 (02)735-6893
정　가 : 30,000원
ⓒ2016, Seoul theological university press printed in korea
ISBN : 978-89-92934-81-7  93190

「이 도서의 국립중앙도서관 출판예정도서목록(CIP)은 서지정보유통지원시스템 홈페이지
(http://seoji.nl.go.kr)와 국가자료공동목록시스템(http://www.nl.go.kr/kolisnet)에서
이용하실 수 있습니다.(CIP제어번호 : CIP 2016021153」